한일관계사연구논집 7

일본의 한국침략과 주권 침탈

한일관계사연구논집 편찬위원회 편

景仁文化社

발간사

한국과 일본은 흔히 一衣帶水의 관계로 표현되어 왔다. 이는 조그마한 물줄기 하나를 사이에 둔 가까운 이웃나라라는 말이다. 한국과 일본 두 나라는 이처럼 지리적으로 근접해 있다. 두 나라가 지리적으로 서로 인접해 있다는 사실은 역사적으로 양국간의 긴밀한 교류가 있었음을 뜻한다. 사실 두 나라는 역사적으로도 선사시대부터 오늘에 이르기까지 매우 빈번하게 교류를 가져왔다. 이 교류는 서로의 발전을 위해 긍정적으로 작용하기도 했다. 물론 양국간의 관계에서는 일방이 타방을 침략하는 비극의 역사가 포함되어 있기도 했다.

특히 한일 양국은 근대사회에 들어와서 불행한 역사를 체험했다. 대한제국이 제국주의의 침략으로 인해 국권을 상실했음은 분명 한국사에서 일대 비극적 사건이었다. 또한 제국주의의 체험은 대다수 일본 국민의 양심에도 무거운 짐을 지워준 사건이었다. 그러므로 그것은 일본 국민의 불행이기도 했다. 해방 이후 오늘에 이르기까지 60여 년 동안 한일 양국은 이 비극적 체험과 불행을 극복해 나가야 할 책임을 짊어지고 있었다.

과거는 현재와 무관할 수 없다. 과거의 정리 없이 현재에 대한 이해나 바람직한 미래의 기대는 불가능하다. 바로 이 점 때문에 한국의 역사 연구자들이나 일반 국민들은 한일양국의 역사를 바로 세워야 한다고 생각해 왔다. 또한 일본의 연구자 및 국민들과 정부 당국자들도 이 점에 있어서는 인식을 같이했다고 생각된다. 그러므로 우리 모두는 역사의 진실 앞에 서서 지나간 과거를 되짚어보면서 자신의 미러를 개척해 보고자 시도해야 한다.

원래 역사교과서는 당대 역사연구와 교육목표가 함께 융합되어 간

행되는 학습용 출판물이다. 그런데 해방이후 오랫동안 일본 역사교과
서에 나타난 한국사와 관련된 부분에서는 적지 않은 문제들이 나타
나고 있었다. 이러한 이유 때문에 2001년 한국과 일본 양국 정상들은
일본 연구자의 한국사에 관한 인식 중 상호 공통된 부분과 차이점이
무엇인지를 우선 분명히 하기로 합의했다. 이 합의의 결과로 2002년
한일역사공동연구위원회가 탄생되었고, 이 위원회의 양국 위원들은
모두 19개의 공통주제를 선정하여 그 주제에서 드러나는 상호 역사
인식의 공통점과 차이점을 밝히기로 했다. 한국측 위원회에서는 19개
공통주제 각각에 대한 공통점과 차이점을 좀더 분명히 하기 위해서
더 많은 동료 연구자들의 의견을 듣고자 했다. 이에 한국측 연구위원
들은 각각의 주제들과 관련하여 모두 103개의 세부 분야를 선정했고,
이 세부주제들의 연구에 참여할 공동연구원들을 위촉하게 되었다.

　이제 한일역사공동연구위원회에 속한 두 나라의 연구위원들은 별
도로 간행되는 종합보고서를 통해서 지난 3년간의 연구를 마치기에
이르렀다. 이 보고서의 간행으로 제1기 한일역사공동연구위원회의
임무는 종료되었다. 그리고 한일역사공동연구위원회의 한국측 위원
회는 2005년 5월 31일로서 그 시한을 다하게 되었다. 그렇다 하더라
도 우리는 그 종합보고서를 작성하기 위해 진행시켰던 103개 분야의
세부적 연구결과를 사장시킬 수 없었다. 이에 우리는 한국측 종합보
고서의 작성에 근거가 되었던 96편의 개별 논문들을 별도의 책자로
간행하여 한일관계사 연구의 진전에 기여하기로 의견을 모았다.

　우리는 이를 ≪한일관계사연구논집≫ 이란 제명아래 그 동안의 기
초적 연구결과를 모아서 모두 10책의 논집으로 간행하고자 한다. 이
책자의 간행을 통해서 한국측 연구자들은 그동안의 연구성과에 관한
국내외 학계의 비평을 겸허하게 기다리기로 했다. 또한 한일역사공동
연구위원회의 명칭은 2005년 6월 이후부터 사실상 사용할 수 없다고
판단되었다. 이에 우리는 한일관계사연구논집 편찬위원회를 조직하

여 그 이름으로 이 책자를 간행하기로 했다. 이러한 과정을 거쳐서 이 책자들의 총서명과 간행처의 명칭이 결정되었다.

한일역사공동연구위원회의 연구활동은 우선 종합보고서를 통해서 공식적으로 종합되었다. 그리고 이번에 간행하는 ≪한일관계사연구논집≫을 통해서 그 구체적 연구의 근거들이 집약되었다. 모두 10책에 이르는 이 연구논집들이 앞으로의 한일관계사 연구에 큰 도움을 줄 수 있을 것으로 판단된다.

역사적 사실에 대한 연구는 역사학자들이 맡을 수 있다. 그러나 그 사실들은 역사교육의 목표에 따라 교과서 집필자나 검정기관에 의해 취사선택되는 등 일정한 영향을 받을 수 있다. 그러므로 역사교과서의 검정을 책임지고 있는 정부 당국은 올바른 역사 교과서를 편찬하여 미래를 책임질 청년 학도들에게 전해야 한다. 올바른 역사교육은 한일 양국의 바람직한 미래를 건설하는 대전제이기 때문이다. 한일양국의 역사인식 상 공통점과 차이점이 무엇인지를 밝히려는 진지한 연구는 결국 올바른 역사교육으로 이어질 것이다. 이러한 기대의 일부로 우리는 이 ≪한일관계사연구논집≫을 간행했다.

이 연구논집에 수록된 영문초록은 남태우 선생의 지원을 받아, UCLA 동아시아 학과의 손민서, 손희주, 김 소피아 님 등의 수고를 통해 작성되었다. 그동안 연구에 참여해 준 공동연구원들 및 이 책의 간행에 도움을 준 모든 분들에게 감사를 전한다.

2005년 6월 1일

한일관계사연구논집 편찬위원회 위원장 조 동 걸

<목 차>

서 문

1876년 문호개방을 계기로 한국은 세계자본주의체제에 편입되었다. 이후 한국근대사의 전개는 서구 문명의 수용과 유교의 변용을 통한 근대화의 과정이었고, 또한 제국주의 열강의 침략과 식민지화 획책을 막으면서 자주적 근대국가를 이루기 위한 변혁의 과정이었다. 이런 과정에서 일본은 언제나 직간접으로 연결되어 있었다. 한반도를 독점적으로 지배하기 위해 문호를 개방시켰고, 그 이후 온갖 명분을 내걸면서 무력적으로 침략하여 강점하였다. 그런 사이에 일본은 서구의 문명을 전해주는 통로와 전달자의 역할도 하였다. 요컨대 일본은 근대화, 근대 변혁 과정에서, 한편으로는 배워야할 모델이면서, 동시에 나라의 자주권을 지키기 위해서는 배척의 대상이었다. 이 시기 한일 관계의 기본 틀은 이런 구조에서 이루어졌다.

본 논집은 문호개방에서 1910년 강점에 이르는 기간의 한일관계를 다룬 논문들로 꾸민 것이다. 당시 한일간의 문제는 단순한 '交涉史'나 '關係史'의 수준에서 처리될 것이 아니다. 일본의 한반도 침략과 그 불법성, 폭력성이 규명되어야 올바르게 이해될 수 있다. 그러나 현재에도 일본의 보수, 우익세력은 일제의 식민침탈로 고통 받았던 아시아 여러 민족에 대해 그 잘못을 근본적으로 반성하지 않고 있으며, 교육현장에서 쓰이는 교과서도 왜곡하고 있다.

일본의 역사 교과서에 서술된 1910년 이전의 한일관계는 대체로 일본의 침략적 의도를 부정하고 '부득이' 한반도를 식민지배한 것으로 기술하고 있다. 중국에 종속(복속)되어 있던 조선을 일본이 '독립' 시키고, 그 결과 일본에 의해 동아시아에서 근대적 국제질서가 형성되었다고 하며, 또 청일·러일전쟁도 일본이 도발한 침략 전쟁이 아니라 自衛를 위해 부득이 행한 정당방위 전쟁으로 기술하고 있다. 심지어 러일전쟁은 황인종과 백인종 사이의 人種戰爭으로 해석하고 있다. 이런 시각에서 우리 민족이 행한 자주적인 근대개혁도 일본의 지원에 의한 것임을 강조하고 있다. 일본이 아시아를 침략하면서 내건 이데올로기였던 아시아주의, 東洋平和論, 施政改善論 등이 외형을 바꾸어 계속된다고 해도 과언이 아니다. 현재 일본학계에서 거론되고 있는 일본의 대외 침략의 비계획성, 비팽창주의 등도 이런 맥락과 동일한 것이다.

한일 양국은 역사 교과서 문제가 터지자 미래지향적이고 동반자적 관계를 정립하기 위해서는 역사 인식의 공감대를 넓혀가야 한다고 인식을 같이 하였다. 이에 역사학자들의 공동 연구를 통하여 역사인식의 격차를 메우자고 하였다. 이에 한일역사공동연구위원회를 조직하였다. 이 논집은 바로 공동위원회의 한국측위원회 사업의 하나로 기획한 것이다. 따라서 이 논집에서는 주로 일본의 침략적 구조를 드러내기 위한 연구 성과를 주로 수록하였다. 이것이 해명되지 않으면 새로운 한일관계의 정립도 불가능하기 때문이다.

본 논집은 크게 세 부분으로 구성하였다. 즉 (1) 개항 후에 전개된 한일관계사 연구의 동향과 한일간의 상호 인식에 관한 2편, (2) 개항 이후 병합조약에 이르는 동안 한일에 맺어진 조약의 문제점을 지적한 2편, (3) 개항 이후 행해진 일본의 조선 침략의 논리와 과정을 다룬 6편으로 꾸몄다.

(1) 개항에서 '병합'에 이르는 시기의 연구사와 상호 인식에 대한 최혜주, 최덕수 두 편의 글을 수록하였다. 이 시기는 한국의 근대변혁

운동과 일제의 침략이라는 양면이 결합되면서 전개되었고, 또한 그 침략론은 한일 간의 상호 인식 속에 잘 드러난다.

최혜주는 한일관계의 측면에서 <근대 한일관계사 연구의 현황과 과제>를 정리하였다. 이 논문에서는 해방 이후 우리 역사학계의 가장 큰 과제가 식민사관의 극복이고, 또한 그간 행해지 일본 지도층의 '망언'과 최근의 교과서 문제도 일본이 황국사관에 입각하여 한국 지배를 정당화하려고 하고 있기 때문이라고 판단하고, 한일 양국에서 이루어진 연구 성과를 시기적, 쟁점별로 살펴보고 있다.

먼저 시기별로는 크게 세시기로 나누어 정리하였다. 1960-70년대에는 한국학계의 가장 중요한 숙제였던 식민사관을 극복하고 민족의 주체적, 내재적 발전과정을 밝히기 위한 연구들이 대부분이었고, 1980년대에는 민주화 운동과 더불어 민중적 민주주의, 과학적, 실천적 역사학이 강조되면서 아래로부터의 변혁운동인 농민운동을 높게 평가한 것이 일반적이었다고 분석하였다. 1990년대 이후에는 독일 통일, 사회주의권의 붕괴의 영향 속에서 사회사, 사회운동, 사상사 관계 논문이 많던 전반기와, 문화사, 생활사 등에 관심이 증대한 후반기로 나누고 있다.

쟁점별로는 한일관계의 측면에서 중요한 사안, 특히 일제의 침략적 성격이 잘 드러나기 때문에 한일 간에 상반된 입장을 보이는 강화도사건 도발문제, 갑신정변 성격론과 정변기도론, 청일전쟁과 팽창주의론, 조약무효론 등에 대한 연구동향을 살피고 있다. 한국측에서는 주로 한국변혁운동의 자주성, 근대성을 강조하고 동시에 일본의 침략적 성격을 드러내는 연구들이 많았다면, 일본 학계에서는 일본의 대외정책을 비팽창주의로 정의하고, 또한 일본의 한국주권침탈도 '형식적 적법성', '국제적 승인' 등을 강조하고 있다고 정리하였다.

다음 최덕수의 <개항기 조일 양국의 상호인식>에서는 한일 간의 상호 인식 문제를 일본의 對韓 정책과 그 정책의 입안에 직간접으로 간여했던 사람들의 '朝鮮論'을 중심으로 검토한 것이다. 이 논문에서는 명신유신 이후 일본인들의 대외인식을 아시아주의와 탈아시아주의로 전제하고, 일본의 대조선 정책도 이를 배경으로 하면서, ①대조선정책의 틀을 결정짓는 요인은 각 시기에 있어서 청, 조선, 서구 열강, 일본과의 관계가 錯綜되면서 이루어지고, ②일본은 조선에 대해 팽창주의적 입장은 일관되게 견지하였고, 청국과 열강의 간섭을 배제하고 조선 내부에 친일세력을 부식하고자 하였으며, ③조선에 대해 일본의 팽창을 극대화하기 위해 명치정부와 민간세력들은 상호 협력 하에 정치, 경제, 문화, 종교, 의술 등 전반에 걸쳐 활용하였다. 그리고 ④일본은 팽창정책을 최대한 추진하기 위해서 때로는 아시아주의를, 또 다른 때는 탈아시아주의를 거듭하여 거론하였다고 보았다.

그리고 이 논문은 일본의 대한 정책을 개항에서 러일전쟁에 이르는 시기를 세 단계로 구분하고, 이를 아시아주의와 탈아시아주의와의 관계를 중심으로 다음과 같이 정리하였다. 즉 ①아시아주의적 조선론은 일본과 조선과의 관계를 '輔車脣齒', '連帶', '同種同文', '改革支援' 등으로 표현하고 있고, 연대의 구체적 방법으로는 신문발간을 통한 신문화보급, 留學生 招請 後援, 借款供與, 移民, 宗敎의 보급 등으로 다양하게 나타났으며, 또 서구와의 일정한 타협 아래 조선에서 일본의 세력 확장을 적극적으로 추구하던 시기에 나타났다. ②脫亞入歐論이 등장하는 시기는 대체로 조선에서 청국이나 서구의 세력이 확장되고 친일정치 세력의 후퇴 등 일본의 세력 기반이 축소되어 서구 제국주의 열강의 일부세력과 협력하여 조선에서 일본의 기득권 유지가 절실할 때 전면에 등장한다고 하였다.

(2) 개항 이후 병합조약에 이르는 동안 한일 사이에 맺어진 조약의 문제점을 지적한 것으로 하원호, 박배근의 2편의 논문을 수록하였다.

강화도 조약으로 인한 개항은 당시 한국이 세계자본주의체제에 흡수되는 계기가 되었던 점에서 많은 연구자들이 그 역사적 의의를 지적하였다. 하원호는 <강화도조약과 개항의 역사적 의미>에서 '조일수호조규'의 불평등성과 그 역사적 의미를 검토하고 있다. 먼저 개항 전에 이미 국제정세의 변화에 능동적으로 대처한 開國論者들이 있었음을 강조하고, 그 사례로 姜瑋의 정세인식, 일본관을 분석하였다. 강위는 두차례의 燕行을 통하여 중국 양무운동의 진행과 국제정세의 변동을 알게 되었고, 또한 일본이 뛰어난 병기와 농기를 제작하고, 정예의 군대를 보유한 大國이라고 파악하게 되었으며, 이런 인식을 바탕으로 형세론에 입각한 開國不可避論과 명분론적 차원에서 舊好回復論을 주장하였다고 지적하였다.

계속하여 이 논문에서는 조일수호조규와 그 이후에 체결한 각 조약의 불평등성을 분석하였다. 이는 이미 학계에서 언급된 것이기는 하지만, 이런 불평등성이 조선 국내시장을 보호하지 못하고, 국내 산업을 육성하는 것 자체를 어렵게 하였다고 분석하고, 이로써 국내의 상품생산과 유통구조가 세계자본주의체제에 종속되는 결과를 가져왔고, 또한 민족자본 성장을 저해한 근본원인이라고 하였다. 이와 아울러 시대구분과 관련하여 '근대의 기점으로서의 개항'이 가지는 의미도 언급하였다. 개항을 계기로 불평등조약에 기반을 둔 국제 교역에서 한국사회의 자본주의적 변혁도 있었고, 또한 자주적 근대화를 위한 변혁이 전개되었던 점도 지적하여, 앞으로의 연구는 이 두 점을 결합하여 구조적으로 분석해야 할 것이다.

한국이 체결한 최초의 근대적 조약이 불평등하였던 점은 이미 그 이후의 여러 조약의 성격을 예견할 수 있게 하였다. 이런 점이 가장 극명하게 드러난 것이 20세기 초 일본의 한국 침탈, 강점화 과정이었다. '을사조약' 이후 '병합조약'에 이르는 시기에 체결된 제 조약의 유무효 문제는 이미 한일 양국 학계의 뜨거운 논쟁을 거쳤다. 박배근은 <한국병합관련 '조약' 유무효론의 의의와 한계>도 이런 논쟁을 총합하는 수준에서 정리하고, 새로운 해결의 방안을 제기하였다.

이 글은 다음의 세 가지 의문 위에서 출발하였다. 즉 ①양국 정부의 유효론 및 무효론의 논거가 무엇인가, ②일본 정부의 "부당하지만 합법이었다"는 주장의 함의가 무엇인가, ③국제법상의 "有無效論"이 그렇게 중요한 이유는 무엇인가 등의 문제였다. 저자는 한일 양국의 연구자들이 주로 첫 번째 문제에 집중되어 있고, 그 논쟁의 논리적 구조와 틀에 대한 근본적인 검토나 반성이 동반되지 않은 채 법의 형식논리에 의한 論戰만이 이루어지고 있다고 기존 연구의 문제점을 지적하였다. 특히 '실정' 국제법의 존재를 객관적으로 증명하기 어렵고, 또한 19세기 국제법의 본질 및 정당성을 문제 삼지 않는다는 문제가 있다고 하였다. 따라서 조약의 유무효를 논하는 것이 법적인 관점에서는 크게 의미가 없는 것이라고 보고 있다.

기존의 연구나 논쟁이 매우 지엽적인 법리 논쟁으로 일관되고, 당시 국제법 자체가 가진 유럽 중심적, 제국주의적 입장이라는 문제점을 간과하고 있다고 지적한 점은 매우 중요한 문제 제기라고 생각한다. 당시 제국주의 강국과 약소국 사이에 체결된 대부분의 조약은 제국주의가 세계를 지배하는 질서 속에서 이루어진 것이므로, 병합에 이르는 일련의 조약의 성격을 정확하게 나타내기 위해서는 한일 양국이 모두 제국주의와 강자의 지배를 부정하는 역사인식의 공유만이 무엇보다도 중요한 전제가 되는 것이다.

(3) 개항 이후 한일 관계의 본질은 일제의 무력적, 불법적 침략에 있다. 본 논집에서는 청일정쟁, 러일전쟁을 통한 일본의 침략 및 그들의 논리, 군사력에 대한 배항섭, 최석완, 정창렬, 신용하, 서민교, 박환무, 모두 6편의 논문을 수록하였다.

일본이 한반도를 독점적으로 지배하게 된 계기는 청일전쟁이었다. 청일전쟁을 일으키면서 일본은 한국내의 농민전쟁을 무력으로 진압하고, 청국과의 전쟁을 통하여 보호국화를 추진하였다. 배항섭은 전자를, 최석완은 후자를 다루었다.

배항섭의 <동학농민전쟁과 일본>은 일본군이 농민전쟁에 개입하게 되는 과정과 목적, 살육 과정 등을 살펴보았다. 일본은 1882년 경부터 청과의 전쟁을 예견하고 군사력을 증강하여 왔는데, 1892년 동학의 교조신원운동, 척왜양운동 등이 일어나자 동학교도의 동태에 대한 정보를 수집하였다. 농민전쟁이 일어나자 출병준비태세를 갖추고 있던 일본은 조선 정부가 청국에 공식적으로 원병을 청하기 하루 전에 조선에 출병을 결정하였고, 경복궁 점령, 청일전쟁을 단행하고, 동시에 농민군에 대해서도 대대적인 살육을 자행하였다는 것이다. 특히 농민군이 反日을 기치로 2차 봉기하자 농민군 진압만을 위한 별도의 부대를 추가로 출병시켜 탄압하였던 것이다. 이는 일본군이 해외에서 벌인 최초의 대규모 학살이라는 것이었다. 이에 따라 농민군의 '輔國安民' 기치에서 '民' 보다는 '國'으로 무게 중심이 옮겨졌다고 하였다.

최석완, <청일전쟁과 일본의 조선 침략>은 그간 일본학계에서 꾸준히 제기되어 온 일본 대외정책의 비침략, 비팽창주의적 입장을 비판하는 것에서 출발하였다(이런 연구 동향은 앞의 최혜주의 논문에 잘 정리되어 있음). 이를 위해 이 글은 죠슈파(長州派)의 대조선 정책을 분석하였다. 개항에서 천진조약에 이르는 시기는 일본의 조선 독립정책, 즉 청국과의 종속 관계를 부정하고 이를 공인하는 과정으로 보았다. 이때 일본은 청과의 전쟁을 치르더라도 조선독립론을 관철시킨다는 강경한 입장을 선택하였으나, 열강의 견제로 실현되지 못하였다. 이후 일본은 천진조약 단계를 벗어나 보호권을 획득할 것을 선언하는 단계를 거쳐, 이를 실현하기 위한 효과적인 방법으로 조선의 내정개혁을 추진하였는데, 이는 청과의 무력 충돌을 예정한 상태에서 이루어진 것이었다. 이런 점에서 이 논문에서는 일본의 대조선 정책의 본질은 조선의 독립을 부정하고 보호권을 배타적으로 확보하려는

팽창주의 노선이고, 1894년 6월 각의에서 결정된 조선내정개혁안은
이런 팽창주의 노선을 공식 정책으로 정한 것이라고 보았다.

　일본의 한반도 지배는 러일전쟁을 거치면서 더욱 확고해 졌다. 국
제열강의 지원 하에 식민지로 강제적인 편성에 바로 착수할 수 있었
던 것이다. 정창렬은 <러일전쟁과 한일관계>에서 이 문제를 다루었
다. 특히 이 논문에서는 일본의 침략과 한국 정부, 민중과의 관계 속
에서 이를 검토하였다. 러일전쟁은 일본이 러시아를 상대로 싸우면서
동시에 한국의 민중과 싸운 전쟁이었다는 것이다. 軍律을 시행하여
한국 전체를 군사 감옥화하여 군사적으로 억압하였고, 또한 토지약
탈, 노동력 징발, 물자 징수 등의 방법으로 한국 민중의 생활을 파괴
하였다. 한국의 민중은 자신들의 삶을 파괴한 일본을 상대로 의병, 민
란, 보안회 등과 같은 여러 형태로 항쟁하였다. 그러나 한국 민중의
저항은 일본의 침략을 물리치지 못했다. 한국 정부가 일본군의 민중
억압을 묵인하였던 것과도 무관하지 않았다고 보았다. 그러나 민중의
성장으로 의병과의 연합 가능성이 준비되고 있었던 점은 민족적 역
량의 발전 가능성을 보인 것이라고 덧붙이고 있다.

　신용하는 최근 한일간에 정치적 쟁점으로 되고 있는 獨島 문제를,
주로 일본의 고문헌을 활용하여 다루었다. 일본은 러일전쟁 와중에
독도가 無主地임을 전제로 일본 영토로 편입하였다. 그러나 이 논문
에서는 1905년 1월 이전에 독도가 有主地였고, 主人이 韓國이었음을
일본정부 공문서로 증명하고 있다. 일본 明治 정부는 1869(명치 2)년
에 국가최고기관인 大政官(총리대신)과 외무대신이 울릉도와 독도가
朝鮮附屬領임을 재확인한 증명 문서를 ≪日本外交文書≫에 수록하였
고, 또 일본 太政官과 내무대신은 시마네현 지사의 질의에 대해 1877
년 3월 "동해 가운데 있는 울릉도와 독도는 조선영토이고 일본과 관
계없는 곳"이라는 요지의 決定文과 指令文을 일본정부 公文書로 남
겨 놓았다고 규명하였다. 이런 점에서 이 논문에서는 현재 일본 정부

의 독도영유권 주장은 역사적으로나 국제법상으로나 전혀 근거 없는 것으로 평가하고 있다.

위의 논문들에서 공통적으로 지적할 수 있는 것은 결국 일본의 물리력, 군사력이 조선 반도를 지배해온 중요한 원천이라고 파악한 점일 것이다. 서민교는 일본의 조선 주둔군 문제를 1910년 이전까지 다루고 있다. 일본군은 메이지유신 이후 부국강병의 기치 하에 근대적으로 창설되어 일본의 대외팽창의 전위대 역할을 하였는데, 청일, 러일 전쟁을 거치면서 비약적으로 증가하였다고 분석하고, 결국 조선에 상주하는 조선주차군이 만들어졌다. 당시 일본군 당국은 조선상주군이 장래의 대 러시아, 중국전에 대비하기 위함이라고 상정하고 있으나, 현실적으로는 병합을 전후하여 일본의 침략, 식민지화를 반대하던 조선 민중의 항일투쟁을 탄압하고 식민지 치안체제를 안정시키는 것이 가장 중요한 목적이었다고 언급하였다. 대러시아 문제를 강조하는 일본학계의 연구와는 다른 점이라고 할 것이다.

마지막으로 박환무는 일본의 '제국' 이념이 된 메이지시대의 國體論을 <천황제 내셔널리즘의 형성과 변용>이라는 논제로 다루었다. 그는 천황제 내셔널리즘은 '건국 이래의 역사적 전통'이 구현된 것이 아니라 일본이 세계시스템에 가담하여 국가, 국민을 급속하게 추진하고, 그 과정에서 우월적 지위를 추구하는 제국 일본을 형성 전개시키면서 형성되었으며, 시대적 상황에 따라 변용된 것으로 파악하였다. 즉 국체론=천황제 내셔널리즘은 식민지화의 위기감 속에서 근대화, 국가 독립이라는 과제를 해결하기 위해 근대 일본이 만들어낸 일종의 시민종교라는 것이었다. 이 논문에서는 명치 초기 정치이념의 배경이 된 國學과 후기 미토학(水戶學), 후쿠자와 유키치(福澤諭吉) 이래의 대표적인 지식인의 논의를 중심으로 살펴보았다.

1910년 이전 한일 관계는 식민지배의 前史를 이룬다는 점에서 일본의 조선 침략과정과 그것의 세계사적 의미, 그리고 식민지로의 강제적 재편성 구조가 밝혀져야 할 것이다. 일본의 식민지배의 구조가 정확하게 파악되기 위해서 이 시기 일본의 조선침략의 구조가 해명되어야 한다는 것이다. 특히 최근 일본에서 우경화된 역사관이 확산되고 왜곡된 역사교과서가 한일간에 중요한 이슈가 되고 있는 현실문제를 극복하고 미래지향적 한일관계를 정립하기 위해서도 이런 문제들이 학문적, 객관적으로 해명되어야 할 것이다. 앞으로도 동반자적인 한일관계를 위해 계속 연구되어야 할 점들이다. 본 편찬위원회에서는 이런 점을 고려하면서 이 논집을 기획하고 전문가의 학문적 성과를 모을 수 있었다. 한일관계 문제를 좀더 높은 차원에서 해결할 수 있는 학문적 근거가 될 것으로 믿는다.

2005년 5월

김 도 형

근대 한일관계사 연구의 현황과 과제

최 혜 주*

Ⅰ. 머리말

해방 이후 우리 역사학계는 일제 식민지 시대와 분단 냉전시대를 거치면서 왜곡되어 온 역사적 사실을 복원하는 데 많은 노력을 기울여왔다. 오랜 군사독재시절과 민주화운동 시기를 거치면서 연구의 시각 자체도 과학적 역사인식이라는 큰 방향으로 정립되어 왔다. 해방 이후 역사학계의 최대과제는 식민사학을 극복하는 문제였다. 이른바 식민사학은 근대 일본의 한국사 연구가 메이지(明治) 시대 이후 활발해지면서 대한제국기 이후 우리나라에 무비판적으로 침투되었다.[1]

───────────
* 숙명여자대학교 한국학연구센터 연구교수
1) 최혜주, 2003 <메이지시대의 한일관계 인식과 日鮮同祖論> ≪한국민족운동사연구≫ 37 ; <대한제국기의 고대 한일관계 인식> ≪숙명한국사

식민사학의 왜곡된 韓國史像은 일제의 식민통치를 정당화하는 근거
가 되었으며 일본인들의 한국인식 형성에 큰 영향을 미쳤다.

이러한 인식은 1982년과 86년 그리고 2001년 교과서 파동이 일어
나는 근거가 되었다. 이른바 '교과서 문제'는 일본이 皇國史觀에 입각
하여 일본의 한국지배를 학문적으로 정당화 한데서 기인한 문제라고
할 수 있다. 왜곡된 역사인식을 바로 잡기 위해서는 해방이후 50여
년간 각 분야에서 축적된 연구들을 바탕으로 역사학계 내부에서 문
제의식의 지평을 넓혀가야 할 것이다. 역사왜곡의 해결점을 역사학에
서 찾기 위해서 우선 양국간의 역사인식의 공통점과 차별성이 있는
지 살펴보아야 할 것이다. 이를 위해 각국의 역사학계의 관점의 차이
가 무엇인지 비교 검토해야 한다. 비교를 통한 연구의 객관성 확보를
통해서 만이 '교과서 문제'에 대한 해결의 실마리를 찾을 수 있을 것
이다.

따라서 이 글에서는 개항이후 1910년에 이르는 근대 한일관계사
연구에 관한 연구동향을 살펴보기 위해, 먼저 시기별 연구동향에서는
해방이후 현재에 이르는 우리 역사학계의 근대사연구 성과를 개괄적
으로 살펴본다. 그리고 쟁점별 연구동향에서는 한일 양국의 한일관계
사 연구에서 서로 상반된 견해를 갖고 있는 강화도사건 도발론, 갑신
정변 성격론과 정변기도론, 청일전쟁과 팽창주의론, 조약무효론 등의
쟁점을 중심으로 정리해 보려고 한다. 한국근대사에서 첨예한 역사적
쟁점으로 대두되었던 여러 사건들은 국제관계사에서도 쟁점이 되는
문제이기도 하다. 이 사건들에 대해 한일 양국 안에서 개진되는 유력
한 입장이나 주장들을 연구하고 토론하는 장을 마련하는 것은 상호
이해와 협력의 확대를 위해 필요하다고 생각된다.

론≫ 3 참조

Ⅱ. 시기별 연구동향2)

1. 해방이후 1970년대까지의 연구

해방이후 한국사학계의 최대 과제는 식민사학을 극복하는 문제였다. 이를 위해 한국사학계는 1960년대에 들어서 '민족의 주체성'과 '근대화'에 대한 새로운 방법론을 모색하였다. 전국역사학대회(1966, 주제: 역사이론과 역사서술) 및 한국경제사학회가 주최한 <한국사 시대구분>토론회(1967)는 이러한 학계의 관심을 반영하였다. 1967 한국사연구회가 창립되어 일제의 식민사관에 대한 비판이 활발해졌다. 한국사학계는 특히 '정체성론'과 '타율성론' 등 식민사학의 잔재를 극복하고, '민족의 주체적 내재적 발전과정을 합법칙적으로 파악'하려고 노력하였다.

1960년대의 초반에는 연구자 수나 연구논저가 적었지만, 중반에 들어서 대외관계, 개화운동, 사회경제적 변화, '동학란', 제국주의 자본의 침투, 의병운동 등 다양한 연구주제가 등장하였다. 60년대 후반에는 근대의 기점이 문제가 되고 역사의 시대구분이 국사학의 중요한 과제로 등장하게 되었다. 기본적으로는 삼분법의 틀을 수용했고, 논의의 초점은 고대의 하한과 근대의 상한이었다. 여기서 한국근대사의 기점으로 제시된 견해는 다음과 같다. 유원동은 근대의 시작을 자본

---

2) 해방이후 지금까지의 근대사 분야에 대한 연구사 정리는 다음의 연구 성과를 참고하였다. ≪역사학보≫의 회고와 전망(단 1990년대 이전의 내용은 국학자료원 편, 1996 ≪한국사 회고와 전망≫ 1~3) ; 국사편찬위원회 편, 1995 ≪한국사론≫ 25 ; 동, 2000 ≪한국사론≫ 30 ; 박환, 2001 ≪20세기 한국 근현대 연구와 쟁점≫ (국학자료원, 서울) ; 한일관계사학회 편, 2002 ≪한일관계사연구의 회고와 전망≫ (국학자료원)

주의 맹아를 중심으로 한 사회경제질서의 변화에서 찾아 근대의 시점을 18세기 후반 영·정조기로 파악하였다. 조기준은 산업자본과 근대 시민층의 형성에 주목하면서 동학혁명 갑오경장 광무연간의 계몽운동과 기업 붐을 징표로 19세기말을 근대의 기점으로 제시하였다. 이선근은 1860년대를 근대의 시발점으로 보고 있다. 특히 東學의 창도를 특기할만한 것으로 들고 대원군의 정치적 대개혁도 근대화의 한 요인으로 이해하였다.[3]

1970년대에는 한국사학계의 모습이 달라졌다. 연구논문이 3배 이상 증가하고 질적으로도 현저한 변화를 가져왔다. 70년대의 연구 중에 특기할 만한 것은 (1)개화당의 성격과 개화사상에 대한 연구, (2)光武改革 논쟁이 벌어진 것이다. 먼저 (1)에 대한 연구에서 주목되는 것은 다음과 같은 이광린과 유영익의 연구 성과이다.

이광린은 일본학자들이 개화당의 형성을 김옥균의 방일후인 1881년 이후 후쿠자와 유키치(福澤諭吉)의 영향을 받아 이루어졌다고 주장하는데 대한 반론으로, 1879년설을 제시하였다. 또한 야마베 켄타로(山辺健太郎) 등이 김옥균의 ≪甲申日錄≫의 사료가치를 전적으로 부정하고 갑신정변의 정강도 없었다고 주장하는 것을 반박하여, 갑신정변의 근대지향적 근대혁명적 성격을 부인해온 시도가 잘못임을 증명하였다.[4]

해방 이후 갑오경장이 타율적 개혁으로 간주되어 이에 대한 본격적인 연구를 하지 않았는데, 유영익은 갑오경장이 제한된 자율적 개혁임을 주장하여, ①출병 및 개혁권고기(1894.6.2~7.23) ②소극간섭기(7.23~9.18) ③적극간섭기(9.18~1895.6.4)로 나누어 고찰하였다. 그리

---

3) 유원동, 1970 <한국사에 있어서의 근대의 기점> ≪한국사시대구분론≫ (을유문화사, 서울) ; 조기준, <한국사에 있어서의 근대의 성격> ≪같은 책≫ ; 이선근, <근대사의 기점문제와 1860년대의 한국> ≪같은 책≫
4) 이광린, 1973 ≪개화당연구≫ (일조각, 서울)

고 군국기무처의 개혁 단행은 한국의 개화파 관료들이 주도하고 일본이 방조한 궁극적인 의미에서의 자율적인 개혁이었다고 지적하였다.[5]

다음 (2)에 다 한 연구를 살펴보면 신용하는 ≪독립협회연구≫(1976, 일조각)에서 독립협회의 자주민권 자강사상과 그 운동의 역사적 의의와 성격을 논증하였다. 신용하 자신의 저서에 대한 김용섭의 서평을 보고 이에 대한 반론을 제기하여, 이른바 '광무개혁·독립협회논쟁'이 시작되었다.[6] 논쟁의 중심과제는 光武 연간의 개혁운동의 주류를 지배층 중심의 '광무개혁'으로 볼 것인가, 독립협회의 개혁운동으로 볼 것인가의 문제였다. 신용하는 대한제국시기 개혁의 주체로서 독립협회와 만민공동회를 높이 평가하였고, 이에 대해 김용섭은 개혁의 주류를 독립협회가 아닌 광무정권에서 찾았다.[7]

한일관계사에 대한 연구는 신국주, 김의환, 백종기의 저서가 간행되었다.[8] 병자수호조약과 개항에 대한 연구는 불평등조약의 개정문제와 외국상인의 침탈에 대한 구명에 집중되었고,[9] 개항 100주년이 되는 1976년에는 제19회 전국역사학대회에서 <개항 그 역사적 성찰>을 공동주제로 하였다.[10] 개항 직후의 대일관계를 다룬 조항래는

---

5) 유영익, 1975 <갑오경장을 위요한 일본의 대한정책> ≪역사학보≫ 65

6) 김용섭, 1976 <『독립협회연구』서평> ≪한국사연구≫ 12 ; 신용하, 1976 <『한국근대농업사연구』서평> ≪한국사연구≫ 13 ; 1978 <'광무개혁론'의 문제점-대한제국의 성격과 관련하여> ≪창작과비평≫ 49

7) 신용하, 1976 ≪독립협회연구≫ (일조각)

8) 신국주, 1965 ≪근대조선외교사≫ (탐구당, 서울) ; 1976 ≪한국근대정치외교사≫ (탐구당) ; 김의환, 1966 ≪조선대일교섭사연구-강화도조약과 부산개항을 중심으로≫ (통문관, 서울) ; 1974 ≪조선근대 대일관계사연구≫ (경인문화사, 서울) ; 백종기, 1977 ≪근대 한일교섭사연구≫ (정음사, 서울)

9) 부정애, 1973 <조선해관의 창설경위> ≪한국사론≫ 1 (서울대) ; 김경태, 1975 <불평등조약 개정교섭의 전개-1880년 전후의 대일 '민족문제'> ≪한국사연구≫ 11

병자수신사 金綺秀 使行의 전말에 관해서, 견문기≪日東記游≫와 일
본측 사료인 ≪航韓必携≫를 비교 검토하였다.[11]

2. 1980년대의 연구

1980년대의 한국사학계는 '과학적 실천적 역사학'이라는 기치를
내걸고 근현대사를 집중적으로 연구했으며, 북한의 한국사 연구 성
과를 대폭 수용했다. 80년대의 후반에는 진보적 역사학도들이 한국
역사연구회와 역사문제연구소를 창립하고 ≪역사와 현실≫과 ≪역
사비평≫을 간행하기 시작했다. 이들의 연구는 한국 근현대사의 변혁
운동과 민족문제, 일제하의 민족해방운동 그리고 해방이후의 역사에
까지 집중되고 있었다. 80년대 말에는 ≪조선전사≫를 비롯한 북한의
원전들이 영인본으로 나와 학계에 자극을 주었다.

1980년대의 연구는 근대변혁운동의 성격과 주체세력에 대해 관심
을 가진 신용하, 정창렬, 김용섭의 연구가 나오고[12], 이 문제는 1988
년 10월 <한국근대의 변혁운동과 민족문제>라는 주제 하에 개항이
후 각 계급들의 민족문제에 대한 인식과 대응을 다룬 학술토론회에
서 집중적으로 거론되었다.[13]

---

10) 이현종, <개항전후의 한일양국관계의 추이> ; 함홍근, <개항기의 동아
    의 상황> ; 최문형, <러시아의 극동정책과 열강의 대응> ; 고승제, <개
    항사연구의 사회경제적 의의>
11) 조항래, 1973 ≪개항기 대일관계사연구≫ (형설출판사, 대구) ; 1977 <병
    자수교후의 對日關係一考> ≪대구사학≫ 15·16
12) 신용하, 1987 <대한제국과 독립협회> ≪한국사연구입문≫ 2판 (지식산
    업사, 서울) ; 정창렬, <갑오농민전쟁과 갑오개혁> ≪같은 책≫ ; 김용
    섭, 1988 <근대화과정에서의 농업개혁의 두 방향> ≪한국자본주의 성
    격논쟁≫ (대왕사, 서울)
13) 이때 논의된 내용은 다음과 같다. ①개화파의 지주적 성격과 외세의존적
    성격을 지적하여, 민족문제는 민중층에 의해서만 올바르게 해결될 수 있

위로부터의 변혁운동에 대한 연구는 斥邪論에 대한 연구가 거의 없는 가운데 개화파와 개화사상에 대한 것들이 주류를 이루고 있다. 먼저 개화사상 내부의 지향점과 방법론에서의 차이가 검토되었다.[14] 다음, 갑오개혁에 대한 연구가 이루어졌는데, 개화파의 자율적 개혁을 주장해 오던 유영익은 갑오개혁 주체의 성격을 통하여 이를 보완하였다. 이상찬은 갑오개혁에서 행해진 지방제도의 개혁논의를 통해서 개화파의 성격에 접근하였다.[15] 그리고 독립협회를 포함한 계몽운동에 대한 연구는 계몽운동 단체에 대한 기초적인 연구, 교육운동, 언론운동, 실업활동, 국채보상운동, 신문학, 국학, 민족 종교 등의 광범한 분야에 대한 구체적인 연구들이 많이 이루어졌다. 그런 가운데 그 운동의 성격을 명확히 하기 위한 방법으로 계몽운동 내부의 사상적 · 계급적 편차 · 분화 등이 집중적으로 거론되었다.

아래로부터의 변혁운동에 대한 연구는 1894년의 농민전쟁과 의병전쟁이 그 중심을 이루고 있고, 민중층의 반제 · 반봉건운동에 대해서는 거의 연구되지 않았다. 먼저, 1987년 이후의 농민전쟁 연구에서 주

다[주진오, 1989 <한국근대 집권관료세력의 민족문제인식과 대응> ≪역사와 현실≫ 1 ; 1989 <한국근대 부르조아지의 형성과정과 위로부터의 개혁의 역사적 성격> ≪東村朱宗桓博士華甲紀念論文集 韓國資本主議論≫ (한울, 서울)]. ②주력부대로서의 민중층의 혁명역량은 정당하게 평가되어야 하지만, 반봉건근대화운동에서는 개화파의 지도역량이 더 강조되어야 한다(강만길 외 좌담, 1988 <한국근현대사의 성격과 민족운동> ≪창작과비평≫ 60). ③계급문제와 민족문제를 해결하기 위한 계급연합을 상정하고, 요호 · 부민층을 주목해야 한다(이영호, 1989 <한국근대 민족문제의 성격> ≪역사와 현실≫ 1 ; 김도형, 1989 <한국근대 재야지배세력의 민족문제인식과 대응> ≪같은 책≫).

14) 유영렬, 1987 <대한자강회의 신구학절충론> ≪최영희선생화갑기념한국사학논총≫ (탐구당, 서울) ; 이완재, 1988 <개화사상의 개념과 분화문제> ≪한국학논총≫ 13 (한양대)

15) 유영익, 1987 <갑오경장 추진세력의 사상과 행동> ≪논문집≫ 5 (한림대) ; 이상찬, 1989 <1894~5년 지방제도 개혁의 방향> ≪진단학보≫ 67

목되는 것은 ①동학사상의 성격 및 동학교문과 농민전쟁의 관련성[16], ②농민전쟁의 주체세력에 관한 문제[17], ③농민전쟁의 사회경제적 지향과 이를 달성하기 위한 방법론에 대해서 였다.[18] 다음, 의병전쟁에 대한 연구는 의병장 개인의 활동이나 사상을 다루는 연구들이 집중적으로 이루어지면서 의병은 유생층에 의해서 주도되었다는 점, 의병전쟁을 포함한 당시 국권회복 운동의 계급적 측면을 부각하는 관점들이 제기되었다. 의병전쟁은 일본에 대항한 반침략 운동임은 물론 봉건적 침탈에 대한 반대까지 표명한 반봉건 운동이라는 점이 강조되었으며, 의병부대 내부의 집단적·계급적 차이를 지적하는 연구가 진행되었다. 그리하여 ①의병전쟁의 발전 단계와 각 단계의 주체세력의 성격문제[19] ②의병전쟁에 대한 지역적, 개별적 연구[20]가 집중적으로 이루어졌다.

국제관계를 다룬 것은 최문형과 동덕모의 연구[21]가 있으며, 미국과의 교섭사 연구[22]는 많으나 청과의 관계는 적었다. 한일관계를 다룬

---

16) 신용하, 1987 <동학과 갑오농민전쟁의 민족주의> 《한국학보》 47 ; 허종옥·이명남, 1988 <초기동학의 반봉건성의 한계에 관한 연구> 《사회과학논총》 7-2 (부산대)

17) 신영우, 1988 <1894년 영남 북서부지방 농민군지도자의 사회신분> 《학림》 10 (연세대)

18) 신용하, 1987 <갑오농민전쟁과 두레와 집강소의 폐정개혁> 《한국사회의 신분 계급과 사회변동》 8 (문학과지성사, 서울)

19) 신용하, 1987 <전국 '十三道倡義大陣所'의 연합의병운동> 《한국민족운동사연구》 1 ; 김상기, 1989 <조선말 갑오의병전쟁의 전개와 성격> 《같은 책》 3 ; 조동걸, 1989 <의병운동의 한국민족주의상의 위치 (하)> 《같은 책》 3

20) 강원의병운동사연구회 편, 1987 《강원의병운동사》 (강원대학교 출판부, 춘천) ; 崔翠秀, 1988 <1910년 전후 강화지방 의병운동의 성격> 《한국민족운동사연구》 2 ; 홍순권, 1989 <을사조약 이후 호남지역 의병운동의 발전과 의병장들의 성격> 《한국학보》 57

21) 동덕모, 1980 《한국의 개국과 국제관계》 (서울대출판부, 서울) ; 최문형, 1982 《열강의 동아시아정책》 (일조각, 서울)

것으로는 김호일의 저서[23]가 있고, 청일전쟁과 한일관계를 다룬 ≪청일전쟁을 전후한 한국과 열강≫(1984)과 ≪청일전쟁과 한일관계≫(1985)가 나왔다. 여기에서 유영익은 일본이 신흥 일본을 이 지역의 패자로 등장시킨 청일전쟁 중 한국을 보호국화하려고 시도하였지만, 그 시도를 결정적으로 좌절시킨 것은 러시아의 정치적·군사적 간섭이었음을 밝혔다.[24] 김정기는 갑오경장기의 일본의 대한정책을 주로 차관 문제를 중심으로 분석하면서, 갑오경장에는 민족적 성격이 전면적으로 결여된 점을 지적하였다.[25]

3. 1990년대 이후의 연구

1990년 독일이 통일되고, 91년에 소련의 해체와 남북한의 동시 유엔가입이 이루어졌으며, 92년에는 한국이 중국 및 러시아와 수교했다. 국내적으로는 군부통치가 종식되고 남북한의 교류도 활발해졌다. 1997년 김대중 정부의 출범이후 남북 정상회담이 성사되고 남북한 관계가 급속도로 개선되기 시작했다. 이러한 변화는 역사학계에도 커다란 영향을 미쳐 북한·중국·러시아와 국제적인 학술교류가 활성화되었다.

---

22) 김원모, 1979 ≪근대한미교섭사≫ (홍성사, 서울) ; 박일근, 1981 ≪미국의 개국정책과 한미외교관계≫ (일조각, 서울) ; 국제역사학회의 한국위원회, 1982 ≪한미수교100년사≫ ; 구영록 외, 1982 ≪한미관계; 1882~1982≫ (서울대 미국학연구소) ; 한국정신문화연구원, 1983 ≪한미수교 1세기의 회고와 전망≫
23) 김호일, 1982 ≪한국개항전후사≫ (한국방송사업단, 서울)
24) <청일전징 중 일본의 대한침략정책> ≪청일전쟁을 전후한 한국과 열강≫ (한국정신문화연구원, 성남)
25) <청일전쟁 전후 일본의 대조선경제정책> ≪청일전쟁과 한일관계≫ (일조각, 서울)

해방 50주년을 맞이하여 한국사학의 성과를 돌아보거나 동학농민
봉기 100주년을 기념하는 행사가 열리고, 한국사 시대구분론에 대한
논의가 이루어져 국사편찬위원회(1992)와 한국역사연구회(1993)에서
근대의 기점 문제를 놓고 토론회를 가졌다. 국사편찬위원회는 한국사
전체의 시대구분을 주제로 다루었는데, 그중에서 김경태와 조기준이
근대의 기점으로 1876년설을 발표하였다.26) 한국역사연구회에서는
근대의 기점으로 1860년대설(장동표), 1876년설(이윤상), 1894년설(도
면회)이 제시되었다.27) 그리고 국사편찬위원회가 기획한 ≪신편 한국
사≫가 간행되기 시작하였고, 한길사에서 편찬한 ≪한국사≫ 27책이
1994년 간행되었다. ≪한국사≫는 분단체제적 역사인식의 틀에서 벗
어나는 것을 목표로 삼으며 북한의 역사를 포함하여 다루고 있다. 90
년대 이후의 연구 성과를 네 시기로 나누어 살펴보면 다음과 같다.

1) 1990년대 초반기의 연구 성과

90년대 초반에는 사회사 및 사회운동, 사상사 관계논문이 많이 발
표되었고, 특히 의병운동과 실력자강사상에 대한 연구가 많았다. 이
러한 현상은 이 시기 한국사학계의 경향이 독립운동 분야에 비중을
두고 연구되었기 때문이고, 이에 비해 정치 및 대외관계 분야는 상대
적으로 부진한 면을 보이고 있다. 대원군집권기에 대한 연구는 종래
대원군 정권을 복고적 반동정치로 규정하느냐, 아니면 근대사회로의
발전을 이룩한 실용적인 개혁정치로 파악하느냐 하는 평가에 치중된

---

26) 김경태, 1993 <한국근대사의 기점과 시기구분문제> ≪국사관논총≫ 50 ;
    조기준, <경제사에서 보는 한국근현대사문제> ≪같은 책≫
27) 장동표, 1993 <1860년대 반침략·반봉건운동의 의의> ≪역사와 현실≫
    9 ; 이윤상, <한국근대사에서 개항의 역사적 위치> ≪같은 책≫ ; 도면
    회, <근대=자본주의사회 기점으로서의 갑오개혁> ≪같은 책≫

경향이 있었다. 그러나 최근에는 대원군집권기의 권력구조에 대한 구
체적인 고찰을 통해서 대원군 정권의 성격을 규명하려는 논문들이
나왔다.28)

갑신정변에 대한 연구는 개화파의 개혁의도와 동기면에서는 높
이 평가하면서 그 방법과 대외인식의 한계성을 지적하는 절충적
인 입장을 취하는 동시에, 그 결과가 미친 영향에 대해서는 부정
적으로 보는 견해가 제시되었다. 29)

갑오개혁에 대한 연구는 갑오개혁에 참여했던 개혁 주체들의 활동
과 사상에 대한 분석 내지는 시행된 개혁안의 검토를 통해서 갑오개
혁의 자율적 측면을 부각시켜 보려는 연구가 두드러졌다.30) 그러나
이에 반대한 갑오·을미의병의 반대투쟁 내용을 검토함으로써 그 성
격을 반침략으로 규정하여, 갑오개혁의 타율성과 친일의존성을 부각
시키는 연구도 있다.31)

대외관계사 연구로 김기혁은 서구열강에 의해 이루어진 동아시아
의 개방과 관련하여 조선을 둘러싼 국제관계의 변화에 주목하였다.
서구열강의 무력에 의한 중일 양국의 개항과 관련하여 조선의 개항
이 갖는 의미와 동아시아의 국제관계의 변화 과정을 서술하고 있다.

---

28) 김세은, 1990 <대원군집권기 군사제도의 정비> ≪한국사론≫ 23 (서울
    대) ; 연갑수, 1992 <대원군 집정의 성격과 권력구조의 변화> ≪같은
    책≫ 27
29) 정옥자, 1990 <개화파와 갑신정변> ≪국사관논총≫ 14 ; 최영호, 1990
    <갑신정변론> ≪한국사시민강좌≫ 7 ; 박성수, 1992 <서재필에 대한 재
    평가> ≪서암조항래교수화갑기념 한국사학논총≫ (아세아문화사, 서울)
30) 유영익, 1990 ≪갑오경장연구≫ (일조각, 서울) ; 동, 1992 <갑오·을미
    년간(1894~1895) 박영효의 개혁활동> ≪국사관논총≫ 36 ; 동, 1992 <
    갑오경장과 사회제도 개혁 - 개혁주체, 개혁안 및 경장의 역사적 의의에
    관한 통설의 재검토> ≪한국사회발전사론≫ (일조각, 서울)
31) 오영섭, 1992 <갑오개혁 및 개혁주체세력에 대한 보수파 인사들의 비판
    적 반응 - 그들의 상소문을 중심으로> ≪국사관논총≫ 36 ; 김상기, <갑
    오경장과 갑오·을미의병> ≪같은 책≫

또 19세기 동아시아의 국제정세와 관련하여 강화도조약의 체결 과정
과 그 내용 및 성격을 살폈다.[32] 윤병석은 을사5조약을 고찰하여 을
사5조약의 사실성과 허구성을 규명함과 아울러 일제침략의 기본적
성격을 밝혔다.[33]

2) 1990년대 중반기의 연구 성과

90년대 중반기의 갑오개혁에 대한 연구는 농민전쟁과의 관련설, 갑
오개혁의 정치적 성격, 사회경제적 의의, 구체적인 제도 개혁 등에 걸
쳐 있다. 주진오는 갑오개혁의 정치적 성격에 대해서 ①갑오개혁의
대상인 민씨정권을 절대왕정체제로 이해하고, ②갑오개혁보다는 열
강간의 세력 균형을 전제로 한 개혁이 자주적 근대화를 추진할 수 있
는 길이었다고 보고, ③갑오개혁의 성격을 부르주아 없는 부르주아
개혁으로서 근대변혁의 완성이 아니라 출발점으로 보았다.[34]
　내재적 근대화의 가능성에 대한 논쟁은 일찍이 1970년대 후반 독
립협회 운동과 광무개혁 논쟁에서 시작되었는데, 그 논쟁은 광무양전
지계사업을 중심으로 재연되고 있다.[35] 초기의 광무개혁 논쟁은 독립

---

32) 김기혁, 1990 <개항을 둘러싼 국제정치> ≪한국사시민강좌≫ 7
33) 윤병석, 1991 <을사오조약의 신고찰> ≪국사관논총≫ 23
34) 주진오, 1994 <갑오개혁의 새로운 이해> ≪역사비평≫ 26, 가을호.
35) ≪역사학보≫ 152, 356~8 ; 이윤갑, 1995 <대한제국의 양전·지계발급
　　사업을 둘러싼 제2단계 광무개혁논쟁> ≪역사와 현실≫ 16
　　1990년 간행된 ≪대한제국의 토지제도≫ (민음사, 서울)에서는 광무양
　　안의 토지대장으로서의 성격을 부정하고, 광무양전사업을 근대적 성격
　　의 광무개혁의 일환으로 평가하는 것을 부정하였다. 그러나 한국역사연
　　구회의 공동연구 ≪대한제국의 토지조사사업≫ (1995, 민음사)은 이것을
　　다음과 같이 비판하고 나선 것이다. 즉 대한제국의 광무양전지계사업은
　　근대적 토지소유권제도와 지세제도의 확립을 목표로 한 것으로 일제의
　　토지조사사업과 비교하여 형식적 완결성은 떨어지지만 그것은 시간적

협회운동과 광무개혁을 대립적으로 보았는데, 양자의 접점을 모색하려는 연구가 주진오에 의해 제시되었다. 즉 독립협회와 대한제국이 상호 대립으르 일관한 것이 아니라 독립협회 안에 황제권을 인정하고 그를 중심으로 근대국가를 수립하려는 흐름이 있었다는 것이다.36)

일제에 의해 내재적 근대화의 과정이 좌절·왜곡·침탈되는 양상, 또는 일본 자본주의체제에 종속되는 양상에 대한 연구로는 이윤갑·이종범·최원규·정연태의 연구가 있다. 이와는 달리 일제에 의한 근대적 제도의 수립 과정을 추적한 조석곤의 토지·지세제도 연구가 있다.37) 통감부시기 일제의 침략정책과 그 실태에 대한 연구도 활성화 되어, 유재곤·권태억·강창석·강동진의 연구와 일제의 침략정책을 일본인의 이주와 식민의 차원에서 검토한 최원규·정연태의 연구가 있다.38)

인 문제에 불과한 것이라고 하였다. 대한제국의 토지조사는 토지제도상에서 중세사회의 최종 귀결점이면서, 근대사회로의 출발점이라는 의의를 가지는 것으로 평가하였다. 이들 연구는 대한제국시기 내재적 발전의 도달점과 근대화의 진전 정도를 토지제도를 중심으로 긍정적으로 제시하였다.

36) 주진오, 1995 ≪19세기 후반 개화 개혁론의 구조와 전개-독립협회를 중심으로≫ (연세대 박사학위논문)

37) 이윤갑, 1993 ≪한국근대의 상업적 농업 연구-경상북도지역의 농업변동을 중심으로≫ (연세대 박사학위논문) ; 이종범, 1994 ≪19세기말 20세기초 향촌사회구조와 조세제도의 개편≫ (연세대 박사학위논문) ; 최원규, 1994 ≪한말 일제초기 토지조사와 토지법 연구≫ (연세대 박사학위논문) ; 정연태, 1994 ≪일제의 한국 농지정책(1905~1945)≫ (서울대 박사학위논문) ; 조석곤, 1995 ≪조선토지조사사업에 있어서의 근대적 토지소유제도와 지세제도의 확립≫ (서울대 경제학과 박사학위논문)

38) 유재곤, 1993 <일제통감 伊藤博文의 대한침략정책(1906~1909)-'대신회의필기'를 중심으로> ≪청계사학≫ 10 ; 권태억, 1994 <통감부 설치기 일제의 조선근대화론> ≪국사관논총≫ 53 ; 1994 <1904-1910년 일제의 한국침략구상과 '시정개선'> ≪한국사론≫ 31(서울대) ; 강창석, 1994 <조선통감부 연구> ≪국사관논총≫ 53 ; 1994 ≪조선통감부 연구≫ (국학자료원, 서울) ; 강동진, 1995≪한국을 장악하라-통감부의 조선침략

3) 1990년대 후반기의 연구 성과

90년대 후반기에는 종전의 정치사·제도사에 대한 비중이 약화된 반면 문화사·생활사에 대한 관심이 증대되었다. 1996년 5월 역사문제연구소는 <한국의 '근대'와 '근대성'>을 주제로 창립 10주년 기념 학술심포지움을 개최했고,[39] 6월 한국사회사학회와 한국역사연구회는 <식민지 근대화론의 비판적 검토>라는 주제로 학술토론회를 열었다.[40]

1997년에는 대한제국 선포 1백주년을 맞아 지금까지 부정적인 평가를 받아온 고종에 대한 재평가와 대한제국시대에 대한 재조명 작업이 진행되었다. 광무연간의 각종 개혁사업에 대한 평가를 둘러싼 논쟁은 지난 70년대에 처음 제기된 이래 90년대에 들어와 특히 이 시기에 단행된 양전 및 토지소유자에 대한 증명서로서의 地契 발급사업의 역사적 의의를 둘러싸고 재연된 바 있었다. 이제 재정·상업 분야의 연구 성과가 추가됨으로써 이른바 광무개혁 논쟁은 세 번째 단계로 돌입하였다.

90년대 후반에는 그동안 연구가 많이 진행된 농민전쟁 연구가 대

사≫ (아세아문화사, 서울) ; 최원규, 1993 <일제의 초기 한국식민책과 일본인 '농업이민'> ≪동방학지≫ 77·78·79 (연세대) ; 정연태, 1993 <대한제국 후기 일제의 농업식민론과 이주식민정책> ≪한국문화≫ 14 (서울대)

39) 임현진, <우리에게 근대란 무엇인가-사회과학에서의 근대성논의> ; 이승렬, <일제하 조선인 자본가의 '근대성'-근대 민족국가 형성과 관련하여> ; 김동춘, <사상의 전개를 통해 본 한국의 '근대'모습-자유주의·사회주의·민족주의> ; 박명림, <현대 한국 민족주의의 특성과 이해-'근대성'과 '민중성'의 비교적 관찰> ; 서동만, <북한사회주의에서 근대와 전통>

40) 정태헌, <해방후 한국에서 일제 식민지상의 변화와 과제> ; 정근식, <일본의 식민지 인식과 망언의 역사>

폭 줄어들었지단 동학사상에 대한 연구는 급증했다. 애국계몽운동 연구도 운동의 전개 과정을 다룬 글은 극히 소수이고 대부분 계몽운동의 사상적 측면을 조명한 글이 많았다. 반면 운동사 중에서도 의병운동 연구가 늘어나고 있다. 개화운동의 경우에도 갑오개혁이나 독립협회에 관한 글은 거의 찾기 어렵고, 갑신정변 전후의 개화운동을 다룬 논문이 많았다. 사회 경제를 다룬 논문은 많지 않고 향토사 연구의 연장선상에서 지역에서의 사례 연구가 많다는 것도 특징으로 들 수 있다.

통감부시기의 연구로 정재정은 일제의 침략통로였던 철도문제를 다루었다. 이 척은 1910년 이전 일본의 철도침략과 이에 대한 한국인의 자력적인 철도건설 운동, 또 철도부설에 따르는 토건회사, 철도 연변 주민과 역부의 저항운동에 관해 살펴보았다.[41] 일제시대의 지배구조에 대한 체계적인 연구도 진행되었는데, ≪일제식민통치연구 1; 1905~1919≫(1999, 한국정신문화연구원)가 그것이다. 도면회는 식민통치 기구의 형성을 다루면서 1907년 7월의 3차 한일협약을 중요한 계기로 파악하였다. 이윤상은 통감부시기의 재정정책의 변화 과정을 3단계로 나누어 식민통치 구조에 접근하였다.

4) 2000년대 초반기의 연구 성과

한국사학계는 2001년 일본의 교과서 문제로 소란했다. 일본 역사교과서의 검정을 둘러싸고 빚어진 교과서 문제는 일본인의 왜곡된 역사인식이 다음 세대를 교육하는 교과서로까지 침투하였고, 이를 국가가 공인하였다는 의미에서 그 문제의 심각성이 있다. 왜곡된 부분은 임나일본부설·삼국조공설·임진왜란·조선통신사·정한론, 개항·

---

41) 정재정, 1999 ≪일제침략과 한국철도≫ (서울대학교출판부)

개화파·동학·농민전쟁·청일전쟁·러일전쟁·한국강제병합·관동대지진·강제동원과 황민화정책·군대위안부 문제 등이다. 이러한 역사왜곡 문제가 일어난 역사적 뿌리는 바로 근대 일본이 침략을 위한 이론적 도구로 만들어 낸 식민주의사관에 기인한다.

　2000년에 들어서는 개화기 연구가 약간 줄어드는 추세였다. 근대사 분야의 연구 경향은 사회경제사보다는 정치외교사로 중심이 옮겨가는 추세이며, 특히 집권세력에 대한 연구가 증가하고 있다. 1980년대 이후 근대사 연구의 주류로 자리한 변혁운동사적 틀에 대한 본격적인 비판이 제기되고 있고, 그러한 시각에 입각한 구체적인 연구 성과들도 산출되기 시작하였기 때문이다. 그리고 개항 이후 한반도를 둘러싼 열강의 각축을 고려하면서 만국공법이라는 새로운 국제관계 틀에 대한 인식이나 한중일 삼국간의 관계에 대한 태도 등을 다룬 논문이 많았다.[42]

　연갑수는 대원군을 쇄국론자로 보는 것은 일제시기의 일본인들에 의해 시작되었다고 지적하였다. 양요는 문호개방을 빌미로 침략하려는 서양세력에 단호히 맞서 싸운 것일 뿐 결코 대원군정권의 쇄국정책이 서양과 충돌해 일어난 것이 아니며, 더구나 대원군이 국제정세에 무지하여 개국을 결정하지 못하고 근대화의 시기를 놓친 것은 결코 아니라고 주장하였다. 또한 기존연구는 개화와 척사라는 이분법적 구분 하에 민씨정권기를 수구와 부정부패의 이미지로만 인식하고 있다고 비판하면서, 국왕 고종을 정국 운영의 중심에 놓고 정국 변화의 양상을 추적하였다.[43]

---

42) 조재곤, 2000 <한말 조선 지식인의 동아시아 삼국제휴 인식과 논리> ≪역사와 현실≫ 37 ; 권혁수, 2000 <김옥균과 중국 : 대중국인식의 시기적 변화를 중심으로> ≪정신문화연구≫ 80 ; 김세민, 2000 ≪고종시대 만국공법 인식연구≫ (강원대 박사학위논문) ; 동, 2000 <19세기말 개화파의 만국공법 인식> ≪강원사학≫ 15·16

43) 연갑수, 2000 <대원군과 서양－대원군은 쇄국론자였는가> ≪역사비평≫

그리고 고종의 외교정책에 대한 연구가 집중되어, 대부분 긍정적인 평가를 내리고 있다는 점이 특징이다.[44] 이태진은 일본이 한국침략을 정당화하기 위해서 한국사를 왜곡했고, 특히 고종황제와 대한제국 정부의 무능을 강조하여 망국의 책임을 씌우고 일제의 통치를 정당화하려 했다고 주장하였다.[45] 이에 대해 왕현종은 순전한 민족적 관점에서 고종을 절대화하고 있다고 하는 비판을 제기하였다.[46] 통감부시기에 대한 연구는 본격화되고 있으나 아직은 일본의 대한정책의 내용, 병합 추진경위 등을 밝히는데 집중되어 있다. 한국측이 일제의 보호국화 정책에 대해 어떻게 대항했으며, 한국의 정치세력에게 어떤 변화를 가져왔는지를 살피는 연구 성과는 미진하다.

이상에서 살펴본 것과 같이 한국근대사 연구는 내재적 발전론의 입장에서 일제의 식민사관을 극복하기 위해 1960년대에 시작되었다. 이 시기 가장 핵심적인 문제로 부각된 것은 반침략·반봉건 운동에 관한 것이었다. 1960~70년대 이후 개화파와 개화사상·갑신정변·갑오개혁에 관한 연구가 나오고, 그 결과 외래사상의 도입뿐만 아니라 실학파와 북학사상 등의 내재적 계승을 강조하였다. 갑신정변과 갑오개혁에 대한 연구는 긍정론과 부정론, 자율성과 타율성 등 다양한 평가가 이루어지고 있다. 1980년대에 들어 민주화 운동과 더불어 민중적 민주주의가 강조되면서 신진 연구자들은 개화파의 위로부터의 변혁운동을 부정적으로 보고, 아래로부터의 변혁운동인 농민운동을 높게 평가하고 있다. 1990년대에는 농민전쟁에 대한 연구가 줄어

50, 봄호 ; 동, 2000 <갑신정변 이전의 국내 정치세력의 동향> ≪국사관논총≫ 93

44) 엄찬호, 2000 ≪고종의 대외정책연구≫ (강원대 박사학위논문) ; <주권수호를 위한 고종의 특사외교> ≪강원사학≫ 15·16

45) 이태진, 2001 ≪고종시대의 재조명≫ (태학사, 서울)

46) 왕현종, 2001 <민족적 관점에서의 한국 근대정치사 연구 비판과 '고종'의 절대화> ≪역사문제연구≫ 6

들고 근대의 기점, 근대의 개념, 근대성 등의 논의가 활발해지면서 이 분야에 대한 실증적인 연구에 관심이 집중되었다. 그리고 조선후기 이래 내재적 발전의 성과가 갑오개혁·광무개혁을 통하여 근대국가 의 수립 방향으로 나아갔으나, 러일전쟁 이후 본격화된 일본 제국주 의의 침략에 의하여 좌절·왜곡되어 가는 양상을, 사회경제적 측면과 일제 침략의 측면에서 해명하고 있다. 최근에는 개화기 연구가 줄어 들고 1980년대 이후 근대사 연구의 주류를 차지한 변혁운동에 대한 비판이 제기되고 있다. 그리고 애국계몽운동의 사상적 측면을 조명한 연구나 동학사상, 의병운동, 척사론, 대한제국기와 통감부시기에 대 한 연구가 늘어나고 있는 추세이다.

Ⅲ. 쟁점별 연구동향[47)

1. 1870년대의 한일관계 — 강화도사건 도발론

한국에서의 개항기에 관한 연구는 강화도조약의 체결을 전후한 정 치·외교 분야의 연구와 불평등조약의 국제법상의 비교 연구, 개항이 후의 한일관계, 강화도조약 체결의 후속조치로 이루어진 修信使·紳 士遊覽團 파견 등의 연구가 나왔다. 그러나 일본에서의 연구는 강화 도사건에 대한 대응과 성격, 강화도조약 체결을 살펴보는 연구에서, 최근에는 종래의 도발설에 대해 비판을 제기하는 연구가 나오고 있

---

47) 이 부분의 연구사 정리는 다음 글의 일부를 참고하였다. 龜掛川博正, 2002 <江華島事件と'日本側挑發說' 批判> ≪軍事史學≫ 149 ; 최석완, 1997 ≪日淸戰爭への道程≫ (吉川弘文館, 동경) ; 原田環, 1972 <朝鮮近 代史における最近の論爭をめぐって> ≪史學研究≫ 117 ; 정재정, 2001 <일제의 한국강점의 역사적 성격> ≪한국사연구≫ 114

다. 이에 대한 반론으로 한국에서는 강화도(운양호)사건의 도발과 조약 체결은 일본이 淸·朝從屬關係를 부정하여 동아시아 패권정책의 일환으로 추진한 것이었다는 연구가 이루어지고 있다. 먼저 한국에서의 강화도조약 체결에 관한 연구 성과를 정리해보면 다음과 같다.

김경태는 강화도조약은 조선이 외국과 맺은 최초의 근대적 국제조약이지만 또한 최초의 굴욕적인 불평등조약이라고 규정하면서 1876년의 문호개방이 반식민지화의 기점이 되었고, 나아가서는 근대 동아시아의 세계사적 모순, 즉 근대 일본의 대륙침략의 원점이 되었다고 주장하였다.[48] 또한 동덕모는 조선이 개국하게 된 이유를 일본측의 팽창주의와 군사적 시위, 조선측의 국내적 분열, 중국측의 권고, 쇄국 유지가 어렵게 된 국제적 상황 등이 작용한 때문이지만, 무엇보다도 '신흥일본'의 침략정책이 큰 역할을 한 것으로 보았다. 즉 메이지유신을 계기로 새로운 제국 일본이 된 사실, 그로인해 대륙진출을 위한 팽창주의 정책을 펼쳤던 것을 큰 이유로 지적하였다.[49]

김기혁은 19세기 중엽 청국과 일본이 서구 열강에 의해 문호를 개방당한 이래 사로운 동아시아의 국제질서가 형성되었는데, 이 질서는 청국 중심의 전통적인 조공체제와 서구식 조약체제를 함께 갖춘 이원적 성격이라 보고, 조선이 개항과 동시에 전통적 동아시아 질서가 국제질서로 대체되는 역사적 의의를 갖는다고 하였다.[50] 그리고 그는 일본이 9세기 중엽이후로는 중국과 정식외교를 단절하고 화이질서에서 자신들만이 別格이라고 자처하였고, 이 別格論은 도쿠가와(德川) 정권하의 쇄국기에 日本神國說과 천황숭배사상의 대두와 함께 더욱 왜곡되어 근대 일본의 國粹主義의 기원이 되었다고 보았다. 일본은 19세기 초반 서세동점으로 국내의 위기감이 증대하자 이에 대응하기

---

48) 김경태, 1973 <병자개항과 불평등조약관계의 구조> ≪이대사원≫ 11
49) 동덕모, 1980 ≪앞 책≫
50) 김기혁, 1990 <앞 논문>

위해 팽창주의적 대륙진출론이 일어나 한반도에 대한 관심도 그 일
환이었다는 것이다. 메이지유신 이후 조선과의 국교 회복을 위한 書
契문제에서 일본이 보여준 복고적 태도도 일본의 야심을 드러낸 결
과라고 보았다. 나아가 일본이 복고외교를 脫亞外交로 전환하면서 보
여준 태도는 오쿠보(大久保利通)와 같은 현실주의자들에 의해 일본이
국제관계를 適者生存의 외교 이념과 팽창주의적 외교 전략에 입각하
여 보게 되고, 이에 강화도사건을 도발하고 강화도조약을 조인하기에
이른 것이라는 것이다. 따라서 강화도조약의 체결로 조선이 일본의
식민지로 전락하게 되고, 일본은 제국주의적 발전의 기반을 구축하게
된다고 지적하였다.[51]

　그동안 강화도조약은 일본에 의해 강제된 타율적인 불평등조약이
며 이로 인해 조선은 이후 식민지적 종속국으로 전락했고, 일본은 조
선침략과 제국주의적 발전의 기반을 구축했다고 보는 것이 통설이었
다. 이에 대해 최근 윤소영은 고종과 朴珪壽·姜瑋·申憲 등의 주체
적 개국론의 존재가 밝혀지고 있음을 들어, 강화도조약의 불평등조약
으로서의 한계는 재고되어야 한다고 지적하였다. 당시의 불평등조약
은 세계사적 환경의 산물이며, 불평등조약의 체결을 일본의 침략성을
간파하지 못한 결과로 간주하기보다는 당시의 시대적 조류로서 인정
하는 관점이 필요하다는 것이다. 이는 그간의 통설처럼 단지 일본의
조선에 대한 강제에 의한 것만이 아니라, 일본의 조선 개국을 묵인하
는 국제적 분위기와 고종·박규수 등의 대일수호정책 추진이라는 조
선의 주체적 개국의지가 중요하게 작용하였음을 강조한 것이다.[52]

　지금까지의 강화도조약에 관한 연구에서는 이 조약 체결 이후 조
선에 펼쳐진 결과에 주목하여 불평등성과 그로인한 일본의 침탈 내

---

51) 김기혁, 1991 <강화도조약의 역사적 배경과 국제적 환경> ≪국사관논
　　총≫ 25

52) 윤소영, 2003 <조일수호조규의 역사적 위치> ≪한일관계사연구≫ 18

용이 부각되고, 일본의 무력침공이라는 강압성이 강조되어왔다. 조선 근대의 시점이라고 할 수 있는 개항에 대하여 조선의 자주적 의지를 강조한 면은 분명 새로운 시각으로서 의의가 있고 함께 고려되어야 할 측면이다. 그러나 일본이 메이지유신 이후 왕정복고를 조선에 통고하고 조선에 대한 우위의 위치를 확보하고자 계속적인 강압외교를 추진하였던 것이 일본의 외무성 당국자들의 일치된 입장이었다. 淸日 修好條規를 통해 한반도 진출을 위한 발판을 마련하고, 조선출병의 전 단계로 대만정벌을 단행한 것을 볼 때, 탈아·팽창주의적 외교정책을 펼쳤다는 것은 부인할 수 없을 것이다. 다음, 강화도사건을 둘러싼 한국과 일본의 연구 성과를 중심으로 살펴보자.

강화도사건은 1875년 9월 19일 일본군함 雲揚號가 강화만에서 강화도의 포대를 공격하고 영종도를 점령해서 민가를 불태우고 나가사키(長崎)로 돌아간 사건을 말한다. 지금까지 우리나라에서 나온 강화도사건에 대한 연구는 "본래 일본 당국이 예정된 계획을 실행한 것이었고, 조선에 대한 시위가 그 목적이었다. 이 사건은 전적으로 조선을 도발하기 위해 이루어진 것이고, '수로측량' 같은 것은 단지 구실에 지나지 않는다"고 하는 일본의 계획적인 침략성을 밝힌 인식이 일반적이었다.[53] 그리고 이 사건에 대한 일본의 계획적인 침략성과 무력에 의한 강제성을 부각시키는 연구가 김의환, 백종기, 김경태, 최영희에 의해 이루어졌다.[54]

최근에는 이태진에 의해 운양호사건이 한국근대사 개시의 핵심 부분이란 점에서 엄밀하게 검토될 필요가 있다는 주장이 제기되었다.

53) 신국주, 1966 ≪近代朝鮮外交史硏究≫ (有信堂, 동경) ; 1965 ≪앞 책≫ ; 1976 ≪앞 책≫

54) 김의환, 1974 ≪앞 책≫ ; 백종기, 1968 <한일수호(江華)조규에 관한 사적고찰> ≪논문집≫ 13 (성균관대 인문·사회계) ; 1977 ≪앞 책≫ ; 김경태, 1973 <앞 논문> 11 ; 최영희, 1975 <강화도조약의 체결과 그 영향> ≪한국사-개화척사운동≫ 16 (국사편찬위원회, 서울)

이 연구는 한일 양측의 1차 사료를 검토하여 사건의 경위와 일본측의 국기게양설의 진위를 고찰하였다. 그 결과 운양호사건은 일선 외교 담당자들이 정한론적 사고에서 구상해 메이지 정부의 수뇌부에 건의한 것이 그대로 받아들여진 것임을 재확인하였다. 일본이 조선과의 국교 수립에서 무력적 우위를 과시하는 속에 일본의 우위를 드러내는 것이 메이지 정부의 책략이었으며, 이 사건은 바로 그 목적에서 계획된 것이었음을 지적하였다. 또한 양측이 한달 여만에 수호조약을 체결할 수 있었던 것은 조약 체결을 성과로 삼으라는 산죠(三條實美) 太政大臣의 <訓條>가 1873년 12월이래 조선 국왕이 취한 문호개방 정책과 일치점을 쉽게 얻을 수 있었기 때문이었으며, 운양호사건은 아무런 영향을 주지 않았다고 밝혔다.[55]

종래의 강화도사건에 대한 일본의 연구는 일본측에 의한 단순한 도발인가 아닌가를 묻는 차원에서 이루어졌으나, 최근에는 이러한 경향에서 벗어나 일본정부의 중추가 개입한 사건인지 아닌지를 검증하는 차원으로 나아가고 있다.

강화도사건에 대한 여러 견해를 도발론을 중심으로 살펴보면, 먼저 이노우에(井上淸)는 일본군함이 마음대로 다른 나라 땅에 깊숙이 침입해서 도발을 함부로 한 것이기 때문에 조선이 이것을 포격한 것은 무리가 아니며, 일본정부는 바로 이 기회를 통해 조선에 대한 종래의 목적을 일거에 달성하려고 했다고 말하고 있다.[56]

야마베(山辺健太郎)는 강화도사건은 일본 해군당국과 이노우에 요시카(井上良馨)와의 묵계아래 행해진 사건이며, 일본정부는 이노우에 함장의 보고를 받고 바로 육해군 수뇌와도 협의해서 출병 준비를 갖추고 다음 해 1월 조선에 함대를 파견하여, 배상과 수호조약 체결을

---

55) 이태진, 2002 <운양호 사건의 진상―사건경위와 일본국기 게양설의 진위> ≪조선의 정치와 사회≫ (집문당, 서울)

56) 井上淸, 1953 ≪日本の軍國主義 2≫ (東京大 出版會, 동경) 163

요구하게 된 것이라고 한다. 야마베는 "배상 요구는 이상하다. … 당한 것은 강화도와 영종도였고, 일본측은 거의 손해를 입지 않았다. 그것도 강화도와 같이 수도 서울의 전면에 있는 중요한 요새 지대에 국교가 없는 나라의 배가 예고 없이 들어간 것은 들어간 쪽이 나쁘다. 또 음료부족이라는 것도 조금 이상하다. 운양함은 9월 20일 강화를 떠나 28일 나가사키까지 가는 도중에 음료수를 보급하지 않고 돌아갔기 때문이다. 따라서 강화도사건 해결의 목적은 배상이 아니고, 조선에 대한 개국 요구였다. 그 때문에 일본정부는 구로다 기요다카(黑田淸隆) 중장을 전권대신, 이노우에 가오루(井上馨)의관을 副大使로 하여 군함 6척 兵貝 3백 명을 이끌고 2월 4일 강화도에 왔다"고 하였다.[57]

이러한 일본정부의 계획적인 도발론에 관한 연구는 彭澤周・山田昭次・藤原彰에게도 보인다.[58] 그리고 나카즈카(中塚明)는 운양함이 조선측에게 포격을 당한 강화도에 서보면 수도를 지키는 이 요충지에 무단으로 '征韓'의 뜻을 숨기지 않은 일본 군함이 갑자기 침입해 온 것이 도발임을 누구라도 눈치 챌 수 있을 것이라고 한다. 또한 운양함은 수도 전면 영해에 깊숙이 들어가 조선측이 발사하게끔 상황을 만들고 민가를 불태워, 조선측에 35명의 사망자를 내고 전리품으로 대포 38문을 빼앗은 뒤 돌아왔다고 지적하였다.[59]

운노(海野福壽)는 일본정부가 허가 없이 국교가 없는 나라의 하천에 침입하여 요새에 접근한 것은 계획적인 도발행위이며, 남은 포대 등의 병기 외에 병서 악기까지 약탈했다고 서술하고 있다. 또 운양함

---

57) 山辺健太郎, 1966 ≪日韓併合小史≫ (岩波新書, 동경) 25~26

58) 彭澤周, 1969≪明治初期日韓淸關係の研究≫ (塙書房, 동경) ; 山田昭次, 1973 <征韓論・自由民權論・文明開化論－江華島事件と自由民權運動> ≪論集日本歷史10 自由民權≫ (有精堂, 동경) ; 藤原彰, 1987 ≪日本軍事史 上≫ (日本評論社, 동경)

59) 中塚明, 1994 ≪近代日本と朝鮮≫ (三一書房, 동경) 25

승조원의 전사자를 '조선을 침략한 전쟁의 최초의 전사자'로 부르고, "가해자가 피해자로 바뀌어 사건을 정당화했다. 조선의 攘夷정책을 역으로 취하여 도발하고, 언제나 했던 방법과 같이 砲艦外交로 개국을 강요하였다"고 말하고 있다.[60] 강재언도 운양호는 계획적인 도발행동을 했으며, 일본정부는 음료수를 구하러 草芝鎭에 접근했을 때 갑자기 포격을 받았다고 역선전하면서 일본국민 사이에 배외적인 분위기를 조성했다고 지적하였다.[61]

이상의 견해에서 공통점은 운양함이 조선 영해 안에 무단 침입한 것을 지적하여, 조선측이 운양함에 발포한 것을 정당화하고 있다. 나아가 운양함이 포대로부터 공격을 받은 후 거의 피해를 입지 않았음에도 불구하고 반격하여, 무기를 노획한 뒤 포대 등을 불태우고 조선측에 사상자를 낸 것을 거론하면서, 이것이 일본측의 과잉방어이며 침략행위의 원형이라고 주장하고 있다.

그러나 이케이(池井優)는 강화도사건을 운양함의 도발·시위설로 보는 종래의 견해에 대해 다음과 같은 의문을 제기한다. "운양호의 설비가 도발 혹은 전투를 하기에는 빈약하다. 보트에 의한 음료수 요구를 도발이라고 하면 무모하다. 운양호가 보트를 구출할 때 선상에 국기를 게양하고 있었는데, 일본측은 조선정부가 일본 국기를 지방 관헌에게까지 연락했다고 믿었기 때문에 시위설은 시인할 수 있어도 도발설에는 약간의 의문을 느낀다"고 말하고 있다.[62]

한편 다카하시(高橋秀直)는 강화도사건은 도발이 확실하지만 일본 정부의 지시에 의해 이루어진 것이 아니라고 주장하였다. 즉 당시 정부에는 두 가지 노선이 있었는데, 하나는 오쿠보 도시미치(大久保利

---

60) 海野福壽, 1995 ≪韓國倂合≫ (岩波新書) 16~18
61) 姜在彦, 1985 <江華島事件前後> ≪玄岩 申國柱博士華甲紀念 韓國學論叢≫ (동국대학교출판부, 서울) ; 1998 ≪增補新訂 朝鮮近代史≫ (平凡社, 동경) 54~55
62) 池井優, 1973 ≪增補日本外交史槪說≫ (慶應通信, 동경) 57

通) 등 내치우선을 주장하는 '內治派'의 온건노선이다. 그들은 사이고 다카모리(西鄕隆盛) 등 '征韓派'와의 대립에서 승리했으나 대외팽창을 주도하지 않았다. 강화도사건은 다른 하나의 과격노선인 일부 군부의 과격파가 단행한 것으로 온건노선은 이를 지지하지 않았다고 한다. 다만 강경책을 취하여 조선에 사신을 파견하고 국교 수립을 위해 조약을 체결한 것은 사건을 방임했을 경우 일어날지도 모를 不平士族과 군의 반발을 무마하기 위한 것이라고 보았다.[63] 이것은 일본정부의 대외정책을 온건파의 우세 속에서 전개된 비팽창주의로 규정하려는 자세이다. 다카하시는 강화도사건을 정부의 방침에서 벗어난 일부 강경론자의 소행으로 축소시키고 있다.

최근에는 가메가케가와(龜掛川博正)가 다음과 같이 종래의 도발설에 대한 비판을 제기하고 있다. ①야마베(山辺健太郎)나 彭澤周가 운양함이 측량, 혹은 음료수를 얻기 위해 강화도에 접근한 것에 대해 의문을 제기하고 있지만 그렇지 않다는 증거는 없다. 그리고 운양함이 조선의 포대 등을 태우고 사상자를 낸 것은 자위권의 발동이고 당연한 일이다. ②운노(海野福壽)가 무기노획을 '약탈'이라고 불렀지만, 전리품이라고 하는 것이 바른 해석이다. 전사한 수병도 '조선을 침략한 전쟁의 최초의 희생자'가 아니고 나라를 위해 순직한 명예 전사이다. ③일본측의 도발이 아니다. 당시의 정부는 기도(木戶孝允)·오쿠보(大久保利通)·이와쿠라(岩倉具視)가 국교 수립을 요구했다고 해도 도발해서까지 사태를 해결하려고 생각하지 않았다. 또 정부수뇌와 카와무라(川村純義) 해군대보 등 해군측과의 사이에 '사건'을 모의한 흔적이 보이지 않는다. 야마가타(山縣有朋) 육군경 등 군수뇌부도 실제로 군사행동을 일으킬 준비를 하지 않았다. ④정부는 사건이 조선과의 교섭을 타개할 수 있는 좋은 기회라고 생각하여 구로다(黑田淸隆)

---

63) 高橋秀直, 1998 <江華島條約と明治政府> ≪京都大學文學部硏究紀要≫ 37 (京都大學 文學部)

와 이노우에(井上馨)를 파견했지만, 조선을 개국시키기 위해 도발이
라는 군사적 모험을 일으켰다고 생각할 수 없다는 것이다.[64]

이에 대해 최석완은 강화도사건을 일본정부의 명백한 도발로 보는
종래의 주장을 재확인하였다. 즉, 강화도사건 직전 조선에서 철수한
모리야마(森山茂)의 움직임이나 조선측의 발포를 기대하는 이노우에
요시카(井上良馨) 운양호 함장의 발언을 전하는 사사키(佐佐木高行)
의 기록 등으로 보아, 강화도사건은 일본정부 중추의 개입이 없이는
일어날 수 없는 사건이라고 지적하였다.[65] 나아가서 강화도사건에 대
한 연구가 일본(중추)의 도발(의지)여부를 중심으로 전개되는 현황에
대해 우려를 표명하면서, 이 사건은 메이지유신 이후 일본이 추진한
동아시아질서 재편정책의 연장선상에서 파악할 필요가 있다고 주장
하였다. 즉, 일본정부가 이 사건을 수습하기 위해 같은 해 12월 구로
다(黑田淸隆)를 특명전권변리대신에 임명하고 <訓條> 및 <內諭>를
전달하였는데 여기에 도발 의도가 명료하게 나타나 있다고 한다. <訓
條>의 핵심내용은 첫째 조선측이 조약 체결에 응한다면 운양함에 대
한 배상요구를 철회한다. 둘째 조선과의 전통적인 교린관계를 근대적
으로 재편하는 신조약을 체결한다. 셋째 만약 조선정부가 조약 체결
을 거절한다면 '임기의 처분'을 단행한다는 것이다. <內諭>에서는
조선측이 청과의 전통적인 종속관계를 이유로 조약의 체결을 거부
내지는 지연시킬 경우에 대한 대처 방안을 지시하고 있다. 일본정부
의 의도는 강화도사건을 수습하는 과정을 통해 청조종속관계를 부정
하고, 아울러 조일간의 전통적 교린관계를 일본을 우위에 두는 근대
적 국제관계로 재편하려는 데에 있었음이 명백하다고 강조하였다.[66]

---

64) 龜掛川博正, 2002 <앞 논문>
65) 최석완, 2003 <비팽창주의론의 확산과 문제점 – 정한론과 청일전쟁을
    바라보는 시각> 《기억의 전쟁》 (이화여대출판부, 서울)
66) 최석완, 2002 <근대일본과 동아시아의 조공체제> 《근대 동아시아 국
    제관계의 변모》 (혜안, 서울)

한편 스즈키(鈴木淳)의 연구에서처럼 일본정부 중추의 개입이 어느 정도 선에서 이루어진 것인지 고찰하여, 강화도사건이 征韓派를 달램과 동시에 대조선 국교수립 외교를 타결짓기 위해 정한파에게 도발의 가능성을 열어 둔 결과 발발한 사건이기는 하였으나, 일본정부가 치밀하게 준비하고 계획한 사건은 아니라는 견해도 나오고 있다.[67]

이상에서 살펴본 바와 같이 강화도사건에 대한 연구는 한국보다 일본에서 더욱 활발하다. 종래의 연구 성과를 비판하면서 새로이 등장하는 최근의 연구 동향에서 다카하시의 연구와 같이 결국 정한파를 제압하려는 온건파의 노력을 부각시킴으로써 일본의 팽창주의를 희석시키는 효과를 가져 온 것을 볼 수 있다. 그러나 강화도사건은 어디까지나 조선과의 국교재개와 이를 통한 불평등 관계 창출이라는 동아시아 패권정책의 연장선상에서 도발된 사건이었다는 점을 간과해서는 안 된다. 그리고 강화도사건의 경과와 대응에 대한 일본정부의 각종 보고서와 서한에 대한 신용문제는 앞으로 좀더 관련 사료를 엄밀하게 검증하여야 할 것이다.

2. 1880년대의 한일관계 - 갑신정변 성격론과 정변기도론

1884년에 일어난 갑신정변은 우리나라뿐만 아니라 동아시아의 국제관계에 커다란 영향을 미친 사건이었다. 한일 양국의 갑신정변에 대한 연구 동향은 처음에는 정변의 성격과 평가를 둘러싼 논쟁이 주류를 이루었으나, 점차 일본의 갑신정변 기도설을 중심으로 일본의 동아시아 정책과 관련하여 팽창주의 여부를 고찰하는 연구에까지 그 영역을 넓혀가고 있다.

---

67) 鈴木淳, 2002 <'雲揚'艦長井上良馨の明治8年9月29日付け江華島事件報告書> ≪史學雜誌≫ 111~12

갑신정변에 대한 선구적 연구는 다보하시(田保橋潔)의 <甲申變亂>과 <天津條約の成立>이 있다. 다보하시는 쇄국파와 개국파의 결전으로 임오군란이 일어났는데, 청군이 이를 진압하였기 때문에 조선에 대한 청의 종주권이 강화되고 개국파는 사대당과 독립당으로 분열했다고 한다. 독립당은 일본의 뒷받침 아래에서 청으로부터 독립을 달성하려고 했고, 갑신정변은 이러한 청일 양국의 대립을 배경으로 청불전쟁의 발발을 이용하여 일어났다고 보았다.[68]

1950년에 들어서면서 갑신정변에 대한 새로운 평가가 나왔다. 이나영은 개화파는 북학사상의 영향 하에서 임오군란 후에 형성되었고, 갑신정변은 개화파가 수구파에 대하여 부르주아적인 제 조건이 없는 상황에서 일본을 이용한 것이며 "위에서부터의 불철저한 부르주아 개혁"이었다고 보았다. 정변의 실패원인은 부르주아적 제 조건이 없었기 때문에 부르주아지는 존재하지 않았고 농민층의 참가도 없었으며, 오히려 아래로부터의 혁명적 인민 대중의 움직임을 두려워하여 일본을 이용했다는 것이다.[69] 이나영에게 반론을 제기한 것은 1960년 야마베(山辺健太郎)였다. 그는 ≪갑신일록≫의 사료적 가치를 부정하는 논문을 발표하여, 갑신정변의 주모자는 김옥균이었지만 정변의 원인은 조선의 외부로부터 일어났다고 보았다. 조선을 둘러싼 청일 양국의 대립이 한국의 궁정 내에 친일파와 사대파를 낳았고, 양자의 대립이 정변을 초래했으며 정변은 정권 탈취의 음모에 지나지 않는다고 지적하였다.[70]

이에 대한 반론으로 북한의 사회과학원 역사연구소에서 갑신정변과 개화파에 관련된 논문을 편집해서 수록한 단행본 ≪김옥균≫

68) 田保橋潔, 1940 ≪近代日鮮關係の研究≫ 上 (조선총독부 중추원, 서울)
69) 이나영, 1958 ≪조선민족해방투쟁사≫ (조선로동당출판사, 평양)
70) 山辺健太郎, 1960 <甲申日錄の研究> ≪朝鮮學報≫ 17 ; 1960 <朝鮮改革運動と金玉均> ≪歷史學研究≫ 247

(1964)을 간행함으로써 일본과 북한간의 학문적인 논쟁이 전개되었다. 이 책에서는 1860년대에 개화사상이 형성되고 70년대 전반에 개화파가 형성되었다고 보았다. 종래는 개화파의 형성을 임오군란 이후로 보고 있었지만 개화사상도 개화파 형성의 내재적 요인임을 강조하고 있다. 북한은 1970년대의 연구에서는 '부르주아 개혁'은 잘못된 것이며 이를 '부르주아 혁명'이라고 주장하였다.[71] 그러나 가지무라(梶村秀樹)는 개화파의 형성시기를 1880년대라고 주장하고 ≪김옥균≫을 정면에서 비판하면서, ≪김옥균≫이 갑신정변의 내재성을 강조한 나머지 국제적인 조건을 捨象했다고 보았다. 그리고 갑신정변의 성격을 '부르주아 개혁의 선구'라고 규정하고, 부르주아 개혁 그 자체로는 보지 않았다.[72]

이어서 가지무라의 논문을 비판하는 형태로 강재언과 안병태의 논문이 발표되었다. 강재언은 ≪김옥균≫의 방법론을 따라 실학사상에서 개화사상으로 전개된 것으로 이해하고, 개화파와 개화사상의 형성을 1870년대 전반으로 잡고 있다. 또한 갑신정변 당시의 변혁 주체에 대해서는 '위로부터'의 변혁밖에 없었다고 주장하고, 정변을 '부르주아 개혁의 선구'로 평가하고 있다.[73] 안병태는 야마베와 가지무라를 비판하고 갑신정변의 성격 규정에 대해서 '미완성의 부르주아 혁명'이라고 보았다.[74] 그 후 나온 것이 하라다(原田環)의 연구인데, 북한의 연구가 국제적 조건을 고려하지 않고 내재성을 강조한 것을 비판하고, 갑신정변에 대해 '위로부터'와 '아래로부터'의 양 쪽의 움직임을 동시에 시야에 넣고 연구할 것을 제기했다.[75]

---

71) 허종호 외, 1970 <조선에 있어서 부르죠아 혁명운동> ≪력사과학논문집≫ 1
72) 梶村秀樹, 1967 <朝鮮近代史と金玉均の評價> ≪思想≫ 510
73) 姜在彦, 1968 <開化思想・開化派・金玉均> ≪朝鮮史研究會論文集≫ 4
74) 安秉珆, 1971 <朝鮮近代研究史上の問題> ≪思想≫ 570
75) 原田環, 1972 <앞 논문>

한국에서는 이광린이 야마베의 주장을 반박하는 논문을 발표함으로써 갑신정변에 대한 본격적인 연구가 진전되기 시작하였다. 이광린은 개화당의 형성 과정을 실증적으로 분석하여 이들의 사상적 기반이 실학사상임을 입증하였으며, ≪갑신일록≫의 사료적 가치를 입증하면서 야마베의 주장을 반박하였다.76) ≪갑신일록≫의 사료적 가치를 둘러싼 논쟁은 갑신정변의 성격을 부르주아 개혁으로 볼 것인가의 논쟁으로 확대되었으며, 논쟁은 크게 긍정적 평가와 부정적 평가로 양분되는 양상을 보여주었다.

그 후 이광린·신용하·이현종·윤병석이 갑신정변에 대한 1970년대까지의 연구 동향을 대담을 통해 정리한 것을 출판하여 갑신정변에 대한 학계의 긍정적인 입장을 대변하였다. 이 책에서는 갑신정변 주도자들의 초기 개화사상은 북학파에만 한정되지 않고 여러 계통의 실학자들의 사상을 계승 발전시킨 것으로 실학사상이 개화사상으로 연결되었다고 보았다.77) 갑신정변에 대해 긍정적인 평가를 내리고 있는 측에서는 임오군란 후 자주적 근대국가 건설을 위한 개혁이 청의 내정간섭으로 타격을 받은 상황에서 급진개화파에 의해 준비되었다는 것이 강조되었다.78) 또한 '정강'의 내용을 분석하여 갑신정변으로 국정전반에 대한 근대 체제로의 개혁이 모색되었음을 밝히고 있다.79) 갑신정변은 사회적 경제적 기반에서 계급적 한계를 보이기는 하나 근대주의적 성향을 띤, 근대적 자본주의 사회체제로 변혁하려는 최초의 시도로서 근대적 시민층, 민중이 충분히 성장하지 못한 상태에서 봉건권력의 내부에서 일어난 부르주아 개혁운동이라고 평가하기도 하였다.80)

---

76) 이광린, 1973 ≪앞 책≫
77) 윤병석, 1977 ≪개화운동과 갑신정변≫ (삼성문화문고 90, 서울)
78) 신용하, 1994 ≪한국근대사회의 구조와 변동≫ (일지사, 서울)
79) 이광린, 1990 <갑신정변 '정강'에 대한 재검토> ≪동아연구≫ 21 (서강대, 동아연구소)

이와 반대로 백종기와 신국주는 개화파와 갑신정변에 대하여 부정적인 평가를 내리고 있다. 특히 신국주는 갑신정변을 김옥균 일파가 정권욕에서 일본의 세력을 이용하여 정치적 암살과 음모를 기도한 정변으로 이해하고, 결과적으로 조선의 반식민지화를 가속화시켰다고 보았다. 이 두 연구는 갑신정변이 일본의 대조선 침략정책에 이용되었음을 지적하고 있다.[81] 갑신정변에 대한 부정적 입장은 근대사회의 건설을 위한 변혁운동이라는 역사적 의의를 인정하는 입장과는 달리 그것이 오히려 근대사회의 발전에 장애가 되는 치명적 약점을 노출시킨 사건이라고 보았다.

최영호는 갑신정변의 실패로 개화사상이 일반 국민의 불신을 받게 되었으며 권력의 최고 집권자인 고종의 개화 의지를 좌절시켰다고 한다. 또한 능력 있는 젊은 인재의 상실, 청의 내정간섭이 강화된 점을 들어 시기상조론을 제기하며, 정변이 우리 근대사에 비극적인 영향을 초래하였다고 보았다.[82] 주진오는 갑신정변이 부르주아 개혁의 성격을 갖는다는 일반적인 평가에 이의를 제기하였다. 즉 임오군란 이후 청이 자주권을 침해하는 상황에서 조선의 자주적 부국강병이 시대적 과제로 요청되어 왕실, 특히 고종의 지지 아래 개화파들의 개혁운동이 지지되었으나, 김옥균의 차관교섭 실패 이후 민씨 척족세력의 반발에 직면한 개화파가 정변을 단행하게 된 것으로 국내에 확고한 지지기반 없이 일본의 무력에 의존한 것이라고 평가했다.[83]

이상에서 살펴본 바와 같이 갑신정변의 성격을 둘러싼 논쟁은 야

---

80) 윤대원, 1993 ≪한국근대사≫ (풀빛, 서울)
81) 백종기, 1962 <갑신정변에 관한 일고찰> ≪성균관대논문집≫ 7 ; 신국주, 1985 <갑신정변에 대한 재평가 1 – 갑신정변은 타율적 사건이었다> ≪갑신정변연구≫ (평민사, 서울)
82) 최영호, 1990 <앞 논문>
83) 주진오, 1993 <개화파의 성립과정과 정치·사상적 동향> ≪1894년 농민전쟁연구≫ 3 (역사비평사, 서울)

마베가 정변을 외국세력과 결탁한 정권탈취 음모에 지나지 않는다고 규정하고, 역사적 내재성과 부르주아적 변혁의 성격을 부정하면서 시작되었다. 북한에서의 연구는 1950년대 이후 정변을 '부르주아 개혁'이라 규정하고 나아가 정변의 내적 필연성을 강조하여, 그 패인을 일본 침략세력의 배신행위라는 외인에서 찾았다. 그러나 1970년대에는 '부르주아 개혁'은 잘못된 것이며 이를 '부르주아 혁명'이라고 주장하였다. 이러한 논쟁에 대해 가지무라는 정변은 최초의 부르주아 개혁이지만 그 이상도 이하도 아니라고 반박하였고, 이에 대해 안병태는 야마베와 가지무라를 비판하면서 정변을 '미완성의 부르주아 정치혁명'으로 규정하고, 강재언은 '부르주아 개혁'이라고 주장하였다. 그리고 정변의 실패원인을 개화파의 개혁운동과 도시 농촌에서의 아래로부터의 반침략 반봉건 투쟁이 결합하지 못한 것으로, 또 부르주아 계급의 미성숙에 있는 것으로 파악하였다.

갑신정변에 대한 평가는 시대와 상황, 그리고 누가 평가의 주체가 되느냐에 따라 달라졌다. 갑신정변 자체가 내재적 발전을 통해 자주적 근대의식의 맥락 속에서 그 사상적 기반이 성장하였다고 이해될 수도 있는 반면, 그것이 밖으로 드러낸 양상에서는 외세와의 결탁 내지 의존적인 측면도 엿보이기 때문이다. 단 갑신정변에 대한 논의가 자율·타율 논쟁으로만 이루어졌다고 보는 데에도 무리가 있으며, 사실 이 사건의 이해를 양분법적으로만 규정하는 것은 옳지 못한 방법론이다. 자율적인 요소와 타율적인 요소를 모두 포용하여 이에 대한 객관적이고 종합적인 평가를 내려야 한다는 지적도 적절하다.[84] 이러한 논쟁 외에도 갑신정변의 역사적 動因 문제와 함께 정변을 주도한 개화당 인사들이 근대적 국민국가의 설립을 지향했던 점이나, 정변 이후 국제 세력구조의 재편성이 한반도에 어떠한 영향을 미쳤는가 하는 점 등, 다른 각도에서의 이해도 수반되어야 한다는 지적도 있

---

84) 주 77)

다.85)

한편 이러한 성격논쟁에서 벗어나 일본의 갑신정변 기도를 의심하는 연구가 나오고 있다. 종래의 대부분의 연구(彭澤周・中塚明・藤村道生・遠山茂樹・박종근・강재언・신국주・백종기)86)는 일본의 갑신정변 기도설을 주장하고 있었다. 그 내용은 일본정부가 청불전쟁의 발발과 이에 의한 청국의 약체화를 이용해서 친일적 급진개화파에 의한 정변을 적극적으로 지원하고, 조선으로부터 청국 세력을 축출하여 그에 대신하는 일본 세력의 확대를 도모했다고 하는 것이다. 야마베(山辺健太郎)는 ≪甲申日錄≫과 ≪自由黨史≫를 비판적으로 검토하고, 이노우에 가쿠고로(井上角五郎)의 회고담과 이노우에 가오루(井上馨) 외무경 앞으로 보낸 서간을 활용하여 이 설을 체계적으로 주장하였다.87) 야마베설은 ≪甲申日錄≫과 ≪自由黨史≫의 사료적 가치를 긍정적으로 평가하는 연구가 나오면서 비판받기 시작했다. 그리하여 다케조에(竹添進一郎) 공사의 갑신정변 참가를 그대로 일본정부의 정책이 반영된 것으로 해석하려하지 않는 반노(坂野潤治)의 연구88)까지도 나오고 있다. 그러나 이상의 연구는 이노우에 가쿠고로 관련 사료를 검토하지 않고 있는 한계가 있으며, 그 때문인지 비교적

---

85) 임명덕, 1984 <갑신정변 전후 중국의 대한정책> ≪사상과 정책≫ 1-4 (경향신문사, 서울)

86) 彭澤周, 1960 <淸仏戰爭期における日本の對韓政策> ≪史林≫ 43-3 ; 동, 1963 <甲申事變をめぐる井上外務卿とフランス公使との交渉> ≪歷史學研究≫ 282 ; 中塚明, 1968 ≪日淸戰爭の硏究≫ (靑木書店, 동경) ; 藤村道生, 1974 ≪日本外交史≫ 1(每日新聞社, 동경) ; 遠山茂樹, ≪日本近代史≫ 1 ; 朴宗根, 1965 <朝鮮における近代的改革の推移−1884年と1894年の改革をめぐって> ≪歷史學硏究≫ 300 ; 姜在彦, 1970 ≪朝鮮近代史硏究≫ (日本評論社, 동경) ; 申國柱, 1966 ≪앞 책≫ ; 白鐘基, 1977 ≪앞 책≫

87) 山辺健太郎, 1966 ≪日韓倂合小史≫ (岩波書店) ; ≪日本の韓國倂合≫ (太平出版社, 동경)

88) 坂野潤治, 1987 <壬午甲申事變期の外交と內政> ≪日本歷史大系≫ (山川出版社, 동경)

최근에 등장한 모리야마(森山茂德)와 운노(海野福壽)의 연구도 기도 설을 그대로 답습하고 있다.[89]

그러나 최근에 이러한 일본의 갑신정변 기도를 의심하는 연구가 나오고 있다. 다카하시(高橋秀直)는 처음 논문 단계에서는 기도설을 완전히 부정하지는 못했지만, 그 후 나온 저서를 통해 일본정부의 조 선정책이 청조종속관계를 승인하는 것이었다는 주장을 하면서 정변 기도설을 부정하였다. 즉 다카하시는 정변기도설을 활용하여 일본의 대외정책을 팽창주의로 규정해 온 종래의 통설적인 견해를 비판하면 서, 비팽창주의론을 강조한 것이다.[90]

이에 대해 최석완은 일본의 갑신정변 기도를 부정하면서도, 그 배 경에는 조선에 대한 보다 치밀한 세력확대책이 숨어있었음을 지적하 였다. 최석완은 일본정부가 청일전쟁으로 발전하기 쉬운 급진개화파 의 정변기도를 저지하려고 했던 것은 당연한 것으로 보고 있다. 그 이유의 하나는 일본정부의 청조종속관계부정책이 조선의 '독립'을 국 제적으로 공인화시키려는 정책을 중심으로 전개해갔기 때문이라는 것이다. 즉 일본정부는 이러한 공인화 정책을 원활하게 추진하기 위 해서는 조선의 내외정에서 실권을 잡고 있는 집권세력 뿐만 아니라 조선 주재 청국 관헌과의 관계를 개선하는 것이 유리하다고 판단했 으며, 반대로 친일적 급진개화파에 의한 조선의 '독립'운동은 도리어 방해가 된다고 판단했다는 것이다. 한편 이러한 공인화 정책의 배경 에는 집권세력과의 교섭을 통해 조선으로부터 보다 많은 권익을 획 득하고 아울러 열강의 조선에 대한 경제적 침투를 차단할 의도가 내 포되어 있었다는 사실도 강조하였다.[91]

갑신정변에 대한 앞으로의 과제는 갑신정변 그 자체의 성격만을

---

89) 森山茂德, 1992 ≪日韓倂合≫ (吉川弘文館) ; 海野福壽, 1995 ≪앞 책≫
90) 高橋秀直, 1995 ≪日淸戰爭への道≫ (東京創元社, 동경)
91) 최석완, 1997 ≪앞 책≫

분석하여 긍정적인 혹은 부정적인 평가를 하기 보다는 1880년대 국내의 정치세력의 동향과 열강의 대조선정책, 갑신정변 이후의 정국의 흐름이 어떻게 변화되었는지 검토해야 할 것이다. 또한 갑신정변 기도설에 대해서는 정변 기도설을 실증하는 근본사료에 대한 재검토가 필요하다고 생각된다. 이노우에 가쿠고로(井上角五郎) 회고담은 갑신정변기의 자신의 활약과 일본정부에게 받은 불신감을 강하게 토로하려는 의도에서 만들어진 것이기 때문에 이용하기 어려운 자료이다. 이노우에 가오루(井上馨) 앞으로 보낸 서간도 1885년의 것으로 추정되어 근본사료로서는 이용하기 어렵다는 주장도 있다. 오히려 ≪갑신일록≫의 후쿠자와 유키치(福澤諭吉), 이노우에 가쿠고로 관련 기술은 당시 급진개화파와의 상황을 그대로 전해주는 신빙성이 높은 것으로 판명되었기 때문이다.

3. 1890년대의 한일관계 - 청일전쟁과 팽창주의론

청일전쟁은 동아시아사에서 최초의 근대적 전쟁이었지만 서구 제국주의 세력이 아시아로 진출하는 결정적 계기가 된 전쟁이기도 했다. 그동안의 청일전쟁에 대한 연구는 적지 않았으나 대부분이 군사·외교적 측면에 치중하여 개전 원인론에 대한 연구에 집중된 감이 있다. 한국에서의 연구는 청일전쟁 그 자체보다는 오히려 그 원인의 하나가 된 갑오농민전쟁과 갑오개혁에 관한 연구가 집중되고 있다. 일본의 침략이라는 관점에서 청일전쟁을 이해하는 한국측 연구를 살펴보면 다음과 같다.

박종근은 일본의 파병 근거를 제물포조약에서 찾는 연구는 잘못이며, 조선정부가 퇴병을 요구했는데도 불구하고 일본이 이를 묵살했다는 사실을 강조했다. 또한 '갑오농민전쟁'의 발발 내용을 밝히고, 청

일 양군의 출병에 대해 조선측에서 봉건체제의 위기에 직면하여 淸
國借兵論이 제기된 것은 사실이나 대신회의에서 차병론이 실현되지
않았으며, 실권자인 閔泳駿이 반대를 누르고 청군을 요청한 것으로
결론지었다.[92] 그리고 조선에서 농민전쟁이 발발하자 그 추이에 비상
한 관심을 가지고 있었던 일본은 조선주재 일본공사관의 무관을 통
해 대대적으로 정보를 수집하였고, 이러한 일본의 조선에 대한 군사
활동은 메이지유신 이후부터 계속된 것이며 따라서 일본의 조선출병
은 단시일에 결정된 것으로 볼 수 없다고 주장했다. 또한 일본의 조
선정책이 청국과의 세력 균형을 기본으로 했기 때문에 청국과의 세
력 균형을 도모하기 위해 출병을 결정했다고 주장하여 침략을 단행
한 것으로 결론지었다. 한편 박종근은 다보하시(田保橋潔) 등이 일본
의 철퇴를 요구한 것은 청이었다고 주장하며 조선의 주체적인 면을
부정한 것에 대해, 조선정부는 양국의 공동철병을 요구하였고 출병요
구를 하지 않았던 일본에 대해서는 분명한 입장을 전했음을 밝혔
다.[93]

김경창은 일본이 임오·갑신 양 정변으로 청국 세력에 압도되어
부득이 조선에서 물러나지 않을 수 없었다고 한다. 그 후 일본은 10
년간 청국을 가상적으로 하여 군사력을 배양한 후 조선병합에 결정
적으로 장애가 되는 청·조종속관계를 파괴시키기 위해 청일전쟁을
일으켜 청국 타도에 나서게 된 것이라고 보았다.[94]

---

92) 이태진은 청군의 조선출병은 조선정부의 자진 요청에 의한 것이 아니라
   駐箚朝鮮總理交涉通商事宜 袁世凱가 강요한 것이라고 지적한다[1999
   <1894년 6월 淸軍 朝鮮 출병 결정과정의 眞相-조선정부 자진 요청설
   비판> ≪한국문화≫ 24 (서울대)]
93) 朴宗根, 1982 ≪淸日戰爭と朝鮮≫ [박영재 역, 1989 ≪청일전쟁과 조선 :
   외침과 저항≫ (일조각, 서울)]
94) 김경창, 1983 <조선속방론을 중심으로 한 청일관계에 관한 연구> ≪사
   회과학연구≫ 9 (경희대)

박양신은 메이지유신 이후 근대로 접어든 일본이 대외적으로는 불평등 조약을 개정하여 완전한 독립을 이루고, 대내적으로는 근대사회로의 전환을 목표로 부국강병을 위한 일련의 개혁을 강행했다고 지적한다. 그리고 1880년대에는 후쿠자와(福澤諭吉)가 제공한 '조선개조론'에 입각하여 친일세력을 통한 내정 간섭을 유도하려 하였으나 갑신정변의 실패로 좌절되고, 1880년대의 후반에 전개되는 조약개정 고섭안의 미진성으로 대외강경론이 더욱 고조되는 분위기 속에서 청일전쟁이 단행된 것으로 보았다.95)

최덕수는 당시 일본의 주요 산업인 제사업, 직포업, 방적업에서의 생산량의 급격한 증가로 인해 해외시장을 필요로 하고 있던 일본의 경제 상황과 군비확장 정책을 반대하는 비판 여론을 지적한다. 즉 일본정부는 조약개정 문제와 관련하여 정부의 연약외교를 비판하는 분위기가 고조되는 등의 급박한 국내 상황에서, 일본정부와 군부가 내정의 위기를 해결할 수 있는 결정적 계기를 찾고 출병한 것으로 보았다.96)

문희수는 청일전쟁의 배경과 전쟁의 결과로 나타난 조선의 상황에 대해 살펴보고 있다. 일본은 처음에 전쟁을 통해 한반도에서 청과 세력 균형을 이루거나 청의 영향력을 축출하는 조선의 분할 및 독점을 염두에 두고 있었는데, 전쟁승리로 조선 진출까지 꾀하게 되었다고 한다. 이 전쟁의 결과 조선은 청이 종주권을 포기함으로써 자주와 속방 시비로부터 풀려나지만 일본의 독점적인 영향력에서 벗어나기 위해 제3국인 러시아와 미국에 의존하는 상황을 만들었다고 한다. 청일전쟁은 아시아의 전통적인 중화질서 체제를 깨고 하나의 근대적 서양체제로 돌입하도록 한 동북아의 국제관계에서 중대한 분수령이었

---

95) 박양신, 1988 <일본제국주의의 팽창과 조선침략의 성격> ≪역사비평≫ 3
96) 최덕수, 1994 <개항이후 일본의 조선정책> ≪1894년 농민전쟁연구≫ 3
    (역사비평사, 서울)

다고 보았다.[97)

　박영재는 청일전쟁의 발발을 일본의 조선관의 역사 속에서 찾았다. 1880년 풍미하던 '連帶論', '興亞論', '提携論' 등 이른바 '아시아주의' 는 궁극적으로 일본의 조선 '흡수·병탄론'에 불과한 것으로 보았다. '征韓' 대신, '征臺'로 위기를 모면한 일본이 당시 조선 문제를 '脫亞 論'과 '아시아주의'라는 대조적인 논리로 대응하는데, 사실 '탈아론' 과 '아시아주의'는 대조적인 것이 아니라 일본을 정점으로 한 동아시 아의 수직적 질서를 모색하면서 조선의 '확보'를 일본의 사활적인 문 제로 인식하고 있었음을 보여준다고 지적하였다. 이러한 논리가 청일 전쟁에 반영되었던 것이며 청일전쟁은 야마가타 아리토모(山縣有朋) 가 제시한 '利益線'인 조선을 확보하기 위한 전면적인 침략전쟁이라 고 규정하였다.[98)

　최근 일본학계는 청일전쟁이 발발하기 직전까지의 일본의 대외정 책에 대하여, 이를 비팽창주의로 규정하려는 움직임이 활발해지고 있 다. 이들 비팽창주의론은 메이지 전기의 일본정부는 조슈파(長州派) 의 주도하에 강병보다는 부국을, 청과의 대결보다는 협조를 지향하는 비팽창 국가노선의 확립에 주력하였다고 주장한다. 따라서 청일전쟁 을 계획된 또는 예정된 전쟁으로 평가하는 종래의 통설적인 견해는 청일전쟁이라는 결과에 구속된 조급한 결론이라면서 이를 맹렬하게 비판한다.

　일본정부의 대외정책을 팽창주의로 볼 것인가 비팽창주의로 볼 것 인가를 둘러싸고 대립하는 논쟁을 중심으로 간략하게 정리하면 다음 과 같다. 먼저, 팽창주의로 보는 전통적인 견해로는 첫째, 청일전쟁은

---

97) 문희수, 1995 <조선의 위기(1894~1895)> ≪한국 근대정치사의 쟁점≫ (집문당, 서울)
98) 박영재, 1996 <근대 일본의 침략주의적 대외론과 한국론> ≪한국사시 민강좌≫ 19

일본군부가 주도한 것으로 이토 히로부미(伊藤博文)수상 등이 이에 끌려갔다는 이중외교론(信夫淸三郞·藤村道生),99) 둘째, 일본정부는 일치하여 전쟁을 지향하고 대청전쟁을 주도면밀하게 준비했다는 주장(中塚明·朴宗根)100) 등이 있다.

이에 대해 비팽창주의로 보는 최근의 신설로는, 일본은 준비 없이 상황에 따라 전쟁에 돌입하였고, 전쟁시에도 대한정책은 확고하지 않았다는 히야마(檜山幸夫)의 주장이 있다.101) 한편 다카하시(高橋秀直)는 청일협조파인 이토(伊藤博文)가 개전파인 무츠(陸奧宗光)와 군부를 전쟁이 발발하기 직전까지 통제하는 데 성공했다는 점을 강조하였다.102) 그리고 오오사와(大澤博明)는 일본의 의도가 청일 공동의 조선내정개혁에 있었다면서 청일협조를 강조하고 있다.103)

이상과 같은 견해는 자신들의 주장을 관철시키기 위해 각각 다음과 같은 논거를 제시하고 있다. 종래의 전통적인 견해인 팽창주의론은 일본이 제물포조약을 체결한 뒤 장기적 전망에서 대청 군비확장정책을 추진하고 아울러 급진개화파에 대한 지원정책 등을 추진한

---

99) 信夫淸三郞, 1935 ≪陸奧外交-日淸戰爭の外交史的硏究≫ (叢文閣, 동경) ; 1970 ≪增補 日淸戰爭≫(南窓社, 동경) ; 藤村道生, 1973 ≪日淸戰爭≫ (岩波書店)

100) 中塚明, 1968 ≪日淸戰爭の硏究≫ (靑木書店, 동경) ; 朴宗根, 1982 ≪앞책≫

101) 檜山幸夫, 1991 <日淸戰爭と陸奧宗光の外交指導> ≪政治經濟史學≫ 300 ; 1984 <伊藤內閣の朝鮮出兵決定に對する政略論的檢討> 上·下 ≪中京法學≫ 18, 1·2〜3 ; 1984 <朝鮮出兵事件と海外出兵體制の形成> ≪中京法學≫ 18-4 ; 1988 <日淸戰爭開戰期における國內世論と戰爭指導> ≪中京大學法學部 20周年紀念論文集≫

102) 高橋秀直, 1992 ≪日淸戰爭開戰過程の硏究≫ (神戶商科大學 經濟硏究所, 神戶)

103) 大澤博明, 1991 <天津條約體制形成と崩壞-1885-94(1)(2)> ≪社會科學硏究≫ 43-3·4 (東京大學) ; 1992 <伊藤博文と日淸戰爭への道> ≪社會科學硏究≫ 44-2

점에 주목하였다. 이에 대해 다카하시는 메이지 전기의 대외정책을 주도한 것은 조슈파이며, 이들은 조선 침략을 사실상 부정하는 청일협조 노선을 강력하게 추진하였고 아울러 임오군란 직후 출발한 대청 군비확장 정책도 사실상 형해화시켰다고 주장하였다. 따라서 청일전쟁의 발발은 외교사적 관점에서 볼 때 청일협조 노선의 단절을 의미하는 것이었다고 강조한다.[104]

한편 오오사와(大澤博明)는 일본정부의 조선독립지원책과 대청협조책을 단지 모순되는 것으로 파악하지 않고 양자의 정책론상의 내재적 연관성을 일본정부의 조선중립화 구상에서 찾아내려고 하였다. 1880년대 이후 청일전쟁에 이르기까지의 시기는 조선을 둘러싸고 여러 나라가 다극적 권력게임을 전개하고 있던 시기였으며, 일본정부의 조선정책론에서 조선중립화 구상이 차지하는 위치는 매우 높다고 지적하였다. 이 구상은 조선 내 조건의 정비라는 일본정부의 조선독립지원책이었으며, 임오군란 이후 일본정부의 조선정책이 영세중립화 구상의 실현을 향한 것이었고, 대청협조책과 조선독립지원책은 조선을 둘러싼 동아시아 국제협조 틀의 구상에 근거하여 전개되어 간 것이라고 한다. 즉 오오사와는 일본의 조선정책을 조선중립국화 정책으로 해석하면서 다카하시와 같이 메이지 전기의 일본의 대외정책을 비팽창주의론으로 규정하였다.[105]

이러한 견해들을 총체적으로 비판한 것이 최석완의 연구이다.[106] 최석완은 방법론적인 측면에서 선입견의 배제라는 최근의 비팽창주

---

104) 高橋秀直, 1995 ≪앞 책≫

105) 大澤博明, 2001 ≪近代日本の東アジア政策と軍事≫ (成文堂, 동경)

106) 최석완, 1997 ≪앞 책≫ ; 1998 <일본의 근대화와 동아시아질서의 재편문제> ≪일본역사연구≫ 7 ; 1999 <일본정부의 동아시아질서 재편정책과 청일전쟁> ≪동양사학연구≫ 65 ; 2002 <청일전쟁기 일본정부의 동아시아질서 재편정책-조약개정 외교와 '6.2조선파병결정'> ≪일본역사연구≫ 15 ; 2003, <앞 논문>

의론의 연구 방법론을 적극적으로 수용한 상태에서 메이지 전기의 일본의 동아시아 정책을 분석하였다. 그리하여 비팽창주의론이 사료의 해석과 논리의 전개에서 치명적인 오류를 내포하고 있음을 실증적으로 입증하였다. 그리고 나서 조슈파(長州派)가 사쓰마파(薩摩派) 이상으로 대청개전에 적극적이었다는 점, 일본의 군비확장 정책은 청영연합군에 대한 대항이라는 전략적 사고에서 일탈한 일이 없다는 점, 일본의 동아시아 패권정책은 사실상 청과의 조약개정 노선, 즉 청일불평등 관계의 창출이라는 노선을 중심으로 전개되고 있었다는 점 등을 밝혀냈다. 특히 대조선 정책이 독립국대우 방침에서 독립국공인화 정책을 거쳐 보호권획득 정책으로 변질되어 가는 과정을 치밀하게 규명한 점이 주목된다.

이상에서 살펴본 바와 같이 다카하시 등의 연구는 일본정부가 갑신정변 후 조선침략 정책을 방기하여 청일협조 노선을 취하고 있었고, 청일전쟁은 그때까지의 노선과의 단절을 의미한다고 보아 일본의 팽창주의를 부정하였다. 이에 대한 비판으로 최석완은 일본은 군비확장과 조약개정을 통해 동아시아의 패권을 장악하려 했고, 1880년대 조슈파는 열강의 간섭을 우려하여 전략적인 청일협조 속에서 조선에 대한 세력 확대를 추진했음을 밝혔다. 그리고 그러한 가운데 조선에 대한 보호권을 배타적으로 확보하려는 노력이 전개되었으며, 청일전쟁은 바로 이러한 팽창주의의 연장선상에서 발발했다고 보았다.

일본의 동아시아정책을 비팽창주의로 규정하고 청일전쟁을 우발적인 전쟁으로 평가하는 최근의 일본 역사학계의 성과는, 현재 일반교양서나 개설서[坂本多加雄, 1999 ≪明治國家の建設≫(中央公論社)] 및 교과서[西尾幹二, 2001 ≪新しい歴史敎科書≫(扶桑社)] 등에 적극적으로 반영되고 있다. 이처럼 일본에서는 청일전쟁을 동아시아 근대화의 출발점으로 재평가하려는 왜곡된 역사인식이 확산되고 있는 것이다. 그러나 지금까지의 연구 성과를 볼 때 일본의 대청개전 의지의 유무를 통해 팽창주의냐 비팽창주의냐 나누려는 것은 일본정부가 메이지 유신이후 청일전쟁에 이르기까지 조약개정을 통해 동아시아 패권정책을 추진해온 점을 간과하기 쉽다. 앞으로의 과제는 청일전쟁의 역사적 위상을 객관적으로 파악하기 위해서 청일전쟁과 갑오농민전쟁을 별개의 것으로 분석해서는 안 될 것이다. 또한 청일전쟁이 당시 사회에 미친 영향에 대한 사회사적 접근을 통한 연구와 조선내의 정치적 동향과 관련하여 연구가 이루어져야 할 것이다.

4. 1900년대의 한일관계 - 조약무효론

러일전쟁 후 일본이 한국의 국권을 탈취하기 목적으로 강요한 중요 외교협정들은 다음과 같다. ①의정서(한일의정서 1904.2.23) ②협정서(제1차 한일협약 1904.8.22) ③을사늑약(제2차 한일협약 1905.11. 17) ④한일협약(제3차한일협약 1907.7.24) ⑤한국병합조약(한국병합에 관한 조약 1910.8.22)이 있다. 이 조약들의 불법성에 대한 논의는 이태진의 문제 제기와 운노(海野福壽)의 반론으로 이어져 1995년 집대성되었고, 이 논쟁이 다시 이루어진 것은 1998년부터 일본의 잡지≪世界≫(岩波書店)를 통해서였다.

먼저 이태진은 이 조약들이 모두 강제·기만·범법으로 점철되어 법적으로 하나도 온전한 것이 없으므로 최종착점인 '한국병합'은 성립하지 않았다고 주장하였다. '한일의정서'가 조인된 것은 2월 23일인데 25일에 동경의 외무대신으로부터 완성된 협정문이 전문으로 전달되었기 때문에 그 과정에서 음모·조작이 개입할 수 있는 여지가 있다는 것이다. '제1차 한일협약'은 한국정부의 반대에 부딪쳐 본래 각서 형식으로 진행되었는데 한국대표의 서명을 받은 뒤 미국·영국 등에 통보하는 과정에서 협약으로 둔갑시켰다고 한다. '을사조약'은

한국측 조약대표를 강제한 것만으로도 일찍부터 무효라는 주장이 제
기되었다. 이태진은 외교권 이양을 규정한 '을사조약'과 같은 주요 조
약에 임하는 대표의 위임장, 조약문 작성과 각 대표의 서명날인, 이에
대한 국가원수의 비준절차 등을 갖추어야 하는데, 대표위임장과 비준
서는 확인되지 않으며 고종황제도 이를 승인한 적이 없다는 사실을
밝혀내 절차상으로도 하자가 있다는 것을 밝혔다. 조약의 명칭조차도
사후에 임의적으로 처리했다고 한다.

　이태진이 각 조약의 무효를 주장하는 이유는 첫째 강폭·협박에
의해 강제로 맺어졌고, 둘째 조약 정본에 황제의 서명 날인이 없고,
셋째 조약에 대한 비준서가 없기 때문이라는 것이다. 따라서 일본의
식민지 지배는 합법적 근거가 없는 불법·부당한 강점(군사점령)이었
다는 것이다.[107]

　운노는 이에 대한 반론을 제시하였다. 첫째 이유에 대해서는 조약
체결시 강제행위를 금지하는 것은 1905년 당시 이미 정착되어 있던
국제법상의 상식이기 때문에 이태진의 주장을 받아들일 수 있다고
한다. 다만 강제행위가 국가 대표자에게 대한 협박인지, 국가 자체에
대한 협박인지는 국제법상 판단 기준이 확실하지 않다고 하여 유효
무효인지에 대해 명확한 판단을 유보하고 있다. 둘째 이유에 대해서
는 이태진이 잘못 파악한 것이라 받아들일 수 없다고 한다. 조약서
정본에 기명 조인하는 것은 특명전권대사·공사 또는 외무대신인 경
우가 통례로서 국가원수가 아니기 때문이라고 한다. 셋째 이유에 대
해서는 납득할 수 없다고 한다. 모든 국제협정에 비준서가 있는 것은
아니기 때문에 무효론의 근거가 될 수 없다는 것이다.

　결국 운노는 일본의 한국지배는 '형식적 적법성'을 가지고 있었고,
'국제적으로 승인된' '합법적 식민지'라고 주장하였다. 다만 운노는
'합법이라는 것은 일본의 한국병합과 식민지 지배가 정당하다는 것

---

107) 이태진, 1995 ≪일본의 대한제국 강점≫ (까치, 서울)

을 조금도 의미하지 않는다'고 부연했다. 문제의 본질은 병합에 이르
는 과정의 합법성이 아니라, 隣國에 대한 일본과 일본인의 '도의성
여하'라고 보았다.108)

　운노는 그 후에 나온 저서를 통해서도 각 조약은 합법적으로 맺어
지기는 했으나 내용은 부당한 것이라는 주장을 되풀이하였다. 그는
합법을 주장함으로써 부당함을 은폐해서도 안되고, 정당함을 강조함
으로써 합법적인 실현을 관념적으로 부인해서도 안 된다고 강조하였
다.109)

　다음으로 ≪世界≫를 통해 정리된 논쟁 내용은 다음과 같다. 이 잡
지는 1998년 <日韓對話>라는 고정란을 두고 '한국병합'의 합법성
여부를 다루었는데, 한국측에서는 이태진, 일본측에서는 사카모토 시
게키(坂元茂樹), 사사카와 노리카쓰(笹川紀勝), 운노 후쿠주, 아라이
신이치(荒井信一)가 참여하였다.110) 이태진의 주장은 한말 한일간에
체결된 조약들은 조약으로서의 자격 요건이 갖추어지지 못한 것들이
었고, 따라서 '한국병합'은 무효가 아니라 성립조차 하지 않았다는 것
이다. 이에 대해 일본측은 유효·부당론(사카모토·운노)과 불성립론
(사사카와·아라이)의 혼재적 입장이었다.

　먼저 사카모토는 도덕적으로는 부당하지만 법적으로는 유효하다고
주장하였다. 그는 '제2차 한일협약'에서 문제가 되는 것은 대표를 강

---

108) 海野福壽, 1995 ≪앞 책≫
109) 海野福壽, 2000 ≪韓國倂合史の硏究≫ (岩波書店)
110) 이태진, 1998 <韓國倂合は成立していない－日本の大韓帝國國權侵奪
　　と條約强制> 上·下 ; 坂元茂樹, 1998 <日韓は舊條約問題の落とし穴
　　に陷ってはならない－本誌·李泰鎭論文へのひとつの回答> ; 이태진,
　　1999 <韓國侵略に關聯する諸條約だけが破格であった－坂元茂樹敎授
　　に答える> ; 笹川紀勝, 1999 <日韓における法的な'對話'をめざして－
　　第二次日韓協約强制問題への視點> ; 이태진, 2000 <略式條約で國權
　　を移讓できるのか－海野敎授の批判に答える> 上·下 ; 荒井信一, 2000
　　<歷史における合法論, 不當論を考える>

제한 것인데 대표 개인에 대한 강제만 무효사유로 인정한 당시의 국
제법에 비추어 볼 때 이 경우 대표 개인에 대한 강제인지, 국가에 대
한 강제인지를 가리기 어렵다는 것이다. 이에 대해서 이태진은 당시
한국은 대표 개인과 국가가 혼재되어 있으므로 양자를 군이 구별할
필요가 있겠는가라고 반론하였다. 이태진은 ≪國際法雜誌≫의 창간
호(1902)부터 '한국병합'을 다룬 1911년까지 수록된 각국의 조약 50여
개를 분석하였다. 그 결과 같은 시기의 서구열강들은 체약국 쌍방의
국익에 관계되는 중요 협정들은 모두 정식조약의 형식을 취해 전권
위원 위임장과 비준서를 발급하는 절차를 거쳤던 것을 확인함으로써
일본의 격식이 어긋났음을 지적했다.

　사사카와는 국제법적 입장에서 이태진의 견해를 지원하였다. 사사
카와는 19세기 후반 이후의 조약에 관한 국제법의 흐름을 지적하며,
당시 국제법에서는 국가와 대표 개인에 대한 명확한 구분의식이 없
었으며, 대표에 대한 강제의 수단에 대해서도 무효사유로 인정했다는
것을 밝혔다. 그러나 운노는 조약의 형식은 그 내용에 따라 규정되는
것이 아니라, 당사국 사이의 합의에 따라 정해지는 것이라고 주장하
였다. 그렇기 때문에 일본이 한국에 강요한 협정들은 정부간의 협정
이었으므로 전권위임장과 비준서는 필요 없었다고 하면서, 한국측이
비준서가 없다고 무효라고 주장하는 것은 부당하다고 하였다.

　이에 대해 아라이는 일본이 연합국에 무조건 항복할 때 이미 한국
에 대한 식민지 지배의 잘못을 스스로 인정한 사실을 상기시킨다. 그
간 일본이 한국과의 관계에서 이를 뒤엎는 발언과 조치를 일삼아 온
것은 크게 잘못된 것이라고 비판하였다. 20세기 초의 국제법 관행과
학설에 의해 보호국화와 같은 중대 조약은 당연히 정식 조약체제를
갖추어야 하는 것이라고 반박하였다. 그는 일본이 국제사회에서 제
역할을 하려면 과거 한국에 강요한 조약들의 불법성을 인정하고 '과
거청산'에 수반되는 구체적인 조치(사죄, 배상)를 고려해야 한다고 결

론을 내렸다.111)

　이와 같이 전개되었던 논쟁은 계속되어 한일 양국뿐만 아니라 북한과 구미학계의 역사학과 국제법 전공자를 중심으로 국제 학술회의를 추진하게 되었다. 1차 회의를 2001년 1월 하와이에서, 2차 회의는 같은 해 4월 일본 도쿄에서 개최하였다. 이어서 11월 16, 17일에 걸쳐 3차 회의를 하버드대학교의 한국학연구소와 일본학연구소의 협력을 얻어 미국에서 개최하였다. 한국측의 '한일간의 조약'에 대한 국제법적인 검토를 거쳐도 불법이었다는 주장(이태진·김기석)에 대해, 일본측은 부당했지만 합법이었다는 입장을 견지하거나(海野福壽·原田環), 합법론에 대한 재고를 시사하기도 했다(笹川紀勝).

　이처럼 이 논쟁은 구체적인 합의에 이르지 못하고 아직도 결론이 나지 않고 있다. 한일 양국의 관련 학계의 의견을 수렴하여 더 진지하게 논의를 계속해야 할 것이다. 지금까지의 연구 성과를 볼 때 한말에 체결된 조약의 문제점에 대한 연구는 대한제국의 '주권'과 관련한 연구가 주종을 이루고 있고, 이 문제는 양국에게 정치적으로 민감한 사안이기 때문에 결론을 도출해 내기 어렵다. 그러나 양국의 발전적인 관계 정립을 위한 새로운 한일관계상을 세우기 위해서는 이 문제에 대한 양국의 입장을 분명히 해야 할 필요가 있다고 생각된다.

Ⅳ. 맺음말

　한국근대사 연구는 내재적 발전론의 입장에서 일제의 식민사관을 극복하기 위해 1960년대에 본격적으로 시작되었다. 이 시기 일본의 침략성을 고발하는 논문이 발표되면서 일본이 조선에 침투해 오는

---

111) 이태진, 2001 ≪한국병합, 성립하지 않았다≫ (태학사, 서울) ; 이태진 외, 2003 ≪한국병합의 불법성 연구≫ (서울대학교출판부)

과정을 식민이나 거류지 확보의 측면에서 설명하거나, 일본의 대한정책을 밝혀 '한국병합' 과정을 밝히는 연구가 이루어지기 시작했다. 70년대에는 갑오개혁, 동학농민전쟁, 독립협회운동, 계몽운동, 의병전쟁 등의 역사적 사건과 외세의 정치적·경제적 침탈과정, 개화사상과 위정척사사상 등 다양한 주제들이 연구되었다. 80년대에는 개항이후 한국사회의 변화·발전과정이 세계자본주의 체제의 변화에 영향을 받았다는 측면에서 제국주의의 침탈 양상과 조선사회의 발전 양상을 유기적으로 고찰하는 연구가 많아졌다. 이 시기 변혁운동에 대한 연구가 활발하게 진행되면서 갑신정변에 대한 연구 성과가 정리되기도 했다. 90년대 이후에는 동아시아 국제정세 속에서의 한일 양국관계가 연구되었으며, 제국주의의 침탈이라는 측면보다는 그로인한 한국사회의 내적변화라는 점에 관심을 기울여 한일관계사를 다루게 되었다. 이 글에서 살펴 본 쟁점별 연구동향의 내용을 정리해 보면 다음과 같다.

(1)개항기의 한일관계사에 대한 연구는 한국에서는 강화도조약의 체결을 전후한 정치·외교 분야의 연구와 불평등조약의 국제법상의 비교연구, 개항이후의 한일관계, 강화도조약의 후속조치로 이루어진 수신사·신사유람단 파견 등의 연구가 있다. 그러나 일본에서는 강화도사건 도발론의 진위와 일본정부의 개입여부를 둘러싼 연구가 있다. 즉 첫째, 도발은 확실하지만 정부의 지시에 의해 이루어진 것이 아니다(高橋秀直), 둘째, 일본정부가 치밀하게 준비하고 계획한 것은 아니다(鈴木淳), 셋째, 일본측이 도발한 것이 아니라는 주장(龜掛川博正) 등이 있다. 이에 대해 한국에서는 강화도사건을 일본정부의 명백한 도발로 보는 종래의 주장을 재확인하고, 이 사건은 메이지유신 이후 일본이 추진한 동아시아 질서 재편정책의 연장선상에서 파악할 필요가 있다는 지적이 있다(崔碩莞).

(2)갑신정변에 대한 연구는 처음에는 정변의 성격과 평가를 둘러싼 논쟁이 주류를 이루었으나, 최근에는 일본의 갑신정변 기도설을 중심

으로 일본의 동아시아 정책과 관련하여 팽창주의 여부를 고찰하는
연구가 이루어지고 있다. 종래의 연구는 일본의 갑신정변 기도설을
주장하고 있었다. 그 내용은 일본정부가 청불전쟁의 발발과 이에 의
한 청국의 약체화를 이용하여 친일적 급진개화파에 의한 정변을 적
극적으로 지원하여 조선으로부터의 청국세력의 구축과 그에 대신하
는 일본세력의 확대를 도모했다고 한다.

  그러나 최근에는 이러한 일본의 갑신정변 기도를 의심하는 연구에
서 일본의 대외정책을 팽창주의로 규정해 온 종래의 통설적 견해를
비판하면서 비팽창주의를 강조하였다(高橋秀直). 이에 대해 한국에서
는 일본의 갑신정변 기도를 부정하면서도 그 배경에는 조선에 대한
보다 치밀한 세력확대책이 숨어 있었음을 지적하였다(崔碩莞).

  (3)청일전쟁에 대한 연구는 한국에서는 일본의 침략이라는 관점에
초점을 맞춘 연구와 청일전쟁 그 자체보다는 그 원인의 하나가 된 갑
오농민전쟁과 갑오개혁에 관한 연구가 집중되고 있다. 그러나 최근
일본학계는 청일전쟁이 발발하기 직전까지의 일본의 대외정책에 대
하여, 이를 비팽창주의로 규정하려는 움직임이 활발해지고 있다. 따
라서 청일전쟁을 계획된 또는 예정된 전쟁으로 평가하는 종래의 통
설적인 견해는 청일전쟁이라는 결과에 구속된 조급한 결론이라면서
이를 맹렬하게 비판한다.

  팽창주의로 보는 전통적인 견해로는 첫째, 청일전쟁은 일본군부가
주도한 것으로 이토(伊藤博文)수상 등이 이에 끌려갔다는 이중외교론
(信夫淸三郞·藤村道生), 둘째, 일본정부는 일치하여 전쟁을 지향하고
대청전쟁을 주도면밀하게 준비했다는 주장(中塚明·朴宗根) 등이 있
다. 비팽창주의로 보는 최근의 신설로는, 첫째, 일본은 준비 없이 상
황에 따라 전쟁에 돌입하였고, 전쟁시에도 대한정책은 확고하지 않았
다(檜山幸夫). 둘째, 청일협조파인 이토가 개전파인 무츠와 군부를 전
쟁이 발발하기 직전까지 통제했다(高橋秀直). 셋째, 일본의 의도가 청

일 공동의 조선내정개혁에 있었다는 주장이 있다(大澤博明). 이에 대해 한국에서는 이들이 비팽창주의론을 강조하려는 나머지 사료의 해석과 논리의 전개에서 치명적인 오류를 내포하고 있음을 실증적으로 입증하였다(崔碩莞).

(4)러일전쟁 후 일본이 한국의 국권을 탈취하기 위해 강요한 중요 협정들에 대한 불법성 여부를 묻는 논의가 이태진과 운노(海野福壽)를 중심으로 전개되었다. 이태진의 주장은 이 조약들이 모두 강제·기만·범법으로 점철되어 법적으로 하나도 온전한 것이 없으므로 '한국병합'은 성립하지 않았다는 것이다. 이에 대해 운노는 일본의 한국지배는 '형식적 적법성'을 가지고 있었고, '국제적으로 승인된' '합법적 식민지'라고 주장하였다. 다만 그는 합법적으로 맺어지기는 했지만 내용은 부당한 것으로 보았다.

이러한 논의는 3년 뒤 잡지≪世界≫를 통해 다시 재연되었다. 이태진의 '한국병합'은 성립조차 하지 않았다는 주장에 대해, 일본측의 주장에는 유효·부당론(坂元茂樹·海野福壽)과 불성립론(笹川紀勝·荒井信一)이 혼재해 있다. 이 논쟁은 3년 뒤에 또다시 미국과 일본에서 한일 양국학자와 북한과 구미학계의 역사학과 국제법 전공자를 중심으로 국제 학술회의를 추진하게 되었으나, 아직도 구체적인 합의에 이르지 못하고 있다.

지금까지 살펴본 논쟁점 들은 한일 양국간이 공존·공영의 관계를 새롭게 모색하기 위해서도 관련 학계의 의견을 수렴하여 잘못된 것이 있다면 바로잡고, 이 문제들에 대해 활발하고 진지한 토론과 연구를 계속해 나가야 할 것이다.

ABSTRACT

Contemporary Studies and Problems in the Analysis of Modern Korea and Japan Relations

Choi, Hea-joo

There have been many different analytical interpretations of Korean and Japanese rekatuibs since the open port period. In Korea, the Japanese have been considered imperial encroachers whereas Japan, in response, either deny the allegations or claim their actions as legitimate.

There are several positions from the Japanese revolving around the Ganghwado Incident in particular: 1) the provocation was definite but not issued by government order; or 2) the Japanese cabinet did not cautiously prepare and plan such an action; and 3) the Japanese did not provoke anything at all. Korea, in response, recapitulated past claims of Ganghwado Incident as an act of Japanese provocation and contends that this affair should be analyzed from its link with Japan's attempt to reorganize the East Asian order after the Meiji Restoration.

As for the Gapsin Coup, there are different views as to whether Japan planned the coup d'état and whether the Japanese policy in East Asia was expansionist or not. In past scholarship, the view that Japan was actively involved in the Gapsin Coup predominated.

However, in recent Japanese scholarship, direct involvement has been questioned by emphasizing the political nature of anti expansionism. Although some in Korea deny that the Japanese directly attempted the Gapsin Coup, they still point out their extensive but cautious plans for expansionist policies behind the scenes.

Korean scholarship has typically emphasized the invasive nature of Japan regarding the Sino-Japanese War. However, in recent Japanese scholarship, there have been increased attempts to assert that Japanese foreign policy was anti expansionist before that war. Koreans have responded by problematizing these theories and identifying discrepancies in their arguments.

There have also been diverse views on Japan's seizure of Korean sovereignty regarding the Russo Japanese War. Korean scholars have argued that because many of the treaties formed between Japan and Korea were concluded by force and deception, the Protectorate Treaty and Annexation were not legitimate. Japan has responded that these treaties were fundamentally legal in their format and therefore valid, even internationally recognized.

Keywords: Ganghwado Incident, Ganghwado Treaty, Gapsin Coup, Progressive Party, Gabo Peasant War, Gabo Reform, Sino・Japanese War, Expansionism, Non Expansionism, Nullification Treaty, Annexation of Korea

1910년 이전 한일간의 상호인식

최 덕 수*

Ⅰ. 머리말

解放 이후 한국역사학계의 당면 과제는 소위 他律性論·停滯性論 등으로 대표되는 식민지시기의 왜곡된 한국역사상을 바로 잡는 일이 었다. 한국인에 의한 한국인의 입장에서 바라보는 한국사연구는 이후 에도 한국전쟁 등을 거치면서 쉽사리 이루어지지 못하다가 1960년대 에 들어 비로소 학계에서 발언권을 얻기 시작하였다.

이른바 내재적 발전론에 입각하였던 연구는 새로운 史料의 發掘과 整理작업이 뒷받침됨으로써 60년대 후반 70년대 전반 시기 학계의 주류를 이루었다. 역사연구자의 손에서 이루어진 연구 성과는 역사교 육 현장에도 반영되었다. 近代化論과 民族的 主體性을 강조하는 이른

─────────────

* 고려대학교 한국사학과 교수

바 國籍 있는 敎育이 그것이었다. 역사교과서의 근대사 부분은 외압에 대응한 민족내부의 변혁운동 주체의 성장과 운동의 전개과정 중심으로 서술되었다. 변혁운동 가운데 의병과 동학농민전쟁, 특히 개화운동이 강조되었다.

식민지로부터 해방된 민족의 2세 교육현장에서 帝國主義 侵略으로부터 민족의 자주와 독립을 수호하기 위한 투쟁의 역사를 강조하는 것, 그리고 국가의 주도 하에 급속한 産業化를 추진하던 사회의 社會科 敎育에서 近代社會로의 자주적인 이행과정이 강조되었던 것은 한 편으로는 당연한 것이라 하겠다.

그러나 70년대 후반에 들어서면서 학계 내외에서 근대화론과 민족적 주체성을 강조하는 기왕의 연구에 대하여 비판이 제기되기 시작하였다. 내재적 발전론과 민족저항운동 중심의 연구가 가지는 史學史的 意義는 높히 평가되어야 하겠지만 그것이 지나치게 강조됨으로써 객관적이고 總體的인 歷史像의 認識을 沮害할 수 있기 때문이다.

예를 들면 변혁주체에 관한 기존연구가 주로 개별 변혁주체의 사상 형성과 운동의 전개과정을 중심으로 연구가 진행됨으로써 변혁주체 상호간의 관련성과 차별성 등이 분명하게 드러내지 못했고, 또한 변혁주체가 제기하였던 개혁의 역사적 의미에 대한 긍정적 측면에 주목함으로써 평가와 개혁이 실패하게 된 원인 등에 대한 서술이 깊이 있게 논의되지 않았다.

19세기 후반 동아시아 삼국은 각기 서구자본주의 열강의 외압에 직면하여 이를 극복하기 위한 개혁에 주력하였으나 1894년을 경계로 삼국의 역사발전 과정은 다른 길을 걸었다. 즉 일본은 동학농민운동을 무력으로 압살하면서 제국주의 국가로 변신하였고, 중국은 일본과의 전쟁에서 패한 결과 열강의 이권쟁탈장으로 변모하였으며, 조선은 1910년 일본의 식민지로 전락하였던 것이다.

일본정부가 메이지유신 이후 내정을 둘러싼 제 정치세력간의 분열과 대립을 밖으로 조선을 둘러싸고 벌어졌던 대외위기 상황을 이용하여 해결해 갔던 반면, 조선의 변혁주체들은 일본을 비롯한 열강의 침략으로부터 국가적 독립을 수호한다는 궁극적인 목표에 있어서는 상호 일치하였으나 그것을 실현하기 위한 구체적인 대응책의 선택, 실천과정에 있어서는 끝내 통합을 이루어 내지 못하였다. 저항주체 간의 대립과 분열, 그리하여 끝내 통합에 실패함으로써 식민지로 전락하였던 원인에 관해서는 여러 각도로 분석이 시도될 수 있을 것이다. 그러나 무엇보다 중요한 요인은 제국주의 세력에 대한 인식의 차이, 곧 일본의 실상에 대한 변혁주체들의 인식의 다름에 있었던 것이 아닌가 한다. 이 글은 강화도조약 이후 일본이 조선을 그들의 영향권에 편입시킴으로써 제국주의 국가로 부상하던 시기 조선과 일본 양국의 상대에 대한 인식의 형성과정과 흐름을 개관한 것이다.

분석의 주요 자료로 해당 시기 양국의 국내 정치세력 가운데 대조선. 대일정책 수립에 적극적으로 영향력을 행사하였다고 판단되는 개인자료와 해당 시기 신문 사설 등을 선별하여 이용하였다.

II. 강화도조약 전후의 상호인식

1. '征韓'과 '倭洋一體'

1876년 1월 5일 고종은 의정부의 건의를 받아들여 운양호사건의 책임을 묻겠다고 열흘 전부터 인천 앞바다에 정박하고 있는 일본정부 교섭단을 맞이할 전권대신을 임명하였다. 전권대신으로는 병인년 (1866)과 신미년(1871) 두 차례의 전란에서 공을 세운 판중추부사 申櫶을 발탁하였다. 조선정부가 일본측의 회담 요청을 받아들여 전권대신을 임명함으로써 메이지정권 성립 이후 이른바 '서계문제'로 8년 가까이 교착상태에 빠졌던 조일관계는 새로운 국면을 맞이하게 되었다.

이 후 회담은 공식적으로 3차에 걸쳐 진행되었다. 일본측은 1차 회담에서 운양호사건에 대한 책임론을 제기하고, 2차 회담에서 운양호사건에 대한 해결책으로 양국간의 우의를 친밀히 하기 위한 신조약 체결이 최선의 방안임을 역설하고 13개 조항의 조약초안을 제시하였다. 일본측의 제안에 대해 조선측 전권대신은 양국은 300여 년간 조약없이도 상호교역을 해왔던 관례에 의거하여 교류관계를 계속하자고 주장하였다. 이에 대해 일본측은 조약을 맺는 것이 국제적 관례임을 들어 10일 이내에 수락 여부를 통보해 줄 것을 요청하였다. 더불어 다음번 회의에서도 이에 대한 회답이 없을 경우 일본측은 군사력을 동원하여 조약체결에 나설 것을 비추었다.

일본측의 무력을 앞세운 통상조약 체결 정략은 미국의 포함외교에 의해 개항을 강요당했던 자신들의 경험을 조선에 적용한 것이었다. 幕末의 이른바 征韓論의 연장선상에서 조선과의 교착상태를 해결하고자 했던 일본 외무성의 정략은 다음에 인용하는 자료에 보이는 바와 같이 약 1년 전부터 구체적으로 준비되었던 것이었다.

　　히로츠가 지금 이 나라의 정황을 탐지하건데, 재상은 횡사하고 대원군이 입성하여 바야흐로 두 세력이 생사를 다투고 있는 형편입니다. 한 쪽은 재기를 꿈꾸고, 다른 쪽은 이를 저지하고자 서로 안간힘을 다하고 있습니다. 그런데 이 나라 백성의 거의 절반이 대원군의 가렴, 폭정에 원한을 품고 있는 까닭에 갑자기 과거로 돌아갈 수는 없습니다. 그렇기 때문에 우리로서는 적절히 행동하기만 한다면 암암리에 개화의 기세를 도울 수 있을 것으로 봅니다. 만일 훗날 대원군이 득세하여 전에 한 약속을 이행하지 않게 된다면, 우리도 부득이 크게 힘에 호소하지 않을 수 없는 사태가 올 것입니다. 정황이 그러한 즉 지금 저들이 서로 싸우고, 쇄국파가 아직 그 기세를 되찾지 못하고 있을 때에 힘을 사용한다면 가벼운 힘의 과시로써도 목적을 이루기는 용이하다고 판단합니다. 그렇기 때문에 지금 우리 군함 한두 척을 급파하여 쓰시마와 이 나라 사이를 드나들게 하고, 숨었다 나타났다 하면서 해로를 측량하는 체하여 저들로 하여금 우리가 의도하는 것을 헤아리지 못하도록 하는 한편, 가끔 우리 정부가 협상 처리의 지연을 힐책하는 듯한 표시를 보임으로써 저들에게 위협적으로 받아들여질 언사를 쓴다면, 안팎으로부터의 성원을 방패삼아 일 처리를 다그칠 뿐 아니라, 국교 체결상 웬만큼의 권리를 얻어낼 수 있으리라는 것도 틀림없는 일입니다. 미리 미리 저들의 바다를 측량해 두는 것은 훗날에 일이 있건 없건 우리에게 필요한 일입니다.

우리의 힘을 저들에게 행사할 수 있는 절호의 시기는 바로 지금입니다. 이처럼 무력 시위를 요청하는 이유는 오늘 한두 척의 작은 출동으로 능히 훗날 대규모의 출동을 하지 않을 수 없는 사태를 미연에 방지하고자 하는 것이지 결코 경솔하게 이웃 나라를 흉기로 농락하려는 생각에서가 아닙니다. 삼가 이상과 같이 상신하오며 지체없이 영단을 내리시기를 간절히 바라나이다.

明治 8년 4월 외무성 6등 출사 히로츠 노부히로[1]

일본측의 조약체결 요구에 대하여 2월 14일 고종은 領敦寧府使 金炳學, 領中樞府使 李裕元, 判中樞府使 洪淳穆과 朴珪壽, 그리고 領議政 李最應, 右議政 金炳國 등 時原任大臣들을 소집하여 대응책을 논의하였다.

고종과 시원임대신 회의에서 개항을 적극적으로 검토하기 시작했을 때, 대원군 세력 및 재야유림측에서는 반대 여론이 비등하기 시작하였다. 대표적인 인물이 崔益鉉과 前司諫 張皓根 등이었다. 고종 친정의 결정적 계기를 마련했던 최익현이 고종이 선도하고 있는 대일수교에 적극적으로 비판을 하고 나선 것이었다.

최익현의 개항반대론은 이른바 '倭洋一體論'이 그 핵심을 이루는 것이었다.

화의가 저들의 애걸에서 나왔다면 우리가 강한 처지여서 우리가

---

1) <朝鮮國內訌二際シ交涉促進ノ爲軍艦派遣アリ度旨具申ノ件>, 明治 8年 (1875) 4月, ≪日本外交文書≫ 第8卷, #29, 71~72

넉넉히 저들을 제어할 수 있을 것이므로 그 화의를 믿을 수 있으나, 이제 화의가 저들의 애걸에서 나온 것입니까. 우리가 약한 것을 보인 것입니까. 우리가 대비하지 못하고 두려워서 화호를 구한다면, 당장은 편히 넘어가겠으나, 앞으로 만족할 줄 모르는 욕심을 어떻게 채워주겠습니까. 이것이 난망하는 까닭의 첫째입니다. 저들의 물건은 다 지나치게 사치한 것과 기이한 노리개인데, 우리 물건은 백성의 생명이 의지하는 한정이 있는 것이니, 몇 해 못가서 우리 땅 수천 리가 더 지탱하지 못하고 나라가 따라서 망할 것입니다. 이것이 난망하는 까닭의 둘째입니다. 저들이 왜인이라고는 하나 실은 洋賊이니, 화호하는 일이 한번 이루어지면 邪學이 전수되어 전국에 두루 찰 것입니다. 이것이 난망하는 까닭의 셋째입니다. 저들이 뭍에 내려 왕래하며 臺를 쌓아서 있으려 하는데, 講和를 거절할 말이 없다 하여 버려둔다면, 재물과 부녀의 약탈을 바라는 대로 할 것입니다. 이것이 난망하는 까닭의 넷째입니다. 이 말을 앞장서 하는 자는 병자년 南漢의 일을 인용하여 말하기를, "강화한 뒤에 피차 서로 사이좋게 지내는 것이 이제까지 盤石과 같은데, 오늘날 저들과만은 어찌 그렇지 않겠는가." 하나 저들은 재물과 여색을 알 뿐이고 다시는 사람의 도리가 없으므로 참으로 짐승이니, 짐승과 화호한다는 것은 그것이 무슨 말인지 모르겠습니다. 이것이 난망하는 까닭의 다섯째입니다. … 전하의 뜻으로는 어찌 "저들 온 자는 왜인이고 양인이 아니며, 그 거듭 말하는 것이 이미 수호라 하였으니, 왜인과 修舊하는 것이 또한 무엇이 해로운가." 하시지 않겠습니까. 그렇다면 신의 어리석은 소견으로는 크게 그렇지 않은 것이 있습니다. 저들이 참으로 왜인이고 양인이 아니라도 예와 이제가 아주 다르므로 살피지 않아서는 안되는데, 연전에 북경에서 온 摠理司의 글에, '法國, 美國과 왜국이 함께 나왔다.'는 말이 있고, 지난해에 東萊訓導가 전한 말에, '왜인이 靈祠를 세우겠다고 청하고 異服한 사람을 급하지 말기를 청한다.'하였는데, 이제 온 왜인이 양복을 입고 洋砲를 쓰고 洋舶을 탔으니, 이것은 왜인과 양인이 마찬가지라는 명백한 증거입니다. 더구나 지난 달의 북경의 咨文은 오로지 이번에 온 왜선때문이었는데, 그 가운데 '병인년에 패하여 돌아간 것은 양인이고 왜인이 아니다.'고 하였으니, 왜인과 수구하는 날이 바로 양인과 화호를 맺는 날일 것입니다.[2]

---

2) ≪承政院日記≫ 高宗 13년 1월 23일

최익현은 상소에서 "전하의 뜻으로는 어찌 저들은 왜인이고 양인
이 아니며, 그 거듭 말하는 것이 이미 수호라 하였으니 왜인과 修舊
하는 것이 무엇이 해로운가라고 하시지 않겠습니까."라고 하면서 고
종의 개항 명분을 정면으로 비판하였다. 이에 대해 고종은 왜와 양을
분명하게 분리하는 자신의 견해를 밝히고 있다.

> 전교하기를, "왜인을 제어하는 일은 왜인을 제어하는 일이고, 양인
> 을 배척하는 일은 양인을 배척하는 일이다. 이번에 왜선이 온 것이 양
> 인과 합동한 것인 줄 어떻게 확실히 알겠는가. 왜인이 양인의 척후라
> 하더라도 각각 응변할 방도가 있을 것이다.[3]

2. 초기개화정책과 일본

강화도조약 이후 조선정부의 개혁정책 추진에 필요한 정보 유입의
창구 역할을 하였던 것은 일본에 파견되었던 외교사절들의 보고였다.
조선정부는 개항 직후에도 金綺秀를 修信使로 파견하였으나 개혁의
계기가 된 것은 1880년과 1881년에 각기 修信使와 朝士視察團으로
일본에 파견되었던 사절들의 보고였다.

1차 수신사 김기수 일행의 파견 목적이 신조약 체결을 기념하기
위한 儀禮的인 것이었던 것과는 달리, 1880년 2차 수신사 일행은 당
시 조일간의 외교적 현안이었던 인천개항 및 무관세조항 개정 등의
해결이라는 구체적인 목적을 가지고 도일하였다. 수신사 金弘集과 그
수행원들도 1차 때와 달리 적극적으로 활동하였다.

김홍집은 東京에 있는 동안 淸國公使 何如章, 參贊官 黃遵憲 등과
의 회담을 통해 세계의 대세와 앞으로의 조선외교의 방향에 대해 깊
이 있는 논의를 진행하였다. 당시 청국이 권고하는 조선외교의 방향

---

3) ≪承政院日記≫ 高宗 13년 1월 27일

을 황준헌은 김홍집의 귀국에 앞서 ≪私擬朝鮮策略≫으로 정리하여 제시하였다. ≪私擬朝鮮策略≫은 조선 외교의 중심축으로 '親中國·結日本·聯美國'을 제시하였다. 청국의 대조선정책은 미국을 비롯한 서구 열강과 일본에 대해 조선정부가 적극적으로 개방정책을 추진함으로써, 러시아의 남진에 대비하는 한편 일본에 대해서도 견제하는 것이었다.

한편 1880년을 고비로 조선정부의 대내적인 개혁정책과 대외개방정책이 적극화하기 시작하였을 때 일본정부의 대조선정책 또한 이에 대응하여 추진되었다. 수신사 김홍집의 보고에 뒤이어 1881년 1월 파견되었던 朝士視察團은 정부가 개혁정책의 필요성을 절감하고 지속적인 개혁추진을 위한 인재양성과 정보수집을 위해 계획적으로 준비한 최초의 대규모 해외파견 사절이었다. 이 시찰단의 파견에 일본은 계획 입안 때부터 적극적으로 협조하였다.

12명의 朝士와 수행원들로 이루어진 사절단은 약 5개월 간 일본에 체재하면서 일본정부의 안내로 文敎·內務·農商·外務·大藏·軍部 등 각 省과 稅關·造幣公社 등을 두루 살펴보았을 뿐 아니라 시부자와 에이이치(澁澤榮一), 후쿠자와 유키치(福澤諭吉) 등 재야인사들과도 폭넓게 접촉하였다.

일본의 적극적인 대한접근정책의 결과, 일본은 조선정부의 근대화정책 추진에 직접 간접으로 참여하였다. 예를 들면 조선의 초기 근대화정책의 핵심이었던 軍備强化策의 일환으로 설치된 別技軍의 훈련을 일본인 교관이 담당하였던 사실 등이 그러하다. 특히 사절단의 대표격인 魚允中은 隨員이었던 兪吉濬, 柳定秀, 尹致昊 등을 慶應義塾과 同仁社에 留學시키기도 하였다. 조선정부의 개혁정책에 관한 정보수집의 통로가 주로 일본파견 사절단이었던 관계로 자연히 조선 내 개혁세력과 일본의 대한정책 수립에 영향력을 행사하던 인물과 세력들 간에 다각적으로 교류가 이루어지기도 하였다.

이 시기 일본정부의 對韓政策은 구미열강과 청국의 적극적인 견제가 없는 가운데 강화도조약에 근거하여 개항장의 신설과 개항장에서의 무역액이 크게 늘어나는 성과를 거두었다. 조선정부의 개혁정책은 외교정책면에서는 크게 청국의 영향을 벗어나지 못하였으나, 실제 대내적인 개혁정책을 추진하는 과정에서는 일본이 개혁의 모델로서 인식되기에 이르렀다. 2차 수신사 김홍집의 활동 가운데 특기할 사항은 귀국 후 ≪朝鮮策略≫을 둘러싸고 재야유생층의 개방정책에 대한 반대 움직임이 현재화한 것이라 할 것이다.

조선정부는 김홍집의 보고를 토대로 조정 내 주요대신들의 논의를 거쳐 ≪朝鮮策略≫에서 제시하고 있는 조선의 대외정책 방향, 즉 親中·結日·聯美의 대외개방정책을 추진하고자 하였다. 조선정부는 일차적으로 미국과의 조약체결에 대한 국내의 동의를 얻기 위해 ≪朝鮮策略≫을 유포하자 정부의 예상과 달리 유생층의 반발이 급격히 확산되었다. 이른바 <영남만인소>가 그 대표적인 것이었다. <영남만인소>에 나타난 반발에도 불구하고 조선정부의 개방정책을 계속 추진하였고, 그 결과 미국과의 수호통상조약체결을 강행(1882.4.6)하였다.

미국과의 수호통상조약 체결한 2개월 뒤 서울에서 무위·장어영의 군인들이 급료체불과 급여양곡의 변질되어 지급된 것을 기화로 집권세력에 대한 무장시위를 전개하였다. 구식군인들에 의한 반란은 곧 서울의 빈민층으로 확산되었고 고종은 대원군의 복권을 통해 이를 수습하였다. 정부의 개방정책을 반대하였던 세력의 저항에 의해 대원군이 재집권함하게 된 것이다.

청국은 1875년 운양호사건 때와 달리 신속하게 군대를 파견하여 조선문제에 직접 개입하였다. 일본정부도 임오군란을 계기로 국내에 대외위기 상황을 선전함과 동시에 계엄령과 징발령 등 준전시체제를 갖춘 뒤 서울에 군대를 파병하였다.

서울 장안에 3천 명의 청국군과 1천 5백여 명의 일본군이 행군을 거듭하는 가운데 고종은 개방정책에 대한 조선정부의 의지를 대내외에 선언하였다. 신미양요 이후 전국에 세웠던 척화비를 뽑아 버릴 것을 지시한 것이다.

전교하기를, "우리 동방은 바다 한 구석에 위치해 있어 외국과 교섭을 한 적이 없다. 따라서 견문이 넓지 못한 채 삼가고 단속하면서 나라를 지켜온 지 거의 500년이 되었다. 교린의 방도가 있다는 것은 경전에 게시되어 있는데, 오활하고 꽉 막힌 儒者들은 송 나라 조정이 화약을 맺었다가 나라를 그르친 것만 보고 제멋대로 끌어다 비유하면서 걸핏하면 斥和論을 들먹이고 있다. 그들은 상대편에서 화해하자고 왔는데 우리쪽에서 싸우자고 덤빈다면 천하 사람들이 장차 우리를 어떤 나라라고 할는지는 생각지 않는단 말인가. 孤立無援한 상황에서 세계 만방과 갈등을 빚어내어 공격의 화살이 우리에게 집중되면 패망의 길로 접어들게 되리란 것을 분명히 알면서도 조금도 후회하지 않는 것, 이것이 과연 어떤 의리에 근거한 것인가.

이러쿵저러쿵 떠들어 대는 자들은 또 서양의 여러 나라와 수호를 맺는 것을 가지고 장차 邪敎에 물들게 될 것이라고 말하고 있다. 이는 실로 우리 유학을 위해서나 세상의 교화를 위해서나 심원하고 장구한 염려이다. 그러나 수호를 맺는 것은 수호를 맺는 것이고 사교를 금하는 것은 사교를 금하는 것으로, 이는 별개의 문제이다. 조약을 체결하여 통상을 하는 것은 다만 공법에 의거할 뿐이고, 애초에 본토에 사교를 전도하는 것을 허가하지 않고 있으니, 평소 孔孟의 가르침을 익혀왔고 오래도록 예의의 풍속에 젖어 온 너희들이 어찌 하루아침에 正道를 버리고 邪敎를 좇아갈 리가 있겠느냐. 만에 하나 어리석은 백성들 가운데 남 몰래 전도하며 익히는 이가 있다면 나라에는 그에 해당하는 법이 있어 그들을 주벌하여 용서치 않을 것이니, 숭상하고 물리치는 문제에 대해 손쓸 방도가 없다고 무어 걱정할 게 있겠는가. … 근자에 교화하기 어려운 자들을 익히 보고 백성들의 뜻이 안정되지 않아 마침내 6월의 변고가 있게 되었다. 그 결과 이웃 나라에 신용이 떨어지고 천하에 웃음거리가 되었다. 국세는 날로 위태로워지고 배상금은 수만에 이르게 되었으니, 어찌 한심하지 않겠는가. 일본인들이 우리나라에 들어와 언제 우리를 학대하고 모욕하며 우호 조약을 어그러뜨린 일이 있었는가. 그런데도 우리 군민들은 함부로 의심하고 저해하며 분노하는 마음을 품고서 이렇게 아무 이유도 없이 먼저 건드리니, 너희들도 생각을 해 보라. 그 허물이 누구에게 있는지.

　이제 다행스럽게도 어느 정도 일이 처리되어 예전의 우호관계가 다시 회복되었고, 영국, 미국 등도 장차 줄지어 이를 것이다. 조약을 체결하고 통상하는 것은 세계 만국의 통례로 우리나라에서 처음 실시되는 것이 아니니, 결코 경악할 일이 아니다. 너희들은 두려워하지 말고 안심하라. 선비들은 부지런히 공부하고 백성들은 마음놓고 농사를 지어, 다시는 '洋'이다. '倭'다 하면서 소란을 피우며 와전시키지 말라. 항구와 가까운 지역에서는 외국인들이 간간이 다니는 일이 있더라도 이를 단지 일상적인 것으로 간주하며 무덤덤하게 보아넘기고 혹시라도 먼저 건드리는 일이 없도록 하라. 만약 저쪽에서 능멸하는 일이 있다면 마땅히 조약을 살펴 징계해서 결코 우리 백성들에게 피해가 가고 외국인들을 보호하는 일이 없게 할 것이다.

　어리석으면서 제멋대로 하는 것은 성인이 경계한 바이고, 아랫사람이 윗사람을 비난하는 것은 국법으로 보아 주벌하는데 해당한다. 그러나 가르치지도 않고 형을 가하는 것은 백성을 그물질하는 것이기에, 이에 기술하여 분명하게 깨우치는 바이다. 그리고 이미 서양과 수호를 맺은만큼 京外에 세운 斥洋에 관한 비석들은 상황이 달라졌으니 모두 뽑아버리도록 하라. 너희 사민들은 각기 이런 뜻을 잘 양지하라.'는 내용을 의정부로 하여금 게시하고 八道와 四都에 행회하도록 하라."[4]

　이 지시에 나타난 고종의 세계인식과 미국 및 청국과 일본에 대한 인식은 대체적으로 ≪朝鮮策略≫의 연장선에 있었던 것으로 평가할 수 있다. 고종은 서두에서 조선이 개국 이래 외부세계와 단절해 왔음을 밝히고, 그러나 최근의 세계대세는 춘추전국시대를 방불케 하는 시대로 공법에 의거하여 각국이 부국강병을 추구하는 상황이라고 지적한 뒤, 조선도 이와 같은 시대를 맞이하여 일본과 우호통상조약을 체결하였음을 지적하였다. 일본과 조약 체결 이후 국내에서는 척화론에 입각하여 반대도 있었지만 그와 같은 염려는 기우에 불과하였다고 평가하고, 이를 바탕으로 서양과의 교류를 공개적으로 주장하고

---

4) ≪承政院日記≫ 高宗 19년 8월 5일

있다.

고종의 이와 같은 대외인식은 일찍이 서계문제에 대한 조정의 완강한 수용불가론과 조약체결 당시 집권층 내외의 왜양일체론의 단계를 넘어 개항이 대세임을 주장하고 나선 것이었다.

Ⅲ. 壬午·甲申期 일본의 조선인식

1. 아시아주의적 조선인식

전술한 바와 같이 조선정부의 개혁정책 추진과정에서 1881년은 중대한 전환기에 해당하는 것으로 파악할 수 있을 것이다. 1881년은 개항 이후 조선정부의 근대화정책이 실현되기 시작하던 시기로, 이 과정에서 조선정부내 개혁세력들도 그들의 정치적 기반을 확대할 수 있었다. 조선정부의 개혁정책에 관한 정보 수집의 통로가 주로 일본 파견 사절단이었던 관계로 자연히 조선 내 개혁세력과 일본의 대한 정책 수립에 영향력을 행사하던 세력들 간에 다각적으로 교류가 이루어지기도 하였다.

이 시기 조선의 개혁과 개방정책을 추진하였던 인물들로부터 일본이 조선의 근대화를 지원해 줄 수 있는 유력한 세력으로 인식되었다.

후쿠자와의 다음과 같은 글은 조선 내 개혁세력들에게 일본을 그들의 개혁을 후원하는 세력으로 인식하게끔 유도하는데 기여하였다.

　　　그리하여 이미 논한 바와 같이 조선이 미개하다면 이를 유도하고, 지도하여야 하며, 인민이 완고하다면 이를 깨우쳐 주어야 할 것이다. 그런데 조선에도 막말 일본 낭사의 무리가 외국인을 적대시한 것과 마찬가지로 개국을 반대하는 무리가 있다. 그들은 일본을 적으로 생각하고 있다. 그러므로 조선에 있는 일본인의 안전을 위해 필요하다면 군인을 주둔시키는 것도 불가피한 일이다. 한편 금후의 세계 정세는 서양문명이 날로 진보함에 따라 군비 증강은 물론이요, 병탄의 욕심 또한 커지고 있으며, 이것이 표면화될 지역은 아세아의 동방임이 분명하다. 이에 즈음하여 아세아의 각국이 협력하여 서양의 침략을 방지하기 위해서는 어느 국가이든 맹주가 있어야한다. 허심평기하게 생각하여 보아도 일본 이외에 다른 국가가 있을 수 없다. 흔히 '보거순치'의 관계라고 말해지는 것을 실지로 보여야 한다. 만일 그렇지 못하여 중국과 조선의 땅이 서양인의 손에 떨어지게 된다면 흡사 이웃의 불로 해서 자기 집에 불똥이 튀는 것과 마찬가지 결과가 될 것이다. 때문에 우리 일본이 중국의 형세를 우려하고 조선의 국세에 간섭하는 것은 감히 일에 참견하기를 좋아하기 때문이 아니고 일본 자국의 피해를 예방하기 위한 것임을 알아야 할 것이다. 이것이 우리가 조선의 일에 대해서 특히 정부의 주의를 환기시키는 이유이다.5)

서양 列强의 동아시아 침략을 강조하고, 일본과 조선의 관계를 '輔車脣齒'의 관계로 비유하면서 日・韓・淸의 협력을 강조하였다. 그러나 개혁의 '支援'과 열강의 침략에 대한 '連帶'를 명분으로한 일본조야의 조선정책은 壬午軍亂이라는 새로운 국면을 맞이하여 흔들리게 되었다. 개화정책의 하나였던 신식군대 別技軍의 창설 이후 대우가 나빠진 구식군인과 서울의 城문 밖의 빈민층이 중심이 된 폭동은 안으로는 개혁정책에 대한 반발이며, 밖으로는 反日運動의 성격을 띤 것이었다.

일본정부는 임오군란을 계기로 조선에서의 위기상황을 강조함으로써 이 시기 국내 정치 문제 곧 자유민권파의 저항을 억압하는데 적절이 이용하였다. 임오군란(1882.7.23)에 관한 소식이 전해진 이후 일본 내 주요 신문들은 특별통신원을 큐슈 나아가 조선에 파견하여 보도에 열을 올렸으며, 일본정부 또한 이를 부추겼다. 그리하여 '천하의 인심은 모두 이 일점에 모여 거의 다른 것을 돌아 볼 여유가 없을 정

---

5) 慶應義塾 編, 《福澤諭吉全集》 (岩波書店, 1971) 8卷, <朝鮮と交流を論ず> (1882.3.11) 28~34, 以下 《福澤諭吉全集》은 《全集》으로 표기함.

도로 달아 올랐던 것이다'

본질적으로 조선 내부의 반개화운동을 반일운동으로 확대 왜곡하고, 나아가 청국과의 전쟁까지 확대선전 하는 가운데 일본정부는 戒嚴令(8.5) 徵發令(8.23) 등을 속속 제정하여 인민에 대한 軍事制壓權과 군사행동에의 협력 등을 합법적으로 강화 정비하였던 것이다.[6] 임오군란은 이른바 民權論이 민권보다 국가를 우위에 두는 國權論으로 전환하는 중요한 하나의 계기가 되었던 것이다.

그러나 조선 정부 내에서 군란 직후 개화파들은 일시적이나마 그들의 정치적 지위를 강화할 수 있었다. 군란 과정에서 閔妃세력의 중심인물들이 제거되었고, 청국에 의해 대원군이 납치 당함으로써 조선 조정 내 일시적으로 권력의 진공상태가 조성되었던 것이다. 실제로 군란 후 조선과 청국사이에 ≪朝中商民水陸貿易章程≫(1882.10.4)이 체결되고, 1882년 말 李鴻章의 추천으로 馬建常과 묄렌도르프가 고문으로 부임하면서 조선정부에 대한 간섭이 본격화되기 이전 개화파는 개화정책을 적극적으로 추진할 수 있었다.

개화파의 활동이 적극화 할 수 있었던 계기가 되었던 것은 일본과 군란 사후 양국관계를 濟物浦條約을 체결한 뒤 파견하였던 사절이었다. 1882년 9월에 파견되었던 수신사행의 구성원은 正使에 朴泳孝, 副使에 金晩植, 從事에 洪英植, 隨員에 徐光範이었으며 고문으로 金玉均과 閔泳翊이 포함되었다. 김옥균을 비롯하여 이른바 개화파의 주요인물 대부분이, 그리고 당시 조선 조정 내에서 유력자인 민영익등이 참가하였던 것이다. 박영효 일행은 동경에 머물고 있는 동안 일본 정계 주요 인물들뿐만 아니라 한반도에 새로이 등장한 서구 세력 특히 英國·美國公使 등과 접촉하였다.

당시 개화파의 開化方策은 크게 국왕과 측근세력들의 근대화에 대

---

6) 芝原拓自, 1975 <天皇制成立期における國家威信と對外問題> ≪大系日本國家史≫ 4 (東京大學出版會) 175.

한 인식의 확산을 통한 계속적인 개혁정책의 추진을 도모하는 한편 개화당의 정치적 기반 확대를 위한 정부 부내의 제도 개편, 그리고 기혁정책을 선전하기 위한 신문발간 사업 등이었다. 金玉均은 당시의 일본 상황을 일본정부가 酒稅와 煙草稅 등을 增收하여 해군력을 증강하고 있으며, 앞으로 조선에서 청국 세력의 배제를 위해 군사적 경지적 지원이 가능할 것으로 파악하였고, 실제로 외무대신 井上馨은 조선의 개혁자금 조달이 국왕의 위임장이 있으면 가능하다고 답하였다. 이후 김옥균은 국왕의 위임장을 가지고 도일하여 차관 도입을 위한 교섭에 나서게 된다. 김옥균은 ≪甲申日錄≫에서 이 시기 '마침내 뜻을 기울려 일본에 의뢰하기로 하였다'라고 적고 있다.

그러나 ≪조중수륙무역장정≫ 체결 이후 청국의 조선정책이 적극적인 간섭정책으로 전환하면서 일본의 조선정책은 강화도조약 체결 이후 일본이 조선에서 획득한 각종 권익 유지를 목표로 하는 소극적인 자세로 전환하였다. 이후 개화파의 활동은 주로 일본내 在野세력과 관계가 주류를 이루었다. 그 대표적인 예가 수신사 朴泳孝의 요청에 응해 福澤諭吉가 제자 井上角五郎을 조선에 파견한 것이었다. 井上角五郎은 개화파가 오랫동안 추진해왔던 신문발행 사업의 결과물인 ≪漢城旬報≫의 고문으로 활동하였다. 이외에도 福澤諭吉은 조선 개화파들이 개혁정책을 계속하기 위한 자금을 일본정부의 차관공여로 해결하고자 하였을 때도 신문 사설 등을 통해 적극 후원하였다.[7]

---

7) <朝鮮政略の急は我資金を彼に利用するに在り> ≪全集≫ 9卷, (1883.6.1) 5 ; <日本の資本を朝鮮に利用する危險あることなし> ≪全集≫ 9卷, (1883. 6.2) 7 ; <朝鮮國に資本を利用すれば我を利すること大なり> ≪全集≫ 9卷, (1883.6.5) 10. 이 사실이 발표된 시기에 朝鮮에서는 金玉均이 東南 諸島開拓使兼管捕掠使라는 직함으로 국왕의 外債募集委任狀을 가지고 세번째로 渡日하였다. 福澤의 경우 朝鮮 內 開化派와 일찍부터 광범위한 접촉을 가졌으나, 朝鮮 內 개혁활동에 직접적으로 관여했음을 알려주는 기록은 없다. 다만 위의 일련의 사설이 발표된 시기와 김옥균의 渡日 시기가 일치하고 있다는 점은 福澤과 朝鮮 內 개화파와의 관계를

2. 脫亞的 朝鮮論

福澤諭吉은 1885년 3월 16일 ≪時事新報≫에 다음과 같은 사설을
발표하였다.

> 보거순치란 것은 隣國이 서로 도와주는 것을 말하는 것임에도 불
> 구하고 지금의 지나와 조선은 우리 일본을 위해 조금도 도움이 되지
> 못할 뿐만 아니라 서양 문명인의 안목으로 본다면 삼국이 지리적으
> 로 서로 접하고 있기 때문에 삼국을 동일시하여 支·韓을 평하는 정
> 도로서 우리 일본을 인정하는 경우도 없지 않다. 예를 들면 … 조선국
> 이 사람을 참혹하게 처형하면 일본인도 역시 조선처럼 무정하다고
> 미루어 생각하는 것과 같이 … 그렇다면 오늘 일본은 隣國의 문명을
> 기다려서 아세아가 함께 흥하기를 기다릴 수 없으며 오히려 그 열을
> 벗어나서 서양문명국과 진퇴를 함께 하고 지나와 조선을 대하는 법
> 도 린국이라 하여 특별히 대우할 것이 아니라 바로 서양인이 지·한
> 을 대하는 법에 따라 할 수밖에 없을 것이다. 악우와 친한 자는 함께
> 악명을 면할 수 없다. 우리는 마음으로 아세아 동방의 악우를 사절하
> 는 바이다.[8]

近代 日本의 對外思想의 흐름을 크게 아시아 (連帶)主義와 脫亞(入
歐)論으로 大別하는 관점에서, 또는 福澤 對外論의 전환이라는 관점
에서 '脫亞論'에 관한 연구에는 많은 연구자들의 관심 대상이 되어
왔다.[9]

파악하는 자료로서 매우 시사적인 것이라 하겠다.
8) <脫亞論> ≪全集≫ 10卷, (1885.3.15) 238~242.
9) 近代 日本의 對外思想의 흐름을 크게 아시아(연대)주의와 脫亞(入歐)론
   으로 대별하는 관점에서, 또는 후쿠자와의 對外論의 전환이라는 관점에
   서 <脫亞論>은 많은 연구자들의 관심대상이 되어 왔고 그 성과 또한
   높은 수준에 이른 것으로 판단된다. <脫亞論>을 중심으로 한 후쿠자와
   의 대외론에 관한 기존 연구의 성과와 경향을 아는 데도 다음의 글을
   참고하였다[初瀨龍平, 1984.4 ≪近代日本とアジア≫ (東京大出版會)].

메이지 일본의 대외론으로서 <탈아론> 등장이 가지는 의미는 여러각도에서 추구 할 수 있을 것이다. 다만 이 장에서는 일본인의 대외인식이 아시아주의적인 자세에서 탈아론으로 전환이 왜 이 시기에 前面에 등장하였으며, 아시아 連帶에서 탈아로의 전회과정에서 일본인의 조선에 대한 인식이 어떻게 변화하였는가, 그리고 이러한 對韓認識의 또 다른 전회는 이후에는 없었는가 하는 점에 주목하고자 한다.

후쿠자와 유키치가 그의 對外論에서 아시아와의 연대를 포기하고, 서구의 아시아 침략 정책을 일본도 채택하여야 한다고 주장하고 나서게 된 배경은 무엇일까. 탈아론은 朝鮮 내외의 두가지 상황변화에서 비롯된 것이었다고 생각한다.

하나는 조선 國內정국의 변화이고, 다른 하나는 朝鮮을 둘러싼 대외정세의 변화에서 기인하는 것이다. 첫 번째 조선 국내의 변화는 갑신정변의 실패로 끝남으로써 조선내 친일적 개혁세력의 정치적 기반이 무너진 것이다.

앞에서 지적한 바와 같이 후쿠자와 유키치의 아시아 연대는 임오군란 이후 日·淸·朝의 연대에서 이미 淸國은 탈락하고 朝鮮만 남아 있었다. 후쿠자와 유키치에게 있어서 朝鮮의 구체적 실상은 1880년 이후 조선 내에서 개혁정책을 추진하던 정치세력들이었다. 후쿠자와유키치는 ≪時事新報≫ 창간 이후 조선의 문명개화에 대한 지원을 日本의 사명이라고 주장하였고, 임오군란 이후 조선 내 개화파의 근대화 사업에 직간접으로 관여하여 왔었다. 결과적으로 갑신정변의 실패는 곧 후쿠자와 유키치의 조선정책을 받쳐주던 기반의 상실을 의미하는 것이었다.

다른 하나는 갑신정변 이후 청국의 압력을 견제하기 위해 조선왕실이 펼친 대러정책과 러시아의 남진에 따른 일본의 개입 가능성 등이 논의되는 주변 정세의 변화이다. 갑신정변 이후 조선은 제국주의 열강의 이익이 첨예하게 부딪히는 지역이 변모하였다. 후쿠자와 유키

치의 아시아 연대는 아시아에서, 보다 구체적으로는한반도에서 일본
의 진출을 저해하는 세력이 같은 문명권 내의 淸國이 아니고 보다 강
력한 서구세력의 본격적으로 등장과, 그리고 조선 내에서 일본의 정
치적 기반이 무너지면서 폐기되기에 이르렀다.

  결론적으로 말하면 후쿠자와 유키치에 있어서 탈아론적 조선인식
은 일시적인 것에 지나지 않는 것이었다. 영국이 거문도에서 철수하
고 러시아가 시베리아 개발에 착수하면서 즉 한반도에서 일본의 대
외진출을 저해하는 1차적인 세력이 그 이전과 달리 러시아라는 적대
적인 세력이 실제로 등장하면서, 脱亞入歐는 흔들리기 시작하였다.

  후쿠자와 유키치는 1887년 1월 6일 <조선은 일본의 울타리이다>
라는 사설을 통해 새로운 사태에 대비한 한반도에서의 일본의 자세
를 다음과 같이 설정하였다.

> 따라서 일본열도를 지키려고 하는 자는 오직 일본열도에 방어의
> 수단을 한정하지 말고 … 멀리 일본열도 외의 땅까지 확장하여 일찍
> 부터 일본열도 외의 땅에서 적의 침입을 묶어 두는 것이 중요하다. 이
> 제 일본열도를 지키려고 함에 있어서 가장 가까운 방어선으로 정해
> 야 하는 땅이 필시 조선인 것은 의심할 여지가 없다. 만약 조선에서
> 일단 적이 근거를 마련하게 되면 일본의 불이익은 실로 용이하지 않
> 다 … 만약 支那가 일본의 적국으로 변하는 것과 같은 이상한 일이
> 생긴다면 일본은 이미 방어선을 적국의 손에 넘긴 것으로써 … 금일
> 에 있어서 일본의 방어정책을 가능한 원대하게 할 것을 우리는 특히
> 희망하는 바이다.10)

  즉 조선을 일본열도의 최근접 방어선으로 상정하고 있으며, 이에
따라 조선에서 일본의 지위 확보를 당면 정책으로 제시하였다. 후쿠
자와유키치는 1887년 초 한반도 주변 정세가 변화함에 따라, 갑신정
변 이후 조선에 있어서 서양세력의 영향력 확대에 밀려 유보하였던

---

10) <朝鮮は日本の藩屏なり> ≪全集≫ 11卷, (1887.1.6) 175~178

조선에 대한 적극정책을 다시 강조하기 시작한 것이었다. 즉 일본열
도의 안전을 위한 방어선으로 조선의 확보를 제기하고 나아가 구체
적인 방략을 개진하였다. 후쿠자와의 조선에 대한 주장은 1890년 의
회개원 식전에서 일본정부를 대표하여 수상 야마가타 아리토모가 행
한 향후 일본의 외교정책에 그대로 반영되어 나타나고 있다.11)

1890년 제1회 議會에서 首相 야마가타 아리토모(山縣有朋)은 정부
의 외교정략, 특히 조선에 대한 일본의 입장을 다음과 같이 천명하
였다.

　　이제 바야흐로 국가가 해야 할 가장 시급한 일은 행정 및 지방제도
　를 정비하고 운용을 신속히 하는 … 내치를 하루도 소홀히 할 수 없
　다는 것은 말할 것도 없지만, 동시에 국가독립을 유지하고 국세확장
　을 도모하는 일이 무엇보다 긴요한 일이 될 것이다. 무릇 나라의 독립
　과 자위를 위한 길은 두 가지이다. 첫째는 主權線을 수호하는 것이며,
　두 번째는 利益線을 보호하는 길이다.
　　무엇을 주권선이라고 하는가. 강토가 바로 이것이다. 또 무엇을 이
　익선이라고 하는가. 이웃나라와 접촉할 때 우리의 주권선이 없을 수
　없는 것과 같이 그 이익선이 없을 수 없다. 그리하여 외교와 군비의
　요결은 전적으로 이 두 선에 기초를 두는 것이다. 이제 바야흐로 열국
　들 사이에 서서 국가의 독립을 유지하고자 하면 홀로 주권선을 지키
　는 것만으로는 충분치가 않다. 반드시 나아가 이익선을 방호하고 늘
　우세한 형세를 유지하지 않으면 안된다. 이익선을 방호하는 길은 어
　떠한가. 각국 가운데 우리를 불리하게 하는 나라가 있다면 책임을 지
　고 반드시 이것을 배제시키는 데 있다. 무릇 이익선을 방호하는 일을

---

11) 明治 日本의 정치 지도자 가운데 日本列島의 안전을 위한 방어선으로서
　의 조선에 대한 인식은 明治 초기부터 존재하였으나 그것을 체계화한
　대표적인 인물은 山縣有朋이었다. 1887년 초 福澤의 朝鮮認識은 山縣有
　朋의 이른바 '主權線'의 안전한 보호를 위한 '利益線' 개념과 유사하면서
　시기적으로는 앞서고 있음을 알 수 있다. 周知하다시피 일본열도 방어선
　으로서의 조선 확보는 淸日戰爭과 露日戰爭을 거치는 동안 對外侵略政
　策의 근간을 이루는 것이었다[入江昭, 1966 <主權線と利益線> ≪日本
　の外交≫ (中公新書, 東京) 30~33].

능히 하지 못하는 나라는 후퇴하여 그 주권선을 지키는 것 역시 타국
의 원조에 의하여 함부로 침해를 면하지 못한다.
　우리나라 이익선의 초점은 실로 조선에 있다. 시베리아철도는 이
미 중앙아시아까지 전진하여, 수년을 넘기지 않고 준공하게 되면 러
시아의 수도를 출발하여 십수일 내에 흑룡강 물을 말에게 먹일 수가
있을 것이다. 우리들은 시베리아철도를 완성하는 날은 곧 조선에 사
건이 많게 되는 때임을 잊어서는 안된다. 또 조선에 사건이 많을 때는
곧 동양에 일대 변동을 일으키는 단서가 되는 것임을 잊어서는 안된
다.[12]

　즉 조선은 일본이 독립을 유지하기 위해 반드시 확보하여야 할 生
命線으로 선언되었던 것이다.

Ⅳ. 대한제국기의 상호인식

1. ≪皇城新聞≫의 일본인식

　대한제국시기 조선인의 대외인식 문제를 고찰하면서, 주로 ≪독립
신문≫과 ≪皇城新聞≫을 소재로 선택하게 된 것은 두 신문이 대한
제국의 초기와 중기까지의 민간의 의식을 비교적 잘 반영하고 있다
고 판단하였기 때문이다. 주지하다시피 ≪독립신문≫은 독립협회의
기관지로서 뿐만 아니라 당시 일반 민중의 의사를 폭넓게 대변하고
있었으므로, ≪독립신문≫에 나타난 대외인식은, 독립협회의 열강에
대한 인식뿐만 아니라 당시 일반민중의 인식으로도 파악될 수 있을
것이다. 한편 ≪皇城新聞≫은 독립협회가 만민공동회 등을 통하여 가
장 활발한 운동을 전개하던 1898년 9월에 장지연, 남궁억이 중심이

---

12) 山縣有朋, 1890.3 <外交政略論> ≪山縣有朋意見書≫ (東京, 原書房)
　　196~200

되어 ≪大韓皇城新聞≫의 판권을 인수하여 일간으로 바꾸어 합방 당시까지 계속 발행되었던 신문이다.

두 신문이 발행인들 간에 밀접한 관련을 가졌으나, 한반도주변의 상황이 변화함에 따라서 사설의 논조와 기사의 내용에 있어서 각기 독자적인 면모를 보여 주었다. 먼저 본고의 분석대상인 열강들에 대한 경우를 보면, ≪독립신문≫의 논설에는 청국 · 러시아 · 일본 · 미국 · 영국 등 한반도 주변의 강대국들에 대해 일정한 관심의 폭을 유지하였으나, ≪皇城新聞≫의 경우는 러시아와 일본에 집중 되어 있다. 이것은 두 신문이 발행되고 있었던 시기의 한반도 주변정세 변화와 상응하는 것으로 생각된다. 즉 ≪독립신문≫이 발행되었던 시기(1896년 4월 7일~1899년 12월 4일)와 달리 ≪皇城新聞≫이 발간(1898년 9월 5일)될 무렵의 한반도 주변정세는 청일전쟁과 삼국간섭을 거치면서 일시 성립되었던 열강들 간의 세력균형이 점차 무너져갔고, 의화단 사건 이후에는 만주와 한반도를 둘러싼 러 · 일의 각축이 본격화되어가던 시기였기 때문이다. 그리하여 러시아와 일본에 관계된 기사 내용도 1904년 러일전쟁 발발 이전에는 조차지문제와 경제적 이권 획득에 대한 기사가 많았고, 1904년 무렵부터는 러일전쟁 발발의 가능성과 배경, 그리고 양국의 전쟁준비 상황 등이 중심이었다.

≪독립신문≫에서는 대체로 다음과 같은 두 가지 관점에 입각하여 일본을 우호적인 국가로 인식되고 있었다. 즉 하나는 淸日戰爭의 결과 일본이 승리함으로써 조선이 淸國의 종속적위치로부터 독립이 가능했었다는 점, 다른 하나는 조선이 개항 이후 근대화를 추구하는 과정에서 이미 동양사회의 국가로서는 성공적으로 근대화를 이룩한 모델국가로서의 평가이었다.

그러나 ≪皇城新聞≫에는 이와 같은 긍정적인 평가는 매우 부분적인 위치에 머물렀을 뿐이었다. 그 대신 일본이란 나라는 청일전쟁 이후 일본이 한반도 내에서 획득하였던 우월한 경제적 지위를 계속 유지 확대하려는 조선 경제를 침식하는 존재로 파악되었다.

전술한 바와 같이 러시아와의 사이에서는 주로 정치·군사적인 사건이었던 반면에 일본과는 주로 경제적인 이권문제가 러일전쟁 이전에 양국 간의 중요한 관심사였다. 예를 들면 일본에 의한 京義線鐵道敷設權問題와 일본제일은행권의 조선내 통용문제 등이 대표적인 사건이었다.

≪皇城新聞≫은 1900년 12월 5일자 別報에서 전 불란서 外相의 韓·日·俄 三國에 대한 견해를 외국신문에서 인용 다음과 같이 보도하였다.

> 人口統計는 可信치 못ㅎ겠으나 人口의 增加가 著大ㅎ야 本土는 平均一方哩에 二千八百人口를 有ㅎ니 日本이 農業國이로되 其食物의 需要를 外地에 求함은 無理하다 못할것이 尙且年年히 五十萬式人口가 增價ㅎ게되면 此를 如何히 處置할는지 極히 重要한 問題라… 日本의 海外移民은 다만 布哇(美國近地)뿐인데 該島에서 近日에 日本人의 移住를 不甚歡悅홈으로 日人의 移住地로 屬望홈은 但 韓國半島뿐이니 此로 推觀ㅎ면 日本人이 韓國을 日本의 利益範圍로 主張ㅎ는 其意를 解析키 非難ㅎ지라.[13]

이와 같이 日本의 韓半島에 대한 進出의 원인에 대한 정확한 인식은 한일간에 경제적 이권을 둘러싼 분쟁이 발생하였을 때 매우 적절히 대처할 수 있게 하는 기반을 마련해 주었다고 평가된다. 1902년에는 日本의 第一銀行券을 조선내에서 유통되도록 하였는데 이 사건을 계기로 개항 이래 조선에서 日本이 탈취했던 경제적 이권을 나열하면서 다음과 같이 논평하였다.

> 日本은 自幾年以來로 於我韓에 得鐵道敷設權者 有二오 又得鑛産開採之權ㅎ며 又得諸路海面漁業之權하며 又設置銀行電信電話郵便局

---

13) ≪皇城新聞≫ 1900.12.5, 別報

하며 又於開城平壤等 內地에 無數日人이 自意開?하고 居住營業이러
니 今又以第一銀行券通用토록 要求我延하니 我韓全國에 無窮利藪와
無窮財源을 日本人이 皆如意得請하며 如意取攫者也오.[14]

이 기사는 계속해서 日本의 이와 같은 이권침탈이 "所謂保護自主
獨立之事가 皆如此之類乎"라고 지적하였다. 그 외에도 러시아의 龍
岩浦租借 및 산림벌채 및 분묘훼손 등을 비난하는 논설에서도 러시
아와 함께 일본인들이 京釜間 철도부설 공사 중 주변 민가와 분묘 등
을 훼손한 사실을 들어 비판하였다.

그러나 해가 거듭되면서 한반도 주변의 정세가 한반도와 만주를
중심으로 러일 간에 대립이 심화되자, 러시아와 일본 간의 전쟁가능
성 및 배경, 전쟁후의 결과 등에 대해서 깊은 주의를 표하고 있음을
알 수 있다. 먼저 전쟁 발발 가능성에 대한 기사를 종합해 보면 그 근
거로 다음과 같은 네 가지를 제시하고 있다.

첫째, 일본이 청일전쟁에서 승리하였으나 러시아를 주축으로한 三
國干涉에 의해 요동반도 점령이 좌절된 반면 러시아가 만주에 진출
한 사실에 대한 깊은 적대감, 둘째 러시아군의 만주 주둔에 대한 열
강의 철병요구를 러시아가 이행하지 않는 점, 셋째로는 만주와 한반
도 그리고 日本 사이의 지정학적 긴밀성 때문에 일본 자신의 안전을
위해서도 만주문제가 중요하다는 점, 끝으로 일본의 경제적기반 역시
이 지역을 중심으로 성립한 것임으로 일본은 자국의 경제적 이익을
위해서도 러시아와 전쟁을 하지 않을 수 없다고 보았다.

여기에서 우리는 러시아와 일본 사이에 전쟁이 불가피하다는 근거
가운데 종래와 달리 새로운 시각이 나타나고 있음을 볼 수 있다. 즉
일본의 對러시아 전쟁을 동양전체의 안전을 위한 것 또는 백인종과
황인종과의 전쟁 등으로 분식되어 보도되는 경향이 그것이다. 일본

---

14) <毋以財彌縫眼前之息> ≪皇城新聞≫ 1900.12.5, 別報

의 안전과 한반도의 안전을 동일시하는 입장은 ≪독립신문≫에서 확인되었던 것과 같이 일본에 대한 국내지식인들의 긍정적인 시각이의 연장선상에서 나타난 것으로 볼 수 있다.

그러나 일본에 대한 전반적인 태도는 反日的인 論調를 계속 유지하였다. 그 예로서 러시아군대의 龍岩浦 점령(1903년 4월 1일)과 국경지방에서의 계속적인 군사활동으로 열강 간에 정치적인 타협이 계속되던 중 일본공사 林權助가 일본수비병을 동원하여 宮城을 보호한다는 소식이 전해였다. 이 사건에 대해 ≪皇城新聞≫은 論說을 통해 "우리나라는 독립제국이므로 우리의 군사로 궁성을 보호할 수 있다. 그런고로 굳이 외국군인에 의한 궁성수비는 필요하지 않다. 어떤 연고로 일본수비병이 궁성 수비를 자청하는가"라고 되묻고 이와 같은 風說이 비록 헛된 것으로 밝혀졌다 하더라도, 風說이 나돈 것 자체에 대한 반성을 촉구하였다.

또한 러시아와 일본이 한반도 문제로 협상을 거듭하던 가운데 제기되었던 이른바 滿韓交換說에 대해서도 他國의 세력 범위내에서 독립이란 있을 수 없다고 반대의사를 분명히 하였다. 또한 러일전쟁이 발발(1904년 2월 10일)하고 전쟁 초기의 부분적인 승리를 틈타 日本이 韓國 내에서 군사적 목적을 위한 토지수용허가를 내용으로 한 韓日議定書를 성립시킨 것을 적극적으로 비판하였다.

≪皇城新聞≫은 日本人 지휘 하의 시설개선은 통치권을 日本에게 양여하는 것과 다를바 없으며, 국제사회에서도 主權을 인정받지 못하게 할 처사로 일찌기 인도와 베트남이 이와 같은 경로를 거쳐 식민지화 하였음을 경고하였다. 이어 2월 29일에는 <韓日議定書 >全文 6條를 게재하고, 3월 1일자 논설 <論韓日協商條約>에서는 조약문을 구체적으로 제시하고 그 내용의 부당성을 다음과 같이 지적하였다.

첫째, 施政改善에 대한 日本의 '忠告'를 허용한다는 한일협약 제1조는 주권을 외국인에게 양여한 것과 같고, 둘째 四條의 '第三國의

侵害를 由하며, 或은 內亂을 爲하야 大韓國 皇室의 安寧과 保全에 危
險이 有한 境遇에는 大日本政府는 速히 臨機必要한 措置를 취한다'
라는 조항에 대해서 다음과 같이 평가하였다. 第三國의 侵害에 대한
조항은 그 타당성은 인정하지만, 내란에 대해서는 조선의 군대가 이
를 해소할 것이지 외국군대에게 이를 맡길 하등의 이유가 없음을 명
백히 하였다. 또한 四條의 부속조항으로 前記의 군사행동을 용이하게
하기 위하여 軍略上 필요한 지점을 隨意收用 할 수 있게 허락한 조항
데 대해서도 '必要' 또는 '隨意' 등 文句로 미루어 보건대 이는 나라
전체를 保護國과 같이 만드는 것이며, 시간 또한 무기한이니 러일전
이후에도 계속 주둔할 수 있게 되어 결국 주권을 외인으로부터 되찾
을 기약을 없게 만드는 것이라 하였다.

끝으로 제3국과 조선이 단독으로 조약을 맺지 못하게 규정함으로
써 일본이 실제로 조선의 외교를 장악하게 되었으며, 이것은 한국이
일본의 보호국이 되었음을 자칭한다고 지적하였다. 상기한 바와 같은
비판은 러일전쟁 중에도 계속되었다.

그러나 전쟁초기 일본의 요구로 <韓日議定書>가 조인되면서 격
렬한 反日的 論調를 보였던 태도는 전세가 일본에게 유리하게 전개
되자, 일본에 대한 유화적인 태도를 보이기도 하였다. 같은 해 5월 3
일자 논설 <强弱之勢在義勇>에서 다음과 같이 日本의 우세를 시사
하였다. 즉 한나라의 强弱之勢는 그 나라가 보유한 병력의 많고 적음
에 있는 것이 아니라 '義勇'에 있다고 전제하고, 지금 비록 러시아가
세력에 있어서는 강대하나 仁川과 旅順 및 定州 등지에서 패한 것은
일본이 智謀와 義勇이 앞섰기 때문이라고 평가하였고, 러일전쟁의 결
과와 그 영향에 대해서 다음과 같이 언급하였다.

　　… 然卽日俄之勝算은 不待交戰之結果而可判矣이 此則東洋全局之
　存亡機關也라 天豈欲黃種之滅絶與아 …

이와 같이 러시아와 일본사이의 만주와 한반도를 둘러싼 식민지 전쟁을 '東洋全局의 平和'나 '白人種에 대한 黃人種의 보호를 위한 戰爭' 등으로 紛飾시키는 사상은 그 뿌리가 깊은 것이라 생각된다. 日本의 입장에서는 對外侵略戰爭을 호도하기 위한 명분에 불과했던 것이지만, 조선에서 그와 같은 名分論에 의지하여 주권을 지키려는 노력도 꽤 오랫동안 시도되었던 것 같다. 다만 일본의 황무지 개척권 요구에 대해서는, 사건 자체가 일반인들의 생활에 광범위하게 영향을 끼치는 것이었으므로 어느 사건보다도 더 격렬한 반대의 의사를 표명하였다.[15)

2. ≪太陽≫의 조선인식

고노에 아츠마로(近衛篤麿)[16)는 잡지 ≪太陽≫의 1898년 1월호에 발표한 <同人種同盟附支那問題硏究の必要>에서 동아시아에서 일어나고 있는 제국주의 열강의 각축을 黃白人種간 경쟁의 終局이며 이것은 곧 일본인 자신의 이익에 관계된 것이므로 백인종의 침략에 대비하여 모든 황인종은 단결할 것을 촉구하였다. 그리하여 일본인은 황인종의 단결을 위해 중국을 계도하고, 일본인들을 신뢰하도록 이끌어야 하는 일을 기꺼이 하여야 한다고 강조하였다. 그러나 이 글은

---

15) <請質政府諸公> ≪皇城新聞≫ 1904.6.29 ; <續質政府諸公> ≪皇城新聞≫ 1904.6.30 ; <辨日本報之妄說> ≪皇城新聞≫ 1904.7.21
16) 고노에 아츠마로(近衛篤麿, 1863~1904). 고노에는 메이지 시기 대표적인 귀족 출신 정치가로 貴族院 議員으로 정계에 진출하였다. 청일전쟁 전후에는 귀족원 내 三曜會, 懇話會, 月曜會 등의 이른바 對外强硬路線의 '硬六派'를 이끌었다. 1896년에 貴族院 議長으로 취임하여 東亞同文會(1898), 國民同盟會(1900), 對露同志會(1903) 등을 결성하고 그 회장으로서 시종일관 對露强硬外交와 排外主義 여론을 환기시키는데 구심적인 역할을 담당하였던 인물이다.

'모든 황인종의 국가'등의 표현을 통해 조선도 함께 언급하고 있는
것으로 보아야 할 것이다.

三國干涉 이후 조선에서 일본세의 후퇴는 俄館播遷으로 결정적인
계기를 맞이하게 되었다. 아관파천 이후 일본의 對韓政策의 중점은
조선 내정개혁에 대한 직접적인 개입에서 土地買收와 借款供與를
통한 鐵道敷設權 획득 등에 두어졌다. 이러한 정책이 실제로 이루어
지기 위해서는 삼국간섭과 아관파천을 거치는 동안 조선에서 비약적
으로 그들의 영향력을 증대 시켰던 美·露·英·佛·獨의 간섭을 배
제하여야 가능한 것이었다.

또한 일본 국내에 있어서 또한 대한정책 수행의 담당층이 외무성
중심에서 육해군과 大藏省 등으로 확대되었고 민간단체들도 영향력
을 행사하였다. 이른바 對外強硬論者들은 東亞同文會와 國民同盟會
등을 조직하여 국민의 世論을 배경으로 정부의 대외정책 수행에 그
들의 영향력을 가중 시켜갔다.

동아시아에서 새로운 상황의 전개 과정을 '황백인종 간의 경쟁'으
로 표현한 고노에는 이후 백인종의 침략에 대항하여 '모든 황인종이
디동단결'하기 위해 앞장서서 활약하였다. 그의 노력은 동아동문회의
창립으로 본 궤도에 오르지만 조선과의 접촉은 동아동문회 창립 이
전에도 이루어지고 있었다. 모든 황인종의 단결이란 그의 목표는 일
본과 일본인에 대한 황인종의 신뢰가 전제되어야 가능한 것이었다.
따라서 고노에의 노력은 조선과 중국으로 하여금 일본에의 신뢰를
유도하는 일로부터 시작되었다.

황인종간의 연대와 동맹을 구축하기 위한 고노에의 노력은 다양하
게 전개되었다. 조선인들과의 관계는 첫째, 갑오개혁 이후 늘어난 조
선인 유학생 및 박영효 등 망명 정객의 지원 보호로, 둘째 동아동문
회 창립 이후 조선에서 同會의 사업확장 등을 통해 시도되었다. 표면
적으로 문화창달을 내세운 동아동문회는 일어학교 경영, 신문발행,

의료사업, 일본종교의 보급 등 여러부문의 사업을 조선에서 전개하였다.

고노에의 지도 하에 동아동문회는 조선의 문명개화를 지원하기 위한 '문화활동 – 교육, 신문 잡지 발행, 포교, 의술보급 등 각종의 사업 – 을 추진하면서 배후에 외무성, 군부 등과 긴밀한 관계를 유지하였다.

'同種同文'을 내세우며 교육, 언론, 종교 등 각 분야에 걸친 민간인들의 침투는 실제 조선에서 정치적, 경제적 진출이 벽에 부딪혔던 일본이 장래 조선에 재진출하기 위한 우회적인 전술이었음은 두말 할 여지가 없다. 그러나 '동종동문'이라는 연대의식을 강조하면서 '文化'와 '仁道'를 명분으로한 일본의 침투를 단순히 '동종동문' 그리고 '인도'와 '문화의 전달'로 파악한 일부 조선인들 사이에서는 이들의 활동을 긍정적으로 평가하기도 하였다.

1900년은 의화단사건을 계기로 동아시아를 둘러싼 국제관계 특히 일본과 러시아의 관계가 긴박해졌다. 러시아의 만주 주둔이 장기화되면서 러일 간에는 조선에서 양국의이익을 조정하기 위한 교섭들이 진행되었다. 고노에 등은 러시아가 제기한 조선 분할점령안 등을 반대하는 한편, 조선과는 러시아의 간섭을 배제하기 위한 秘密攻守同盟 체결을 획책하였다.

고노에를 중심으로한 對外硬派에 의한 한국과 공수동맹을 맺기 위한 노력은 두차례에 걸쳐 시도되었다. 첫번째 시도는 1900년 7월 중순 러시아의 한국분할점령안이 제기되었던 시기에 시도되었던 것이다. 이 시기 고노에 측의 공수동맹체결 노력은 亡命者 처리 문제와 교환조건으로 약 3개월 가까이 계속되었으나 이토 히로부미(伊藤博文), 이노우에 카오루 등의 반대와 조선 측의 거부, 러시아 측의 방해책동 등으로 결국 실현되지 못하였다.

V. 맺음말

이상으로 개항 전후 시기부터 러일전쟁에 이르는 시기 朝日양국의 상대에 대한 인식의 흐름을 개관하였다. 이 시기 朝鮮과 日本 양국이 당면했던 최대의 외교적 과제가 조선에서는 對日문제였고, 일본 또한 對朝鮮 문제였다. 메이지유신 이후 일본 외교의 과제가 서구와 맺은 불평등조약 개정문제와 조선 문제라고 할 때 이 두 가지 문제는 연관된 것이었다. 화이론적 세계질서를 고수하였던 조선 또한 개방과 이에 뒤따르는 근대화 과정에 있어 대일외교는 최대의 과제였다.

19세기 후반 동아시아 지역의 기존 세계질서가 영국을 비롯한 프랑스, 미국 등 신흥 자본주의 강국에 의해 무너지기 시작하였다. 청국이 1842년 남경조약을 계기로, 일본이 1854년 미일화친조약을 통해 개방한 뒤에도 조선만은 기존 질서를 고수하였다. 조선은 1866년과 1871년 프랑스와 미국에 의해 수도의 관문 강화도가 일시적으로 점령당하는 전란을 겪으면서도 끝내 개방을 거부하였던 것이다. 두 차례의 서양 강국과의 전쟁을 치루면서도 개방을 거부하였던 조선정부에 대해 개방을 수용하게 한 것은 日本이었다. 당시 일본의 조선정책은 기본적으로 서양의 포함외교를 본 뜬, 이른바 幕末의 征韓論의 연장선에서 이루어진 것이었다.

그러나 일본의 요구를 조선정부는 국내 개항 반대세력의 반발을 약화시키기 위한 장치로서 기존의 외교질서 즉 事大交隣의 연장선상에서 이를 수용하였다. 즉 일본을 서양과 동일한 세력으로 판단하여 수교를 반대하는 '倭洋一體論'에 대하여, 交隣관계의 연장으로 舊好를 重修한다는 論理로 개방을 수용하였다. 조선정부가 개방을 공식적으로 인정한 것은 그로부터 6년이 지난 1882년 7월 국내 개항반대세력의 저항을 청국의 무력의 힘을 빌려 진압하고 난 다음이었다. 이렇

게 볼 때 조선의 개항과정의 특징은 동일문명권의 일본을 매개로 단
계적으로 진행되었다는 점이다. 일본을 통한 단계적인 개방의 결과,
개방 이후 국내 근대화 정책의 전개과정에 끼친 일본의 영향을 다양
한 방면에서 언급할 수 있을 것이다.

한편 일본의 대한정책 또한 개항 과정의 특수성 위에 기초한 것이
었다. 1880년대 조선의 근대화정책이 본격적으로 추진되었을때 일본
조야의 조선정책론은 조선개방의 당사국으로서 조선의 근대화 사업
을 적극지원하고 이를 통해 서양의 압박을 같이 극복하자는 것이었
다. 이와 같은 조선론은 조선 내 개화정책 추진세력들로 하여금 일본
을 개혁의 모델로, 개혁의 후원자로 인식하게끔 만들었다. 일본 인식
은 淸日戰爭 이후 러일간에 조선문제로 긴장이 고조되던 대한제국
시기까지 조선 내 개혁 추진 세력 사이에서는 지속적으로 나타나고
있다.

한편 일본의 아시아 인식 구체적으로 대조선론의 경우 기존의 연
구에서는 크게 아시아연대와 脫亞入歐로 나누어 설명하여 왔다. 그러
나 조선에 대한 일본의 팽창주의적 입장은 위의 여러 요소들에 의해
규정되면서도 일관되게 견지되었다. 그들의 조선정책에 있어서 시종
일관 강조되었던 제1의 과제는 청국과 열강의 간섭을 배제하고 그들
의 침투를 조선내부로부터 수용할 수 있는 친일세력을 부식하는 것
이었다. 이 때 그들의 회유정책의 1차적 대상이 된 세력은 조선정부
내에서 근대화정책을 추진하던 세력이었다.

조선에 있어서 일본의 팽창주의가 표현에 있어서 아시아주의적인
것으로, 또는 탈아시아주의적인 것으로 달리 나타나게 되는 가장 중
요한 요인은, 조선과 청국에서 일본의 팽창정책을 효과적으로 수행하
기 위한 것이다. 즉 조선과 청국에서 일본의 침략을 최대한 확장하기
위한 대외론이었던 것이었다.

이 글에서 검토한 시기의 아시아주의적 조선론은 조선과의 관계를

'輔車脣齒', '連帶', '同種同文', '改革支援' 등으로 표현하고 있고, 연대의 구체적 방법으로는 신문발간을 통한 신문화보급, 留學生 招請後援, 借款供與, 移民, 宗敎의 보급 등으로 다양하게 나타났다. 아시아연대 주의적 입장은 대체로 서구와의 일정한 타협 아래 조선에서 일본의 세력 확장이 추구되던 시기에 나타났다. 즉 표면에 있어서 아시아주의가 강조되었던 시기는 실제로 일본의 침략이 적극화되었던 시기였다. 반면 탈아입구론이 등장하는 시기는 대체로 조선에서 청국과 러시아의 영향력이 확대되고 조선정계 내 친일정치 세력 쇠퇴하는 등 일본의 세력 기반이 축소되었던 시기였다. 즉 일본이 기득권을 유지하기 위해 영·미 등 서구제국주의 열강과의 협력이 절실할 때 전면에 등장하였던 것이다.

ABSTRACT

Mutual Recognition in Korea — Japan Relations in the Late 19th Century

Choi, Deok-soo

By the end of 19th century the world system of East Asia started to collapse due to the newly emerging capitalist countries like Britain, France and United States. Although China opened its ports in 1842 and Japan in 1854, Joseon was able to adhere to its existing system and refused to open its ports even after losing to France and United States in 1866 and 1871. The Joseon government had refused to open its ports after two battles with western countries but agreed to open its ports due to Japan. Japan's foreign policy towards Korea was an extension of active debates on military conquest (K. *seikan ron*, 征韓論) which basically imbibed a western way of diplomacy. But Joseon agreed to it as a strategy to weaken the influence of those who resisted the opening of its ports and as an extension of the 'Fraternity and Dependence of Korean Foreign Policy' (*sadae kyolin*: 事大交隣). Intellectuals' opposition to opening the ports based on the view that 'Japan and the West are one' (*woeyang ilch'e ron*, 倭洋一體論) began to spread, but King Kojong could claim that the treaty was simply a 'restoration of traditional friendly relations' (*kuho chungsu*, 舊好重修).

From this perspective, a distinct feature of the course of opening Joseon is that it progressed gradually with Japanese mediation. As a result of opening of port in stages through Japan, it can be said that Japan influenced the process of internal modernization in Joseon after the opening of the port.

Japan's Korean policy and the course of opening of the port became a foundation for Korea's wholehearted promotion of modernization policies in the 1880s. The Japanese government's policy towards Korea was to positively support this modernization and it was viewed as a country concerned in opening its ports. By this, Japan intended to overcome the pressures of western countries together with Joseon. Due to this policy, Japan led itself to be perceived as a model of reforms and a supporter of reforms inside Joseon.

On one hand, Japanese policy towards Korea has been broadly divided and explained as 'Asian Solidaritism' (*ajia*-主義) and as 'Leaving Asia' (J. *datsua ron*, 脫亞論). But in spite of stimulation by various factors, Japan's expansionist policy towards Joseon was consistently adhered to by Japan. The point of utmost importance that they consistently emphasized was to eliminate the interference of China and other world powers and to establish a pro-Japanese group to expropriate this penetration from inside Joseon. During this time, they tried to appease the group trying to promote modernization inside Joseon.

The main reason for Japan taking two different stands, as an Asian country and as a country in league with Europe, was that they wanted to effectively accomplish their expansionist policy in China and Joseon. Japan took a stand as an Asian country in order to expand its influence in Joseon under the agreement with western countries. The time when attention was on Asia was when Japan became more active with its plans of aggression. On the other hand, Japan presented itself as a European country due to the expansion of Chinese and Russian influence in Joseon especially with the fall of the pro-Japanese group inside the political circle of Joseon which signaled a decline in Japanese influence. It was fundamentally a policy to increase the Japanese aggression.

Keywords : Asian solidaritism (アジア主義), Leaving Asia (datsua ron 脫亞論), Seikan ron (征韓論)

강화도조약과 개항의 역사적 의미

하 원 호*

Ⅰ. 머리말

지리상의 발견으로 동방항로가 개척된 이후 아시아로의 진출을 활발히 해온 서구제국은 산업혁명이후 더욱 적극적으로 해외진출을 추진했다. 산업혁명과 그에 따른 자본주의의 급속한 성장은 축적된 잉여자본의 방출을 해외에서 구하게 되었고 원료공급지와 상품의 시장이 절실히 요구되었던 것이다. 이들은 당시 동아시아 최대의 시장이었던 중국을 아편전쟁으로 굴복시킨 후 조선에도 문호의 개방을 통한 통상의 요구와 무력적 침략을 가해왔다. 조선에도 이미 19세기 초엽부터 서구의 자본제 제품이 밀수입되기 시작했고 대원군

─────────────

* 성균관대학교 동아시아학술원 연구교수

정권기에 들어 무력을 동반한 개항 요구를 했던 것이다. 프랑스에 의한 병인양요(丙寅洋擾; 1866)와 미국에 의한 신미양요(辛未洋擾; 1871)의 과정에서 양국의 무력침략을 물리친 대원군정권은 계속 쇄국정책을 강행했다.

그러나 1874년 민비를 중심으로 하는 세력과 유생세력으로부터 강력한 도전을 받으며 대원군 정권이 무너진 후 일본은 운요오호(雲揚號) 사건을 유발하여 조선에 문호개방을 요구했고 1876년 강화도조약의 체결로 조선은 뒤늦게 세계자본주의체제에 편입되었던 것이다.

1876년 강화도조약 체결은 외적으로는 일본의 군사적 위협과 청국의 개항 권고, 내적으로는 개국론자의 성장이 배경이 되었다. 조선에는 이미 개항 이전부터 개항을 통해 국제정세의 변화에 능동적으로 대처할 것을 주장한 자주적 개국론이 나타나고 있었다.[1] 자주적 개국론은 대원군 정권기에는 현실화될 수는 없었지만, 강화도조약과정에서 박규수, 신헌, 강위, 오경석 등 개국론자들이 참여하고 있었고 이들은 협상과정을 주도해 갔다. 따라서 이들의 개국론은 바로 강화도조약에 대한 조선측의 논리가 되고 이 개국론의 한계는 조선측의 한계가 되기도 한다. 그러므로 이들의 개국론을 살피는 것은 조선측의 개항과 강화도조약에 대한 인식을 밝히는 데 주요과제가 된다.

그래서 이 글에서는 먼저 박규수 등 개국론자를 중심으로 조약 체결과정에서의 개국론의 내용과 한계를 살펴보고자 한다. 개국론은 척사론에 비해 상대적으로 근대를 자주적으로 수용한 것이기는 하지만

---

1) 朴珪壽・吳慶錫・姜瑋 등 개국론자에 대해서는 다음과 같은 연구가 참고된다. 신용하, <오경석의 개화사상과 개화활동> ≪역사학보≫ 107, 1985 ; 김하원, 1993 <초기개화파의 대외인식 - 오경석을 중심으로 - > ≪釜大史學≫ 17, 1993 ; 손형부, 1997 ≪박규수의 개화사상연구≫ (일조각) ; 이완재, 1998 ≪한국근대 초기개화사상의 연구≫ (한양대학교 출판부) ; 윤소영, 1995 ≪轉換期の朝鮮の對外認識と對外政策≫, お茶の水女子大學 博士學位論文.

조약의 체결결과로는 이들의 개국론 자체가 아직 근대적 조약이나 기타 근대 인식에 대해 미숙하였음이 드러나기 때문이다.

조약체결과정에 대해서는 이미 田保橋潔 이후 선학들의 연구에 의해 거의 모든 과정이 밝혀져 있다.[2] 또한 개항의 역사적 의미 역시 전근대 조공질서와 근대 국제질서의 충돌이었다는 점도 이미 여러 학자에 의해 정리되고 있다.[3] 그래서 이 글에서는 주로 일본에 의한 강요된 개항의 결과로서의 조약이 가진 불평등성과 그로 인한 조선사회의 변화과정을 살펴보고자 한다. 조약의 불평등성은 조선사회가 세계체제에 편입되는 과정에서 자주적 민족국가로 성립을 저해하는 요인이었다. 따라서 이에 대한 고찰은 근대로의 이행과정에서 조선사회가 가진 대외적 모순을 이해하는 지름길이 된다. 그리하여 조약의 불평등성이 강요한 대일무역의 실상을 살핌으로써 개항이 강요한 조선사회 변용의 구체적 내용을 보고, 개항의 역사적 의미를 밝히고자 한다.

Ⅱ. 조약체결과 대일개국론

1875년 일본이 도발한 운요호호 사건은 개항의 직접적 계기가 되었지만, 이미 그 이전에도 일본은 여러차례 조선에 개항을 요구하고 있었다. 조선은 중국과 전통적 조공체제 아래에서 사대의 외교로, 일

---

2) 田保橋潔, 1940 ≪近代日鮮關係の硏究≫(上) ; 李瑄根, 1961 ≪韓國史(最近世篇)≫ 震檀學會 (乙酉文化社) ; 이광린, 1982 ≪韓國史講座(근대편)≫ (일조각)
3) 김기혁, 1991 <강화도조약의 역사적 배경과 국제적 환경> ≪국사관논총≫ 25 ; 김용구, 2001 ≪세계관 충돌과 한말 외교사, 1866~1882≫ (문학과지성사) ; 김경태, 1994 <중화체제·만국공법질서의 착종과 정치세력의 분열≫, ≪근대민족의 형성(1)≫ (한길사)

본과는 교린의 관계에 있었다. 그러나 명치유신이후 일본은 조선에
대해 새로운 국제관계를 요구해 왔다. 이 과정에서 서계문제는 한일
양국간 격렬한 외교상의 마찰을 일으켰고, 일본에 대한 전통적 인식
은 바뀌어 가고 있었다.4) 이미 아편전쟁이후의 서양열강의 중국 침략
이 국내에도 알려지고 이미 중국에서 魏源의 ≪海國圖志≫ 등의 책
이 들어와 지식인에게 널리 읽혀졌다. 그런데 대원군 정권기의 초기
개화사상은 海防論이 주조를 이루고 있었다. 중국을 통해 들어 온 책
이 대부분 해방론을 다룬 것이었고, 대표적 초기 개화사상가인 朴珪
壽도 北學사상을 토대로 국내의 海防論과 중국의 해방사상을 절충수
용하면서 서양세력의 침략에 대한 대응방안을 모색하고 있었고 강화
도조약 당시 대일수교에도 적극적이었다.5)

하지만 여전히 전통적 華夷觀의 입장을 견지하고 있던 척사론자들
은 대일수교에 대해 반대했다. 강화도조약 당시의 조약 반대 상소는
일본을 이적시하여 물리칠 것을 주장하거나 倭洋一體論에 입각하여
일본과의 수호가 부당하다는 주장을 했다.

前持平 李學年과 前司諫 張皓根의 상소에서는 강화부에 상륙한 일
본인을 '섬 오랑캐', '해적' 혹은 '더러운 비적' 등으로 표현하면서 군
대를 동원하여 토멸할 것을 주장하였다.6) 右通禮 吳尙鉉의 상소는 양
복을 입고 洋船을 타고 온 왜국사신은 '洋人이면서 倭人이고 왜인이
면서 양인'이라는 倭洋一體論을 주장했다. 일본과의 교역을 허락하는
것은 양인들과 교역하는 것이나 다름없고, 천주교의 확산을 가져와
금수의 지경에 빠지게 되는 결과를 초래할 것이라는 것이다. 따라서

---

4) 개항이전 한일간 관계와 국제정세에 대해서는 다음의 글이 참고된다.
   김기혁, 1993 <위의 글> ; 현명철, 1996 <개항전 한일관계의 변화에 대
   한 고찰> ≪국사관논총≫ 72.
5) 孫炳富, 1989 <박규수의 熱河使行(1861)과 對西洋外交論의 성립> ≪전
   남사학≫ 3, 129~164.
6) ≪승정원일기≫, 고종 13년 1월 20일 및 23일.

일본인들은 전쟁을 치르더라도 물리쳐야 할 대상은 될지언정 결코 화친할 수 있는 대상은 될 수 없었던 것이다. 또한 그는 일본이 날뛰는 것은 반드시 사악한 무리가 안에서 호응하여 가능한 것이라 하여 개국론자들을 비판하고 있었다.[7] 최익현도 "저들이 비록 倭人이라고 하나 실은 洋賊"이고 금수일 따름이라며 왜양일체론에 입각하여 강화가 초래할 난리와 멸망을 경고하는 상소를 올렸다.[8]

당시 청국이나 동래부를 통해 전해진 일본에 대한 정보는 일본을 교린의 대상으로 이해하기 어렵게 하였다. 崔益鉉·金平默 등 척사론자들이 倭洋一體論을 주장하였던 것도 바로 이러한 정보에 기반하고 있었다. 최익현은 왜양일체론에 입각하여 倭와의 화친은 결국 서양과의 화친을 의미한다며 구호회복이라는 주장을 일축하며 척왜를 주장했다.[9]

대일수교를 곧 서양과의 수교로 보는 왜양일체론은 대일수교를 추진하는 정부에게는 큰 부담이 아닐 수 없었다. 이러한 가운데 대응논리로 제기된 것이 바로 倭洋分離論이었다. 왜양분리론의 전형적인 내용은 副護軍 尹致賢이 올린 상소에서 나타난다. 그는 왜와 양이 내면으로 서로 연결되어 있다고 할 지라도 倭使라 칭하여 왔으면 왜국사신으로 대해야 옳다고 주장하였다. 나아가 그는 洋國이 오페르트 도굴사건(1868) 이래 결코 화친할 수 없는 불공대천의 원수임을 강조하면서, 대일수교가 결코 서양과의 화친으로 이어지지 않을 것임을 분명히 하자고 청하였던 것이다.[10] 고종은 이에 대하여 "'왜국과의 우호를 잇는 것이며, 양국이 아니면 화친할 수 있다(與倭續好匪洋伊和)'의 여덟 자는 더욱 절실하고 요긴한 말"이라며 "매우 가상하며 유념

---

7) ≪승정원일기≫, 고종 13년 1월 27일.
8) 崔益鉉, <持斧伏闕斥和議疏> ≪(국역) 면암집≫ 1 (민족문화추진회)
9) 위의 자료.
10) ≪승정원일기≫ 고종 13년 1월 28일.

하겠다"고 批答을 내리고 있다.

倭와 洋을 분리하여 양이 아니라 왜이기 때문에 通好한다는 왜양분리론은 구호회복론과 표리를 이루면서 왜양일체론에 대항하는 정부의 논리로 적극 활용되었다. 1876년 2월 17일부터 19일까지 3일간 伏閤 聯名儒疏運動을 벌이던 유생들이 결국 '서양과 강화하는 것은 불가하나 왜와 강화하는 것은 무방하다'고 告하고 철수한 것도 '왜양분리론'에 근거한 정부의 설득이 주효한 것이라 볼 수 있다.

그런데 개국론자들도 서양과 일본이 합세해 조선을 침략할 가능성을 염두에 두고 있어 왜양일체론에서 벗어나지 않다. 하지만 현실적으로 서양과 일본의 실체를 인정한다는 점에서 차이가 있었다. 개국론자이던 강위는 일본이 오랑캐가 아님은 물론이요 이웃의 大國이라고 주장했다. 강위는 우리가 '오랑캐' 혹은 '금수'라 부르며 업신여기는 일본이 사실은 '강력한 대국'이라고 하면서 그들이 공격하면 제어할 힘이 있냐고 반문하면서 일본을 물리칠 힘이 없는 조선이 일본과의 수호 교섭을 외면할 수 없다고 했다.[11]

이미 개국론자들은 조약 체결이전부터 일본에 대한 위기의식을 가지고 있었다. 주로 중국을 통해 일본에 대해 상당한 정도로 정보를 가지고 있었다.

> 下示하신 "日本領事가 처음에 중국에 들어가 館을 열고 交市하며 조약을 정할 것을 청할 때에 '勿侵屬國'이라는 1조가 있다. 지금 저들이 중국에 사신을 보내어 朝鮮과 修好 云云을 칭하는 것은 이미 조약이 있기 때문인 것이다. 그러므로 스스로 이번의 擧事가 修好를 위한 것임을 분명히 하여 그 뜻이 만일 여의치 못하여 병력을 동원함에 이른다면 또한 중국에 '조선이 먼저 잘못했으므로 어쩔 수 없었다. 用兵함에 이른 것은 일본이 중국에 약조를 어긴 것이 아니다'라고 發明하고자 하는 것이다. 그 뜻은 분명 이와 같은 것이다. 그러한 즉 우리가

---

11) 강위, <심행잡기> 단락 13.

먼저 움직이지 않으면 저들이 비록 兵船으로써 위협한다 할지라도 반드시 먼저 發하여 병력을 加함에 이르지는 못할 것이다" 이 한 단락의 가르치신 뜻은 진실로 옳습니다. 今日 日本이 戰爭을 칭하는 핵심이며, 또한 今日 일을 처리하는 機要인 것입니다. … 저들의 情狀이 비록 지극히 헤아리기 어려우나 또한 도리어 조약을 두려워하니 우리가 먼저 잘못하지 않는다면 저들도 또한 감히 가벼이 움직이지 못할 것입니다. 오늘날 믿고서 종사할 바의 것은 오직 이 한 문장뿐입니다.12)

위의 인용문의 강위의 글이지만 下示 이하 인용은 박규수의 말이다. 박규수는 일본이 사신을 파견한 의도가 전쟁의 단서를 마련하기 위한 것이라고 보고 있었다. 그는 일본이 청일수호조규의 '勿侵屬國' 조항 때문에 조선을 함부로 침공할 수 없다고 보고 '修好'라는 명목으로 군대와 사신을 보내 전쟁의 빌미를 얻으려는 것이니 먼저 병력을 동원해서는 안 된다고 보았던 것이다. 이에 대해 강위 역시 동의하면서 전쟁을 막기 위해서 '우리가 먼저 잘못해서는 안 된다(我不先失)'는 점에 있다고 강조하고 있다.

이러한 인식은 1873년에 전해진 일본과 서양세력의 조선 침략설의 영향을 받은 것으로 비단 박규수나 강위만의 생각은 아니었다. 조선 朝野에 커다란 위기의식을 불러왔던 침략설의 내용은 1873년 6월 倭使가 洋使와 함께 淸皇帝를 만나 조선을 정벌하겠다는 요구를 하였으나 거절당했다는 것이었다. 1873년 燕行時 남긴 강위의 <북유담초>에는 使行의 침략설의 진위여부에 대한 강한 관심과 조선의 위기의식이 잘 드러나 있다.13)

개국론자들이 대일개국을 주장하는 논거는 形勢論에 입각하여 대일개국 이외에는 다른 대안이 있을 수 없다고 주장한 개국불가피론과 명분론적 측면에서 대일수교가 수백 년간 쌓아왔던 전통적 우호

---

12) 강위, <代上瓛齋朴相公珪壽書>.
13) 강위, <북유담초>.

관계를 회복하는 데 지나지 않는다고 주장한 구호회복론이다.

1874년 중국에 사신으로 다녀온 박규수는 고종과 대화하는 자리에서 다음과 같이 말했다.

> 서양각국은 오로지 교역 商販을 중히 여기는데, 출항하는 상선을 모두 장부에 기재하고 그 화물을 계산해 세금을 받아 이로 나라의 재정을 충당한다. 이것이 그들이 자랑하는 부강의 방법이다. 그들은 중외 각국과 통상하지 못함이 없었는데 유독 우리나라와는 통상할 수 없었다. 그래서 몇 해 동안 우리나라에 와서 분란을 일으킨 것이다 … 일본은 양이를 따라 중국에 교역을 청하고 중국 또한 허락했다. 지금은 일본은 서양과 한편이 되어 있다.[14]

박규수는 서양과 일본이 통상을 요구해 오는데 우리나라만 피할 수 없다는 것을 강조하고 개국의 불가피성을 제시했다. 그래서 서양과 일본의 정세를 설명하면서 고종에게 위기의식을 불어넣었다. 그리고 이어 일본과 교섭을 재개할 것을 정책으로 채택하도록 요구했다.[15] 박규수의 대일개국론은 무엇보다 일본이 침입할 기회를 주지 않자는데 있었다. 박규수는 그의 대일개국론을 비난하는 대원군의 편지에 답하면서 일본의 수호통상 요구를 거절하면 그들이 침입해 올 것이라는 위기의식이 대일개국론의 첫 번째 이유였다. 또한 일본이 침입해 올 경우 서양세력이 이에 가세할 것이라고 생각했다. 그가 서양과 한 편이 된 일본이 서계를 받지 않는 핑계로 침범해 오면 오래동안 우리를 엿보던 서양도 합세해 올 것이라고 보았다.[16] 서양이 일본과 합세하리라는 견해는 일본의 대만침공이라는 역사적 사실에서 나왔다. 1874년 중국에 간 사신들은 일본이 서양인에 의탁하고 있으며, 그들로부터 銀 80만냥을 빌어 대만을 침략한 사실을 전해들을 수

---

14) ≪일성록≫ 고종 11년 6월 25일조.
15) ≪승정원일기≫ 고종 11년 6월 29일조.
16) ≪瓛齋集≫ 권11, <答上大院君(甲戌)>, <答上大院君又(乙亥 正月)>.

있었다.17) 이때 이건창이 조선을 위해 조언해 줄 것을 요청하자, 黃鈺은 "서양인을 대하는 것으로 그들을 대하는 것이 옳다"는 말로 일본에 대한 경계심을 늦추지 말 것을 충고하였다.18) 그래서 일본과 서양이 침입해 오면 조선의 국력으로서는 그들을 더 이상 막을 수 없어 일본과의 개국은 불가피하다고 주장했다.19) 그래서 박규수는 중국에 사절로 갔을 때 만나 교유를 했던 萬靑黎에게 편지를 보내 일본의 침입을 우려했다. 일본의 침략을 막을 능력이 부족하기 때문에 청국과 일본이 맺은 조약 중에 중국의 속방은 일본이 침입하지 않는다는 조항에 의거해 일본에 압력을 넣어 침략을 저지해 줄 것을 요청했던 것이다.20)

서양과 일본이 합세한다는 논리는 척사론자의 왜양일체론과 외면적으로는 같지만, 내용면에서는 차이가 있었다. 척사론자들은 국제적 현실에 대한 안목이 없었던 데 반해 개국론자들은 서양과 일본의 연합이라는 현실적 위기의식이 대일 개국론에 반영되어 있었던 것이다.21)

개국론자들이 개국의 불가피성을 주장한 데에는 조선이 弱國이라는 냉엄한 현실인식이 바탕이 되었다. 강위는 조선을 春秋時代의 弱國 鄭나라에 비유하였는데, 이는 일본을 '강력한 대국'이라 한 것과 대비되면서 자연스레 개국이 불가피하다는 결론으로 이어진다.22)

---

17) 강위, <북유속담초>.
18) 강위, <북유속담초>.
19) ≪瓛齋集≫ 권11, <答上大院君又(乙亥 正月)>.
20) ≪瓛齋集≫ 권10, <與答萬庸叟靑黎又>.
21) 박규수와 대원군 모두 왜양일체론을 갖고 있었지만, 대원군은 서양제국의 세력 확대를 일시적 현상으로 간주한 반면, 박규수는 멈출 수 없는 대세로 인식하여 내용상 차이가 있었다. (윤소영, <앞의 논문>, 233~234).
22) <심행잡기> 단락 13.

옳구나! 장숙평의 말이여! 말하기를 "중국이 庚申(1860년)의 厄을
당하였을 때 주장하는 자가 많아서 패배에 이르렀다. 이는 모두 편하
고 쉬운 이야기만 말하였기 때문이다 …"라 했다. 이는 진실로 경험
에 따른 말로 窮究하여 음미할 바가 있다. 대저 중국의 강대함으로도
오히려 이러한 괴로움이 있었는데, 하물며 중국에 어림없이 미치지
못하는 자에게 있어서랴? 그러나 돌이켜 구해보면 허물은 약함에 있
을 따름이다. 약함을 쌓아서 패배에 이르거나 강함을 쌓아서 승리를
취하거나 그 실마리는 우리에게 있는 것이고 적에게 있지 않으니 쌓
은 바가 어떠한가를 돌아볼 따름이다.[23]

강위는 중국의 실패에 대한 장세준의 말을 언급하면서 중국보다
국력이 훨씬 못한 조선이 어찌하겠느냐고 지적하고 있다. 조선의 국
력이 일본을 적대하거나 倭洋聯合軍의 침공을 막아낼 수 있는 형편
이 아니므로 대일개국을 피할 수 없는 것이라고 주장하였던 것이다.
약국 조선의 현실에서 일본의 수호통상 요구를 거절하기 어려움은
자명하였지만, 강위는 한 걸음 더 나아가 일본의 요구를 거절할 때
닥칠 사태를 구체적으로 언급함으로써 개국의 불가피함을 한층 설득
력 있게 주장하고 있다.

이것[通商和約]을 들어주어 시행하지 않는다면 반드시 병력을 물
리지 않을 것이고, 만약 병력을 철수시키지 않는다면 지금 우리가 마
련한 바의 戰守의 대비로 과연 敵을 물리칠 수 있겠습니까? 없겠습니
까? 말과 생각이 이에 미치니 모르는 결에 한심해집니다. 강화에 머
물러 접견하고, 仁川과 富平에 下陸하며, 京城으로 곧장 나아가는 것
이 3건의 일은 곧 저들의 정해진 계산입니다. 만약 접견시에 저들이
구하는 바를 우리가 들어주어 시행하지 않는다면 그 형세가 반드시
왕성하게 京城으로 곧장 들어가는 행동을 할 것임은 副官이 접견할
때 이미 엿보아 안 바가 있었습니다. 그것을 누가 능히 막아낼 수 있
겠습니까? … 저들이 京城으로 나아가는 것은 단연코 세 치의 혀로써
막을 수 있는 바가 아닙니다. 생각해 보면 저들의 병력이 京城으로 나

---

23) 위와 같음.

아간 후에 일이 난처해지는 것은 또한 어떻게 당해내겠습니까?[24]

　강위는 강화도에서 접견하고 여의치 않을 경우 인천·부평에 상륙하여 서울로 곧장 진격하는 것은 이미 일본사신이 올 때부터 정해진 수순이라며, 우리가 일본군을 물리칠 수 있겠느냐고 반문하고 있다. 그는 이 경우 조선이 일본군을 물리치기 어려울 뿐 아니라 대단한 혼란에 빠지게 될 것이라고 판단하고 있었다. 하지만 당시는 일본과의 一戰도 불사해야 한다는 척사론자들의 주장이 여론을 주도하고 있는 상황이었다. 이를 의식한 탓인지 그는 일본 군대의 정예함을 지적하면서 조선이 군사력 면에서도 결코 일본의 적수가 될 수 없음을 강조했다.[25] 중국보다도 훨씬 약한 국력을 지닌 조선이 '강력한 대국' 일본과 전쟁을 감수하면서까지 통상화약을 거절하는 것은 현명하지 못하다고 보았던 것이다. 정예한 군대와 우수한 군정을 갖춘 일본은 결코 아무런 대비도 없는 조선이 대적할 수 있는 상대가 아니었던 것이다. 더구나 조선의 斥倭는 자칫 일본이 양이와 합세하여 조선을 공격해오는 결과를 초래할 지도 모르는 행위였던 것이다.

　한편 강위는 일본과의 수호통상이 구호를 회복하는 데 지나지 않을 따름이라고 주장하였다.

　　저들 사신이 와서 우리가 그들과 더불어 접견하는 것은 곧 舊好를 닦는 것이지 그들과 더불어 새로이 講和하는 것이 아니다. 양국의 交易은 동래부에 設館한 初에도 있었고, 또한 지금 처음으로 통상을 허락하는 것이 아닌 즉 두 항구를 추가할 것을 청한 데 지나지 않을 따름이다. 이에 지금 의논하는 자가 본말을 살펴보지도 않고 갑자기 배척하는 것이 옳은 것인가? 혹자는 말하기를 "末流의 橫決은 미리 방비하지 않을 수 없다"고 하는데, 대저 먼 근심을 돌아보면서 가까운 근심을 잊는 것은 적에게 임금을 내어주려 하는 것이니 어리석은 것

---

24) 강위, <대상환재박상공규수서>.
25) 강위, <의소>.

이 아니라면 망령된 것이다. 혹자는 이르기를 "그 道가 아닌 것과 더불어 사는 것은 道를 지키다가 망하는 것만 같지 못하다"라고 하는데, 대저 道라고 하는 것은 나라를 지키고 백성을 편안히 하는 수단이 되는 것인데, 지금에 이르기를 나라를 위태롭게 하고 백성을 죽인 이후에 도를 지킬 수 있다고 말한다면 나는 그 道라고 이르는 바의 것이 과연 어떤 물건인지 알 지 못하겠다.[26]

강위는 대일수교가 어디까지나 '舊好를 닦는 것'일 뿐이고 교역도 倭館貿易의 연장선상에서 이해될 수 있는 것인데, 본말을 살피지 않고 반대하는 것은 옳지 않다고 하였다. 하지만 그는 대일수교가 구호회복이라는 자신의 논리를 부연설명을 통해 강화시키려 하지 않고, 단지 현실과 괴리된 척사론을 비판할 따름이었다. 즉, 道는 '保國安民'을 달성하기 위한 수단일 뿐 道 그 자체가 목적이 될 수는 없는 것인데, 척사론자들의 주장에는 수단과 목적이 전도되어 나타나고 있다는 것이다. 이러한 道에 대한 전도된 인식은 결과적으로 '보국안민'이 아닌 '危國殺民'을 초래할 것이라고 비판하였던 것이다.

그런데 박규수는 이미 1861년 중국 사행을 다녀오면서 대미개국론을 주장했다. 박규수가 미국을 개국의 대상으로 선정한 이유는 그가 당시의 국제정세를 동서의 열강이 서로 동맹해 약소국을 침략하는 약육강식의 시대로 인식하고 열강의 침입에 대한 위기의식을 가졌던 데 있다. 긍정적 미국관에서 미국과의 결맹을 구상하고 국제사회에서 고립되는 것을 피하고 열강의 침입을 견제해야 한다고 보았던 것이다. 뿐만 아니라 그는 미국의 발전된 기술을 수용하고 필요한 산물을 수입해 부강국을 이루어야 한다고 보았다. 박규수의 대일개국론도 개국불가피라는 위기의식에서 나온 것이기는 하지만, 대미개국론의 연장선에서 전개된 부강론이 배경에 있었다.[27]

---

26) 강위 <심행잡기> 단락 3.
27) 손형부, 1997 ≪박규수의 개화사상연구≫ (일조각), 2장 및 3장 참조.

1876년 1월 일본측이 조약안을 제시했던 문제를 토의하기 위해 열렸던 어전회의에서 박규수는 다음과 같이 말했다.

> 다만 생각건대 삼천리 강토에서 만약 우리가 내수외양의 방책을 다 실시하여 부국강병을 이루었더라면 저 작은 섬나라가 감히 우리의 서울을 엿보며 위협하는 지경에 이르렀겠는가. 참으로 통분이 극도로 치밈을 누를 수 없다.[28]

그 동안 내수외양을 하지 않고 개국을 하지 않으면서 부국강병을 이루지 못한 탓에 이 같은 결과를 가져왔다는 한탄의 말이지만, 그동안의 그가 주장했던 개국을 통한 부국강병론이 그 배경에 있었던 것이다. 따라서 일본과의 수호에도 이같은 부강론을 이루려는 의도가 있었다. 이미 중국을 통해 일본의 근대화 추진 소식을 듣고 있었던 박규수는 조일수호조약의 체결이후 수신사로 일본에 가게 된 김기수에게 일본의 근대 문물을 직접 보지 못함을 한스럽게 생각하는 편지를 보내기도 했다. 박규수가 김옥균 등 개화파에게 세계정세를 지도하면서 근대문물의 수용을 주장했던 것도 이같은 개국을 통한 부강론의 연장에 있었던 것이다.

강위 역시 1873년과 1874년 두 차례의 연행을 통해서 중국의 洋務運動의 진행상황을 견문하고 부강론에 대한 관심을 가지고 있었다. 강위는 양무파 관료인 張世準·黃鈺 등과 만나 양무운동에 대한 이해를 심화시킬 수 있었다. 강위가 얻었던 정보는 중국의 현실에서 양무운동이 일어나게 된 요인과 그 논리, 추진성과 등이었다. 양이의 선박과 기계의 견고함은 중국의 고법에서 대처방법을 찾을 수 없어 점차 양법을 도입하여 대처하려 한다는 黃鈺의 말[29]이나, 서양의 기기나 언어를 배우는 것은 그들의 장기를 모두 얻어서 그들에게 믿을 바

---

28) ≪승정원일기≫ 고종 13년 1월 28일.
29) 강위, <北游續談草>.

가 없도록 하려는 데 목적이 있고, 그들의 기술을 익히는 것은 그 기술로 그들을 공격하는 것이지 오랑캐가 되어 오랑캐를 공격하는 것이 아니라는 張世準의 언급[30] 등은 양무운동에 대한 강위의 이해를 심화시켰을 것으로 보인다.

장세준이나 황옥 등은 더 나아가 강위 등에게 조선도 자강에 힘쓸 것을 적극적으로 권하고 있었다.[31] 강위는 두 차례의 연행에서 조선이 자강정책을 추진하지 않으면 안된다는 점을 절감하였던 것이다.

척사론자와 마찬가지로 왜양일체론적 사고를 하면서도 척왜를 주장하지 않고 오히려 대일수교가 구호회복에 지나지 않을 뿐이라고 주장한 이유는 서양의 세력 확대는 이미 거스를 수 없는 대세이고, 그러한 서양의 침략을 막아낼 수 있는 방안은 부국강병 밖에 없다는 절박한 현실인식에서 나온 것이었다. 일본을 大國으로 표현한 것도 일본 자체에 대한 긍정적인 인식이라기보다는 오히려 부국강병을 추진하여 일정한 성과를 얻고 있는 것에 대한 긍정적인 평가로 이해된다. 따라서 구호회복론은 일본의 침략성에 대한 몰이해에서 나온 것이 아니라 그 점을 인식하면서도 자강을 위해서 개국이 반드시 이루어져야 한다는 판단에서 나온 것이다. 물론 자강을 위해 개국이 필요하더라도 그 대상은 수백년간 수호하였던 일본에 한정되는 것이었다. 그런 의미에서 본다면 구호회복론은 양이에 대처하기 위해서 일본과 수교는 하더라도 양이와의 수교는 결코 없을 것이라는 데에 강조점이 있었던 것이다.[32]

그러나 국내적으로 개국론자들의 노력으로 이루어진 강화도조약은

---

30) 강위, <북유속담초>.
31) 장세준은 1873년 연행시 중국을 거울삼아 서둘러 자강을 도모하라고 권고한 바 있고(강위, <北游談草>), 1874년 연행때에도 양무파 관료들의 이러한 권고는 이어지고 있다.
32) 이헌주, 2001 <姜瑋의 對日開國論과 그 性格―강화도조약 체결을 중심으로―> ≪한국근현대사연구≫ 19.

뒤이은 朝日修好條規附錄 및 通商章程과 함께 불평등조약체제를 형
성한다. 수호조규의 체결과정에서 최혜국조관이 빠진 것은 무엇보다
이같은 구호회복론의 연장에서 서양과 통교하지 않는다는 이유 때문
이었다. 이 과정은 물론 국내의 개국반대론자들을 설득시키려는 의도
에 나온 것이지만, 그 결과는 조약에 대한 체계적 대응을 불가능하게
했다. 근대적 조약에 대한 일반적 인식은 이미 중국 사행과정에서 개
국론자들이 가지고 있었다.[33] 하지만 이들은 조약에 대한 긍정적 인
식은 가지고 있었지만 중국이 외국과 맺은 조약의 구체적 내용을 제
대로 파악했다는 자료는 찾기 어렵다. 개국론은 화이론적 세계관에
빠져 있던 개국반대파들에 비해 상대적 진보성을 가진 것이었지만,
대응 방식에서는 조약의 내용이나 그 결과가 초래하는 문제점에 대
해서는 이해가 부족했다. 결국 불평등조약은 일본이 강요한 결과이기
는 하지만, 개국론자 역시 근대적 조약에 대한 구체적 인식을 가지지
못했다는 점에서 한계를 가질 수밖에 없는 것이다.

조약체결과정에서 개국론자들은 일본의 무력 침입을 우려해 개국
불가피론과 그 동안 일본과의 관계의 연장이라는 구호회복론을 주장
하면서 반대론자들을 설득했다. 이들은 개항이전에도 이미 개국을 통
한 근대물물의 도입과 부강론을 주장했지만, 국내의 전반적 쇄국론적
분위기에서 현실화될 수는 없었고, 강화도조약 체결과정에서 개국을
주도해 나갔다. 그러나 이들 역시 근대적 조약체제에 대한 인식의 한
계로 불평등조약을 극복하지 못한 한계를 가진다.

---

33) 강위, <북유속담초>. 이건창과 황옥의 필담에서 換約과 관련한 조항의
    존재, 통상시의 문제점 유무 등이 다루어지고 있다.

Ⅲ. 개항과 불평등조약체제

일본의 포함외교에 의해 체결된 1876년 2월의 '조일수호조규(일명 '강화도조약';전문 12관)'는 청국의 간섭을 배제하기 위하여 형식적으로 전문에 일본과 조선과의 관계를 평등하게 규정했다. 그러나 그 실질적 내용에서 이 조약은 이 해 8월 조인된 '조일수호조규부록'(전문 11관)과 '통상장정'(전문 11칙)과 함께 전형적 불평등조약체계를 이루고 있었다.[34]

우선 영사재판권에 의한 치외법권·조계인 거류지의 설정·3 항구의 개항이 인정되었을 뿐만 아니라 일본은 국제법상의 조약관례를 무시하고 조약유효기간 및 폐기조항을 결락시켜 불평등조약의 무기한 존속까지 기도했던 것이다. 더구나 국내시장의 보호와 국가재정의 확보를 위하여 불가결한 관세권마저 상실했다. 당시 조선의 교섭당사자들은 근대적 관세권에 대한 이해가 없어 무관세의 무역을 용인하고 말았다. 이 같은 관세자주권의 상실은 밀려드는 자본제공산품으로부터 국내산업을 보호할 수 없어 후일의 자주적 식산홍업의 추진에도 장애가 되어 민족자본을 육성할 수 없었던 것이다. 또한 일본화폐를 조선에서 자유로이 유통될 수있는 권리를 인정함으로써 일본의 은행지점이 조선에 진출하여 자국상인의 금융을 지원하며 자본력면에서 조선상인을 압도할 수 있는 근거를 마련했다. 뿐만 아니라 일본화폐의 유통이 가능해지면서 일본상인은 양국간의 환시세를 조작하여 수출품을 염가매입하는 한편, 은행에서 대부받은 자금을 조선상인에게 대부하고 환차익까지 챙기기도 했다.

---

34) 金敬泰, 1973. <丙子開港과 不平等條約關係의 構造> ≪梨大史苑≫ 11 참조.

일본이 기도한 불평등조약체계의 수립은 특히 곡물의 수출문제에서 더욱 기만적으로 드러난다. '통상장정'의 제6칙은 조선과 일본의 원문이 각기 다르다. 원래 제6칙의 조선측 조약문은 개항장에 거류하는 일본인의 식량조달을 위하여 곡물의 매입을 허가한 것이며 양국간 교역을 의미하지는 않았다.35) 그러나 일본은 자국의 조약문에 '개항장에 거류하는 일본인(住留日本人民)'이라는 문구를 제외함으로서 곡물수출을 합법화시켰던 것이다.36)

그런데 자본주의적 성장이 미숙하던 일본에 의해 개항되었던 사실은 세계자본주의체제내에도 조선에 가해진 외압이 어느 식민지국가보다 더욱 폭력성을 띠게 된 원인이 되었다. 개항이후 직접적으로 외압을 가해 온 외세는 일본과 청국이었다. 양국은 이미 서구열강에 의하여 제국주의적 침략을 받으며 근대로의 급속한 이행을 추구하고 있었으므로 국제적·국내적 위기가 가중되고 있었다. 이들은 서구열강에 의해 강요된 자국내의 사회적 모순을 일정하게 조선사회에 전이함으로써 자국의 자본주의 발전에 밑거름으로 삼고자 했다. 그러나 이미 제국주의단계로 진입했던 서구열강과는 달리 양국은 자본주의의 발달이 늦어 아직은 자본의 원시적 축적단계에 있었으므로 순연한 경제적 침략보다는 주로 정치적·군사적 외압을 통하여 조선을 지배하려고 했으며 경제적 외압도 이러한 폭력적 성격을 배경으로 했다. 그러므로 조선은 서구제국주의를 배경으로 한 청일의 원시적 축적형의 외압에 직면하여 '이중의 외압'을 받고 있었다.37)

---

35) 國會圖書館, 1964 ≪舊韓國條約彙纂≫ 上, 116. "嗣後於朝鮮國港口住留日本人民 粮米及雜穀得輸出入"
36) 제6칙의 변칙적 성립경위에 관해서는 金敬泰, 1972 <對日不平等條約의 改正問題發生의 一前提> ≪梨大史苑≫ 10 참조.
37) 梶村秀樹, 1981 <동아시아 지역에 있어서 帝國主義體制로의 移行> ≪開發途上經濟の研究≫ (世界社) 참조. ≪韓國近代經濟史硏究≫ (사계절, 1983) 번역 수록.

요컨대 조선은 조선후기 이래의 사회적 생산력의 발전을 저애하고
있던 봉건적 질곡에 개항 이후 폭력적 외압을 받음으로서 세계자본
주의체제 내에서도 가장 모순이 첨예한 국가가 되었다. 그리하여 개
항이후 조선사회의 역사적 과제는 일국사적 발전에 의한 반봉건의
근대적 변혁만이 아니라 반외세의 투쟁을 통한 민족적 모순의 극복
도 긴급한 과제가 되었다.

강화도조약이후 조선은 세계정세에 눈을 뜨게 되면서 불평등조약
의 개정을 꾀하려 했지만 일본측의 거부로 조약의 전면적 개정은 불
가능했다. 그 뒤 金弘集이 수신사로 일본에 다녀오면서 가져온 黃遵
憲의 ≪朝鮮策略≫의 충격은 구미열강에 대한 조선정부의 인식을 바
꾸어 놓았다. 또 이 때 청의 李鴻章은 조선에서의 일본세력 확대를
견제하기 위하여 타국과의 조약을 조선에 권고하고 있었고 1871년(신
미양요)에 개항을 시도한 적이 있던 미국은 마침 청을 통하여 조선과
의 수호조약의 타결에 힘을 기울이고 있었다. 이러한 사정이 결합되
어 1881년 '조미수호조약'이 체결되었다.

조미조약은 치외법권 등 전형적 불평등조약 내용을 담고 있었으나
조선측으로서는 일본과의 조약에 비하면 다소 나아진 것이었다.[38] 먼
저 이 조약은 열강이 조선의 관세자주권을 인정한 최초의, 그리고 유
일한 조약이었다. 관세율은 수입 10%, 수출 5%로 규정되고 수입품에
대한 모든 형태의 개항장 밖에서의 과세를 부정했다. 또 연안해운이
승인되고 조선의 곡물수출의 금지권은 인정했다. 그러나 강화도조약
과는 달리 타국과의 조약에서 체결되는 조약상의 특혜를 균점할 수
있는 최혜국조관이 첨가되었다. 미국은 조선연안에서 조난되는 자국
선박의 구제에 조약체결의 일차적 목적을 두고 있어 통상관계에서는
일정한 양보를 했으나 최혜국대우를 확보함으로서 다른 나라가 통상

---

38) 李炳天, 1985 ≪開港期 外國商人의 侵入과 韓國商人의 對應≫ (서울대
    경제학과 박사학위 논문) 제1장 참조.

상의 특권을 획득했을 때 자연스럽게 이를 균점할 수 있었다. 이 조약에 이어 조영조약·조독조약이 체결되었다.

1882년 임오군란이후 군대를 조선에 주둔시킨 청국은 정치적·군사적 압력을 가하며 '朝淸商民水陸貿易章程'을 체결했다. 이 장정은 서문에 청과 조선이 종주국과 속국과의 관계라고 규정함으로서 조선정부의 비준조차 요구되지 않는 일방적인 것으로 그 내용에서도 특권으로 일관하고 있었다. 치외법권은 말할 것도 없고 최초로 서울·양화진에서 점포를 개설할 수 있는 권리와 여행권(護照)을 소지한 경우 개항장 밖으로의 통상이 가능한 내지통상권을 인정하고 나아가 연안무역권까지 승인했다. 청은 장정을 타국이 균점할 수 없다는 선언을 했지만, 그 뒤에 체결되는 조약, 특히 일본과 영국간의 조약개정에 중대한 영향을 미쳐 불평등조약체계의 확립에 결정적 역할을 했다.[39]

1883년 일본은 종래의 '통상장정'을 개정하여 새로운 '조일통상장정'을 체결했다. 그 중요한 내용을 살펴보면 우선 관세율은 수출 5% 수입 8%를 기본으로 하는 협정관세이며 일체의 내지과세가 부정되었다. 내지과세는 조청장정에서는 인정되었고 조미조약에서는 수입품만 부정했으나 이 장정에 이르러 수출입품 모두에 대해 완전히 부정된 것으로 이후 타국과의 조약에서도 그대로 적용되었다. 또 조미조약, 조청장정에서 각각 승인된 연안해운·연안무역권이 통합, 승인되었으며 일본의 최혜국 대우가 인정되었고 곡물수출을 금지하는 방곡령을 발포할 수 있다는 규정이 있었다. 방곡령 실시조항은 1개월전의 사전통보라는 제한규정이 부기되어 실제로 곡물유출의 방지에는 미흡했고, 또 지방관의 방곡실시 때마다 일본은 외교적·군사적 압력을 가하며 이의 시행을 저지했다.[40] 그밖에 일본은 전라·경상·강

---

39) 金鍾圓, 1966 <朝淸商民水陸貿易章程에 대하여> ≪歷史學報≫ 32.
40) 河元鎬, 1985 <開港後 防穀令實施의 原因에 관한 硏究> 上·下 ≪韓國

원·함경 4도에서의 연안어업권 등도 획득했다.

같은해 영국은 기왕의 조약을 개정하여 '조영수호통상조약'을 체결했다. 이 조약에 의하여 불평등조약체계는 그 형태를 완전히 갖추게 되었다. 이 조약에서는 관세율 수출 5%, 수입 7.5%를 기본으로 하는 협정관세 및 관세이외의 일체의 내지과세의 부정, 연안무역권과 연안해운권, 치외법권, 최혜국 대우 등이 용인되었다. 그리고 거류지 밖 4km까지 외국인의 토지·가옥의 임차·구매권과 공장 등의 설립 자유를 인정했다. 더구나 이 조약에서는 조청장정에서 청의 독점으로 규정되었던 서울·양화진의 개방과 내지통상권이 그대로 수용되었다. 이 내지통상권은 조청장정이 조선산품의 구매에만 독점적으로 규정한 데 비해 구매·판매에 모두 적용되는 것이었으며 개항장외 40km까지는 여행권없이 자유통행이 가능했다.41) 이상의 조문이 그 뒤 최혜국 대우에 의해 열강에 균점되면서 조선시장은 서울에서 벽촌에 이르기까지 외국상인에게 개방되고 말았다.

이 같은 조약체계는 청일과 비교해 보아도 불평등성이 더 강한 것이었다. 물론 청국과 일본이 서구열강과 맺은 조약 역시 자유무역을 기초로 한 통상항의 개방과 거류지의 설치, 영사재판권, 협정관세, 최혜국조항이 주내용이어서 기본적으로는 모두 불평등성을 가지고 있었다. 그러나 관세율의 상대적 유리, 내지통상권의 불인정, 연안무역권·연안해운권의 제한, 해관관리권의 자주성을 일본이 확보한데 반해 청국은 이러한 주권들을 상실했고 조선의 경우도 청국과 다를 바 없었다. 그런데 조선의 경우 청국과는 달리 개항장·개시장에서의 토지·가옥의 소유, 공장의 건설과 수도의 개시장으로서의 개방을 규정하는 등 더 불리한 내용이 부가되었다.42) 뿐만 아니라 청일을 비롯한

史硏究≫ 49, 50·51합집 참조.
41) 崔文衡, 1984 <韓英修交와 그 歷史的 意義> ≪韓英修交 100年史≫, 韓國史硏究協議會.

열강은 외교적 압력을 통하여 조약문을 자국에 유리하게 자의적으로 허석함으로서 경제적 침투를 더욱 강화하여 갔다.

불평등 조약체계의 성립은 조선 국내시장의 보호와 나아가 국내산업의 육성 자체를 어렵게 만들었다. 세계자본주의체제로의 편입이후 국내시장이 보호장치를 제대로 갖추지 못하고 개방되었다는 것은 외극 자본주의의 파괴력이 그대로 조선시장에 관철됨을 의미하며 그 결과 미숙하나마 국내적 분업체계에 의하여 성립되었던 종전의 상품 생산과 유통구조가 세계자본주의체제에 종속되는 결과를 가져왔다. 이는 제국주의 자본의 침략을 막아낼 수 있는 민족자본의 성장을 저애한 근본 원인이었다.

Ⅳ. 개항후 대일무역의 성격

개항과 함께 일본상인은 조선시장으로 몰려들고 있었다. 초기 일본상인들은 일종의 모험상인으로서 교역의 초기단계에서 양국간의 물가표준이 정해져 있지 않음을 이용하여 "백엔 가격의 수입품이 의외로 천엔의 가격으로 뛰는" 기만적 약탈무역을 행하고 있었다.[43] 더구나 1884년 2월 부산, 원산, 인천의 개항장에 해관이 설치되기 이전까지는 관세마저 면제받고 있었다. 개항초기부터 대일무역액은 급격히 증대하여 갔다. 초기의 대일무역은 무역상의 수지면에서 항상적 적자

---

42) 李炳天, 앞의 글 참조.

43) ≪日韓通商協會報告≫ 2(1895.10), 19. 개항초기 일본상인의 약탈적 무역에 관해서는 姜德相, 1962 <李氏朝鮮開港直後における朝日貿易の展開> ≪歷史學硏究≫ 265 참조.
   그러나 1894년의 농민전쟁 단계에서도 일본상인의 상당수는 여전히 단기적인 이익을 노리는 모험상인적 성격에서 벗어나지 못하고 있었다. ≪通商彙纂≫8 附錄(1894.8) 明治26年中仁川港商況年報(內地行商) 참조.

를 면치 못하고 있었으며 수입품은 영국산 자본제 면제품이 주종을
이루었다.

일본과의 교역이 증대함에 따라 종래 전통적인 청국과의 국경무역
은 위축되고 있었다. 개항을 전후해 의주에서의 조·청간의 교역량은
카네킨(金巾＝옥양목) 등 자본제 면제품의 수입을 중심으로 연평균
3-4백만엔에 달했으나 1880년대에 들어 인천과 원산까지 개항되면서
줄어들어 1883년만해도 120만엔 정도에 불과한 실정이었다.[44] 그러
므로 청국의 입장에서는 조선무역을 확대하기 위한 방도를 강구할
수밖에 없었다. 1882년 임오군란이후 군대를 조선에 주둔시키고 이
같은 군사력의 위협을 배경으로 '조청상민수륙무역장정'을 체결했고,
갑신정변이후 조선에 정치적·군사적 압력을 더욱 강화하면서 경제
적으로도 조선의 대외무역에서 청국이 차지하는 비율이 급격히 증대
하여 갔다.

<표 1>은 청국의 진출이 본격화하는 1885년 이후의 청일 양국과
의 무역액을 비교한 것이다. 이 가운데 '상품의 수출입합계'항의 대비
에서 보듯이 절대액에서는 일본과의 교역액이 계속 높았지만 후기로
갈수록 상호 경합하고 있음을 알 수 있다. 이러한 경향은 특히 '수입'
항의 대비에서 더욱 분명히 드러나는데 1890년대에 이르면 상호 절
대액에서도 차이가 줄어들고 있었다. 더구나 무역의 수지면에서 일본
과의 경우 1890년대에 들어 곡물의 수출이 급격히 증대하면서 수출
초과의 현상이 나타나며 조선측이 흑자를 보이는 때도 있으나 청국
과의 교역에서는 항상적 적자를 면치 못하고 있었다. 이 수지면에서
의 양국간 차이는 청국상인이 주로 수입무역에 종사한 데 반해 일본
상인의 경우 자본제 상품의 수입에 그치는 것이 아니라 자국내 자본
주의의 발전을 위한 저미가 정책을 유지하기 위해 조선에서 대량의
곡물을 수출하여 간 결과이다.[45]

---

44) ≪通商彙編≫ 明治17年 釜山港之部, 242.

〈표 1〉 대청일(對淸日) 무역액 비교(1885~1894년)　　　　(단위 ; 천엔)

연도	대일본					대청국					양국간 무역의 대비			
	수입	수출(B)		상품의수출입합계	무역수지	수입	수출(G)		상품의수출입합계	무역수지	수입	수 출		상품의수출입합계
		상품	금				상품	금				상품	금	
	(A)	(C)	(D)	(E)	(B-A)	(F)	(H)	(I)	(J)	(G-F)	(A/F)	(C/H)	(D/I)	(E/J)
1885	1,377	377	599	1,754	-401	301	9				4.57	41.89		
86	2,064	488	911	2,552	-665	439	15	218	454	-206	4.70	32.53	4.18	5.62
87	2,080	783	1,177	2,863	-120	732	18	210	750	-504	2.84	43.50	5.60	3.82
88	2,196	785	1,025	2,981	-386	847	71	348	918	-428	2.59	11.06	2.95	3.25
89	2,299	1,122	608	3,421	-569	1,085	109	373	1,194	-603	2.12	10.29	1.63	2.87
90	3,086	3,475	275	6,561	664	1,651	70	474	1,721	-1,107	1.87	49.64	0.58	3.81
91	3,226	3,219	273	6,445	266	2,044	136	415	2,180	-1,493	1.58	23.67	0.66	2.96
92	2,542	2,271	366	4,813	95	2,050	149	485	2,199	-1,416	1.24	15.24	0.75	2.19
93	1,949	1,543	425	3,492	19	1,906	134	493	2,040	-1,279	1.02	11.51	0.86	1.71
94	3,646	2,050	638	5,696	-958	2,065	162	259	2,227	-1,644	1.77	12.65	2.46	2.56

[출전] 吳斗煥, 1984 ≪韓國開港期의 貨幣制度 및 流通에 관한 硏究≫ (서울대 경제학과 박사학위논문)에서 재구성.

[비고] 1. ‘양국간 무역액 대비’항은 대일무역액에 대청무역액을 나눈 상대수치이다.
　　　2. ‘상품의 수출입합계’항은 ‘금’을 제외한 ‘수입(상품)’항과 ‘수출상품’항의 합계이다.

　이는 ‘금’수출항의 대비에서도 확인할 수 있다. 청국상인은 수입상품의 판매대금으로 주로 엽전을 받고 이를 다시 사금이나 은화 등 正貨의 형태로 바꾸어 유출했으므로 오히려 일본보다 청국으로의 금의 수출이 많아지는 양상을 보였던 것이다.[46] 물론 일본의 경우에도 주로 조선에 진출했던 일본제일은행을 통하여 금을 매입, 유출함으로써 정화를 축적하고 나아가 금본위제 확립에 기초를 마련했다.[47] 그러나

---

45) 개항당시 조선의 미가수준은 일본의 절반 정도였고, 개항기 전시기를 통해 대개 2엔 정도의 차이가 있었다. 하원호, 1991 <곡물의 대일수출과 농민층의 저항> ≪1894년 농민전쟁연구≫ 1, 한국역사연구회, 일본자본주의 발전과 곡물수출의 관련성에 대해서는 김경태, 1972 <앞의 글> ; 吉野誠, 1975 <朝鮮開國後の穀物輸入について> ≪朝鮮史硏究會論文集≫ 12 참조.
46) ≪日本外交文書≫ 24, 문서번호 180.
47) 高嶋雅明, 1978 ≪朝鮮における植民地金融史の硏究≫ (大原新生社)

일본상인은 청국상인과는 달리 수입자본제 상품을 판매하고 그 대금으로 다시 곡물을 구입하여 일본으로 수출하는 교역방식을 취했기 때문에 1890년대 이후 곡물수출이 증대하면서 자금이 주로 곡물매입에 투자됨으로써 상대적으로 일본으로의 금유출이 적을 수밖에 없었다.[48)]

<표 2>에서 보듯이 일본에서의 수입은 후기로 갈수록 다양해지는 양상을 보이기는 하지만 이 단계에서는 아직 자본제 면제품이 절대적으로 우세하다. 그런데 일본상인은 청일전쟁이전 단계까지 주로 영국산 섬유제품을 상해에서 일본을 경유하여 매입하고 조선에 수출하는 중계무역을 하고 있었다. 그러므로 상해에서 조선에 바로 수입하는 청국상인 보다 가격면에서도 상대적 열세일 수밖에 없었고, 또한 일본상인들은 주로 수입품을 현금이 아닌 荷換의 형태로 수입하고 있어 은행에 대한 이자지불부담이 컸다. 그 때문에 수입품에 이자부담을 전가하여 가격을 높이는데다가 이의 부담을 줄이려면 빠른 시일 안에 팔아 버려야 했으므로 큰 이윤을 남길 수 없었다.[49)] 더구나 화물을 주로 은행창고에 저장하는 탓에 비싼 보관료를 물게 되어 판로가 막히면 비싼 보관료까지 물게 되므로 손실을 입고서라도 부득이 投賣하는 경우도 있었다.[50)]

이 같은 사정에서 일본상인이 섬유제품류를 수입했던 것은 단순히 수입품의 판매를 통한 이윤의 획득보다 그를 판매한 댓가로 곡물을 매집하여 수출하려는데 의도가 있었던 것이다.[51)] 즉, 섬유제품류의 구입원가와 곡물의 일본시장에서 판매가격의 차이에서 이익을 내는 것이었던 것이다. 이에 비해 청국상인은 수입면제품의 가격조건에서

48) ≪通商彙纂≫ 4, 明治26年中京城商況年報(京城, 1894.4.16)
49) 위의 자료.
50) ≪通商彙纂≫, 55號外 1, 28年中仁川港商況年報(1896.8.5).
51) ≪明治官報≫ 1994 (1890.2.25), 仁川港商況 (1889년 12월중) ; ≪通商彙纂≫ 8호 부록, 明治27年中釜山商況 (1895.3.30) 참조.

우세할 뿐만 아니라 특유의 단결력과 근검, 상대적으로 우세한 자금
력으로 개항장밖으로의 행상에서도 일본상인을 압도하여 이들이 주
로 진출한 경기도와 충청도에서는 수입품의 상권을 장악하고 있었
다.52)

〈표 2〉 주요상품별 대일수출입액 구성비 　　　　　　　　(단위 ; 엔, %)

연도	수 출							수 입		
	총액	쌀		콩		우피		총액	면제품	
1876	92,518							188,246	11,623	6.2
77	58,759	1,959	3.3	4,155	7.1	54,533	29.8	126,569	54,250	42.9
78	181,469	50,600	27.9	25,323	14.0	44,989	24.8	244,545	167,894	68.7
79	612,174	358,812	58.6	99,123	16.2	59,229	9.7	566,955	477,222	84.2
80	1,256,225	729,706	58.1	119,307	9.5	193,132	15.4	978,014	768,467	78.6
81	2,230,296	381,283	17.1	196,695	8.8	330,436	14.8	1,873,976	1,495,026	79.8
82	1,768,619	21,011	1.2	311,325	17.6	291,731	16.5	1,562,169	1,283,108	82.1
83	1,656,078	45,625	2.8	293,955	17.8	270,492	16.3	2,178,400	912,856	41.9
84	884,060	196	0.0	100,705	11.4	172,159	19.5	793,734	497,593	62.7
85	388,023	15,691	4.0	28,884	7.4	282,357	72.8	1,671,652	1,122,359	67.1
86	504,225	12,193	2.4	51,733	10.3	382,066	75.8	2,474,185	1,305,731	52.8
87	804,996	90,071	11.2	335,415	41.7	299,884	37.3	2,815,441	1,894,324	67.3
88	867,058	21,810	2.5	471,541	54.4	210,631	24.3	3,046,443	1,961,932	64.4
89	1,233,841	77,578	6.3	645,429	52.3	222,409	18.0	3,377,815	1,709,142	50.6
90	3,550,478	2,037,868	57.4	1,005,156	28.3	147,463	4.2	4,727,839	2,674,807	56.6
91	3,366,344	1,820,319	54.1	913,939	27.1	214,642	6.4	5,256,468	2,874,837	54.7
92	2,443,739	998,519	40.9	797,884	32.7	291,080	11.9	4,598,485	2,185,073	47.5
93	1,698,116	367,165	21.6	628,324	37.0	274,682	16.2	3,880,155	1,733,458	44.7
94	2,311,215	979,292	42.4	506,888	21.9	336,888	14.6	5,831,563	2,494,544	42.8

[출전] 수출입총액과 면제품 수입액은 梶村秀樹, 1977 ≪朝鮮における資本主義の形成と展開≫
　　　(龍溪書舍) 22〜26에 의함. 쌀과 콩의 수출액은 河元鎬, 1985 ＜開港後 防穀令實施의 原
　　　因에 관한 硏究＞ ≪韓國史硏究≫ 49, 50·51합집에 의함. 우피는 1877〜83년은 姜德相,
　　　1962 ＜李氏朝鮮開港直後における朝日貿易の展開＞ ≪歷史學硏究≫ 265, 1884년은 ≪通
　　　商彙編≫, 1885〜93년은 光緖 11〜19年 ≪朝鮮通商三關貿易冊≫, 1894년은 ≪通商彙纂≫
　　　에 의함.

〈표 2〉을 살펴 보면 대일 수출액이 증가하는 현상을 보이는 때는
쌀수출액이 증대할 경우이다. 쌀은 70년대 후반에 상당한 수출증대를
보이다가 1880년대는 거의 수출이 되지 않았다. 이는 계속된 흉작이

---

52) ≪通商彙纂≫ 1 附錄, 京畿道及忠淸道地方商況幷ニ農況視察報告(1893.
　　10.21).

외에도 임오군란, 갑신정변과 같은 정치적 원인에서도 기인한다. 그래서 1880년대 중반에는 조선과의 무역에서 쌀에 대한 의존도가 높던 거류지 일본상인의 불경기를 야기하여 거상巨商의 폐점이 속출하고, 대부분 타인의 자본으로 영업하는 영세상인만이 남게 되는 상황이었다.[53]

1880년대 후반에도 이 같은 사정은 마찬가지여서 수출량보다 더 많은 외국미가 수입되고 1889년 1월에는 일본미 3만석을 삼남 각연해읍에 나누어 飢民들이 매식하도록 하는 실정이었다.[54] 그러나 1890년대이후 쌀 수출은 급격히 증가하는 추세에 있었다.1890년 쌀수출의 급증은 일본에서 1889년 秋米의 대흉작, 1890년 夏麥의 대흉작으로 인하여 이른바 '쌀소동(米騷動)'이 일어난 반면, 조선의 미작이 대풍을 이루었기 때문이었다.[55] 1891년·1892년의 수출도 마찬가지 이유에서였다. 그러나 1893년에 들어 흉작으로 수출이 다소 부진했고 이해 조선정부는 전국적으로 방곡령을 발포하기도 했다.[56]

그런데 쌀이 풍흉에 극심한 영향을 받는데 비하여 콩은 기후조건에 큰 영향을 받지 않았고 일본에서의 수요가 증가하여 계속적으로 수출량도 많아지고 있었다. 원래 일본인은 콩을 간장과 조미료로 만드는데 사용했으나, 조선산의 콩이 값싸고 품질이 좋아서 수입을 조선에 의존하고 매년 콩밭을 뽕밭으로 하는 자가 많아지는 등 콩의 생산량이 전반적으로 줄어드는 추세였고 조선산 콩을 나른 나라로 재수출하기도 했다. 그리고 조선인의 입장에서도 무역을 통한 콩재배의 이익이 높아 후기로 갈수록 콩의 재배면적을 넓히고 있었다.[57] 그 때

---

53) ≪日本外交文書≫ 20, 사항 6 문서번호 103, 267~268.

54) ≪全羅道關草≫ 3책, 戊子 12월 25일 完營回移.

55) 中澤辨次郎, 1932 ≪日本米價變動史≫, 345 ; ≪明治官報≫ 2384(1891. 6.12), 仁川貿易景況(23年中) ; ≪明治官報≫ 2975(1893.6.1) 25年中仁川港 貿易景況.

56) 하원호, 1985 <앞의 글> (下) 참조.

문에 콩의 수출은 개항 전시기를 통하여 계속적 증대를 보이고 가격도 큰 변동이 없었다.

그리고 소가죽(牛皮)은 군화제조 등 일본의 군수공업의 필요성 때문에 개항초기부터 계속 수출이 증대하여 갔으며 흉작으로 수출액에서 곡물이 차지하는 비중이 줄어들 때 상대적으로 증가하는 현상을 보였다. 이는 흉작일 때 전염병의 발생이 많아 폐사한 농우가 대량으로 발생하거나 기근을 면하기 위해 농민들이 農牛를 처분하는데서 기인하는 것이었다.58)

외국간의 교역은 개항장을 통하지 않은 밀무역도 있었다. 이 밀무역은 주로 곡물과 자본제 면제품의 교환형태를 띠었다. 1883년까지 일본상인은 조약상 조계 10리 (4km) 밖으로의 여행이 금지되었고, 1885년에 가서야 개항장 밖으로의 행상이 가능해졌다. 그래서 개항초기 개항장의 일본상인과 생산지 사이의 유통과정에는 항상 조선의 중개상인이 매개하고 있었다. 조선상인을 통한 복잡한 유통과정은 수출곡물의 원가를 상승시켜 일본상인들은 이의 축소를 원했고 또한 그들은 수출곡물의 양을 증가시키고자 했으므로 자연히 밀무역을 기도하고 곡물의 구입에 직접 나서고자 했다. 뿐만 아니라 곡가가 높은 개항장으로 곡물을 반출하여 이익의 증가를 원하는 조선상인의 의도도 가세하여 밀무역이 성행했다. 개항장 밖으로의 여행이 자유로웠던 1884년 이후의 단계에서는 일본상인이 직접 유통과정에 침투하여 곡물을 매입하고 수입품을 판매했지만, 그 이전에는 개항장 밖으로의 행상이 금지되어 밀무역이 될 수밖에 없었다.

개항이후 稅穀船을 중심으로 한 밀매행위는 심각한 문제로 등장했다. 이 같은 일본상인과의 밀매행위에는 선상, 객주 등의 곡물상인과 지방관과의 결탁이 전제되어 있었다. 일본상인의 행상이 인정되고 난

---

57) 韓國精神文化硏究院 譯, 1984 ≪國譯韓國誌≫ (러시아大藏省편), 559.
58) 위의 책, 562~563.

뒤에도 이 같은 밀무역의 형태는 계속되었다. 특히 일본선박에 의한 미개항장에서의 밀무역은 전국적인 현상이어서 중앙정부는 각지방에 관문을 내리며 이를 저지하기에 부심했고, 1892년에는 기선을 이용하여 부산에서 인천간을 순찰하며 밀무역을 적발하려는 사례까지 있었다.[59] 일본상인만이 아니라 황해도, 평안도 연안에서의 청국상인의 밀무역도 적지 않았다.[60]

이처럼 일본상인들은 불평등조약에 기초해 개항초기부터 약탈적 무역을 자행했고 외국인의 행상이 보장된 후에는 청국상인과 상호 대립 가운데 교역량을 증대시켰다. 특히 이들은 조선의 곡물과 금을 유출함으로써 일본 국내곡물시장의 안정을 꾀하고 정화를 축적하여 일본자본주의의 발전에 기초를 마련했다. 이 같은 대외 교역량의 증대와 외국상인의 유통과정침투는 조선의 상품화폐경제를 변화시키며 종래의 국내상품생산의 분업구조를 교란해 갔다.

V. 맺음말

강화도조약으로 조선은 세계자본주의 체제에 편입되었다. 조약체결 교섭은 최익현 등 척사론자와 정부 내 반대론자들의 반대와 일본의 계속적인 고압적 자세로 순조로울 수 없었다. 그러나 박규수를 비롯한 개국론자들이 개항을 주도해 가면서 일본과 조약을 맺게 되었다. 박규수를 비롯하여 접견대관 신헌, 역관 오경석, 강위 등 개국론자들이 강화도조약 체결과정에 직접 참여하고 있었다. 이들 개국론자들의 근대적 조약에 대한 인식은 한계가 있었고 조약의 결과도 전형

---

59) ≪日本外交文書≫ 25, 사항10 문서번호 173-176.
60) ≪平安道關草≫ 1책, 丙戌 9월 5일조 ; ≪明治官報≫ 2015 (1890.3.22) 仁川港貿易景況 (22年中).

적 불평등조약이 되었지만, 이들의 개국론은 화이론적 세계관에서 벗어나 근대를 자주적으로 맞이하려던 노력이었다. 그리고 이들을 통해 개화파가 형성되고 자주적 근대화의 길이 모색되고 있었던 것이다.

1876년 2월의 '조일수호조규'는 8월에 조인된 '조일수호조규부록'과 '통상장정'과 함께 전형적 불평등조약이었다. 우선 영사재판권에 의한 치외법권·조계인 거류지의 설정·3 항구의 개항이 인정되었을 뿐만 아니라 일본은 국제법상의 조약관례를 무시하고 조약유효기간 및 폐기조항을 결락시켜 불평등조약의 무기한 존속까지 기도했던 것이다. 일본은 '통상장정'의 제6칙의 조선과 일본의 원문을 각기 달리 하면서까지 기만적으로 곡물수출을 합법화시키기도 했다.

1880년대에 들어 각국과 조약을 맺은 조약 역시 불평등조약이었다. 개정된 조영조약에서 완성된 불평등조약체제는 청일과 비교해 보아도 불평등성이 더 강한 것이었다. 물론 청국과 일본이 서구열강과 맺은 조약 역시 자유무역을 기초로 한 통상항의 개방과 거류지의 설치, 영사재판권, 협정관세, 최혜국조항이 주내용이어서 기본적으로는 모두 불평등성을 가지고 있었다. 그러나 관세율의 상대적 유리, 내지통상권의 불인정, 연안무역권·연안해운권의 제한, 해관관리권의 자주성을 일본이 확보한데 반해 청국은 이러한 주권들을 상실했고 조선의 경우도 청국과 다를 바 없었다. 그런데 조선의 경우 청국과는 달리 개항장·개시장에서의 토지·가옥의 소유, 공장의 건설과 수도의 개시장으로서의 개방을 규정하는 등 더 불리한 내용이 부가되었다. 뿐만 아니라 청일을 비롯한 열강은 외교적 압력을 통하여 조약문을 자국에 유리하게 자의적으로 해석함으로서 경제적 침투를 더욱 강화하여 갔다. 개항으로 인한 불평등 조약체계의 성립은 조선 국내시장의 보호와 나아가 국내산업의 육성 자체를 어렵게 만들었다. 세계자본주의체제로의 편입이후 국내시장이 보호장치를 제대로 갖추지 못하고 개방되었다는 것은 외국 자본주의의 파괴력이 그대로 조선시장에 관철됨을 의미하고 그 결과 미숙하나마 국내적 분업체계에 의하여 성립되었던 종전의 상품생산과 유통구조가 세계자본주의체제에 종속되고 말았다.

그런데 자본주의적 성장이 미숙하던 일본에 의해 개항되었던 사실은 세계자본주의체제 내에도 조선에 가해진 외압이 어느 식민지국가보다 더욱 폭력성을 띠게 된 원인이 되었다. 개항이후 직접적으로 외압을 가해 온 외세는 일본과 청국이었다. 양국은 이미 서구열강에 의하여 제국주의적 침략을 받으면서 근대로의 급속한 이행을 추구하고 있었으므로 국제적·국내적 위기가 가중되고 있었다. 이들은 서구열강에 의해 강요된 자국내의 사회적 모순을 일정하게 조선사회에 전이함으로써 자국의 자본주의 발전에 밑거름으로 삼고자 했다. 그러나 이미 제국주의단계로 진입했던 서구열강과는 달리 양국의 외압은 자본주의의 발달이 늦어 주로 정치적·군사적 외압과 같은 폭력적 성격을 배경으로 했다. 결국 조선은 조선후기 이래의 사회적 생산력의 발전을 저해하고 있던 봉건적 질곡에 개항이후 폭력적 외압을 받음으로서 세계자본주의체제 내에서도 가장 모순이 첨예한 국가가 되었다.

ABSTRACT

The Treat of Kanghwa (1876) and the Historical Meaning of Opening   Ports

Ha, Won-ho

Because of the Treaty of Kanghwa (1876), Korea was included in world capital system. The negotiation of treaty was not proceed favorably. Ch'oe Ik-hyon and the government officials strongly objected it and the Japanese government also took a high-handed policy. However, the proponents of Foreign trade such as Pak Kyu-su, Sin Hon, the translator-interpreter O Kyon-sok, Kang wui took the lead in the negotiation and a treaty eventually was concluded. Even though the Treaty of Kanghwa was an unequal treaty, it brought Korea for the first time out onto the world. Moreover, the proponents of the opening ports who above mentioned strove to achieve the enlightenment or modernization, and the preservation of korea's independence.

The Treaty of Kanghwa was an unequal treaty. Including the opening Korean three ports, Japan had obtained extraterritorial rights and permitted the establishment of Japanese settlements. Moreover, the translation of the provisons was different between Korea and Japan. Japan was able to illegally import rice from Korea to Japan through the change of the provisons of the treaty.

The treaties between Korea and the Western nations in 1880s were also unfair. The provisions of the treaty were more brutal than Ching China and Japan's case. They got extraterritorial rights in Korea for their citizens, consular representation, fixed tariffs, port concessions, and other benefits. Furthermore, they freely possessed house and estates and established factories. They took the advantage of provisons and Korea was hooked into the system of unequal treaties. It means that Korea was including among the world capital system. These process was based on the unequal treaties and Korea did not protect their domestic market and industry. Therefore, the Korea economic system were more depend upon the world capital system and they lost the chance of their spontaneous industrial modernization.

Meanwhile, Korea's opening ports was made not by the Western nations but by Japan. Japan was more brutal than other Western nations for their industrial growth. For the purpose of their capitalism, Japan severely exploited Korea's natural and human resources. In result, Korea's potential possibility of economic development which had been growing since the late Yi dynasty was interrupted. Therefore, after the opening ports, Korea had experienced the most difficult situation under the world capital system.

Keywords: the treaty of Kanghwa, the system of unequal treaties, Opening ports, Pak Kyu-su, Sin Hon, O Kyon-sok, Kang wui

韓國併合關聯'條約' 有無效論의 意義와 限界

박 배 근*

Ⅰ. 문제의 소재

20세기 초의 시기에 韓國[1]은 일본에게 국권을 빼앗기고 상당한 기

─────────────────

* 부산대학교 법과대학 교수

1) 현재의 대한민국에 선행하는 政治體(polity)로서 한국의 근세사에 한반도에 존재하였던 것으로는 '朝鮮'과 '大韓帝國'이 있다. 본고에서는 '國家'의 형태라고 하는 점에서 형식적으로 구별되는 이들 王朝와 國家 각각을 그 국호로써 표기한다. 그리고 '韓國'이라고 하는 말은 문맥에 따라 '大韓民國'의 약칭으로서 사용하거나 朝鮮·大韓帝國 및 大韓民國이라고 하는 세 개의 政治體를 포함하여 한반도에 생존하고 있었던 韓民族의 政治體를 의미하는 것으로 사용하는 일도 있다. 단, '朝鮮'의 국호로 공식적으로 사용된 것으로는 '朝鮮' 이외에도 '大朝鮮國', '大朝鮮', '朝

간을 일본의 통치하에 놓이게 되었다. 이러한 역사적 사실을 法的으로 어떻게 理解할 것인가에 관해서는 한국 정부와 일본 정부 사이에, 그리고 양국의 학자들 사이에 커다란 견해의 차이가 존재한다.

한국 정부, 그리고 많은 한국 학자는 일본이 한국의 국권을 침탈하여 통치를 행한 일이 法的 根據를 결여한 것으로 본다. 일본의 그러한 행위는 국제법상 違法行爲에 지나지 않는다고 보는 것이다. 이에 대하여 일본 정부는, 일본에 의한 한국 통치는 국제법상 합법적인 것이었다고 주장한다. 즉, 일본은 국제법에 근거하여 먼저 한국을 被保護國으로 만들고, 그 뒤 倂合을 행한 뒤에 한국을 통치한 것이며, 그것은 적어도 당시의 國際法上으로는 합법적인 일이었다는 것이다.

하나의 역사적 사실에 관하여 이와 같이 상이한 法的 理解는 양국의 국교 수립을 위하여 개최되었던 韓日會談에서 극명하게 드러났다. 회담의 과정에서 한국 측은 처음부터 일관되게 "1910년 8월 22일 이전에, 舊 大韓民國과 日本國 사이에 체결되었던 모든 '조약'은 無效"라고 하는 점을 확인하고자 하였다.2) 여기서 "無效"라고 하는 것은 병합조약이 "일본의 침략적인 不法行爲의 소산이므로 처음부터 無效"라고 하는 것을 의미하는 것이었다.3) 한일회담에서 표명되었던 이러한 한국의 태도는 회담이 종료되어 "대한민국과 일본국간의 기본관계에 관한 조약"4)(이하 "한일기본관계조약"이라 함)이 체결될 때까지 변함이 없었다. 이에 대하여 일본은 다음과 같은 일관된 주장으로 시종하였다. 즉, 1910년 8월 22일 이전에 양국간에 체결된 '조약'은

鮮國' 등이 있었다는 점을 병기하여 둔다.

2) 제1차 회담에서 한국 측이 제시한 "한일간의 기본조약안" 제3조. 대한민국 외무부 정무국, 1955 ≪韓日會談略記≫ 255 ; 이원덕, 1996 ≪한일 과거사 처리의 원점≫ (서울대학교 출판부, 서울) 61에서 재인용.

3) ≪위 책≫, 61

4) 1965년 6월 22일 동경에서 서명, 1965년 12월 18일 발효 (대한민국 조약 제163호).

적어도 당시에는 유효하게 체결되었던 것이고 따라서 한국을 '植民地'로서 지배하였던 것은 國際法上 合法이었다고 하는 것이다.[5] 회담에서 양국은 이러한 자국의 주장을 양보할 수 없는 것으로 견지하였고, 그 결과 궁여지책의 타협으로서 채택되었던 표현이 한일기본관계조약 제2조의 "이미 무효"(もはや無效, already mull and void)라고 하는 것은 공지의 사실이다.

양국 정부의 이러한 주장의 대립은 해소되지 않은 채 오늘날까지 이어지고 있다. 그리하여 한일 양국의 과거사가 문제될 때마다 이러한 견해의 대립은 과거의 상처를 다시 덧나게 하고 양국 사이의 국민적 감정을 악화시키며 우호관계를 저해하는 요인으로 작용하고 있다. 1995년 무라야마(村山) 총리의 참의원 답변을 계기로 촉발된 양국 사이의 문제는 이러한 사실의 전형적인 사례에 해당한다고 할 수 있다.[6]

---

5) 이 점에 관해서는 海野福壽, 2000 ≪韓國併合史の研究≫ (岩波書店, 東京) 16 이하 참조.

6) 1995년 10월 5일에 당시 일본의 무라야마 총리는 참의원 본회의에 출석하여 한일합방조약의 강제성을 묻는 의원질의에 대한 답변에서 "일한병합조약은 법적으로 유효하게 체결되었다. 그러나 정치적, 도의적 평가와는 별개의 문제로 정부로서는 조선반도지역의 모든 사람들에 대해 과거의 깊은 반성과 유감의 뜻을 표명해 왔다"고 발언하였다. 이러한 사실이 알려지자 한국 외무부(현 외교통상부)는 논평을 내고 "정부로서는 이 조약이 우리 국민의사에 반해 강압적으로 체결됐으며 따라서 원천적으로 무효라는 입장을 분명히 한다"고 밝혔다(≪국민일보≫ 1995년 10월 10일자 보도). 북일국교교섭과도 관련되면서 발언의 파문이 커지고 그것이 한일 양국간 외교분쟁으로 비화될 조짐이 보이자 무라야마 총리는 같은 달 12일에 물의를 빚은 데 대한 유감을 표하고 13일에는 "한일합방조약 체결과정에서 양측의 입장이 평등한 것은 아니었다고 생각한다"고 하였지만, 발언자체는 취소하지 않았다(≪한국일보≫ 1995년 10월 14일자 보도). 이에 대응하여 한국의 국회는 같은 달 16일 본회의를 열어 통일외무위에서 회부된 "대한제국과 일본제국간의 늑약에 대한 일본의 정확한 인식을 촉구하는 결의안"을 여야 만장일치로 채택

무라야마 총리의 발언 이후 한국과 일본 양국 학자들 사이에서도 1910년 이전의 양국간 조약의 유효성 문제가 거론되어 뜨거운 논쟁이 전개된 바 있다.[7] 그러나 이들 학자들 사이의 논쟁에서도 정부의 논쟁에 못지않게 팽팽한 주장의 대립이 전개되고 있다.

1910년 이전 조약의 유효성에 관한 양국 정부의 위와 같은 견해의 대립을 보면, 논쟁 자체에 관한 몇 가지 의문을 느끼지 않을 수 없다. 첫째로, 양국 정부의 유효론 및 무효론의 논거가 무엇인가라는 것이다. 둘째는, 일본 정부의 "부당하지만 합법이었다"는 주장의 함의가 무엇인가하는 것이다. 셋째는, 국제법상의 "有無效論"이 그렇게도 중

하였다(≪서울신문≫ 1995년 10월 17일자 보도). 그러나 일본 정부는 무라야마 총리가 국회에서 행한 조약관련 답변은 "일본 정부가 제시할 수 있는 최후의 선"이라고 하면서 "법적 유효성 해석문제는 더 이상 양보할 수 없다"는 입장을 밝혔고(≪조선일보≫ 1995년 10월 18일자 보도) 11월 14일에는 당시의 김영삼 대통령에게 친서를 보내 "한일병합조약과 그 이전에 맺어진 몇 개의 조약은 민족자결과 존엄을 인정하지 않는 제국주의시대의 조약임을 의심할 여지가 없다"고 하면서도 끝내 "한일합방조약의 국제법적 효력에 대해서는 언급하지 않았다(≪동아일보≫ 1995년 11월 15일자 보도).
7) 예컨대 1998년 이래 일본의 ≪世界≫誌를 통하여 이루어진 논쟁으로서 다음과 같은 것들이 있다.
李泰鎭, 1998 <韓國併合は成立していない－日本の大韓帝國國權侵奪と條約强制－(上)> ≪世界≫ 650 ; 1998 <韓國併合は成立していない－日本の大韓帝國國權侵奪と條約强制－(下)> ≪世界≫ 651 ; 坂元茂本, 1998 <日韓は旧條約問題の落とし穴に陷ってはならない> ≪世界≫ 652 ; 李泰鎭, 1999 <韓國侵略に關連する諸條約だけが破格であった> ≪世界≫ 659 ; 笹川紀勝, 1999 <日韓における法的な<對話>をめざして> ≪世界≫ 663 ; 海野福壽, 1999 <李敎授<韓國併合不成立論>を再檢討する> ≪世界≫ 666 ; 李泰鎭, 2000 <略式條約で國權を移讓できるか(上)> ≪世界≫ 674 ; 2000 <略式條約で國權を移讓できるか(下)> ≪世界≫ 675 ; 荒井信一, 2000 <歷史における合法論と不法論を考える> ≪世界≫ 681 등.
이들 논쟁은, 이태진 編, 2001 ≪한국병합, 성립하지 않았다≫ (태학사, 서울)에 번역되어 수록되어 있다.

요한 이유는 무엇인가라는 것이다. 학자들 사이에서의 논쟁은 위의 세 문제 중 첫 번째 문제에 집중되어 있다. 그러나 두 번째 문제와 세 번째 문제에 관해서는 별 논의가 없는 것으로 보인다. 첫 번째 문제에 집중되어 있는 학자들 사이의 논쟁을 살펴보아도 의문을 느끼기는 마찬가지이다. 그것은 그러한 논쟁의 논리적 구조와 틀에 대한 근본적인 검토나 반성이 동반되지 않은 채 법의 형식논리에 의한 論戰만이 이루어지고 있다는 감이 없지 않기 때문이다.

본고는 1910년 이전의 한일 양국간 조약의 유효성에 관한 정부 및 학자들 사이의 주장과 논의에 내포되어 있는 것으로 생각되는 위와 같은 문제점을 검토하고, 그에 기초하여 문제의 근본적인 의미를 이해하고 해결의 전망을 모색하여 보고자 하는 것이다.

II. 기존 論議의 논리적 구조와 내용

1. 논의의 대상이 되는 ‘條約’과 쟁점

한일 양국의 국교를 수립하기 위한 회담에서의 한국 정부의 입장은 1910년 8월 22일 이전에 한일간에 체결된 “모든 ‘조약’”8)이 일본

---

8) 한일 양국 사이에 이루어졌던 1910년 이전의 ‘합의’는 보통 ‘條約’이라고 불린다. “국가 사이의 명시적 합의”로 정의되는 것이 ‘조약’이기 때문이다. 그러나 이들 ‘조약’이 강제된 것이며 절차적·형식적으로 결함이 있어 ‘無效’, 나아가서는 애초부터 성립조차 되지 않았던 ‘不成立’이라고 주장하는 입장에서는 이들 ‘합의’를 ‘조약’이라고 부를 수 없다는 의미에서 다른 명칭으로 부르기도 한다. 그러한 다른 명칭으로서는 흔히 “강제된 합의, 약속”이라는 의미에서 “勒約”이라는 말이 사용된다. 본고에서 작은따옴표를 사용하여 ‘조약’이라고 표기한 것은 이러한 주장을 고려한 것이다. 다만, 법적 효과의 면에서 볼 경우 조약의 ‘不成立’과 조약의 ‘無效’는 구별할 이유가 없는 것으로 생각된다. 이들 ‘조약’의

의 강박에 의하여 체결된 것이며, 따라서 無效라고 주장하고 있는 것
으로 이해된다. 이러한 한국 정부의 입장에 충실하면, 결국 한국 정부
가 무효라고 주장하는 것은 한국과 일본 사이에 체결된 최초의 근대
적 조약이었던 1876년의 '朝日修好條規'부터 1910년 8월 22일의 이른
바 '合倂勒約'(한국병합에 관한 조약)에 이르는 모든 '조약'이 될 것이
다. 돌이켜 보면 '朝日修好條規'의 체결과정에서도 당시의 조선에 대
한 일본의 강박으로 보이는 행위가 있었다. 즉, 동 條規의 체결 과정
에서 일본은 조선에 대하여, 조약의 교섭이 "잘 되지 않는다면, 이는
兩國의 불행으로 혹 후회할 일이 생길지도 모른다. 我國 軍民으로 屯
聚全力하여 貴國에 出來코저 하는 자 아직도 해산하지 않고 있으니,
만일 失和之境에 이른다면 我兵下陸之弊가 생길는지 모른다"는 위협
을 가한 바 있다.9) 이러한 사실에 비추어보면 한국 측이 朝日修好條
規를 일본의 침략 과정에서 강박에 의하여 체결된 것이라고 하는 것
도 이해될 수 있는 일이다. 그러나 양국 학자들 사이에서 그 효력이
논의의 대상이 되고 있는 것은 일본에 의한 한국 '병합'이 이루어지
는 과정에서 이루어진 일련의 합의에 한정된다. 이와 같이 그 유무효
성이나 성립의 문제가 논의의 대상이 되어 있는 것으로는 다섯 개의
'조약'이 있는데, 그 명칭 등에 관해서는 약간의 혼란이 있는 듯하다.
이들 다섯 '조약'을 정리하면 다음과 같다.10)

'不成立'論에 관해서는 이상찬, 1996 <1900년대 초 일본과 맺은 조약들
은 유효한가> 중앙일보 통일문화연구소 현대사연구팀 編, ≪일본의 본
질을 다시 묻는다≫ (한길사, 서울) 所收, 184~6

9) 董德模、1980 ≪韓國의 開國과 國際關係≫ (서울대학교 출판부, 서울)
19~20 참조.

10) 국회입법조사국 編, 1989 ≪舊韓末의 條約(上中)≫ (신서원, 서울)과 이
태진 編, 2001 ≪앞 책≫ 35를 근거로 정리. "原無"는 원래 명칭이 없었
다는 의미.
<표>에서 나타나는 바와 같이 이태진의 정리와 국회입법조사국 編, ≪舊
韓末의 條約(上·中)≫사이에는 조약의 명칭에 관한 상당한 차이가 있는

체결일	조약의 명칭			
	국회입법조사국		이태진	
	한국측 명칭	일본측 명칭	한국측 명칭	일본측 명칭
1904년 2월 23일	韓日議定書	日韓議定書	議定書	日韓議定書
1904년 8월 22일	韓日外國人顧問招聘에 關한 協定書	協定書	協定書	原無→ 第1次日韓協約
1905년 11월 17일	韓日協商條約	日韓條約	乙巳勒約	原無→ 第2次日韓協約
1907년 7월 24일	日韓新協約	日韓新協約	韓日協約	日韓協約
1910년 8월 22일	韓國倂合에 關호 條約	韓國倂合ニ 關スル條約	合倂勒約	韓國倂合條約

이들 다섯 개의 한국병합관련조약11) 중에서도 논의의 주된 대상이
되고 있는 것은 1905년 '조약'과 1910년 '조약'이라는 사실은 주지하
는 바와 같다.12)

이들 '조약'의 무효론과 관련된 쟁점들, 다시 말해 무효론의 논거
로 제시되는 것들을 정리하면 다음과 같다.

데, 그 근거와 이유는 명확하지 않다.
11) 본고에서는 본문에서 제시한 다섯 개의 조약을 총칭하는 것으로, 그리
고 문맥에 따라서는 그 중의 일부를 지칭하는 것으로 "한국병합관련조
약"이라는 용어를 사용한다.
12) 이태진, 1996 <일본의 대한제국 國權 침탈과 조약 강제> ≪한국사 시
민강좌≫ 19 (일조각, 서울) 27. 한국병합관련조약의 효력에 관한 이태진
의 논문은, 이태진 編, 1995 ≪일본의 대한제국 강점 − "보호조약"에서
"병합조약"까지≫ (도서출판 까치, 서울)에 실린 세 개의 논문, 그리고
1996 ≪한국사 시민강좌≫ 19 (일조각) 논문, 위 주 7)에서 소개한 ≪世界≫
誌의 다섯 개의 논문 등이 있고 그들 사이에는 많은 부분에서 내용의
중복이 있다. 본고의 주에서는 중복되는 내용에 관해서는 편의에 따라
이 들 논문 중의 일부만을 주에서 인용하기로 한다.

체결년도별 '조약'	무효원인		
	강박	형식적 하자	절차적 하자
1904년 2월	韓國臨時派遣隊 5개 대대를 한반도에 진주시켜 군사강점 상태를 만든 뒤 일방적으로 강요하여 협정을 체결함[12]		일본의 일방적 의사에 의한 체결로서 대표의 선임에 의한 교섭과정의 결여[13] 조인일 이후에 조약 원본을 작성함[14]
1904년 8월		조약원본의 부존재[15]	일본의 일방적 의사에 의한 체결로서 대표의 선임에 의한 교섭과정의 결여[16] 조인일 이후에 협정 전문이 사후적으로 추가되고 지시되어 완성되고 공표됨[17] 각서로 체결되어 협약으로 변조됨[18] 각서에 정부를 대표하는 위임사항의 기재가 없음[19]
1905년	일본군이 황제의 거처를 포위하고 회담장에 들어가 한국측 대신을 위협하였으며, 서울 전역의 요소에 중무장한 일본군이 배치된 상태에서 체결[20]	조약명칭의 결여[21] 외교권 이양과 같은 중대사를 협약 형태의 약식 협정으로 처리[22] 조약대표에 대한 위임장의 결여[23] 비준서의 부존재[24]	外部 大臣의 서명 강요와 직인의 강제 날인[25] 비준의 결여[26]
1907년	1개 혼성여단을 한국 주차군 지원병력으로 파견[27]	황제의 전권위임장 및 비준서의 결여[28] 황제의 서명 및 날인의 결여[29]	
1910년		병합공포 조칙에 국새가 아닌 어새가 찍히고 순종황제의 手決이 결여됨[30]	1905년 조약에 의하여 창설된 직책으로서 한국 황제폐하의 闕下에 있는 '統監'이 일본을 대표하여 조약에 서명함.[31]

13) 이태진, 1996 <조약의 명칭을 붙이지 못한 "을사보호조약"> ≪위 책≫ 89~90

14) 이태진, <위 논문>, 77 ; 이상찬, 1996 <앞 논문>, 187~8

15) 이태진, <위 논문>, 87~8 ; 이상찬, <위 논문>, 189~90

2. 法的 三段論法

한국병합관련조약의 유무효성에 관한 이제까지의 논의는 국제법학
자와 헌법학자와 같은 법학자와 역사학자 사이에서 진행되어 왔다.
이들 논의를 지배하고 있는 논리적 추론형식은 이른바 법적 삼단논
법인 것으로 생각되며, 법학자 뿐 아니라 역사학자들도 이러한 논리
적 형식을 수용하고 있는 것으로 보인다.

법적 삼단논법은 말할 것도 없이 일정한 법적 판단을 획득하기 위
한 논리적 추론형식이다. 이러한 추론형식에 따르면, '법'이라고 하는
대전제를 '사실'이라고 하는 소전제에 '適用'함으로써, 결론으로서의
'법적 판단'에 도달하게 된다.[32] 본고에서의 문제와 관련하여 구체적

---

16) 이태진, <위 논문>, 89~90
17) 이태진, 1996 <앞 논문>, 31 ; 이상찬, 1996 <앞 논문>, 187~8
18) 이태진, 1995 <앞 논문>, 87~9 ; 이상찬, <위 논문>, 189~90
19) 이태진, 1996 <앞 논문>, 29
20) 이태진, <위 논문>, 32
21) 이태진, <위 논문>, 33~6
22) 이태진, <위 논문>, 33
23) 이태진, <위 논문>, 33
24) 이태진, <위 논문>, 33
25) 이태진, <위 논문>, 36~7
26) 이태진, <위 논문>, 37 ; 백충현, 1995 <國際法으로 본 1900년대 韓日條
　　約들의 문제점> ≪한국사 시민강좌≫ 19 (일조각) 75
27) 이태진, <위 논문>, 38
28) 이태진, <위 논문>, 38~9
29) 백충현, 1995 <앞 논문>, 76
30) 이태진, 1995 <공포 칙유가 날조된 "일한합병조약"> ≪앞 책≫, 204~7 ;
　　백충현, <위 논문>, 76
31) 이태진, <위 논문>, 199~200 ; 도츠카 에쓰로, 1995 <"을사보호조약"
　　의 불법성과 일본정부의 책임> ≪앞 책≫, 317
32) 이러한 논리적 추론형식이 법적 판단을 행하는 주체의 사고과정과 반드
　　시 일치하는 것은 아니라는 것은 말할 것도 없다. 그밖에도 '법적 판단'

으로 말하면, ①위 문제가 되고 있는 '조약'이 체결되던 시기에 조약의 무효원인을 규정하고 있었던 '國際法'을, ②조약의 무효원인과 관련성이 있는 것으로 생각되는 '締結過程에서의 事實'에 '適用'함으로써, ③이들 '조약'이 유효인지 아니면 무효인지에 관한 '法的 判斷'을 얻는다는 것이다. 그러므로 이러한 추론형식에 따르면 다음과 같은 문제가 필연적으로 제기된다. 첫째, 時際法的이 觀點에서 이들 '조약'이 체결될 당시에 조약의 무효원인을 규율하고 있었던 國際法의 내용을 확인하는 문제이다. 둘째, 이들 법이 적용되어야 할 '歷史的 事實'을 확정하는 문제이다. 셋째, 조약에 관한 당시의 국제법을 강박 또는 절차적·형식적 흠결과 관련된 역사적 사실에 적용하기 위하여 법과 사실을 해석하는 문제이다. 이와 같은 문제들이 실제의 논의에서 어떻게 다루어지고 있는가를 간단히 살펴보면 다음과 같다.

3. '法'의 문제

한국병합관련조약의 효력에 관한 법적 판단을 얻기 위하여 이들 조약의 체결과 관련된 사실들에 적용되어야 할 법은, 문제가 된 사실들이 발생한 시기에 그것을 규율하고 있던 국제법이어야 한다(時際法의 原則). 그러므로 문제가 되는 법은 한국병합관련조약이 체결될 당시 존재하고 있었던 국제법 중에서도 이른바 "조약법"이라고 불리는 법규칙들이며, 그 중에서도 조약의 무효원인을 규율하는 규칙들이다. 위 무효원인에 관한 논점에서 살펴본 바와 같이, 이들 조약의 무효원

을 획득하기 위한 수단으로서의 법적 삼단논법과 관련된 문제는 여러 가지가 있지만, 여기서는 단지 '한국병합관련조약'의 유무효성에 관한 논의가 이러한 논리적 형식을 가지고 있다는 것을 언급하는 것에 지나지 않으므로 법적 삼단논법 자체와 관련된 문제에 관해서는 상술하지 않고, 필요한 곳에서 법적 삼단논법의 문제점을 다시 지적하려 한다.

인에 관한 조약법상의 규칙들은 다시 '강박'에 관한 것과 '형식이나 절차상의 하자'에 관한 것으로 나누어 볼 수 있다.

그런데, 이제까지의 논의를 검토하여보면 조약의 무효원인으로서 형식이나 절차상의 하자를 규율하는 법에 관해서는 견해의 대립이 없는 것으로 보인다. 즉, 당시의 국제법에 비추어 볼 때, 조약은 체결의 권한을 정당하게 위임받은 대표에 의하여 교섭을 통하여 체결되어야 하며 따라서 체결대표에 대한 전권의 위임 여부가 조약의 효력에 영향을 미칠 수 있다는 것, 그리고 정식조약은 비준되어야 한다는 것 등에 관해서는 조약의 유무효론이 모두 동의하고 있는 것으로 보인다. 그리하여 이 문제를 규율하는 국제법규칙에 대한 논의는 많지 않다. 당시의 대한제국의 국내법상의 비준 대상조약과 절차에 관한 논의33)를 제외하면, 국제법에 관해서는 국제법학자인 사카모토 시게키(坂元茂樹)가 약식조약과 정식조약의 구별, 비준의 임의성과 의무성에 관련된 국제법의 변천을 논하는 것이 보일 뿐이다.34)

그에 비해 조약의 무효원인으로서의 '강박'을 규율하는 당시의 법에 관해서는 좀 더 자세한 논의가 전개되고 있다. 우선 사카모토는 전통적 국제법에 의하면 강제에 의하여 체결된 조약의 법적 효력은 그러한 강제가 국가대표자에 대한 협박인가 아니면 국가 자체에 대한 강제인가에 따라 달라진다는 것을 지적하고 있다.35) 그리고 1905년 당시36) 이러한 법리가 관습국제법으로37) 성립하고 있었는지의 여

---

33) 坂元茂樹, 1998 <日韓保護條約の効力> ≪法學新報≫ (中央大學法學會) 104-10・11, 5∼10

34) 坂元茂樹, <위 논문>, 10∼15

35) 坂元茂樹, 1995 <日韓保護條約の効力—强制による條約の觀点から> ≪法學論集≫ (關西大學) 44-4・5, 339

36) 물론, 이러한 時點의 설정은 사카모토의 논문이 1905년의 '조약'을 다루고 있기 때문이다. 또 조약의 무효 원인으로서 '강제'가 문제되는 것은 실제로는 1905년 '조약'에 한정되어 있다. 1905년의 시점에 조약의 무효 원인으로서의 '강제'를 규율하는 관습국제법상의 조약법규칙은 時際法

부를 검토한다. 사카모토는 조약의 무효원인으로서의 강박에 관한 오
펜하임(Oppenheim), 홀(Hall), 블룬췰리(Bluntchili), 피오레(Fiore) 등 당시
의 서양학자의 서술을 근거로[38], "국가대표자에 대한 강제가 무효라
고 하는 관습법규칙이 당시 성립되어 있었다는 결론을 내리는 것도
반드시 틀린 것은 아닐 것이다"라고 말하고 있다.[39] 백충현 역시
"1900년대 초에 성립된 조약의 효력은 당시의 국제법 원칙에 따라 평
가되어야 한다"는 시제법의 원칙을 전제한 뒤, "전통 국제법은 일반
적으로 국가 자체의 의사에 대하여 강제력이 행사되어 조약이 강압
적으로 체결되는 경우와 國家 代表에 대한 강박의 경우를 구분하여
후자의 경우만이 무효가 될 수 있다는 입장을 취하여 왔다"고 하면
서[40] 그 근거로는 사카모토수와 마찬가지로 홀의 저서와 오펜하임의
저서를 들고 있다.[41] 다만, 사카모토는 국가자체에 대한 강박과 국가
대표에 대한 강박이 법리적으로는 구별될 수 있지만 "개별 구체적 상
황"에서 그러한 "二分法"을 적용하는 것은 곤란하다고 하면서 그 이
유로 "조약의 무효원인으로 간주되지 않는, 강대국이 약소국에게 자

的 觀點에서 보더라도 한국병합관련조약 전체에 대하여 적용될 수 있을
　　것이다.
37) 국제법의 주요 法源을 관습국제법과 조약으로 한정하여 볼 경우, "조약
　　법"에 관하여 일반적인 성격의 다자조약으로 "비엔나 조약법협약"이 체
　　결된 것은 1969년의 일이므로, 당시의 "조약법"은 오직 관습국제법의
　　형태로만 존재하고 있었다는 점에서 이는 당연하다고 할 수 있다.
38) Oppenheim, L., 1905. *International Law*, Vol 1, 525 : Hall, W. E., 1890. *A
　　Treatise on International Law*, 3rd. ed. 325～26 : Bluntschili, M., 1881. *Le Droit
　　International Codifié* (Tranduite de l'Allemand par M. C. Lardy), 3ème éd. § 409,
　　246～47 : Fiore, P., 1885. *Nouvean Droit International Public* (Tranduite de
　　l'Italian ed annotée par C. Antoine), 2ème éd. Tome 2, § 997 at 350～52 등
　　을 참조하고 있다. 坂元茂樹, 1995 <앞 논문>, 341～2 및 346～7의 주
　　5, 7, 8, 9
39) 坂元茂樹, <위 논문>, 342
40) 백충현, 1995 <앞 논문>, 76～7
41) 백충현, <위 논문>, 77, 주 6)

신의 意思를 강요하기 위하여 國家元首나 大臣이라고 하는 職務上의 機關에게 가하는 강제와, 무효원인이라고 하는 개인에 대한 강제를 구별하는 기준”이 명확하지 않다는 것을 들고 있다.[42] 이러한 사카모토의 주장에 대하여 사사가와 노리카츠(笹川紀勝)는, “강대국이 약소국에게 자신의 意思를 강요하기” 위한 수단으로서 “國家元首나 大臣이라고 하는 職務上의 機關”에게 강제를 가한다고 하는 사고방식은 적어도 오펜하임의 초판 전후의 시대[43]에는 존재하지 않았다는 것을 논증하면서[44] “국가와 국가대표자에 대한 두 가지 강제는 관습국제법으로 승인되어 있었으며 각각 정당화의 이유를 달리하였다. 국가대표자에 대한 강제에서는 개별적으로 폭력이나 강박(협박)의 존재를 증명하는 것이 중요하고, 국가에 대한 강제에서는 무력이나 협박을 행하는 당사국에게 ‘불법행위에 대한 구제’ 혹은 ‘권리보장’의 증명이 중요하다”는 것을 지적하고 있다. 사사가와의 이러한 반론 역시 “(사카모토가 중시한) 국제법의 교과서와 학설사를 기초로 내재적으로 이해하고 검증하고자” 한 것으로서[45] 오펜하임의 국제법 교과서 초판(1905년), 제4판(1927년), 제8판(1955년), 제9판(1996년), 홀의 저서(1890년) 및 그로쉬(Grosch)의 저서 ≪국제법에서의 강제≫(1912년)[46]를 검토한 끝에 내린 결론이다.

4. 事實의 問題

한국병합관련조약의 법적 효력을 논하기 위한 법적 삼단논법에서

---

42) 坂元茂樹, 1995 <앞 논문>, 342
43) 즉, 1905년 전후
44) 笹川紀勝, 1999 <앞 논문>, 237~43
45) 笹川紀勝, <위 논문>, 245~6
46) 笹川紀勝, <위 논문>, 241. 그로쉬의 저서는 Der Zwang im Völkerrecht로 생각된다.

사실의 확정문제는 커다란 논점이 되고 있지 않은 것으로 생각된다. 즉, 이들 '조약'의 체결과정에 존재하였던 법적 관련사실의 존재는 역사적 문헌의 기록에 의존하고 있으며, 그러한 기록 자체의 신빙성은 논쟁의 당사자들이 크게 문제 삼고 있지 않은 것으로 보이는 것이다. 고종황제의 1905년 '조약' 무효화운동과 관련하여[47] 고종황제가 1905년 조약의 무효를 호소하면서 당시 대한제국과 수호통상조약을 체결하고 있던 9개국 원수에게 보낸 친서 중에서, 콜롬비아 대학에서 발견된 1906년 6월 22일자 친서의 어새가 미등록이며 花押이 없다는 점 등을 이유로 문서의 신빙성에 문제를 제기하고 있는 것을 제외하면[48] 논의의 초점은 이들 사실의 법적 평가, 다시 말해서 사실에 대한 법의 적용에 집중되고 있다. 사실, 위에서 설명한 바와 같이 무효원인으로서의 강박의 "二分法"에 관한 논란을 제외하면 "法"의 존재는 크게 문제되지 않고, 한국병합관련조약의 효력에 관한 논의는 역사적으로 확인된 사실이 이들 '조약'의 효력과 관련하여 법적으로 어떻게 평가되어야 하는가에 집중되고 있다고 할 수 있다.

예컨대, 1905년 '조약'의 체결 당시 '강박의 사실' 자체에 대해서는 아무런 문제가 제기되지 않고 다만, 일본이 행한 강박의 실태를 생각할 때 그것이 국가대표자에 대한 강박에 해당하는지의 여부를 판단하는데 충분한 국제법적 기준이 당시에 존재하였는지에 의문을 제기하면서 무효의 입증 책임은 무효를 주장하는 국가에 있다고 지적하는 것이 보인다.[49] 비준서의 결여 등에 관해서도 비준의 문제를 국내법상의 문제와 국제법상의 문제로 구별한 뒤에 국제법상 모든 조약이 비준되어야 하는 것은 아니라는 지적이 이루어지고 있다.[50] 또 전

---

47) 이에 관한 자세한 논문으로는 김기석, 1995 <光武帝의 주권수호 외교, 1905-1907 : 乙巳勒約 무효 선언을 중심으로> 이태진 편, ≪앞 책≫, 213~91

48) 坂元茂樹, 1998 <앞 논문>, 199

49) 坂元茂樹, <위 논문>, 198

권위임장의 결여에 대해서는 국제법상 일부 국가기관의 경우에는 전권위임장 없이 조약체결권한이 있는 것으로 간주된다는 점이 지적되며,[51] 조약의 명칭의 경우에도 국제법상 조약의 명칭 여하가 조약의 효력에 영향을 미치는 것은 아니라는 점이 지적되고 있다.[52] 그 이외의 조약의 명칭의 결여, 황제의 서명 및 날인의 결여, 통감이 일본을 대표하여 조약에 서명한 점, 병합공포 조칙의 날조 문제(조칙에 국새가 아닌 어새가 찍히고 순종황제의 手決이 결여된 점) 등에 관해서도 국제법에 비추어, 그리고 사료의 해석과 이해를 문제로 삼아 한국측 주장에 대한 반론이 제기되고 있다.[53]

Ⅲ. 기존 논의의 문제점

이상과 같이 법적 삼단논법의 논리구조를 채용하여 한국병합관련 조약의 유무효를 논증하고 있는 기존 논의의 형식과 내용을 보면, 이들 논의의 기초에는 실은 다음과 같은 암묵적인 전제가 놓여 있다는 것을 알 수 있다. 첫째로, 한국병합관련조약이 체결되던 당시에 조약의 무효원인에 관한 국제법규칙은 이른바 實定國際法으로서 객관적으로 존재하고 있으며, 이는 국제법학자들의 저술을 통하여 認識하고 確認할 수 있는데, 무효원인을 둘로 나누어(無效原因의 二分), 국가자체에 대한 강박은 조약의 무효원인이 아니지만 국가의 대표와 기관에 대한 강박은 조약의 무효원인이 된다는 것을 내용으로 하고 있다는 것이다. 둘째, 당시에 유효하였던 그러한 實定國際法의 내용의 正

---

50) 坂元茂樹, <위 논문>, 200~1
51) 坂元茂樹, <위 논문>, 201~2
52) 坂元茂樹, <위 논문>, 202~3
53) 이 점에 관해서는 海野福壽, 1999 <앞 논문> 참조.

當性은 문제 삼지 않는다는 것이다. 그러나 이러한 암묵적 전제에는 커다란 문제가 내포되어 있는 것으로 생각된다.

1. 無效原因二分論의 내용

이미 살펴본 바와 같이 기존의 논의는 한국병합관련조약의 유무효에 관한 법적 삼단논법을 전개하는 가운데, 無效原因의 二分을 내용으로 하는 '법'을 제시하고 있다. 그리고 무효원인의 이분법이 당시의 실정국제법규칙이었다는 것을 몇 사람의 국제법학자들의 저술을 통하여 논증하고 있다. 사카모토나 백충현과 같이 조약의 무효원인에 관한 당시의 국제법을 확인하기 위하여 네 명 또는 두 명의 국제법학자의 저작을 검토하는 것만으로 충분한 것인지에 관하여는 의문이 없지 않지만, '전통국제법'에 관한 많은 저작들이 국가 자체에 대한 강박과 국가 대표에 대한 강박을 구별하여 후자만을 조약의 무효원인으로 생각하였다는 것은 일반적으로 인정되는 바이다.54) 하버드대학의 조약법조문초안은 고전국제법상의 조약의 무효원인으로서의 강박에 관한 국제법학자들의 서술을 대단히 포괄적으로 검토하고 있으며 특히 본고에서 문제가 되고 있는 19세기말과 20세기 초에 걸친 이론 상황을 상세하게 검토하고 있는데, 그 결론 역시 강박을 두 가지로 나누어 개인에 대한 강박만을 무효원인으로 하고 있다는 것이다.55) 조약의 무효원인으로서의 강박의 二分論을 "국제법상의 확립된 규칙"(the established rule of international law)이라고 하는 견해도 보인

---

54) Yearbook of the International Law Commission, 1966, 207에서의 McNair의 지적. Elias, 1974. T. O., *The Modern Law of Treaties* 168에서 재인용.

55) Harvard Research in International Law, 1935. Draft Convention on the Law of Treaties with Comment, *American Journal of International Law, Supplement*, 29, 1150 ff. 참조

다.56) 그런 의미에서 한국병합관련조약이 체결된 시기에 조약의 무효
원인에 관한 국제법은 국가에 대한 강박과 국가 대표에 대한 강박에
대하여 서로 다른 법적 효과를 귀속시키고 있었다고 하는 사카모토
나 백충현의 결론이 틀린 것이라고 단정하기는 힘들다.

그러나 한국병합관련조약의 유효성을 논의하면서 이러한 무효원인
의 이분론을 '法'으로 전제함에 있어서는, 이들 국제법학자들의 저술
에 등장하는 無效原因二分論이 지닌 구체적인 의미와 역사적 기능
등에 관한 좀 더 깊은 고찰이 필요하다. 왜냐하면 無效原因二分論에
관해서는 다음과 같은 의문이 있기 때문이다. 즉, 조약은 "국가간의
명시적 합의"57)로서 그 본질이 "意思의 合致"이며, 의사의 합치가 유
효하기 위해서는 그것이 진정한 의사의 합치이어야 하고, 따라서 체
결주체의 "自由로운 意思"의 합치이어야 한다. 그런데 "강박에 의하
여 체결된 조약"이라고 하더라도 그것이 "국가자체에 관한 것"이라
면 유효하다는 이론들은 조약의 유효성의 기본요건으로서의 "同意의
自由"(freedom of consent)의 원칙과 저촉이 되는 것이다. 어째서 이러한
저촉에도 불구하고 無效原因二分論은 "국가자체에 대한 강박"에 의
하여 체결된 조약을 유효하다고 하고 있는가? 또 조약의 무효원인으
로서의 강박을 두 가지로 구별하여, 여전히 국가 대표 개인에 대한
강박은 조약의 무효원인으로 인정함으로써 이 경우는 "同意의 自由"
의 원칙을 고수하고 있는가?

이미 말한 바와 같이 조약 체결에 있어서의 "자유로운 의사의 합
치"는 조약의 有效性의 기본적 요건이며58) 이는 그로티우스 이래 인
정되어 온 바이다. 즉, 그로티우스는 자연법은 조약의 체결에 있어 ①

---

56) Jenks, C. Wilfred, 1964. *The Prospects of International Adjudication* 422
57) 국제조직이 등장한 이후에는 "합의의 주체"로 국제조직이 추가됨은 물
    론이다.
58) 이 점에 관해서는 사카모토도 언급하고 있다. 坂元茂樹, 1995 <앞 논문>,
    340

평등의 원칙을 준수할 것, ②당사자에게 선택의 자유가 있을 것, ③동
의는 공포에 의하여 유발된 것이 아닐 것을 요구한다고 주장하였
다.59) 사카모토가 조약의 유효성의 기본적 요건으로서의 "同意의 自
由"가 극히 한정적으로 사용되어왔다고 말하고 있는 것60)과는 달리,
그로티우스는 "동의의 자유"에 관하여 "오직 한 가지" 예외만을 인정
한 것으로 되어 있다. 전쟁이 공공연하게 선포되고 양 당사자에 의하
여 수행된 경우에, "전쟁의 과정에서 이루어진 모든 약속 또는 전쟁
을 종결할 목적으로 행하여진 약속"이 그러한 예외에 해당된다.61)
"동의의 자유"를 조약의 유효성의 요건으로 하면서도 평화조약의 경
우만은 예외로 하는 것은 푸펜도르프와 바텔에게서도 볼 수 있다. 푸
펜도르프의 경우 적대행위를 종결시키는 조약은 "强迫의 抗辯"이 허
용될 수 없다고 하면서, 그 이유로는 그러한 항변이 허용된다면 빈번
하게 발생하는 전쟁이 종결될 수 없을 것이라는 점을 들었다.62) 바텔
역시 마찬가지의 태도를 취하여 평화조약을 특별한 형태의 조약으로
보면서, 평화조약과 같이 강요된 조약을 인정하여야 할 가장 중요한
이유는 현존하는 적대행위를 종결시킬 필요성에 있다고 하였다.63) 더

---

59) Grotius, The Jure Delli ac Pacis, lib. II, ch. XII, sec. 10, *Classics of International Law*, Kelsey trans., 348. Harvard Research in International Law, op. cit., 1149에
서 재인용.

60) 坂元茂樹, 1995 <앞 논문>, 340

61) Grotius, *op. cit.*, lib. II, ch. XVIII, sec. 19, and lib. III, ch. XIX, sec. 11 (Classics
of International Law, Kelsey trans., 435 and 798). Harvard Research in
International Law, *op. cit.*, 1149에서 재인용.

62) Pufendorf, S., 1672 *Elmentorum Jurisprudentiae Universalis Libri Duo* (Oldfather W.,
transl. 1929) in *Classics of International Law* (J. Scott ed. 1931) 2. Malawer,
Stuart S., 1977. *Imposed Treaties and International Law*, 12~13에서 재인용.

63) Vattel, E., 1758. *The Law of Nations —The Principles of Natural Law —Applied to
the Conduct and to the Affairs of Nations and of Sovereigns* (1758 ed. C. Fenwick
transl.) in *Classics of International Law* 165 (1916) 346~47. Malawer, ibid., 14에
서 재인용.

욱이 바텔은 평화조약이 너무도 정의에 반하고 압제적인 경우에는 강박을 이유로 한 항변이 정당화된다는 것을 인정하고 있다.[64]

이와 같이 적대행위를 끝내고 더 이상의 살육을 방지하는 것이 자연적 정의의 요청이라는 이유에서, 조약의 유효성의 기본적 요건인 "동의의 자유"의 예외로 "平和條約"이 한정적으로 인정되고 있었던 것으로 보인다. 바텔의 경우에는 "평화조약" 이외에도 이른바 "강요된 조약"의 유효성을 인정하고 있지만, 그 경우에도 '국가의 안전보장'이나 '부당한 침략에 대한 처벌'이라든지 '장래의 가해 능력의 박탈' 등과 같이 자연법(natural law of nations)에 반하지 않는 이유가 요구되는 것이었다.[65]

그런데, 19세기의 이른바 법실증주의자들에게 와서는 이론적 상황이 달라지는 것을 알 수 있다. 사카모토가 크게 의존하고 있는 오펜하임의 국제법 교과서 초판의 서술은 우선 조약체결의 유효성의 조건으로 "同意의 自由"가 원칙임을 천명하면서 "체약국에게 절대적인 행동의 자유"가 없는 경우에는 조약은 구속력을 가질 수 없다는 것을 인정하고 있다. 그러나 곧 이어 조약의 유효성의 조건으로서의 "行動의 自由"를 체약국의 대표자에게만 적용되는 것으로 한정시키고 있다.[66] 그렇게 되면 그로티우스, 푸펜도르프, 바텔 등에게서 볼 수 있는 바와 같이 "국가 자체에 대한 강박"에 의하여 체결된 조약이 무효가 되지 않는 것이 평화조약의 경우와 같이 '例外的'인 것이 되는 것이 아니라 '一般的'인 것이 되고 만다. 다시 말해, "국가 자체에 대한 강박"은 그 형태나 정당화사유와 무관하게 일반적으로 조약을 무효로 만들지 않게 되는 것이다. 이렇게 되면 사카모토와 같이 "同意의 自

---

64) Vattel, *Droit des Gens*, liv. IV, ch. IV, sec. 37, *Classics of International Law*, Fenwick trans., 356. Harvard Research in International Law, op. cit., 1149~50 에서 재인용.

65) Vattel, 1758. *op.cit.*, 168, 169. Malawer, 1977, *op. cit.*, 13에서 재인용.

66) Oppenheim, 1905. *op. cit.*, 525

由"는 극히 한정적인 의미를 가지게 된다[67]고 말할 수 있게 되며, 그 것은 오직 국가의 대표의 "同意의 自由"만을 의미하게 되는 것이다.

조약의 무효원인으로서의 "同意의 自由"에 관한 당시의 이론적 상 황에 관한 정보를 풍부하게 담고 있는 하버드대학 조약법조문초안에 따르면, 오펜하임과 같이 조약의 효력요건으로서의 "同意의 自由"를 국가 대표자에게 한정하는 것은 당시의 대부분의 국제법학자들이 취 하고 있던 견해로서[68], 이에 관해서는 일반적인 합의가 성립되어 있 었다[69]고 말할 수 있을 것이다. 그러나 이와 같이 대부분의 국제법학 자들이 조약의 효력 요건으로서의 "동의의 자유"를 국가의 대표에게 한정함으로써 "국가 자체에 대한 강박"을 제한 없이 일반적으로 조약 의 무효원인에서 제외하고 있던 상황에서도, 몇몇 국제법학자에게서 는 여전히 "국가 자체에 대한 강박"을 조약의 무효원인에서 제외하는 것을 한정적으로만 인정하려고 하는 태도를 볼 수 있다. 즉, 홀은 다 른 국가에 대한 강박은 "불법에 대한 구제"의 수단으로 인정되어 있 는 것이라는 한정을 붙이고 있으며[70] 그로쉬도 국가에 대한 강박에 의하여 체결된 조약이 유효한 것은 그것이 합법적인 권리의 행사과 정에서 이루어진 것이며 또 국제법을 이행하기 위한 목적에서 사용 되었기 때문이라는 이유를 제시하고 있다.[71] 홀과 그로쉬의 이러한

---

67) 본고 주 60) 참조.
68) 동 초안에서, 조약의 효력요건으로서의 "同意의 自由"를 국가 대표의 경 우에 한정하고 있는 것으로 열거되고 있는 국제법학자와 그 저술의 연 도를 표시하면 다음과 같다. G. F. de Martens (1864), Despagnet (1905), Fauchille (1926), Cavaglieri (1929), Tomšič (1931), Fiore (1918), Pradier-Fodéré (1885), F. de Martens (1883), Bluntschli (1881), Phillimore (1882), Woolsey (1889), Phillipson (1916), Westlake (1910), Strupp (1927). Harvard Research in International Law, *op. cit.*, 1150
69) *Ibid.*, 1151
70) Hall, 1909. *International Law* 319 (6th ed.). Harvard Research in International Law, *ibid.*, 1151에서 재인용.
71) Grosch, 1912. *Der Zwang im Völkerrecht* 92 ff. Harvard Research in International

태도는, 비록 "동의의 자유"를 국가 대표에게 한정시키고 있기는 하지만, 위에서 말한 그로티우스, 푸펜도르프 및 바텔의 견해와 상당히 유사한 점이 있다.[72] 나아가 니폴트(Nippold)나 라기(Laghi)와 같이, 국가에 대한 강박이 "同意의 自由"를 침해하지 않는다고 하는 것은 지나치게 일반적이고 절대적이라고 하면서 無效原因二分論 자체를 부정하고 있는 견해도 있어서[73] 無效原因二分論에 관한 당시의 이론 상황도 반드시 일정한 것은 아니었다.

2. 無效原因二分論의 思辨的 性質

이상과 같이 한국병합관련조약이 체결될 당시의 이론 상황은 無效原因을 二分하여 국가 대표 개인에게 가하여진 "강박"만을 무효원인으로 인정하고 있는데, 이것이 당시의 실정국제법규칙이었는지에 관

Law, *ibid*에서 재인용.

72) 笹川紀勝는 이들 홀과 그로쉬의 견해를 근거로 조약의 무효원인에 관한 19세기 후반의 관습국제법의 상황에 관하여 다음과 같은 결론을 내리고 있다. 즉, "국가와 국가 대표자에 대한 두 가지 강제는 관습국제법에서 승인되어 있어서 각각 정당화의 이유를 달리하고 있었다. 국가대표자에 대한 강제에서는 개별적으로 폭력이나 强迫(脅迫)의 존재 증명이 중요하고, 국가에 대한 강제에서는 무력과 협박을 행하는 당사국에게 '不法行爲에 대한 救濟' 혹은 '權利保障'의 증명이 중요하다."고 한다(笹川紀勝, 1999 <앞 논문>, 246). 그러나 이와는 다른 논지의 서술이 압도적으로 많은 상황에서(본고 주 68) 홀과 그로쉬의 저작만을 논거로 사사가와와 같은 결론을 도출하는 것이 타당한가에 관해서는 의문이 없지 않다. 다만, 당시의 이론적 상황 속에서도 국가에 대한 강제의 정당화사유를 요청하는 견해도 존재하였다고 하는 지적은 유념할 가치가 있다고 생각된다.

73) Nippold, 1894. *Der völkerrechtliche Vertrag* 172 : Laghi, 1882. Teoria dei Trattati Internazionale 144 ff. Harvard Research in International Law, *op. cit.*, 1153에서 재인용.

해서는 좀 더 검토가 필요하다.

이미 언급한 바와 같이 당시 조약의 무효원인에 관한 국제법이 존재하였다면 그것은 관습국제법의 형태로 존재하고 있었다고 볼 수밖에 없다.[74] 그런데 사카모토가 의존하고 있는 오펜하임과 같이 법실증주의의 입장에 서게 되면, 관습국제법규칙의 존재를 증명하기 위해서는 국가관행과 같은 객관적 요소, 법적 확신과 같은 주관적 요소의 존재를 확인하지 않으면 안 된다.[75] 그런데, 조약 무효원인의 二分法을 서술하고 있는 이들 저작들이 그러한 규칙을 이른바 歸納的 方法[76]을 통하여 실증적으로 확인하고 있는 것으로는 보이지 않는다. 다수의 "평화조약"이 강박에 의하여 체결되었음에도 불구하고 그 유효성이 일반적으로 인정되고 있었으므로, 국가 자체에 대한 강박에 의하여 체결된 조약을 유효한 것으로 하는 국제법규칙의 입증은 크게 요구되지 않는다는 점을 인정하더라도, 국가의 대표자 개인에 대한 강박에 의하여 체결된 조약을 무효로 하는 국제법규칙의 존재에 관해서는 그것이 관습국제법으로 성립되어 있다는 충분한 증거를 제시하고 있는 것으로는 생각되지 않는다. 무엇보다도 그러한 증거가 될 수 있기에 충분한 정도로 국가 관행과 법적 확신의 표명이 축적되었다고 보기도 힘들다. 결국 조약의 무효원인에 관한 이분법적 규칙으로서 사카모토나 백충현이 검토하고 있는 저작이나 하버드대학 조

---

74) 본고 주 37) 참조.

75) 물론 이는 관습국제법의 성립요건에 관하여 어떠한 입장을 취하는가에 따라, 둘 중 어느 하나의 요소의 확인만으로 관습국제법의 존재를 증명하거나 아니면 두 요소 모두를 확인함으로써 관습국제법의 존재를 증명하여야 한다. 이 점에 관해서는 박배근, 1998 <관습국제법의 변경> ≪국제법학회논총≫ 43-1, 98~100 참조.

76) 자연법론이나 절충주의적 방법에 의한 법발견에 대한 비판으로서 슈바르첸버거가 제기한 귀납적 방법론의 의의와 문제점에 관해서는 박배근, 1997 <관습국제법의 증거-Schwarzenberger의 귀납적 방법론을 중심으로-> ≪국제법평론≫ 1997-II, 31~56 참조.

약법조문초안에서 검토된 많은 저작들 속에 서술되어 있는 것은 이미 존재하고 있는 국제법규칙을 확인한 것이라기보다는 오히려 이들 저자들의 思辨의 결과들이며 오히려 이러한 思辨의 결과가 국가의 관행에서 事後的으로 존중된 것이라고 볼 수 있을 것이다.

고전기 국제법학자들의 저술에 관해서는 이미 다음과 같은 점이 지적되어 있다. 즉, 그들이 저작 속에 서술해 놓은 것은 국가들의 상호관계에서 준수되던 "실제 규칙들의 기록"일 수도 있고 단지 그들의 思辨에 해당될 수도 있으며, (반드시 당시에 널리 수용되고 있었던 것이 아닐 수도 있는) 특정 문제에 대한 저자의 태도일 수도 있으며, 나아가 바람직한 법적 입장의 반영일 수도 있다는 것이다.[77] 이는 19세기 국제법학자의 저술에 관해서도 상당부분 타당할 수 있다고 생각되는데, 조약 무효원인의 二分法에 관한 서술들 역시 이에 해당되는 것으로 생각된다. 고전기 국제법학자들이 "동의의 자유"를 조약의 효력의 요건으로 하면서도 "평화조약"과 같은 경우를 제외한 것이 "적대행위의 종결의 필요성"이나 "조약에 대한 일반적 준수 확보의 필요성"과 같은 自然法的 正義의 고려에 기반한 것으로 국제법규칙에 관한 실증적 검증의 결과가 아니었던 것과 마찬가지로, 한국병합관련조약 체결당시의 국제법학자들, 특히 실증주의 국제법학자들의 無效原因二分論 역시 조약의 효력요건으로서 필연적으로 전제될 수밖에 없는[78] "同意의 自由"와 강제된 조약을 유효한 것으로 인정하여야 할 필요성에 대한 고려가 절충된 것으로, 이 역시 국제법규칙에 관한 실증적 검증의 결과는 아니라고 보이는 것이다.

---

77) A. M. Connelly, *The History of International Law : A Comparative Approach*, XXXII Year Book of World Affairs 303, 304 (1978).

78) "同意의 自由"가 조약의 효력의 근거로서 전제되는 것은 직접적으로는 국제법에로의 私法類推와 관련되어 있을 것이지만, 궁극적으로는 "合意의 拘束力의 根據"와 연결되어 있는 문제이고 그런 의미에서 이러한 전제는 "필연성"을 가진다고 말할 수 있다.

설령 그것이 실증적 검증에 의하여 입증된 당시의 국제법규칙이라고 하더라도 여전히 문제는 남는다. 유럽의 국가들 사이에서 형성된 관습국제법이 어째서 일본과 한국 사이의 '조약'을 규율할 수 있는가라는 문제이다. 국제법에 관한 意思主義(voluntarism)에 충실하면, 국제법규범은 국가의 합의에 의해 만들어지는 것이므로, 이들 규범의 價値가 그것을 만든 합의에 참가한 국가들, 또는 이어서 그것에 참여한 국가들에 한정되는 것은 명확하고[79], 국가는 스스로가 원하는 한도에서만 국제법에 구속되며 또 원하지 않는 경우에는 언제라도 그러한 구속으로부터 이탈할 수 있기 때문이다.[80]

3. 無效原因二分論의 帝國主義的 性格

한국병합관련조약이 체결될 당시 조약의 無效原因二分論이 思辨的 性質을 지니는 것은 실은 이른바 유럽에서 생겨나 유럽 이외의 세계로 "普遍化"된 국제법의 제국주의적 성격과 밀접한 관련이 있는 것으로 보인다.

유럽이 유럽 이외의 지역으로 제국주의적인 팽창을 하게 되면서 유럽의 국가들과 비유럽의 국가들은 많은 조약을 체결하게 되었다. 그런데 유럽국가와 비유럽국가 사이의 조약은 대개가 유럽국가측의

---

79) D. Anzilotti, Cours de Droit International, I, Traduction française par G. Gidel, 87 (1929). 藤田久一, <現代國際法の法源>, 長尾龍一・田中成明編, ≪現代法哲學3・實定法の基礎理論≫ (東京 : 東京大學出版會, 1983) 288에서 재인용.

80) Anzilotti, 1913. Rivista di diritto internazionale, vii. 64, 65. Lauterpacht, H. 1927. Private Law Sources and Analogies of International Law, 59에서 재인용.
이는 국제법의 효력 근거에 관한 근본적인 문제와 관련되어 있는 것으로서, 본고에서는 다만 이러한 문제의 존재를 지적하는 것으로 그치고자 한다.

무력행사나 무력행사의 위협에 의하여 체결된 것이며 그 내용은 유럽국가들에게 일방적으로 그들이 원하는 모든 권력을 부여하는 것으로 되어 있었다. 결국 조약이라는 외관만 갖춘 이들 법적 문서는 유럽국가들의 강제와 군사적 우위에 의하여 만들어 졌던 것이다.[81] 그럼에도 불구하고 이러한 조약의 체결 원인이 되었던 폭력과 군사적 점령의 역사는 조약에 대한 실증주의자들의 접근에서는 아무런 역할을 하지 못하고 있다는 것이 지적되고 있다.[82] 無效原因二分論은 이러한 사례의 전형에 해당되는 것이 아닌가 생각된다.

법실증주의자들이 "思辨"을 통하여 無效原因二分論을 전개할 수밖에 없었던 것은, 실은 유럽국가가 비유럽국가에 대하여 폭력과 협박과 군사력으로 강요한 조약을 유효한 것으로 인정하는 것이 유럽국가들의 이익에 합치되며 비유럽국가들에 대한 유럽국가들의 제국주의적 침략을 용이하게 하고 법적으로 정당화하는 바, 無效原因二分論은 이와 같이 비유럽국가에 대한 强迫에 의하여 체결된 조약의 효력을 유지할 필요성에 부응하는 논리이기 때문일 것이다. 한국병합관련 조약 체결 시기의 유럽 국제법학자들의 저서 속에 추상적 언어로 서술되어 있는 無效原因二分論의 실제의 의미는 당시의 구체적 역사적 상황 속에서 파악되지 않으면 안 되는데, 당시 조약의 체결을 위하여 "强迫"을 행할 수 있는 능력은 오직 유럽의 국가들만이 가지고 있었다. 그러한 상황 속에서 無效原因二分論을 "국제법규칙"이라고 말하는 것은 실제로는 "국가 대표 개인에 대한 강박"으로 볼 수 있는 극히 예외적인 경우를 제외하고는 유럽국가들이 강요한 모든 조약을 비유럽국가들은 구속력 있는 것으로 받아들이고 준수하여야 한다는 것을 의미하는데 지나지 않는다. 이는 근대 유럽 이외의 지역에 확장

---

81) Anghie, Antony, 1999. Finding the Peripheries : Sovereignty and Colonialism in Nineteenth-Century International Law, *Harvard International Law Journal* 40, 40

82) *Ibid.*

된 유럽의 국제법, 그리고 한국병합관련조약 체결당시의 유럽 국제법
학자, 특히 법실증주의 국제법학자의 저서 속에 서술되어 있는 국제
법이란 실제로는 제국주의적인 유럽국가들의 편의에 따라 마음대로
조작된 법이며83) 無效原因二分論 역시 그러한 "思辨的 操作"의 사례
에 해당되는 것으로 보아야 할 것이다.84)

4. 기존 논의의 은폐적 기능

이상, 한국병합관련조약의 유무효에 관한 기존의 법적 삼단논법의
논증방식에서는 '法'에 관한 이상의 문제들, 구체적으로는 無效原因
二分論이 지니는 사변적 성격 및 제국주의적 성격이 지니는 문제가
전혀 제기되고 있지 않다.

이미 설명한 바와 같이, '법'의 문제를 더 자세하게 논하고 있는 사
카모토는, 조약의 무효원인에 관한 당시의 법을 단순히 "국가 자체에
대한 강박에 의하여 체결된 조약은 유효, 국가 대표 개인에 대한 강
박이 조약은 무효"라고만 하고, 국가 자체에 대한 강박의 형태가 다
양하다는 사실은 이러한 "법"과는 전혀 무관한 것처럼 말하고 있다.
이러한 태도는 국가자체에 대한 강박의 정당화사유를 전혀 고려하지
않은 채 無效原因二分論을 전개하고 있는 당시의 다수의 유럽 국제
법학자들과 일치되는 것이다. 그런 의미에서 이와 같이 "단순하게"

---

83) 위 주 81)의 앙기(Anghie)의 논문은 여러 가지 사례를 통하여 이 점을 논
    증하고 있다.

84) 한국병합관련조약 체결 당시의 일반적인 무효원인이분론 "歷史的" 성격
    의 것으로서 유럽의 특수한 이익을 대변하는 논리이며 초월적인 타당성
    을 지니고 보편적인 정의와 연결되어 있는 것이 아니라는 점은, 당시와
    는 구별되는 근본적인 변화를 겪은 국제사회의 구조와 성격을 토대로
    체결된 비엔나 조약법협약에서 이러한 이분론이 폐기되고 있다는 사실
    (제51조 및 제52조)에서도 드러나고 있다.

법을 확인하고 전제하는 것은 당시의 無效原因二分論이 지닌 유럽 중심적이고 제국주의적 성격에 대한 비판이나 반성의 결여를 의미하며 그러한 유럽 중심적이고 제국주의적 성격을 은폐하는 기능을 수행할 수 있다. 예컨대, 사카모토는 1905년 '조약'의 효력과 관련해서는 비준의 문제도 제기되고 있으나 문제의 본질은 그것이 강제에 기초한 조약인가의 여부라는 결론을 내리고, 이 조약이 강제에 의한 조약이었는지를 엄밀하게 검증할 필요가 있다고 한다. "결국, 국제법상의 논의의 초점은 어떻게 하더라도 여기에 수렴된다"는 것이다.85) 그렇게 되면 논의의 초점은 오로지 "强迫"이 국가에 대한 것인지 아니면 개인에 대한 것인지를 판별하는데 맞추어지고, "强迫"의 사실 자체의 부당성에 대한 평가나 검토는 법적 논의의 영역에서는 배제되고 마는 것이다. 그리고 주로 이태진과 운노 사이에서 전개되고 있는, 한국병합관련조약의 형식적·절차적 하자에 근거한 유무효 논쟁 역시 이 점에서는 다르지 않다. 이러한 논의에도 조약 자체가 지니는 문제성, 강제 상황의 부당성에 관한 논의는 적어도 법적 영역에서는 당연히 배제되는 것으로 전제되고 있다.

결론적으로 말해서, 시제법적 관점에서 한국병합관련조약 체결 시기의 조약의 무효원인에 관한 "법"은 아주 온전하게 존재하고 있었으며 당시의 저술을 검토함으로 그것을 확인하고, 확인된 "국제법규칙"을 전제로 하여 법적 삼단논법에 의하여 한국병합관련조약의 효력에 관한 판단을 내리려고 하는 기존 논의는 은연중에 유럽중심주의적 관점을 받아들이고, 특수 유럽적인 것을 보편적인 것으로 받아들이며, 법실증주의 또는 법형식주의의 폐해를 무의식적으로 수용하고 있는 것으로 볼 수밖에 없다. 불평등조약이나 강제된 조약의 효력을 계속적으로 인정하는 것은 결국은 19세기의 유산에 지나지 않는 것이다.86)

---

85) 坂元茂樹, 1998 <앞 논문>, 17

기존의 논의에서 한국병합관련조약의 유효론을 대표하고 있는 사카모토도 기존 논의의 이러한 문제점을 의식하고 있는 것으로 보인다. 즉, 사카모토는 이태진의 論旨를, 이른바 한국 병합은 조약이라고 하는 法的 外皮를 걸친 "侵略"에 해당하며 (법적으로는) 한국 병합은 성립되지 않았다는 것으로 정리한 다음, "이에 대하여 당시의 근대국제법이 그러한 행위를 허용하는 '强者의 法'이었다고 지적하는 것으로 납득을 얻기는 곤란할 것"이라고 말하고 있다.[87] 그러나 동시에 "근대국제법의 이러한 성질의 책임을 어째서 일본만이 지지 않으면 안 되는가"라고 하는 반발이 제기될 수 있다고 예상하면서 "쉽게 답이 나오지 않는 문제"라고 말하고 더 이상 국제법규칙 자체가 지니는 문제의 고찰로는 나아가지 않고 있다.[88] 사카모토나 운노와 같이 이른바 한국병합관련조약의 "有效不當論"의 입장을 취하면, "유효"함에도 부당한 것은 그러한 유효를 결정짓는 법의 정당성에 문제가 있기 때문이라는 것은 쉽게 추론할 수 있는 바이다. 그럼에도 불구하고 어째서 법 자체의 "부당성"이나 문제점에 관해서는 어떠한 비판적 검토도 하지 않고 그러한 법을 한국병합관련조약의 유무효 판단의 기준으로 채용하여 "有效論"의 형식논리적 근거로 삼고 있는지는 이해하기 어렵다.

---

86) Anghie, *op. cit.*, 76
　　국가자체에 대한 강박과 국가 대표에 대한 강박이 법리적으로는 구별될 수 있지만 "개별 구체적 상황"에서 그러한 "二分法"을 적용하는 것은 곤란하다고 하는 사카모토의 주장(본고 주42 참조)에도 문제가 있는 것으로 생각된다. 왜냐하면 구체적으로 다양한 형태로 이루어지는 국가 대표 개인에 대한 강박은 일정한 유형별의 정리가 가능하기 때문이다. 이러한 유형별 정리에 관해서는 Harvard Research in International Law, *op. cit.*, 1155 ff. 참조.
87) 坂元茂樹, 1998 <앞 논문>, 204
88) 坂元茂樹, <위 논문>, 204

Ⅳ. 문제 해결의 전망

이른바 "有效不當論"을 채택하고 있는 학자들이 한국에 대한 식민
지 지배가 부당하다는 것을 인정하면서도, 비유럽국가들에게는 "惡
法"일 수밖에 없는[89] 유럽의 국제법의 논리, 구체적으로는 無效原因
二分論을 근거로 한국병합관련조약을 유효하다고 주장하는 이유는
어디에 있을까?

우선, "식민지지배는 그래도 불법적인 것은 아니었고 합법적인 것
이었다"는 말이 가질 수 있는, 일본의 식민지지배 책임을 희석시키는
효과를 생각해 볼 수 있다. 그러나 "유효론"이 이러한 효과를 노린 것
이라면 그것은 교묘한 심리조작에 의하여 책임을 회피하고자 하는
술책에 지나지 않는다. 이러한 효과는 일반적으로 "법"이 "正義" 또
는 "正當性"과 결부되어 있는 개념이라는 사실로부터 발생하는 것이
므로, 한국병합관련조약 체결 당시의 국제법이 철저하게 제국주의적
이고 침략적인 유럽중심적 성질의 것이었다는 인식이 철저하게 되면
이러한 효과도 기대할 수 없게 될 것이다.

더 현실적인 이유로 생각할 수 있는 것으로는, 한국병합관련조약이
"무효"로 인정되어 식민지지배가 법적 근거가 없는 것이 될 경우 일
본이 새롭게 지게 될 여러 형태의 법적 책임이 있다. 일본 국내법을
이유로 대일본제국에 의한 인권 침해를 적법화하고 정당화할 수 없
게 되는 것, 일본군 위안부 문제나 강제연행 문제와 관련된 피해자

---

89) 유럽 국제법의 이러한 "惡法"적인 성질을 자국의 정책 수행을 위하여
　　이용하였다는 점에서 명치유신 이후 근대화에 성공한 일본은 그 지리적
　　위치와는 관계없이 이러한 "비유럽국가"의 범주에 들어가지 않는 것으
　　로 보아야 함은 물론이다. 그런 의미에서 일본은 "한 때 식민지주의의
　　희생자였던 비유럽국가가 흔히 스스로가 식민지 압제자가 되는 것을 막
　　지 못한"(Anghie, *op. cot.*, 78) 경우에 해당된다.

보상의 권리 발생에 미치는 영향, 그리고 식민지 지배 전체에 대한 "배상" 지불의 의무 등이 그러한 결과로 거론되고 있다.[90] 다시 말해 "무효론"은 식민지지배와 관련된 "過去淸算"의 문제에서 "불법적인 식민지 지배에 대한 배상과 보상"을 배제하고, 청산 대상을 "식민지 지배가 형식상 '합법'이었다 하더라도 식민지지배에 의하여 실제로 입힌 손해에 대한 배상과 보상"에 한정하려는 것이다.[91]

한국병합관련조약 무효론의 경우에는 식민지 지배에 대한 배상이라고 하는 현실적인 문제 외에도 "정신적 이념적 주권회복"이라고 하는 민족으로서의 자존심의 문제가 그 배경에 존재한다. 무효론의 배경에 있는 이러한 정신적·이념적 측면 때문에 한국이 무효론을 포기하는 것은 대단히 어려운 일일 것으로 생각된다.

이와 같은 상황에서 한국병합관련조약의 유무효를 논하는 것은 법적인 관점에서는 크게 의미가 없는 것으로 생각된다. 이미 살펴본 바와 같이 유무효 판단의 기준이 되는 "법" 자체가 정당하지 못할 뿐만 아니라 당시 무엇이 "법"이었는가도 명확하지 않다. "法源"에 관한 이론적 태도에 따라서는 조약의 유무효를 규율하는 객관적인 법의 확인이나 확정 자체가 불가능한 것이 될 수도 있다. 더욱이 "법"이 존재하였다고 하더라도 그것이 한국에 대하여 구속력을 가지는 지의 여부가 다시 문제가 될 수 있다. 이런 모든 문제가 해결된다고 하더라도, 하나의 법적 문제에는 유일하게 옳은 하나의 해답만이 있는 것은 아니라는 문제도 있다. 법의 무흠결성을 전제하고 법의 적용과정에서 적용 주체의 주관이 개입될 가능성을 완전히 배제하는 극단적인 法形式主義에 서지 않는 한, 법체계 속에는 동일한 법적 문제에 대하여 서로 다른 법적 판단을 가능하게 하는 법적 근거가 둘 이상 존재하는 것이 일반적이다. 이 점은 법철학에서는 이미 널리 논의된

---

90) 도츠카 에쓰로, 1995 <앞 논문>, 316~9
91) 海野福壽, 2000 ≪앞 책≫

바이며 국제법학에서도 이른바 “對抗規範의 遍在”(omnipresense of complementary norms)라고 하여 일반적으로 인정되고 있는 것이다.[92] 많은 법적 논쟁이 그렇듯이 한국병합관련조약의 효력에 관한 논쟁도 법률론을 빌린 政治的, 倫理的, 精神的, 心理的 論爭의 측면이 짙으며 결국 문제는 유효론과 무효론 중에 어느 것이 옳고 어느 것이 그른가를 결정하는 것이 아니라, 어느 것이 더 설득력이 있고 어느 것이 덜 설득적인가로 귀착되는 것이다. 이상의 점들을 명확하게 인식할 때 유무효론의 논쟁이 수행하고 있는 은폐적 기능에 기만당하지 않을 수 있을 것이며 한국병합관련조약 무효론이 가질 수 있는 이데올로기적 측면[93]을 정확하게 인식할 수 있을 것이다. 일본의 강점으로부터 발생한 양국의 과거청산 문제를 법적인 차원에 국한시켜 한국병합관련조약의 효력문제에 몰두하는 것에 내포된 이러한 위험에 대한 명확한 인식을 유지하는 것은 대단히 중요한 일이다.

결국 문제의 해결은 법적 논의로부터 얻을 수 있는 것이 아니라 한국 또는 일본 정부의 태도 변화에 달린 것으로 생각된다.

한국 정부로서는 한 차례 태도의 변화가 있었던 것으로 생각된다. 즉, 한국으로서는 1993년 3월 2일에 김영삼 대통령이 일본군 위안부 문제와 관련하여 “일본에 물질적 보상을 구하지 않는다”는 입장을 밝힌 바 있으며[94] 1998년 4월 21일에 김대중 대통령 역시 이 문제에 관하여 “일본에 대해 역사적 도의적 책임을 묻고 사과를 요구하는 것을 포기하는 것은 아니”라고 하면서도 한국 정부가 위안부에 지급하는 지원금에 대해 “일본정부에 배상을 요구하지 않기로 했음”을 밝혔다.[95] 일본군 위안부와 관련된 한정된 맥락에서이기는 하지만, 한국

---

92) 河西直也, 1981 <國際法における<合法性>の觀念(二・完)－國際法<適用>論への覺え書き> ≪國際法外交雜誌≫ 80-2, 6

93) 한국의 식민지지배가 “不法不當”한 경우보다는 “合法不當”인 경우에 일본의 도덕적 책임도 경감될 수 있다는 암묵적인 신념.

94) ≪동아일보≫ 1993년 3월 13일자

정부의 이러한 태도의 변화는 주목할 만한 것이다. 그러나 이에 상응하는 일본측의 태도변화는 보이지 않는다. 민족의 자존심이 한국 정부로서 포기할 수 없는 것이라는 점을 감안하면, 적어도 정부 차원에서는 일본이 과거의 식민지 지배에 관하여 진심이 담긴 사죄와 반성을 하거나 아니면 좀 더 넓은 법적 책임을 질 때에만, 현재의 유무효론의 대립 속에서 과거청산에 관한 더 이상의 해결책이 없는 상황으로부터 벗어날 수 있을 것이다.

---

95) ≪문화일보≫ 1998년 4월 21일자

ABSTRACT

The Meaning and Limitations of Arguments concerning the Validity of Treaties Related to Japan's Annexation of Korea

Park, Pae-keun

There is wide difference of opinion concerning the validity of the treaties related to Japan's annexation of Korea concluded in the beginning of the 20th century, not only between the Korean and Japanese government but also among many Korean and Japanese scholars. The Japanese government and many Japanese scholars maintain that those treaties, although unjust, were concluded lawfully according to the international law at the time and as result remained valid throughout the so-called Japanese 'colonial rule' of Korea. The Korean government and almost all Korean scholars argue that they were unjust and also had no validity at all from its inception.

When we examine the debates and arguments regarding the validity of these treaties, it is apparent that there are serious problems in their form and premise. First, they proceed in a form of legal syllogism and take a so-called 'positive' international law of the time as their major premise. In accordance with this logic, efforts are made to prove the contents of the 'positive' international law through the many statements of the authors of international law at that time. However, it is highly doubtful whether at that time there really had existed 'positive' international law which can be recognized and proved 'objectively'. All submitted evidence of the existence of certain rules concerning the validity of treaties are taken from books of numerous international lawyers of the 19th century. Nevertheless, what the authors say in their books is not always a statement of 'positive' international law. They may only be the result of the author's speculation or some expression of desirable rules based only on personal opinion. Moreover, there are discrepancies between authors concerning laws. Such proof of 'positive' international law also distorts the original meaning of said statements in texts by disregarding its explicit context. Secondly, the debates and arguments do not reflect on the nature and legitimacy of the 19th century 'international law' itself. The rules of international law written down in the books in this period are very speculative, imperialistic, and euro-centric in nature. This deception serves to hide unjust characteristics of 'traditional' international law.

Arguments about treaties cannot be proved right or wrong. They can only be more or less persuasive. The final resolution to all problems over 'validity' or 'invalidity' of the treaties can be reached only through the will and determination of governments alone.

Keywords: Japan's annexation of Korea, invalidity of Treaty, Protectorate Treaty, Treaty of Annexation

동학농민전쟁과 일본

배 항 섭*

Ⅰ. 머리말

1894년에 발발한 동학농민전쟁은 "반봉건"과 "반외세"를 기치로 내건 일대 민중운동이었다. 뿐만 아니라 동학농민전쟁은 청일전쟁을 야기하는 결정적인 도화선이 되었다. 동학농민전쟁이 일어나자 이를 청일전쟁을 도발하는 기회로, 또 그를 위해 조선을 장악하는 기회로 여긴 일본은 조선 정부가 청나라에 원병을 요청했다는 소식을 접하자 신속하게 대규모 병력을 조선에 출병하였다. 그러나 청·일 양국 군대가 출병한 직후 독자적인 힘만으로도 농민군을 진압할 수 있다

──────────────

* 성균관대학교 동아시아학술원 연구교수

는 자신감을 얻은 조선 정부에서는 양국에 군대의 철병을 요구하였
다. 이어 농민군이 관군과 <전주화약>을 맺고 전주성에서 철수함으
로써 양국 군대 더 이상 주둔할 빌미를 없앤 조선 정부에서는 더욱
강하게 양국군대의 철병을 거듭 요구하였다.

그러나 이미 청일간의 개전을 결심하고 있던 일본군은 청나라의
공동 철병 제의까지 완강히 거부하였다. 오히려 조선 정부에 내정개
혁을 강요하였고, 나아가 경복궁을 강점하는 침략행위를 저질렀다.
이어 청일전쟁을 도발한 일본은 평양전투 이후 청일전쟁의 승기를
잡으면서 일본군을 본격적으로 농민군 진압에 투입하였다.

일본군의 우세한 화력 앞에 농민군은 패배의 길을 걸을 수밖에 없
었고, 농민군의 뜻은 좌절되었다. 이후 조선은 사실상 식민지의 길을
걷게 되었고, 청일전쟁에서 패한 청나라도 半식민지 상태로 전락하여
일본을 비롯한 서구열강들의 먹이 감으로 되고 말았다. 이 점에서 동
학농민전쟁은 한국근대사뿐만 아니라 동아시아 근대사의 전개에도
중요한 분수령을 이룬 사건이다.

동학농민전쟁이 가진 이러한 역사적 의의 때문에 그 동안 한국뿐
만 아니라 일본과 중국 등 외국에서도 적지 않은 연구가 축적되어 왔
다. 이 가운데 동학농민전쟁 당시 일본군의 출병 및 경복궁 점령, 청
일전쟁 발발 과정, 일본군의 출병에 저항한 농민군 및 조선민중의 움
직임, 이에 대한 일본군의 탄압행위를 전반적으로 밝힌 최초의 연구
는 박종근에 의해 이루어졌다.[1] 이후 상대적으로 관심이 소홀하였던
동학농민전쟁 당시 일본군의 침략행위와 농민군 진압·살육행위를
구체적으로 살핀 연구가 최근 이노우에(井上勝生), 조경달, 강효숙, 나
카츠카(中塚明) 등에 의해 발표되었다. 이노우에는 일본방위연구소도
서관에 소장된 자료를 활용하여 일본군의 농민군 "토벌"과 그 핵심역
할을 수행하였던 후비보병 독립제19대대의 실태, "토벌"의 책임 소재

---

1) 박종근 저, 박영재 옮김, 1989 ≪청일전쟁과 조선≫ (일조각)

등을 밝혔다.[2] 조경달 역시 방위연구소 소장 자료를 활용하여 일본군
과 관군에 의해 사상된 농민군이 약 5만 명에 달하였으며, 이것은 근
대 일본 역사상 해외에서 최초로 행한 대학살행위였다고 주장하였
다.[3] 강효숙은 역시 방위연구소도서관의 자료를 토대로 동학농민군
"토벌대"의 파견과정과 후비보병독립제19대대의 "토벌"과정을 상세
히 밝혀내고 있다.[4] 또한 나카츠카는 최근 福島縣立圖書館 ≪佐藤文
庫≫에 소장된 ≪日淸戰爭≫(草案)을 발굴·분석하여 1894년 당시 일
본군의 중요한 침략행위인 경복궁 강제 점령의 실상이 지금까지 일
본측의 사료나 연구저작들을 통해 왜곡되고 은폐되어왔다는 사실과
비밀리에 계획되어 치밀한 준비 끝에 진행된 경복궁 강제점령 당시
일본군의 침략행위와 그 의미 등을 새롭게 밝혀내었다.[5]

이 글에서는 이러한 연구성과를 토대로 먼저, 동학농민전쟁발발 이
후 일본군이 개입하게 되는 과정과 그들의 목적, 경복궁 침략 이후
농민군을 무참하게 살육하는 과정을 살피고자 한다. 이어 일본군의
침략행위와 농민군 살륙이 동학농민전쟁의 전개양상, 농민군의 생각
과 행동에 미친 영향에 대해 접근해보고자 한다.

---

2) 井上勝生, 1999 <甲午農民戰爭(東學農民戰爭)と日本の彈壓> ≪近代天
   皇制の形成·確立に關する基礎的硏究≫ (北海島大學文學部) ; <甲午農
   民戰爭(東學農民戰爭)と日本軍> [田中彰編, 1999 ≪近代日本の內と外≫
   (吉川弘文館)][이오우에, 2002 <갑오농민전쟁(동학농민전쟁)과 일본군>
   ≪동학농민혁명의 동아시아적 의미≫ (서경문화사, 서울)에 번역 수록].
   이 글에서는 번역본을 전거로 삼았다.
3) 趙景達, 1998 ≪異端の民衆反亂 ; 東學と甲午農民戰爭≫ (岩波書店)
4) 姜孝叔, 2002 <第2次東學農民戰爭と日淸戰爭 ; 防衛硏究所圖書館所藏
   史料を中心に> ≪歷史學硏究≫ 762
5) 中塚明, 1997 ≪歷史の僞造をただす ; 戰史から消された日本軍の<朝鮮
   王宮占領>≫ (高文硏) [나카츠카 아키라 지음, 박맹수 옮김, ≪1894년,
   경복궁을 점령하라≫ (푸른역사, 서울)로 번역됨]. 이 글에서는 번역본을
   전거로 삼았다.

Ⅱ. 교조신원운동 · 斥倭洋運動과
일본의 조선침략 준비

1876년 일본의 강요에 의한 개항 이후 일본의 외교관과 상인 등이 조선에 진출하고, 임오군란(1882), 갑신정변(1884) 등을 거치며 일본에 대한 적대감은 강화되어 갔다. 또한 이 과정에서 조선민중의 일본에 대한 인식은 개항 이전까지 주조를 이루던 문화적 우월감에 기초한 멸시와 경멸감으로부터 '종사를 위협하는 야심국' 일본에 대한 적대감로 변화하기 시작하였다. 이에 따라 이른바 "개화당"은 그런 일본과 결탁한 '겨레의 배반자', '賣國之賊'으로 규정되었다. 이러한 반일 감정은 임오군란이나 갑신정변의 전개과정에서 표출되기도 했지만, 민중에 의해 집단적이고 본격적으로 표출된 것은 1892년 말부터 전개된 동학교도들의 斥倭洋운동이었다.6)

교조신원운동은 1892년 10월 일군의 동학교도들이 교조의 신원과 관리들의 침탈금지를 요구하는 집회를 공주에서 개최하면서 시작되었다.7) 이때 동학교도들은 교조의 신원과 교도에 대한 탄압금지 등

---

6) 개항 이후 조선민중들의 일본관에 대해서는 배항섭, 2004 <동학농민군의 대외인식> ≪태동고전연구≫ 20 참조.

7) 여기에 대해서는 金義煥, 1970 <1892·3年의 東學農民運動과 그 性格> ≪韓國史研究≫ 5 ; 趙景達, 1982 <東學農民運動과 甲午農民戰爭의 歷史的 性格> ≪朝鮮史研究會論文集≫ 19 ; 鄭昌烈, 1985 <古阜民亂의 研究> 上·下 ≪韓國史研究≫ 48·49 ; 李離和, 1989 <전봉준과 동학농민전쟁> 1 ≪역사비평≫ 7 ; 張泳敏, 1991 <東學의 大先生伸寃運動에 관한 一考察> ≪白山朴成壽敎授華甲紀念論叢 - 韓國獨立運動史의 認識≫ ; 박찬승, 1993 <1892, 1893년 동학교도들의 '신원'운동과 '척왜양'운동> ≪1894년 농민전쟁연구 3≫ ; 배항섭, 1995 <1890년대 초반 민중의 동향과 고부민란> ≪1894년 농민전쟁연구 4≫ ; 2002 <1893년 동학교도와 大院君의 擧兵 企圖> ≪韓國史學報≫ 12 참조.

종교적 요구를 전면에 내세웠지만, 서학에 대한 반대와 함께 日商의
상행위에 따른 폐해도 구체적으로 언급하며 반대하였다. 그러나 아직
척왜양 구호가 본격적으로 제기된 것은 아니었다. 공주집회에 이어
11월 3일에 열린 전라도 삼례집회와, 12월 1일 충청지역의 교도들과
전라도 지역의 일부 동학도들이 모인 제2차 공주집회에서도 동학포
교의 자유와 관리들의 침탈 금지를 요구하였지만, 외세와 관련된 요
구나 구호는 전혀 제기되지 않았다. 또한 동학교단에서 복합상소를
논의하기 위해 12월 6일 보은에 都所를 마련한 뒤 정부에 보낸 <朝
家回通>이라는 상소문에서도 외세에 대한 반대 요구는 전혀 보이지
않는다.

동학농민군이 척왜척양 구호를 본격적으로 제기하기 시작하는 것
은 1893년에 들어와서부터이다. 그 중심에는 동학농민전쟁의 최고지
도자가 되는 전봉준이 있었다. 전봉준은 일찍부터 '반봉건'뿐만 아니
라 '반외세' 과제를 동시에 유념하였으며, 이를 위해 광범위한 계층을
포괄하는 연합을 構想하고 서울을 드나들며 정국의 추이와 외세의
동태를 살피기도 했다. 그가 동학에 입도한 것은 1890년 전후한 시기
였다. 전봉준은 1892년 11월의 삼례집회를 계기로 동학교단 내에서
중요한 인물로 부상하였고, 1893년 1월부터는 동학교단과 상의없이
독자적으로 활동하며 본격적으로 척왜양운동을 시작하였다.[8] 우선
전봉준은 1893년 1월 10일 직접 '倡義文'을 작성하여 전라도 각 군의
衙門에 붙였다.

이어 2월 10일경에는 전라도 동학교도들을 또 다시 전라도 參禮에
불러모아 집회를 열고, 전라감사에게 글을 보냈다. 이 글에서는 이전
에 충청·전라감사에게 보낸 글이나 복합상소문과 달리 교조 신원이
나 교도 탄압금지에 대한 요구가 완전히 사라지는 반면 거의 전적으
로 斥倭洋을 통한 輔國安民이 강조되면서 왜와 양에 대한 직접적인

---

8) 척왜양운동의 자세한 전말에 대해서는 배항섭, 2002 <앞 논문> 참조.

공격 의지가 처음으로 표출되었다. 또한 이 무렵 삼례의 동학교도들은 전라도 각 군의 관아에도 "倭洋을 剿滅하기 위해 창의하니 智勇之人이 있으면 官에서 추천하여 보내라"는 내용이 들어 있는 檄書를 붙였다.

같은 무렵 서울에서도 척왜양 운동이 전개되었다. 1893년 2월 11일에 시작된 동학교도들의 광화문 복합상소운동을 전후한 시기 서울의 외국공관 등에도 척왜양 방문이 연속적으로 나붙었다. 이 가운데 2월 18일 미국인 존스(H. J. Jones)의 집 교회당에 붙은 격문에는 3월 7일까지 조선을 떠나지 않을 경우 무장하여 공격하겠다는 내용이 들어 있었다. 이에 앞서 3월 2일에는 일본공사관 벽에도 척왜 격문이 붙었다. 여기에는 서양인들에게 통고한 내용과 달리 임진왜란 때의 참혹함을 상기하며 즉시 일본으로 돌아갈 것을 촉구하는 내용이 들어 있었다.

한편 1893년에 들어 경향 각지에서 전개된 척왜양운동은 척왜양을 명분으로 내세워 정부를 전복하려는 정변계획과 밀접한 관련을 가지며 진행되었다. 이 거병 기도는 전봉준 등 동학교단 내의 변혁지향적인 세력과 대원군이 연계하여 추진한 것이었다. 그러나 이 계획은 실패하였다. 이후 1893년 3월에 개최된 동학교도들의 보은·금구집회에서도 척왜양 구호가 전면에 등장하였으며, 이를 명분으로 전봉준 등 변혁지향세력과 대원군은 거병을 기도하였다. 그러나 역시 좌절되고 만다.

이는 척왜양 구호 그 자체에 대해서는 누구나 긍정하였을 것이지만, 척왜양을 위한 義兵 봉기는 민중들의 일상생활에서 느끼는 모순이나 불만과 거리가 있었기 때문이다. 물론 日商에 의한 미곡 유출은 충청도와 전라도 일대에도 심각한 피해를 끼쳐 일부에서는 일상의 미곡유출에 대해 자신들의 생존을 위협하는 행위로 받아들일 정도였다. 따라서 '교조신원운동' 당시에도 일찍부터 이에 대한 반대요구가

제기되었고, 농민전쟁 당시에도 중요한 요구조건 중의 하나였다.9)
'교조신원운동' 당시에도 동학교도들은 倭洋이 나라의 심복에까지 들
어와 준동하고 있는 사실에 대해 매우 분개하고 있었으며, 일각에서
는 "우리의 利源을 빼앗아 가는 外夷를 온 나라의 義旅와 함께 협력
하여 물리치자"는 주장을 제기하기도 했다.10) 그러나 이러한 행위는
주로 포구를 중심으로 몇 명의 일상에 의해 행해지고 있었다. 또 농
민군들도 통상 자체를 반대한 것이 아니라 개항장 밖에서 행해지는
잠상, 밀매행위를 반대하고 있었다.11)

　따라서 각지에서 산발적인 충돌은 있었지만, 전국차원에서 의병을
일으켜 대처해야 할 만큼 일본에 의한 구체적인 침략행위가 가시화
한 상황은 아니었다. '宗社를 위협하는' 구체적인 침략행위나 여기에
준하는 사건이 매개되지 않고서는 '의병'의 봉기 등 집단적인 물리적
충돌로까지 발전하기는 어려웠다.12) 실제로 1893년에 전개된 척왜양
운동 과정에서도 외국인이나 외국공관에 대한 물리적인 공격을 일어
나지 않았다.

　이와 같이 교조신원운동과 척왜양운동 시기에 변혁지향세력은 척
왜와 척양을 주장하며 거병을 기도하였으나 실패하였다. 이후 1894년
3월 20일 동학농민전쟁이 일어날 때까지 반일을 주장하는 민중들의

---

9) 김윤식, ≪續陰晴史≫ 上, 324 ; ≪주한일본공사관기록≫ 3, 210 참조.
10) <聚語> ≪東學亂記錄≫ 上, 123
11) <全琫準供草> 再招問目, ≪東學思想資料集≫ 壹, (亞細亞文化社, 1979)
　　 340 : ≪대한계년사≫ 상, 86
12) 전봉준이 2차 봉기를 일으킨 직접적인 원인은 일본군에 의한 경복궁의
　　 침범이라는 구체적 행위에 대해 그것을 국토에 대한 침략행위로 판단하
　　 였기 때문이다(전봉준은 군사적 침략행위가 아닌 단순한 통상행위에 대
　　 해서는 침략행위로 받아들이지 않고 있었다. <全琫準供草> 再招問目,
　　 340). 이후의 의병전쟁은 물론이고 왜에 대한 집단적인 항의나, 공격이
　　 일어난 임오군란이나 갑신정변, 제주도 어민들의 운동 등도 같은 맥락
　　 에서 이해할 수 있을 것이다.

움직임은 1893년 11월에 일어난 개성민란에서 난민들이 "일본인을 붙여서 살게 하는 자는 그의 집을 부술 것"이라고 주장한 것을 제외하면 사실상 전무하다시피 하였다.[13]

그러나 일본에서는 교조신원운동과 척왜양운동을 조선에 침략할 기회로 포착하고 이에 대한 준비를 시작하였다. 1882년 무렵부터 청일간의 전쟁을 예견하며 군사력 증강에 박차를 가하고 있던 일본 군부에서는 일찍부터 조선에 대한 침략 계획을 세워두고, 조선을 침략하여 자신들의 수중에 넣을 기회를 노리고 있었다. 1893년 10월에 제출된 야마가타(山縣有朋) 대장의 <군비의견서>에는 "대 러시아 전쟁이 10년이 지나지 않아 터진다면 전략 요충지인 조선을 사전에 확보하기 위해 빠른 기회에 대 청나라 전쟁을 일으키는 것은 절대로 필요한 전제라고 생각했다." 중요한 점은 이러한 생각에 입각한 야마가타의 작전계획이 참모본부 제2국장 오가와 유지(小川又次) 대좌에 의해 이미 1887년에 완성되어 있었다는 점이다.[14]

또한 이미 1888년 1월에 기초했던 야마가타(山縣有朋) 수상의 <군사의견서>에도 시베리아 철도가 개발됨에 따라 영국과 러시아의 충돌은 필연적이지만, 이 경우 러시아의 조선침략 저지를 정략으로 채

---

13) 이 때 松都의 '亂民'들이 요구한 <府外村弊瘼> 15조는 다음과 같다. 1. 還上加俸錢 還推事. 2. 結錢再捧錢 還推事. 3. 水蔘稅錢種蔘間稅事. 4. 各項分錢事. 5. 潛造者 罪之當者 而勿推後連累事. 6. 京校兵丁作弊事. 7. 挪引輩雜技騙財者 毁家事. 8. 出入營幕本府生弊者 逐出事. 9. 各處洑稅 革罷事. 10. 生進朝官若非重罪 則不可囚械事. 11. 各邑都賣 一一革罷事. 12. 無罪人勒捧錢還推事. 13. 田畓賣買年久者 不可憑勢還退事. 14. 私債不可憑公收刷事. 15. 日人接主者 毁家事(<明治 27年 公文雜輯> 卷五, 艦長外國諜報及帝國公使領事報告). ≪大阪朝日新聞≫ 明治 28年 1月 3日, ≪東學農民戰爭史料叢書≫(이하 ≪총서≫) 23, 138에도 이와 관련된 기사가 실려 있다.

14) 후지무라 미치오 지음, 허남린 옮김, 1997 ≪청일전쟁≫ 소화, 68~69 참조.

택해야 한다고 강조하고 있다. 이어 아오키(靑木周藏) 외상에게 제시
한 <외교책략론>에서는 조선반도가 일본의 "이익의 초점"이라고 규
정하면서, 영독과 연합하고 청일동맹을 맺어 조선을 공동보호하에 두
어야 한다고 주장하였다. 아오키는 같은 해 5월 야마가타의 의견을
받아들여 <동아열국의 權衡>이라는 글을 썼다. 그 요체는 러시아를
시베리아로 구축하고 레나강 서쪽을 청국에 할양한 뒤, 일본이 조선,
만주, 연해주를 속령으로 하는 것이 장래의 목표이며, 그 중 조선에
대해서는 "강경 수단을 써서 간섭주의를 시행하고", 맹약을 맺어 "조
선을 우리의 수중에 움켜쥐어야 한다"는 것이었다.

　이러한 주장은 각의에서 받아들여지지 않았지만, 1894년에 이루어
지는 대조선 정책이 명확하게 제시되어 있음을 알 수 있다. 일본이
조선을 이토록 중시하는 것은 일본의 주권선 및 이익선 수호론에 대
한 다음과 같은 인식에서 나오는 것이었다. 1890년 무렵 일본 정부에
서 마련한 외교방략에는 우선 조선이 일본의 이익선임을 공포하고
이를 지키기 위해서는 조선을 침략하여야 한다는 의지가 천명되어
있었다. 국가독립자위의 길은 첫째, 주권선을 지켜 타인의 침해를 용
납하지 않는 것이며, 둘째, 이익선을 방호하여 자국의 유리한 지역을
잃지 않는 것이라고 지적하였다. 이른바 주권선을 보호하기 위해서는
반드시 이익선을 보호해야 한다는 방책이 천명된 것이다. 여기서 말
하는 이익선의 초점은 조선이었다. 곧 조선을 자국의 영향력 하에 두
어야 한다 것이 당시 일본이 취한 대륙정책의 출발점이고 핵심이었
다.[15] 군비증강을 통해 청국과의 일전을 준비하고 있던 일본에게 호
기가 찾아들었다. 그것은 바로 1892년 말부터 조선에서 일어난 동학
교도들의 집단적 움직임이었고, 1894년의 동학농민전쟁이었다.[16]

　이미 명치유신 직후부터 조선에 대한 군사적 정보 첩보활동을 시

---

15) 후지무라 미치오 지음, ≪앞 책≫, 34~35 참조.
16) 朴日根, 1999 <조선의 대외관계> ≪한국사≫ 39 (국사편찬위원회) 58

작하였던 일본은 1893년 동학교도들의 교조신원운동이 일어나자 상인으로 변장한 일본군을 투입하는 방식으로 특히 동학교도들의 동태에 관한 정보활동을 활발히 전개해 왔다. 1893년 12월에는 청일전쟁이 곧 전개될 것임을 예상하고 1893년 12월 23일에 다음해 5월에 실시할 계획이었던 일본군의 전시편성을 앞당겨 마무리함과 동시에 군함 筑波호와 大島호를 조선으로 파견하였다. 군함 筑波호와 大島호는 동학농민전쟁이 일어나는 1894년 3월말까지 조선의 도로, 조선에 있는 서양 각국의 선박, 평안도와 황해도 지방의 상황 등 광범위한 분야에 걸친 첩보 및 정보활동을 수행하였다.[17]

또한 이때 일본군은 조선 정부가 1892년 10월부터 준비하여 1893년 10월경에 개교하였던 강화 갑곶 鎭海樓의 해군군사학교를 1894년 1월 15일과 2월 15일 두 차례에 걸쳐 정탐하고 그에 대한 상세한 정보는 물론 군사학교의 정확한 도면까지 확보해두고 있었다. 이 때 일본군에 의해 탐지된 내용은 해군학교의 위치, 편제, 최초의 입학 생도 수, 교육 내용, 생도의 복장 등이었다. 이러한 정보를 기초로 1894년 6월 21일 경복궁을 강제점령한 일본은 그 다음날 조선 군영들 가운데 가장 먼저 해군학교를 지휘하던 總制營을 없앴다.[18]

이와 같이 1894년 3월 동학농민전쟁이 발발하자 이것을 바로 일본이 기다리던 조선침략과 청일전쟁 도발의 기회일본은 기민하고 신속하게 대응해나갔다.

---

17) 姜孝叔, <앞 논문>, 19
18) 이에 대해서는 배항섭, 2001 <갑오개혁 전후 군사제도의 변화－해방제도와 근대적 해군 창설계획을 중심으로－> ≪한국문화≫ 28, 214~223 참조.

Ⅲ. 동학농민군의 제1차 봉기와 일본군의 출병

1893년 말부터 전봉준은 보국안민을 위한 거사계획을 크게 수정하게 된다. 교조신원운동과 척왜양운동 시기의 계획은 척왜양을 내걸고 곧장 서울로 쳐들어가서 반란을 기도하려는 것이었다. 그러나 그러한 계획이 실패로 돌아가자 전봉준은 고향으로 돌아가 전라도 각지에서 민란을 동시다발적으로 일으킨 다음, 그 힘을 모아 전주 감영을 점령하고, 다시 서울로 쳐들어가 조정의 權貴를 逐滅하고 조정을 개혁하는 것으로 계획을 변경하였다. 그것은 1893년 11월경에 계획된 <사발통문 거사계획>을 통해 엿볼 수 있다.[19]

1894년 1월에 발발한 고부민란은 전봉준이 이러한 계획을 실현시키기 위해 일으킨 것이었다. 전봉준은 고부민란을 기화로 인근 고을에서도 민란이 일어나면 그 힘을 결집하여 전주성을 점령하고 서울로 쳐들어갈 계획이었다. 그러나 상황이 전봉준의 뜻대로 전개되지 못하였다. 3월 3일경부터 끝까지 남아 있던 난민들도 해산하기 시작하였고, 13일 경에는 전봉준도 부하 50여 명만 거느리고 고부를 빠져나가 무장의 손화중에게 갔다.

그러나 3월 10일경부터 인근 읍의 '난민'들이 본격적으로 합세하기 시작하여 3월 16일에는 농민군 수천 명이 무장 冬音峙面 堂山에 집결하였다. 처음에는 100여명에 불과하였으나, 3월 16일부터 3월 18일에 걸쳐 사방에서 몰려와 1,000여명으로 증가하였고, 무장기포 당시에는 약 4천명이었다. 이와 같이 본격적인 "擧義"를 수행하기 위한 조건이 일정하게 갖추어지자 전봉준 등 지도부는 드디어 3월 20일에 <茂長布告文>을 발포하고 농민전쟁을 시작하였다.

---

19) 이에 대해서는 배항섭, 1995 <앞 논문> 참조.

<사발통문 거사계획> 이후 농민군의 움직임에서 주목되는 것은 조선사회 내부의 부정과 부패 일소에 관한 요구와 구호가 전면에 등장하고 척왜양 구호는 상대적으로 약화된다는 점이다. 물론 <무장포고문>이나 4대명의의 내용으로 미루어 볼 때 외세를 배격하고자 하는 의도가 사라진 것은 아니었다. 농민군의 의식 속에는 "逐滅倭夷", 곧 반외세에 대한 지향이 있었고,[20] 또한 농민군은 어떠한 외세라도 자신들이 추구하는 개혁을 방해할 경우 언제라도 그에 맞서 싸울 준비는 되어 있었다. 그것은 경복궁 침범에 반대하여 일어선 제2차 봉기를 통해 확인된다. 그러나 고부민란에서도 반외세와 관련된 구호는 등장하지 않았고, <무장포고문>의 내용에도 외세에 대한 반대의 뜻이 분명히 제시되지 못하였다. 이후 제1차 농민전쟁이 전개되는 동안 여러 차례 제시된 농민군의 통문에서도 일본에 대한 반대는 물론 외세의 침탈에 반대하는 요구조건이나 구호가 거의 등장하지 않았다.

그러나 이미 1888년 5월 군부와 내각 일각에서는 조선에 대해서는 "강경 수단을 써서 간섭주의를 시행하고", 맹약을 맺어 "조선을 우리의 수중에 움켜쥐어야 한다"는 계획을 세워두고 있을 정도로 조선을 확보하기 위해 기회를 노리고 있던[21] 일본은 동학교도들의 움직임을 예의 주시하며 조선에 출병할 빌미를 찾고 있었다. 그러던 중 조선정부가 농민군 진압을 위해 청 나라에 원병을 요청하자 일본은 재빨리 조선에 대규모 군대를 파견하였다.

---

20) <大韓季年史> ≪총서≫ 4, 363 ; ≪時事新報≫ 明治 27年 6月 8日字, ≪총서≫ 22, 292~293·295. 농민군은 <무장포고문>을 발포함과 아울러 起包의 목표와 행동지침을 포괄적으로 제시하는 四大名義를 발표하였다. 그 내용은 1) 不殺人 不殺物 2) 忠孝雙全 濟世安民 3) 逐滅倭夷 澄淸聖道 4) 驅兵入京 盡滅權貴 大振紀綱立定名分 以從聖訓 등이었다 (배항섭, 2002 <제1차 동학농민전쟁시기 농민군의 진격로와 활동양상> ≪동학연구≫ 11 참조)
21) 후지무라 미치오 지음, ≪앞 책≫, 35

청나라에 대한 援兵 요청문제는 이미 1893년 3월의 보은집회 때에
도 국왕에 의해 제기된 바 있었으나, 대신들의 반대로 성사되지는 않
았다.[22] 1894년 3월 동학농민전쟁이 일어난 이후 조선 정부의 주요
인물들 가운데서 청나라에 원병을 요청하자는 주장을 처음으로 제기
한 것은 招討使 洪啓薰이었다. 경군을 이끌고 4월 5일 오전에 군산항
에 도착하여 6일에 상륙한 초토사 홍계훈은 농민군과 전투도 치르기
전부터 어려움을 겪고 있었다. 홍계훈이 인솔하던 경군들 가운데는
군산에 상륙한 이후 도망하는 자가 속출하여[23] 군산에 도착한 지 일
주일 정도가 지난 4월 12일 경에 이미 그 수가 원래의 700명에서 470
명 정도로 줄어들어 있었다.[24] 또 향병은 물론[25] 도망한 경군까지 농
민군에 합세하기도 하였다.[26]

이에 따라 4월 12일 홍계훈은 閔泳駿으로 추정되는 정부 요로의 인
사에게 청병 一枝隊를 요청할 것을 제의하였다.[27] 홍계훈의 요청을
받은 민영준은 4월 13일 국왕에게 청나라에 援兵을 요청하도록 제의
하였다. 이에 대해 국왕은 14일 새벽 대신들을 모아 회의를 열었으나
대신들은 반대하였다. 이 때 대신들이 반대한 명분은 첫째, 國은 民으
로 本이 되어 있는 것인데 幾萬의 生靈을 滅하는 일이고, 둘째, 外兵
이 일단 國內 京鄕에 들어오면 弊端이 미치지 않는 데가 없고 人心을

---

22) ≪日省錄≫ 高宗 31年 3月 25日
23) ≪駐韓日本公使館記錄≫ 1, 12 ; ≪駐韓日本公使館記錄≫ 4, 160 ; ≪大
    阪朝日新聞≫ 明治 27年 5月 31日, ≪총서≫ 23, 11 ; ≪萬朝報≫ 明治
    27年 6月 1日, ≪총서≫ 22, 394
24) <內亂實記 朝鮮事件> ≪총서≫ 25, 177
25) ≪駐韓日本公使館記錄≫ 1, 62. 홍계훈은 鄕(土)兵은 믿을 수 없으며, 이
    들로 하여금 농민군을 공격하게 하는 것은 "無異 以蠻攻蠻"이라고 인식
    하여 향병들은 그들의 처지가 농민군들과 마찬가지였기 때문에 쉽사리
    농민군에 합류할 수 있었음을 보여준다(<兩湖電記> ≪총서≫ 6, 94·98
    참조).
26) <万朝報>, 明治 27年 6月 6日, ≪총서≫ 22, 402
27) ≪駐韓日本公使館記錄≫ 2, 144

煽動하는 것이며, 셋째, 外兵이 國內에 들어오면 各國 公使가 반드시
出兵하여 각기 公館을 지킬 것이니 서로 간에 알력이 생기게 될 것이
라는 이유였다.[28]

청국에 원병을 요청하자는 주장은 4월 19일 홍계훈에 의해 다시 한
번 제기되었다. 역시 閔泳駿으로 추정되는 정부 요로의 인사에게 관
군만으로는 농민군 진압이 어렵다는 점을 호소하며 청나라 군대를
빌어 농민군을 진압하자고 건의하였다.[29] 이러한 보고를 접한 민영준
은 이후 청군 援兵 문제를 원세개와 여러 차례의 논의하였으며, 4월
29일에는 청병을 요청하는 공문이 이미 완성되어 있었다.[30] 4월 30일
밤에는 時原任大臣會議를 열어 청나라에 원병을 요청할 것을 결정하
고 이 같은 조선정부의 뜻을 원세개에게 공식적으로 전달하였다.[31]
이에 따라 5월 5일 오후 6시경에 聶士成이 지휘하는 청군 910명이, 5
월 6일과 7일에 걸쳐 葉志超가 이끄는 1,550명이 아산만에 도착하였
고, 5월 21일에는 400명이 추가로 아산만에 도착하여 모두 2,865명의
병력이 출병하였다.[32]

한편 언제라도 파병할 수 있도록 만반의 준비를 갖추고 있던 일본
에서는 4월 16일 참모총장이 포병 소좌 伊地知幸介를 부산으로 파견
하여 재부산 본봉영사관의 무관 및 총영사 등과 협의하고 재경성 대
리공사 스기무라(杉村濬)와 통신을 통해 농민전쟁의 상황을 파악한

---

28) ≪駐韓日本公使館記錄≫ 1, 18
29) ≪駐韓日本公使館記錄≫ 1, 28~29 참조.
30) 여기에 대한 상세한 전말은 ≪駐韓日本公使館記錄≫ 1, 259~264 ; 2000
　　<淸國之部> ≪동학농민전쟁관계자료집≫ 4-東學黨變亂 際日淸兩國
　　韓國出兵雜件- (한국정신문화연구원) 337~346 참조.
31) <甲午實記> ≪東學亂記錄≫ 上, 8
32) 參謀本部 編纂, ≪明治二十七八年日淸戰史≫ 第1卷 (후쿠지마 현립도서
　　관 소장) 77~82 ; 李重夏, <南征日記> ≪총서≫ 6, 229~233 ; <兩湖電
　　記> 125 ; <東匪討錄> 338 ; ≪駐韓日本公使館記錄≫ 1, 76·83 ; ≪駐
　　韓日本公使館記錄≫ 4, 176~177

후 4월 26일 동경으로 돌아갔다.[33] 이어 조선이 청에 원병을 요청할 것이라는 소식을 접하자, 4월 29일에 열린 임시각의에서 중의원을 해산한 다음 "만약 중국이 조선에 군대를 파견하는 것이 사실이라면 어떤 명분을 쓰더라도 아국도 반드시 군대를 파견해야 한다"는 무쓰(陸奧宗光) 외상의 출병 결의안을 채택하였다. 또한 임오군란이나 갑신정변 때 청국에 승기를 제압 당해 실패를 자초한 치욕을 당하지 않기 위해서는 청국보다 많은 병력을 동원해 신속히 서울에 진입하여 청군을 저지한다는 강경한 방침을 정하였다.[34] 이어 조선정부가 공식적으로 청에 원병을 요청한 것보다 하루 빠른 4월 29일 일병의 조선 출병에 대한 일본 천황의 재가가 떨어졌다. 이날 밤 무쓰 외상과 하야시 차관은 가와카미 참모차장을 관저로 불러 청국군 병력은 5,000명이 넘지 않을 것이지만, 일본이 필승을 기하기 위해서는 6,000~7,000의 병력이 필요하다는 결론을 내렸다.[35]

4월 30일에는 주중대리공사 스기무라가 원세개를 찾아가 청 나라의 출병여부를 묻고, "만약 조선 정부가 원병 청구의 공문을 보내지 않고, 반란의 무리가 전주를 진격한다면 서울은 심히 위험하다"고 하여 암암리에 청국의 출병을 부추겼다. 이어 5월 2일에는 참모본부 내에 대본영을 설립하라는 천황의 재가가 떨어졌고, 제5사단에 동원령을 발포하면서 보병 제11, 21연대를 중심으로 혼성여단을 편성하였다. 5월 4일에는 천진조약 제3조의 공동출병 규정에 의거하여 청국측이 청병 출병을 통보해오자 일본도 즉각 주북경 대리공사를 통해 천진조약에 따라 공관과 거류민을 보호하기 위해 출병한다는 사실을 청국에 통고하였다. 일단 1개 혼성여단 파견을 결정한 일본은 5월 7일부터 일본군을 인천에 상륙시키기 시작하여 5월 15일까지 5,000여

33) 參謀本部 編纂, 《明治二十七八年日淸戰史》 1卷, 94
34) 朴日根, <앞 논문>, 59
35) 후지무라 미치오 지음, 《앞 책》, 82

명의 군대를 상륙시켰다. 이후 추가로 파견된 병력을 합하여 6월 8일 까지 인천항에 파견된 일본군의 규모는 혼성여단 7,857명, 제2전선가 설대 345명, 군악대 58명, 해군원 943명, 운송선 승조요원 80명 등 9,300명 정도에 이르렀다.[36] 이는 일본 공사관과 거류민을 보호한다 는 명분에 비추어 볼 때 터무니없이 많은 병력이었다.

또한 일본 정부는 5월 4일 오후 주한 일본공사에게 조선의 외무독 판을 만나 1882년의 제물포조약에 따라 일본공사관에 호위병을 다시 둘 것임을 통보하도록 했다.[37] 일본은 5월 6일 일본공사관 보호를 구 실로 해군 육전대 488명과 순사 20명을 인천에 상륙시켰다. 일본공사 오오토리(大鳥圭介)가 이들을 이끌고 저녁 7시 경 남대문으로 입경하 였으며 포대는 수로를 통해 그보다 앞선 오후 5시경에 입경하였다.[38] 일본군이 조선에 출병하는 명분은 조일관계의 면에서는 1882년에 체 결된 제물포조약 제5항, 청일관계의 면에서는 1885년 체결된 천진조 약 제3항에 근거한 것이었다.[39]

그러나 조선정부에서는 농민군의 전주성 입성 이후 점차 관군이 우위를 확보해나가자 이미 아산만에 도착해 있던 청나라 군대에 상 륙하지 말 것을 요청하는 한편 일본군에게도 철수를 요구하였다. 특 히 洪啓薰이 5월 3일의 승전보와 청국 군대의 도움 없이도 농민군을 진압할 수 있다는 정보를 전해오자 청일 양국 군대의 철수를 적극적 으로 요구하게 되었다. 정부에서는 5월 4일 밤 청국군의 상륙을 중지 해줄 것을 청국정부에 전신으로 요청하였고,[40] 5월 6일에도 원세개에

---

36) 강효숙, <앞 논문>, 19
37) ≪駐韓日本公使館記錄≫ 1, 269
38) 박종근 저, ≪앞 책≫ 17. 이 때 일본 공사관에서는 호위 해군 병사가 300이라고 허위로 보고했다(≪駐韓日本公使館記錄≫ 1, 274).
39) ≪駐韓日本公使館記錄≫ 3, 116·118~119 ; ≪駐韓日本公使館記錄≫ 4, 15 참조.
40) ≪駐韓日本公使館記錄≫ 3, 46 ; ≪駐韓日本公使館記錄≫ 4, 12

게 청국군의 상륙을 보류해줄 것을 재차 요청하였다.[41)]

한편 일본측에 대해서는 5월 5일 외무독판 조병직이 일본공사에게 5월 3일에 있었던 전투에서 관군이 승리한 사실을 알리는 洪啓薰의 전문을 제시하며, 일본군의 파병을 중지해줄 것을 요청하였고, 이후 5월 20일 경까지 거듭 거듭 일본군의 철수를 요청하였다.[42)] 우선 5월 5일 외무독판 조병직은 일본공사관에 "한성은 현재 매우 안정된 상태이므로 타국병정들을 불러다가 인심만 소란하게 할 필요가 없다"고 하며 철병을 요구하였다. 또한 "사태가 이러한데도 귀국정부는 무슨 의도로 파병하게 되었는가"라고 힐문하며 일본의 출병 의도를 의심하였다. 조병직은 일본의 출병은 러시아나 영국의 파병을 초래할 것이므로 일본군의 출병을 중지시켜줄 것을 일본공사 杉村濬에게 요청하기도 했다. 또 1885년 당시 체결한 조약의 제2조의 "만일 무슨 일이 있으면 (조선정부에서) 40명을 더 파견하여 엄한 호위를 한다"는 규정을 들어 일본군의 진주가 부당함을 논박하였다.

그러나 일본 공사는 일본군의 파병이 1882년에 체결된 제물포조약 제5관 "주둔병을 파견하여 경비한다"는 데 따른 것이라고 억지부리며 철병을 거부하였다. 이에 대해 5월 7일 조선 정부는 "도하의 인심이 매우 안정되어 있음"을 다시 강조하고, 제물포조약의 내용은 "亂時에나 사용할 수 있는 것이며 무사한 때는 사용할 수 없다"는 점을 지적하며, 철병을 거부하는 일본의 태도는 경성을 험지로 몰아넣으려는 속셈으로밖에 볼 수 없음을 통박하였다.

이에 대해 일본 공사는 제물포 조약에 의한 파병은 조선정부에 알리기만 하면 될 뿐 조선정부의 재가를 받아야 하는 것은 아니며, 亂時 여부는 일본측에서 판단할 문제이므로 조선정부가 간섭해서는 안

---

41) ≪駐韓日本公使館記錄≫ 1, 270 ; <兩湖電記>, 125∼126
42) 자세한 전말은 ≪駐韓日本公使館記錄≫ 2, 255∼270 ; ≪駐韓日本公使館記錄≫ 1, 269∼272 ; ≪駐韓日本公使館記錄≫ 4, 11∼15 참조.

된다고 주장하였다. 5월 8일 조선정부는 이러한 일본측의 주장이 타당하지 않음을 공박하였으나, 일본군은 속속 인천항으로 도착하였다. 전주화약이 이루어진 다음날 조선정부는 일본공사에게 "5월 8일 오전 10시에 이미 전주성을 회복하였고, 匪賊들을 소탕하였음"을 통보하며 일본군이 더 이상 주둔할 필요가 없어졌음을 강조하였다. 그러나 일본측은 5월 9일 보병 11연대 1,050명을 인천에 상륙시켰고, 5월 10일에는 기왕에 경성에 주둔하고 있던 일본해군 병력 488명을 인천으로 보내는 대신 그 2배가 넘는 육군병력 1,050명을 경성에 주둔시켰다.[43] 이어 5월 12일에는 2,700명의 추가 병력이 인천항에 도착하였다. 이에 대해 조선정부에서 또 다시 강력히 항의하자, 일본 공사는 다음과 같은 이유를 들어 철병을 반대하였다.

> "들은 바에 의하면 亂徒들은 비록 전주를 버리고 물러갔으나, 금구와 고부 등지에 그들의 기세가 아직도 치열하다고 합니다. 하물며 지금 들은 바로는 청국의 援兵이 아직도 아산 등지에서 주둔하고 있는데, 그 삼엄하기가 적과 대치하고 있는 것과 같다고 하니, 이것은 그 난도들을 평정하지 못하고 있다는 증거입니다."

결국 자신들은 농민군이 진정되었다고 믿기 어려우므로 계속 주둔하겠다는 것이다. 이에 따라 일본군은 인천에서 경성으로 통하는 요충지와 한강연안 각처에도 군막을 설치하고 주둔하였다. 이에 대해 조선정부는 5월 14일과 15일 두 번에 걸쳐 일본공사에게 일본군이 경성의 거류민을 보호하기 위해 주둔한다고 주장하지만, 실상은 그렇지 않음을 지적하며 군대의 철수를 요청하였다.

> "귀국 병이 이곳에 온 것은 본래 공사관을 호위하면서 起居하려 한 것인데, 주둔하고 있는 각 처에는 귀국의 공사관도 없고 귀국 상민으

---

43) 박종근 저, 박영재 역, ≪앞 책≫, 19~20 참조.

로서 거주하는 사람도 없습니다. 하물며 남도의 비도들이 이미 평정
되어 본국의 군병들도 철수하려고 하는데, 귀병들이 이곳에 있는 것
은 참으로 무익한 것입니다."

5월 15일에는 일본군의 수가 청나라 군대보다 오히려 많은 4~5천
명에 달하고 아산에 있는 청나라 군대와 대처하듯이 살벌한 분위기
가 형성되고 있음을 지적하였다. 이 때 이미 조선 정부에서도 일본의
의도가 청국과 전쟁을 벌리려는 데 있다는 점을 간파하고 있었음을
보여준다. 그러나 일본 공사관에서는 5월 19일에도 "南匪를 이미 평
정하여 都下가 안정되었다"는 말을 끝내 믿을 수 없다며 철병을 완강
히 거부하였다. 청국 군대 역시 조선정부의 상륙 반대에도 불구하고
5월 6일 아산에 상륙하였다.44)

따라서 정부에서는 양국군대의 철병을 요구하기 위해서라도 농민군
이 진압되었음을 보여주어야 했고, 서둘러 농민군 측의 강화요청에 응
할 수밖에 없었다. 결국 초토사 홍계훈은 농민군이 요구한 폐정개혁안
을 조정에 보고하겠다고 약속하여 농민군을 무마한 다음 퇴로를 열어
주고 물침표를 제공함으로써45) 농민군을 해산시켜야 했던 것이다.

농민군도 사정이 절박하기는 마찬가지였다. 전주성 점령 후 관군이
날로 증가되면서 전주성의 농민군은 사실상 포위되는 상황이 초래되
었고, 오히려 수세적 입장이 되었다. 특히 5월 3일에 벌어진 전투는
관군 측의 대승리로 끝나면서 전세는 결정적으로 바뀌게 된다. 이 전
투는 관군 측을 대단히 고무시킨 반면, 이미 동요하고 있던 농민군
진영에 치명적인 타격을 주었다. 무엇보다 중요한 것은 청일군대의
출병 사실이었다.

전주성을 점거하고 있던 농민군이 이러한 사정, 특히 일본군의 출

---

44) <南征日記> ≪총서≫ 6, 231~232
45) <兩湖招討謄錄>, 209~218

병과 동향에 대해 알고 있었는지는 불분명하다.[46] 그러나 청나라 군대의 출병 사실은 농민군 측에도 알려졌다. 병력의 규모나 동태 등에 대한 정보가 정확한 것은 아니었지만, 청국 군대가 농민군 진압을 위해 출병하였다는 사실 자체는 농민군 진영에도 전해졌으며, 이것은 전주화약에도 중대한 영향을 미쳤다. 이미 4월 7일에는 招討使의 군대를 따라 청나라 정탐원 徐邦傑 등이 전주에 도착하였으며,[47] 이에 따라 4월 10일을 전후한 무렵부터 전주에는 청나라 水兵이 군산에 상륙하여 농민군의 뒤를 덮칠 계획이 있다는 풍문이 나돌았다.[48] 4월 17일에는 전황을 살피기 위해 청국인 丁得鵬 외 17명이 大丸砲 4坐 등을 가지고 洪啓薰의 경군을 따라 전주성에 도착하였다.[49] 4월 18일에는 청국 병대 1천여 명이 부안포에 도착하였다는 소문이 나돌았다.[50] 5월 5일 청국군이 아산에 들어 온 직후에는 아산에는 섭사성의 고시문이 붙었고,[51] 5월 7일에는 '倡亂한 토비'를 진압하러 왔다는 청국 제독 섭지초의 고시문이 전주성내에 나붙었으며, 5월 8일에는 섭사성의 고시문이 공주 營門과[52] 아산에 나붙었다.[53] 청국 군대의 고

---

46) 전봉준은 체포된 뒤에 "내가 원래 병을 일으킨 것은 경성에 가서 정부의 간적을 없애기 위해서인데 … 우리의 상경에 앞서 일본병이 많이 경성에 들어 갔기 때문에 그 뜻을 이룰 수 없었다"라고 하여('全祿斗の申供', <大阪朝日新聞>, 明治 28年 3月 3日, ≪총서≫ 23, 170 ; '東學黨大巨魁と其口供', <東京朝日新聞>, 明治 28年 3月 5日, ≪총서≫ 22, 368) 전주화약 이전에 일본군대의 출병 사실을 알고 있었던 듯하나 명확하지 않다.

47) <兩湖電記> 86 ; <隨錄> 175 ; ≪駐韓日本公使館記錄≫ 1, 51·61~62 ; <日本外務省外交史料館 所藏文書>-韓國東學黨蜂起一件- ≪총서≫ 19, 207 참조.

48) ≪駐韓日本公使館記錄≫ 1, 61

49) <兩湖電記> 107 ; <隨錄> ≪총서≫ 5, 175 ; ≪駐韓日本公使館記錄≫ 1, 62 ; <日本外務省外交史料館 所藏文書>-韓國東學黨蜂起一件- ≪총서≫ 19, 198~20·207 참조.

50) <南遊隨錄> 4월 20일조, 196

51) ≪駐韓日本公使館記錄≫ 1, 85

시문은 농민군 진영에도 전해졌다.[54]

이와 같이 5월 6일 청국 군대가 아산에 상륙하고, 5월 7일 오후에는 일본공사 大鳥圭介가 군대를 이끌고 입경하는 등 사태가 긴박하게 돌아가자 5월 8일 아침 농민군은 초토사 홍계훈이 자신들이 요구하는 <폐정개혁안>을 국왕에게 전달해주는 것을 조건으로 전주성에서 철수하였다.[55] 무엇보다 농민군 지도부로서는 청일 약국 군대의 출병에 따라 조선이 청일간의 전장으로 되는 최악의 상황은 막아야 했기 때문이다.

이점에서 '외세'는 '봉건성'과 마찬가지로 다만 농민군의 공격대상이었을 뿐만 아니라, 농민전쟁의 발발과 그 이후 농민군의 행동과 생각을 규정하는 현실적 조건이기도 했다. 이러한 사정은 이른바 "집강소 시기"와 제2차 봉기 시기 농민군의 생각과 활동에도 중요한 영향을 미치게 된다.

Ⅳ. 일본의 경복궁 강점과 청일전쟁 도발

전주성을 빠져나간 농민군의 움직임도 청일 양국 군대의 동향과 밀접한 관련이 있었다. 농민군 지도부가 가장 시급하게 여긴 과제는 청·일병, 특히 청군의 철수였다. 외국군이 개입할 여지를 없애고 그들을 철병시키기 위해서는 일단 진정된 모습을 보여주어야 했다.

일본군과 청나라 군에서 이는 농민군의 해산여부를 탐지하기 위해

---

52) <大韓季年史> 366~367
53) ≪駐韓日本公使館記錄≫ 1, 85 ; 2000 ≪동학농민전쟁관계자료집≫ 4 (한국정신문화연구원) 573~574
54) ≪駐韓日本公使館記錄≫ 1, 82
55) <兩湖電記> 150 ; ≪駐韓日本公使館記錄≫ 1, 95 ; <大阪每日新聞> 明治 27年 7月 10日, ≪총서≫ 23, 255~256

정탐인을 계속해서 파견하여 병력을 주둔시킬 빌미를 찾았다.[56] 특히 청국과 戰端을 만들기 위해 혈안이 되어 있던 일본측에서는 일본정부의 외무대신까지 나서서 농민군이 완전히 해산하지 않았다는 정황을 만들기 위해 부심하였다. 그러나 일본인 정탐원들도 전주화약 직후 농민군의 동향에 대해 재발할 기미기 없는 것으로 보고하였다. 우선 5월 13일 고산, 삼례를 거쳐 전주에 도착하여 5월 17일까지 머물며 농민군의 동향을 탐지한 일본인 정탐원 高嶋 留學生은 곳곳에서 농민군이 출몰한다는 것은 풍설일 뿐, "동학당이 재발할 징후가 아무 곳에도 없"고 농민군들 가운데는 귀가하여 생업에 종사하는 자도 있다고 하였다.[57]

또 5월 22일 전주에 도착하여 5월 26일까지 태인, 고부, 부안, 김제, 금구 등지 농민군의 동태를 정탐한 일본인 警部 荻原秀次郎도 "동학의 잔당이 각지에 출몰한다는 풍설이 있을 뿐이다. 상찰하건대 처음 동학도에 가담한 사람 가운데 정상적인 직업을 갖지 않은 무리들이 패주 후에도 따로 생계의 방도가 없으므로 계속 각처에서 도적질이나 기타 부정한 행위를 하고 동학당이라 자칭하면서 여행자나 양민에게 해를 입히는 것이라 생각되지만, 동학도가 다시 일어나지 않을 것"이라고 보고하였다.[58]

그러나 청나라가 자국의 군대를 철수시켜서라도 일본군을 철수시키려 하고 있음을 간파한 일본은 가능한 한 군대철수를 거부할 수 잇는 명분을 찾고자 하였다. 이를 위해 일본 외무대신 陸奧宗光은 5월 12일 주한일본공사 大鳥圭介에게 다음과 같은 전문을 발송하였다

---

56) <兩湖電記> 141·147·149. 청, 일뿐만 아니라 당시 서울에 있던 대부분의 외국인들은 농민군이 진압되었다는 사실을 믿지 않고 있었다(<兩湖電記>, 150~151).

57) ≪駐韓日本公使館記錄≫ 3, 19 ; ≪駐韓日本公使館記錄≫ 1, 112~113 ; ≪駐韓日本公使館記錄≫ 4, 189

58) ≪駐韓日本公使館記錄≫ 1, 112~113

　우리 군대의 철수가 지연되는 이유로 삼기 위해 각하는 공공연한
방법을 써서 공사관의 직원이나 영사관의 직원을 폭동이 일고 있는
지방에 파견하여 실황조사를 하도록 하여야 한다. 그리고 그 실황조
사는 가능한 한 느리게 할 것이며, 그 보고서는 고의로라도 평화로운
상태와는 반대가 되도록 작성케 할 것을 절망한다.[59]

　이는 일본 정부가 청일전쟁의 전단을 마련하기 위해 얼마나 부심
하고 있었는지를 잘 보여준다. 그러나 앞서 일본인 정탐원들의 보고
대로 같이 전주화약 이후 농민군의 동향은 해산하는 경로나 고부, 태
인 등지에서 소규모의 농민군에 의한 부자집이나 吏胥輩에 대한 공
격이 일어나고 있었지만, 전체적으로 평온을 유지하는 분위기였다.

　조정에서도 농민군들이 완전히 해산한 것은 아니고 곳곳에 모여
있음을 알고 있었으나,[60] 전주에 있는 경군을 서둘러 귀경하도록 지
시하였다. 물론 여기에는 청국 군대와 일본군대의 도성입성에 따라
우선 국왕부터 신변보호가 요청되었다는 사정도 있지만,[61] 무엇보다
청일양국, 특히 일본군의 철수를 요구하는 명분을 확보하기 위해서였
다. 그것은 5월 14일 외무독판 조병직이 일본공사 앞으로 보낸 글에
"남도의 비도들이 이미 평정되어 본국의 군병들도 철수하려고 하는
데, 귀병들이 이곳에 있는 것은 참으로 무익한 것입니다"라고 한 데
서도 엿볼 수 있다.[62]

　한편 5월 9일부터는 일본공사와 청국의 원세개 사이에 공동철병을
위한 양국간의 교섭이 시작되었다. 청국의 이홍장은 "필요하다면 청
국군대를 철수시키더라도 일본군의 철병을 실현시킬 것"을 지시하였
다. 그러나 일본측은 참모본부의 의견을 받아들여 "일단 일이 터진

---

59)　≪駐韓日本公使館記錄≫ 3, 58·123
60)　<兩湖招討謄錄>, 213~214 ; <兩湖電記>, 134~136 ; ≪駐韓日本公使
　　館記錄≫ 1, 111~112
61)　<兩湖電記>, 132·134·139~140·149~151 참조.
62)　<駐韓日本公使館記錄> 2, 264

후에는 가능한 한 군사상으로라도 모든 기선을 제압한다"는 원칙을 상기하고, 나아가 "여하한 구실을 써서라도 우리 군대를 경성에 머물게 하는 것이 무엇보다 필요하다"는 전문을 조선에 있는 오토리 공사에게 보냈다. 사실상 청국의 공동철병 제의를 거부한 것이다.[63]

나아가 일본은 청일전쟁의 전단을 마련하기 위해 청일양국에 의한 조선의 내정개혁을 제의하였다. 조선에 대한 내정개혁 권고를 처음 발의한 사람은 일본공사관의 스기무라 후카시(杉村濬)였다. 그는 5월 10일 인천에서 참모부원과 회견한 뒤 청일 공동 철병에 반대하면서 내정개혁을 조선정부에 권고할 것을 일본정부에 건의하였다. 이에 대해 일본정부는 5월 13일 "애당초 청국 정부는 십중팔구 우리의 제안에 동의할 수 없을 것"이라는 예상 하에 내정개혁안을 청국정부에 제안하였지만, 청국 정부는 조선의 변란이 진정되었고, 내정개혁은 "스스로 다스리고 고치는 일"이므로 외국이 간섭해서는 안 된다는 점등을 지적하며 반대하였다.

그러나 5월 20일 일본공사 오오토리가 한성-부산간 전선 수리에 필요한 전선과 공구를 요청하자, 23일 대본영에서는 조선정부로부터 영구히 가설권을 획득하여 한성-부산간 군용전선을 가설할 것을 지시하였다. 그것은 청일간에 전쟁이 일어나면 당시 한성으로부터 청국 북부을 우회하여 상해를 거쳐 일본으로 연결되어 있던 전선을 사용할 수 없게 될 것이기 때문이었다. 조선 정부는 이에 반대하였지만, 일본은 6월 16일 조선정부에 군용전선 가설을 일방적으로 통보하고 전선 가설에 착수하였으며, 7월 16일에는 거의 완성되었다. 7월 19일에는 일본군이 군사상의 필요를 이유로 대구전신국을 무력적으로 점령하기도 했다. 이와 함께 6월 26일에 3개의 병참부를 시발로 한성-부산간에는 20여개 지점에 병참부가 설치되었다. 7월 2일에는 한성-부산간의 도로수선부대가 부산에 도착하였으며, 7월 30일에는 그 규

---

63) 후지무라 미치오 지음, ≪앞 책≫, 91~92 ; 박종근 저, ≪앞 책≫, 27~33

모가 공병제6대대 제1중대, 공병 제3대대 제1중대, 제3사단공병대 1
개중대 반, 석공 300명, 井戶堀職人과 樋職역 23명, 제1군용 전선가설
대, 일본인 인부 2,162명으로 확대되었다. 군용전선가설대와 병참부,
도로수선대는 청일전쟁이 전개되는 과정에서 그 임무가 점차 항일하
는 조선 민중과 농민군 진압으로 확대되어 갔다.[64]

　나아가 일본정부는 5월 19일 각의에서 조선에 대한 단독개혁 강행
을 선언하고 외무성 문서과장 카토오 마스오(加藤增雄)을 조선에 파
견하였다. 일본 정부의 단독개혁 지시를 받은 오오토리 공사는 5월
23일 고종에게 내정개혁위원을 임명하고 개혁에 관해 자신과 협의할
것을 요구하였다. 그러나 조선정부는 일본군의 철병을 선결문제로 삼
으며, 자주적으로 개혁방안을 검토하고 있음을 지적하였다.[65] 실제로
조선 정부에서는 농민군이 제시한 <폐정개혁안>에 대응하여 개혁을
진행시키기 위해, 무엇보다 내정개혁을 빌미로 한 일본의 내정 간섭
을 배격하기 위해 6월 11일 내정개혁을 위한 기구인 校正廳을 설치하
고 판관과 협판 등을 임명하였다.[66]

　이어 오오토리 공사는 조선의 대청 종속 문제를 청일전쟁의 전단
으로 삼기 위해 5월 25일 조선이 청국의 屬邦인지의 여부를 그 다음
날인 26일까지 화답해줄 것을 요구하였다. 이에 대해 조선정부는 조
선은 자주국이자 일본과 평등하며, 청에 대한 원병 요청 또한 조선의
자유로운 권리이므로 청국군대를 돌려보낼 수 없다고 답변하며, 청국
속방 여부에 대해서는 일본과 관계없는 일이라고 밝혔다.[67] 이러한
과정에서 중요한 사실은 5월 25일 일본 혼성여단이 전병력을 경성부
근으로 집결시켰다는 점이다. 이는 조선이 속방임을 인정할 경우 병

---

64) 강효숙, <앞 논문>, 19~21
65) 박종근 저, 박영재 역, ≪앞 책≫, 36~42 참조.
66) ≪위 책≫, 177
67) ≪위 책≫, 44

력으로 왕궁을 포위하여 자신들의 뜻을 관철하려는 의도였다.[68] 이미
이때부터 경복궁 점령은 계획되어 있었던 것이다.

드디어 6월 10일 일본 대본영에서는 조선 주둔 일본군 여단장 오오
시마(大島義昌)에게 "청국이 장차 군병을 增發하며 독단으로 일을 처
리하라"는 훈령을 내렸다. 사실상 청일전쟁의 개전을 허락한 것이
다.[69] 이 점에서 6월 21일 자행된 일본군의 경복궁 강제점령은 사실
상 청일전쟁의 시작이기도 했다. 이어 6월 19일 무렵에는 조선의 국
유 전선을 일본군용으로 사용할 수 있도록 강요하였다.[70]

이후 수 차례에 걸쳐 내정개혁을 강요한 일본은 조선정부의 완강
한 반대에 부닥치자 6월 18일에는 "청군 驅逐"을 일본에 의뢰하도록
협박하였다. 이에 대해 오오토리 공사는 6월 20일까지 답변을 달라고
요구했다. 만약 기한 내에 확실한 답변이 없을 경우 보병 1개대대를
경성에 투입하여 조선정부를 위협하고, 이것으로도 안 되면 여단을
진격시켜 왕궁을 포위하고 대원군을 추대하여 정부의 수령으로 삼아
자신들의 뜻을 관철시키려는 계획이었다. 이 계획은 6월 19일 오오토
리 공사와 여단장의 협의에 의해 1개 대대를 경성에 진격시켜 위협하
는 과정은 생략하기로 하고 곧장 여단을 보내는 것으로 변경되었다.
치밀한 작전계획을 준비한 일본군은 6월 20일 밤 12시 경의간 및 경
인간 전선을 절단하였다. 경복궁 점령 소식이 청국에 일찍 전달되는

---

68) 參謀本部, ≪日淸戰爭 第5篇 第11章≫ (第三草按, 후쿠시마 현립도서관
    소장) ; 參謀本部, ≪明治二十七八年 日淸戰爭≫ (第2冊 決定草案, 후쿠
    시마 현립도서관 소장) 2

69) 6월 9일 북경에서 진행된 영국의 조정이 실패로 돌아가자, 6월 10일 대
    본영에서는 동경에서 조선으로 출발하던 福島 중좌편에 혼성여단장에
    게 "獨斷從事"의 內訓을 전했고, 내훈은 6월 17일 여단장에게 전달되었
    다[≪日淸戰爭 第5篇 第11章≫ (第三草按) ; ≪日淸戰爭 第6篇 第16章≫
    (第三草按) ; 參謀本部, ≪明治二十七八年 日淸戰爭≫ (第2冊 決定草案,
    후쿠시마 현립도서관 소장) 14]

70) ≪日淸戰爭≫ 第5篇 第11章 (第三草按), 후쿠시마 현립도서관 소장

것을 막기 위해서였다.71)

경복궁 강점 작전은 6월 21일 새벽 4시 20분부터 시작되었다. 이에 대해 조선 군대는 강력히 저항하였으며, 조선 군대의 저항이 완전히 끝난 것은 오후 2시가 지나서였다.72) 경복궁 점령은 국왕 고종을 사실상 포로로 삼고, 민씨척족과 대립관계에 있던 대원군을 내세워 조선정부를 일본에 종속시키고 청국 군대를 조선 밖으로 쫓아내기 위한 계획이었다. 또한 이를 통해 청국과의 개전 명분을 확보하고 조선 군대의 무장을 해제시킴으로써 일본군이 청나라와 싸우는 동안 서울의 안전을 유지함과 동시에 군수품 수송과 징발 등을 모두 조선 정부의 명령으로 시행하는 편의를 얻는다는 목적 아래 계획된 것이었다.73) 이와 같이 일본은 경복궁을 점령하여 조선군의 무장을 해제한 다음, 친일내각을 수립하여 내정개혁을 추진하도록 강요하였다.

이어 6월 23일에는 선전포고도 하지 않은 채74) 풍도 앞 바다의 청국함대에 공격을 감행함으로써 청일전쟁을 도발하였다. 청일전쟁은 예상을 깨고 일본군의 일방적인 승전으로 이어졌다. 6월 27일의 성환전투에 패배한 뒤 대규모의 육군을 평양으로 집결시킨 청군은 8월 16일 벌어진 평양전투와 황해해전에서도 크게 패배하였고, 일본군은 압록강을 넘어 중국의 요동반도까지 진격하였다. 이에 따라 청국은 한반도에 대한 영향력을 완전히 상실하였으며, 일본은 조선에 대한 독점적 지위를 획득함으로써 향후 대륙침략을 위한 교두보를 마련하게 되었다.

---

71) 參謀本部, ≪日淸戰爭≫ 5篇 11章 (第三草按) 후쿠시마 현립도서관 소장
72) 일본군의 경복궁 강제 점령에 대한 자세한 전말은 나카츠카 아키라 지음, 박맹수 옮김, 2000 ≪1894년, 경복궁을 점령하라≫ (푸른역사) 참조.
73) ≪위 책≫, 65
74) 일본은 7월 1일에야 선전포고를 하였다[參謀本部, ≪日淸戰爭≫ 第1篇 第3章 (第三草按) 후쿠시마 현립도서관 소장].

V. 동학농민군의 제2차 봉기와
일본군의 농민군 살륙

농민군이 1894년 9월에 들어 다시 일어난 일차적인 목적은 일본의 침략행위를 물리치고, 輔國安民하려는 데 있었다.[75] 6월 이후에는 일본의 경복궁 강점과 청일전쟁 개전, 내정간섭 등으로 이어지는 일련의 사태 속에서 일본의 침략의도가 점차 노골화하였다. 이에 따라 농민군 지도부, 특히 全琫準의 관심은 폐정개혁으로부터 반외세문제, 곧 '斥倭' 쪽으로 급격히 선회하였다.[76] 일본의 침략을 막아내지 못하여 국가가 멸망한다면, 폐정개혁은 고사하고 生民이 하루도 편히 살수 없을 것으로 판단하였기 때문이다.[77]

재기포를 결심한 전봉준은 9월 10일경 삼례에 大都所를 설치하고 기병준비에 착수하였다. 전봉준은 각지의 官衙에도 재기병을 알리는 통문을 보내 군수품 조달에 협조할 것을 촉구하였다.[78] 전봉준의 재기포 결정이 북접과 합의하여 이루어진 것은 아니었지만,[79] 전봉준은 北接(東學敎壇)과의 연합을 이끌어 내기 위해 북접에 함께 기포할 것을 요청하였던 것으로 보인다. 그것은 9월에 북접이 관청과 일본군 병참소에 북접과 남접을 구별하기 위해 보낸 글 속에 전봉준과 서장옥이 "북접을 끼고 때를 틈타 함께 일어나려 했지만", "북접은 스승의 훈계를 각별히 따라 굳게 거절하고 따르지 않았다"라고 한 구절이

---

75) <全琫準供草>, 318～319 및 340·362
76) 裵亢燮, 1997 <執綱所 時期 東學農民軍의 활동양상에 대한 一考察> ≪歷史學報≫ 153 참조.
77) <東京朝日新聞> 明治 28年 3月 5日, ≪총서≫ 22, 367
78) 동학농민군의 제2차 봉기발발 경위에 대해서는 배항섭, 1999 <반일투쟁의 전개> ≪한국사≫ (국사편찬위원회) 참조.
79) <全琫準供草>, 343

들어 잇는 데서 알 수 있다.[80]

드디어 9월 18일 崔時亨은 청산에 각 포의 접주들을 청산에 불러모으고 "교도들을 동원하여 전봉준과 협력하여"[81] "先師의 宿寃을 快伸하고 宗國의 急難에 同赴할" 것을 지시하였다.[82] 함께 기포하자는 전봉준의 요청을 받아들인 것이다. 이 무렵부터 전국 각지에서 농민군들이 본격적인 기포를 시작하였다.

한편 8월 16일 벌어진 평양전투에서 승리함으로써 청일전쟁의 승기를 잡은 일본은 본격적인 내정간섭을 시작하였으며,[83] 농민군의 제2차 봉기가 전면적으로 시작되는 9월 10일 이전부터 농민군 진압에 일본군를 직접 투입하기 시작하였다.

이미 일본군의 조선 출병 직후부터 "일본인에게 편의를 제공하거나 일본인에 고용되는 자는 훗날 酷刑에 처할 것"이라는 경고가 돌았으며, 이에 따라 6월 1일에는 일본군에 고용되었던 조선인이 해고해줄 것을 요청하기도 했다.[84] 또 6월 3일 경성을 출발하여 6월 11일 평양에 도착한 뒤 그곳의 청국군과 조선인들의 동향을 정찰한 일본군 보병 중위 町口雄槌에 따르면 평안도 일대에서도 일본군에 저항하는 사람이 점차 많아지고 있었다. 이에 따라 중화에서 안전하게 숙영할 수 없어서 황주로 나와서 숙영해야 했다. 7월 5일에는 "目下 황해 평안 양도는 모두 일본인을 敵視하여 도처에서 방해를 받고 있다"고 보고되었고, 7월 9일에는 연로의 전선이 점차 위험에 빠지고 있다고 보고되었다. 7월 중순에는 황주에서 일본 기마병 3명이 조선 군 병사의

---

80) <侍天敎歷史> ≪東學思想資料集≫ 3, 625
81) <天道敎創建史> ≪東學思想資料集≫ 2, 155
82) <天道敎會史草稿>, 461
83) ≪駐韓日本公使館記錄≫ 2, 232~233
84) ≪日淸戰爭≫ 5篇 11章 (第三草按) 후쿠시마 현립도서관 소장 ; 參謀本部, ≪明治二十七八年 日淸戰爭≫ (第2册 決定草案) 후쿠시마 현립도서관 소장) 4

공격을 받아 부상당하기도 했다.[85]

　한편 경상도 일대에서도 일본군 전선가설대와 병참부 도로수선대 등이 파견되자 7월 초순부터 전선파괴 등 조선인들의 반일투쟁이 발생하기 시작하였다. 이에 따라 일본군은 조선인부들과 우마를 징발하는 데 어려움을 겪었고, 정찰 나온 일본군이 공격당하는 일이 벌어졌다. 8월 23일에는 안동에서 서상철이 반일의병을 봉기하였고,[86] 8월 24일 무렵에는 전라도, 충청도, 경상도에서 농민군이 봉기하여 서울로 침입한다는 풍설이 나돌았으며, 8월 25일, 26일에는 태봉, 용궁 등에서 일본군이 공격을 당하여 사망하거나 부상당하는 일이 발생하였다.[87]

　이에 앞서 7월 28일에는 함창의 농민군이 관리를 포박하고 조선인에게 無賃으로 일본군을 위해 일하도록 한 책임을 추궁하면서 사람들에게 일본군에게 고용되지 말 것을 호소하는 일이 벌어졌다. 그러자 다음날 태봉 병참사령관은 일단의 도로수선대를 인솔하고 함창으로 출동하였으나, 농민군이 이미 떠나간 다음이었다. 이 사건은 일본군이 농민군 탄압을 위해 출동한 최초의 사건이라고 할 수 있다. 이러한 일련의 사태, 특히 8월 23일 안동 의병 봉기를 계기로 부산병참감에서는 사실상 농민군 탄압을 결단한 것으로 보인다. 이미 일본군에 의해 공식적으로 농민군 진압이 시작되기 전에 농민군 탄압이 시작되었음을 의미한다.[88]

　8월 29일에 기도한 일본군의 출병은 대원군에 의해 거부되었으나, 9월 9일 오오토리 공사는 무쓰 외무대신에게 농민군이 한성을 공격할 것이라는 소식과 함께 한성을 수비할 2개 대대를 요청하였다. 이

85) ≪日淸戰爭≫ 6篇 22章 (第三草按) 후쿠시마 현립도서관 소장
86) 金祥起, 1989 <朝鮮末 甲午義兵戰爭의 展開와 性格> ≪한국민족운동사연구≫ 3, 46~53 ; 朴宗根 著, 朴英宰 譯, ≪앞 책≫, 201~208
87) ≪駐韓日本公使館記錄≫ 3, 333~335·272~279
88) 강효숙, <앞 논문>, 22~23

는 병참감의 요청보다 15일 빠른 것이었다. 이어 오오토리는 9월 14
일에 "조선정부가 동학당 토벌을 위해 일본군의 급파를 요청"하였다
고 무쓰에게 전문을 보냈으나, 이는 조선정부의 공식적 요청이 아니
라 개화파 내각의 구두 요청에 불과하였다. 조선정부가 일본측의 제
의를 받아 동학농민군 진압을 공식적으로 요청한 것은 9월 20일이었
다. 그러나 그 보다 일주일이나 앞선 9월 13일 일본군 부산부비대장
은 병참총감으로부터 "전라도 동학당 攻破" 명령을 받았다. 9월 24일
인천에 있던 일본군 병참감은 병참총감에게 오로지 농민군 "섬멸"을
위한 수비병 2개 중대의 증파를 요구하였고, 9월 29에는 병참총감으
로부터 "동학당에 대한 처치는 嚴烈함을 요구한다. 향후 모조리 섬멸
하라"는 명령이 떨어졌다.[89]

그러나 일본군은 이보다 앞선 9월 17일 농민군 진압을 위해 일본군
을 남하시키기로 결정하였고, 19일에는 2개소대를 남하시켰다. 1개소
대는 原田 소위가 이끌고 용인, 죽산을 거쳐 충주 지방으로, 1개소대
는 鈴木 特務曹長이 이끌고 수원, 진위, 천안을 거쳐 공주로 가도록
하고, 후자는 다시 두 개의 대로 나누어 하나는 아산, 평택, 홍주로 향
하게 할 예정이었다.[90]

농민군 "섬멸"을 위해 10월 2일 일본에서 출발한 일본군 후비보병
독립 제19대대의 본부 및 제1, 2중대는 10월 9일, 제3중대는 13일 인
천에 도착하였다.[91] 이들은 14일 용산에 집결하였고, 10월 15일에서
17일 사이에 농민군 진압을 위해 남하하였다.[92] 10월 19일에는 용산
수비대 1개중대가 뒤따라 출발하여 동로분진대와 합류하였다.[93]

89) 박종근 저, 박영재 역, ≪앞 책≫, 217～219 ; 강효숙, <앞 논문>, 24～25
90) ≪駐韓日本公使館記錄≫ 3, 284～289·355～356 ; ≪駐韓日本公使館記錄≫
5, 64
91) ≪駐韓日本公使館記錄≫ 3, 249·369～373
92) ≪駐韓日本公使館記錄≫ 6, 60 ; ≪駐韓日本公使館記錄≫ 3, 249 ; <大
阪朝日新聞> 明治 28年 2月 13日, 157

일본공사 이노우에는 미나미가 인솔한 제19대대가 인천에 도착한 10월 9일에 조선의 외무대신 金允植에게 서한을 보내 앞으로 농민군 진압에 임하는 조선군과 각 지방관에게 일본군 장교의 지휘를 따르도록 해줄 것을 요청하였다.[94] 후비보병 독립 제19대대가 남하하기에 앞서 10월 13일 인천병참사령관 육군포병 중좌 이토오(伊藤祐義)는 일본공사 이노우에에게 농민군 진압계획을 보고하였다. 그 요지는 다음과 같다.

1. 충청·전라 각지 東學黨의 근거지를 剿節하라.

2. 조선정부의 요청에 의해 후비보병 제19대는 다음과 같은 세 개의 길로 分進하여 조선군과 협력, 沿道에 있는 동학당을 격파하고 그 화근을 剿滅함으로써 동학당이 다시 흥기하는 후환을 남기지 않도록 해야 한다. 우두머리로 인정되는 자는 체포하여 경성 공사관으로 보내고, 동학당 거물급 간의 왕복문서, 혹은 정부내부의 관리나 지방관, 또는 유력한 측과 동학당 간에 왕복한 문서는 힘을 다해 수집하여 함께 공사관으로 보내라. 이번 동학당을 집압하기 위해 파견된 조선군 각 부대의 진퇴와 調達은 모두 일본군 士官의 명령에 따르게 하고, 일본군법을 지키게 하며, 만일 군법을 위배하는 자가 있으면 군율에 따라 처리하기로 조선종부로부터 조선군 각 부대장에게 이미 하달되었다.

3. 보병 1개 중대는 西路, 즉 수원, 천안 및 공주를 경유, 전주부 街道를 전진하여 그 진로 좌우의 驛邑을 정찰하라. 보병 1개 중대는 中路, 즉 용인·죽산·청주를 경유, 성주 가도로 전진하여 그 진로 좌의 역읍을 정찰하라. 보병 1개 중대는 東路(일본병참선로), 즉 가흥·충주·문경 및 낙동을 경유, 대구부 가도로 전진하여 그 진로 좌우의 역읍을 정찰하라. 본부 중대는 중로 분진대와 함께 행진하라.

4. 동로 分進中隊를 조금 먼저 가게 해서 匪徒를 동북쪽에서 서남쪽으로, 즉 전라도방면으로 내몰도록 힘써야 한다. 만일 비도들을 강원도와 함경도 쪽, 즉 러시아 국경에 가까운 곳으로 도피케 하면 적지 않게 후환이 남을 것이므로 엄밀히 이를 예방해야 한다.[95]

---

93) ≪駐韓日本公使館記錄≫ 3, 300~301
94) ≪駐韓日本公使館記錄≫ 1, 150

일본군의 농민군 진압 계획의 요체는 농민군을 서남방 전라도 해안쪽으로 몰아넣은 다음 합세하여 "초멸"하는 데 있었다. 이를 위해서, 중, 동 세 갈래로 나누어 남하하되 동로분진대에 1개중대를 증원하고 중로, 서로분진대 보다 빨리 남하하도록 하여 강원도 경상도의 농민군을 전라도 쪽으로 내몰도록 한 것이다.[96]

농민군진압에 투입된 일본군의 규모는 ①미나미 少佐가 이끄는 3개 중대로 이루어진 후비보병 독립 제19대대, ②충주 방면의 원군으로 서울에서 내려온 후비 제18대대 제1중대, ③홍주 방면의 원군으로 용산, 인천에서 온 후비 제6연대 제6중대, ④전라도 남부 지방의 원군으로 부산에서 온 후비 제10연대 제4중대 등이 있고, ⑤황해도 방면에도 평양으로부터 후비 제6연대 제4중대, ⑥용산으로부터 파견된 후비 제6연대 제7중대(일부), ⑦황주에서 파견된 후비 제6연대 제8중대(일부) 등 모두 9개 중대였다. 청일전쟁 시기에 1개 중대는 221명 내지 198, 9명으로 구성되었고, 또 일부는 결원이 있음을 감안 할 때, 농민군 진압에 투입된 일본군은 약 1,900여 명에 이르렀던 것으로 추정되고 있다.[97]

이후 일본군에 의해 무자비한 농민군 살육이 진행되었다. 동학농민군에 대한 탄압은 근대 일본군대가 저지른 아시아 민중대학살(제노사이드)의 최초이자 출발점이라 할 수 있다.[98]

---

95) ≪駐韓日本公使館記錄≫ 1, 153~156 ; ≪駐韓日本公使館記錄≫ 5, 67~68

96) ≪駐韓日本公使館記錄≫ 1, 301~302 ; ≪駐韓日本公使館記錄≫ 5, 65~66

97) 趙景達, 1998 ≪異端の民衆反亂 ; 東學と甲午農民戰爭≫ (岩波書店) 305 참조.

98) 井上勝生, 2002 <갑오농민전쟁(동학농민전쟁)과 일본군> ≪동학농민혁명의 동아시아적 의미≫ (서경) 318 ; 趙景達, ≪앞 책≫, 317 참조.

Ⅵ. 결론에 대신하여

일본은 이미 1882년 무렵부터 청일간의 전쟁을 예견하며 군사력 증강에 박차를 가하고 있었다. 또한 군부 일각에서는 "대 러시아 전쟁이 10년이 지나지 않아 터진다면 전략 요충지인 조선을 사전에 확보하기 위해 빠른 기회에 대 청나라 전쟁을 일으키는 것은 절대로 필요한 전제"라는 판단에 입각한 작전계획이 1887년에 완성되어 있었다.

1892년 말부터 조선에서 동학교도들의 교조신원운동과 척왜양운동이 일어나자 상인으로 변장한 일본군을 투입하여 동학교도들의 동태에 관한 정보활동을 활발히 전개하였고, 1893년 12월에는 군함 筑波호와 大島호를 조선으로 파견하여 정보 및 첩보활동을 하도록 했다. 1894년 3월에 동학농민전쟁이 발발하고 조선이 청국에 원병을 요청하자, 이미 출병준비태세를 갖추고 있던 일본은 조선이 청나라에 공식적으로 원병을 요청하기 하루 전에 조선에 대한 출병을 결정하였다.

이에 따라 5월초에서 중순에 걸쳐 5,000여 명에 달하는 대규모 병력이 조선에 출병하였다. 일본은 철병을 요구하는 조선정부의 요구와 공동 철병하자는 청국의 제의를 거부하며 청일전쟁을 준비해나가고 있었다. 이에 따라 이미 5월 25일에 일본은 조선이 청국의 속방인지의 여부에 대해 회답해줄 것을 조선정부에 요청하면서 경복궁을 강제로 점령할 계획을 가지고 있었다.

이후 일본군이 조선정부에 내정개혁을 강요하는 데서 나아가 경복궁을 강점하고 청일전쟁을 일으키자, '반외세', 특히 反倭문제는 동학농민군 지도자 전봉준의 초미의 관심으로 대두되었다. 이에 따라 이미 늦어도 1893년초부터 광범위한 계층과 연대를 모색하고 있던 전봉준의 연합전선 구상도 더욱 강화되어 갔다. 전봉준은 전라감사 金鶴鎭이 7월 6일 '共守全州 同赴國難' 하자고 제의하자 고심 끝에 전

주로 가서 전라감사 김학진과 '官民相和'를 맺고 함께 협력하여 국난
을 극복하기로 약속하였으며, '반외세'를 위해 士族이나 지주층까지
도 포괄하는 '민족적 대연합'전선을 구축하고자 하였다.

이에 따라 농민군 지도부와 농민군 대중간에는 외세의 침략행위와
그에 따라 변화된 정세에 대한 인식상의 차이로 말미암아 갈등이 노
정되었다. 전봉준은 민족적 위기를 당면의 과제로 설정하고 거기에
맞추어 행동하고자 하였으나, 농민군 대중에게 중요한 것은 '묵은 원
수의 보복' 등 눈앞의 이해였기 때문이다. 이들에게는 '민족적 모순'
보다 '계급적 모순'이 중요하였던 것이다. 일본의 침략행위에 따른 정
세의 변화는 농민군내부의 노선상의 불합치와 갈등을 초래하였고, 이
는 집강소 시기의 폐정개혁 활동을 통해 정치의식과 개혁사상을 일
층 성장시킬 수 있었던 기회를 협애화하였고, 농민군 내부의 결집력
을 약화시켰던 것이다.[99]

한편 농민군의 대대적인 반일항쟁은 9월 10일경 시작되었지만, 이
미 8월말부터 일본군은 농민군 진압에 본격적으로 가담하기 시작하
였고, 이후 농민군 진압만을 위한 별도의 병력이 출병하여 농민군에
대한 대대적인 살륙이 자행되었다. 반일을 주창하며 일어선 농민군은
공주까지 북상하였으나, 11월 8일부터 시작된 우금치 전투에서 일본
군과 관군의 연합군에 패배하였다. 농민군은 노성으로 물러나 진영을
수습하는 한편, 11월 12일 京軍과 營兵, 吏校 및 市民에게 알리는 글
을 순한글로 고시문을 내걸어 斥倭와 斥化를 위해 동심합력할 것을
호소하였다.

> 통상이후(通商以後) 갑신십월의 스흉(四凶)이 협적(俠敵)ᄒ야 군부
> (君父)의 위틱(危殆)ᄒ미 됴석(朝夕)의 잇더니 종사(宗社)의 홍복(鴻福)
> 으로 간당(奸黨)을 쇼멸(消滅)ᄒ고 금년뉵월의 기화간당(開化奸黨)이

---

99) 배항섭, 1997 <앞 논문> 참조.

왜국(倭國)을 쳐결(締結)ᄒ여 승야입경(乘夜入京)ᄒ야 군부(君父)를 핍
쌕(逼迫)ᄒ고 국권(國權)을 천ᄌ(擅恣)ᄒ며 우황 방빅수령(方伯守令)이
다 긔화중 쇼쇽으로 인민을 무휼(撫恤)ᄒ지 안이코 살륙(殺戮)을 죠하
ᄒ며 싱녕(生靈)을 도탄(塗炭)ᄒ믹 이졔 우리 동도가 의병을 드러 왜
적을 쇼멸ᄒ고 긔화를 졔어ᄒ며 됴졍(朝廷)을 쳥평(淸平)ᄒ고 ᄉ직(社
稷)을 안보홀시.[100]

동학농민군의 제2차 봉기에서 보이는 두드러진 특징 가운데 하나
는 다양한 세력을 포괄하는 항일연합전선의 구축을 구체적이고 적극
적으로 추진하였다는 점이다. 우선 10월 16일 전봉준이 충청감사 박
제순에게 올린 글이나[101] 위의 고시문에서 강조하는 관료 및 경군·
영병에 대한 합세촉구는 제1차 봉기에서는 거의 나오지 않았던 주장
이다.

그러나 이 시기 연합전선의 성격과 대상은 제1차 농민전쟁 시기와
중요한 차이가 있었다. 동학 농민군의 궁극적 목표는 '輔國安民'으로
집약할 수 있을 것이다. 그러나 제1차 봉기 때는 이 가운데 '安民' 쪽
을 우선 과제로 삼았기 때문에 "반봉건" 개혁을 위한 '계급중심의 연
합'이었다면, 제2차 봉기에서는 '輔國'을 우선과제로 삼았기 때문에
斥倭斥化 투쟁을 위한 '반외세 연합'으로 그 성격이 변화하였다고 생
각된다. 이에 따라 제1차 봉기에서는 기본역량을 "양반과 부호의 앞
에 고통받는 民衆과 方伯守令 아래서 굴욕을 받는 小吏"에서 구하였
다.[102] 이러하 맥락에서 '반봉건' 개혁, 특히 민씨정권의 축출이라는
면에서 농민군과 개화파 간의의 연합가능성은 열려 있었다고 생각된
다. 그러나 제2차 농민전쟁에서는 개화파세력이 일본과 함께 가장 주
요한 타도대상이 되었다. 반면에 "조상의 뼈다귀를 우려 행악을 하여

---

100) 《東學亂記錄》 下, 379~380
101) 《東學亂記錄》 下, 383~384
102) <東學史> 《東學思想資料集》 2, 467~468

백성의 고혈을 빨아먹는" 양반·보수유생층은 제1차 봉기에서는 중요한 공격대상이었지만, 斥倭斥化를 1차적 과제로 한 제2차 봉기에서는 중요한 연합대상으로 바뀌게 된 것이다.103)

제2차 봉기 이후에 농민군측에서 내건 격문이나 통문 등에서 보이는 구호에도 이들을 끌어들이기 위한 보수적 내용이 강조되었다. 예컨대 10월 15일에는 농민군 측에서 '公州倡義所 義將 李裕尙'의 명의의 글을 박제순에게 올렸다. 이 글에서 이유상은 "감히 문건대 청나라를 막자는 것인가 일본을 막자는 것인가 의병을 막자는 것인가. 청나라를 막자는 것은 大義를 멸시하는 것이고, 義兵을 막자는 것은 그 계책이 잘못되었다. 일본을 막자는 것은 壬辰倭亂 이후 누군들 이러한 마음이 없었겠는가"104)라고 하여 역시 임진왜란 이래의 대일 적대감을 강하게 드러내는 동시에 청에 대한 적대는 大義를 어그러뜨리는 것이라 하고 있어서 강한 '反日親淸的' 태도와 함께 斥邪的, 華夷論的 분위기를 드러내고 있다.

전봉준도 탁제순에게 보낸 글에서 '日寇'의 침략행위로 말미암아 국왕이 욕을 당하는 일, 조정대신(개화파 – 필자)들이 東夷와 連腸하여 국왕을 협박하고 백성들의 원한을 산 일 등을 임진왜란 당시 국왕이 욕을 당한 치욕과 통분 등과 연결하여 강조하고 있다. 또 선왕의 적자로서 二心을 품은 자(개화파 – 필자)들을 공격하여 선왕조 오백년의 은혜에 감사하기 위해 일어섰음을 강조하며 박제순에게도 斥倭斥化투쟁에 동참할 것을 요청하였던 것이다. 전봉준의 글은 물론 '민족적 대연합'을 추진하기 위한 전술적 고려가 전제된 것이지만, 일본의 침략이라는 딘족적 위기를 당하여 온존되어 있던 근왕주의적 의식이 강하게 표출되고 있음을 알 수 있다. 또 11월 13일의 고시문에서는

---

103) 이에 대해서는 배항섭, 1997 <1894년 동학농민군의 반일항쟁과 '민족적 대연합' 추진> ≪軍史≫ 35 참조.

104) ≪東學亂記錄≫ 下, 381~382

척왜척화를 위한 연합전선에 대한 강조와 동시에 반왜의식의 강렬함이 왜와 체결한 개화간당에 대한 소멸, 개화 자체에 대한 제어로까지 발전해 나가고 있음을 볼 수 있다. 나아가 일본의 침략행위와 이에 대한 반대는 다른 한편 청나라와는 오히려 연합을 추구하는 불구적인 "반봉건 반외세"의 양상을 드러내게 했다.

이와 같이 동학농민전쟁 발발 이후 일본군의 출병과 침략행위, 농민군에 대한 직접적인 진압과 살륙은 동학농민전쟁의 전개과정과 농민군의 활동양상은 물론 대외인식에도 중요한 영향을 미쳤다. 뿐만 아니라 일본군의 침략행위와 농민군 살륙은 농민군에 의해 아래로부터 형성되어 가던 "근대적 민족주의"가 대내적 측면에서도 보수화하는 결과를 초래하기도 했다. 예컨대 제1차 농민전쟁 시기에 농민군이 내건 기치인 "輔國安民"은 그 무게 중심을 '民'에 두고 있었으나, 일본군이 출병하고 그들의 침략행위가 가시하면서 국가의 존립마저 위태롭게 되자 "보국안민"의 무게 중심도 "민"보다는 "國"으로 바뀌어져 갔다.

제1차 농민전쟁의 시작을 알리는 <茂長布告文>에서 "백성들은 국가의 근본으로 근본이 위축되면 국가가 멸망하게 되는데 … 이러한 위급함을 좌시할 수 없어 팔도가 마음을 합치고 억조가 순의하여 지금 의의 깃발을 치켜들고 보국안민으로 죽음의 맹서"하고 일어났음을 포고하였다. 그러나 일본의 침략의도가 명백해진 뒤 이에 반대하여 일어난 제2차 봉기에 임해서는 "국가가 멸망하면 生民이 어찌 하루라도 편할 수 있을까" 하는 생각에서 "국가와 멸망을 함께"하기 위해 재기포를 결심하였다고 하였다.[105] 전자의 경우 '民惟邦本'의 이념에 입각하여 안민의 방책을 도모하는 것이 보국안민의 당면과제로 설정되고 있으나, 후자의 경우 국가의 존망자체가 당면과제로 되고

---

105) <大阪朝日新聞> 明治 28年 3月 3日, ≪총서≫ 23, 168 ; <東京朝日新聞> 明治 28年 3月 5日, ≪총서≫ 22, 367

있음을 알 수 있다. 곧 전자의 경우 '민'을 중심에 둔 보국안민을 추구하였다면, 후자의 경우 '국'을 중심으로 한 보국안민이었다. 이는 곧 외세의 침략행위와 그에 대한 항쟁 과정에서 체제구상도 보수화할 개연성이 그 만큼 커졌음을 의미한다.

실제로 농민군 지도부가 취한 '민족적 대연합'의 원칙도 제1차 농민전쟁 시기에는 지배층에 수탈·억압받던 '계급우선'의 원칙이었으나, 제2차 농민전쟁에서는 '斥倭斥化'의 원칙으로 바뀌고, 이를 위해 자신들의 起包를 반대하고 있던 북접은 물론 관리들이나 유생층과의 연합을 모색하게 된다. 또한'척왜척화'를 원칙으로 한 광범위한 연합전선의 추구는 "이제 우리 동도가 의병을 드러 왜적을 쇼멸하고 개화를 제어하며 됴정을 청평하고 사직을 안보할 새"라고 하여[106] '왜'와 결합한 개화파에 대한 반대로 이어졌다. 곧 척사적 유생층은 중요한 연합대상으로 설정된 반면 개화파 세력은 완전히 타도대상으로 바뀌게 된 것이다.

요컨대 동학농민전쟁에 대한 일본군의 개입과 침략행위, 나아가 일본군의 농민군 진압과 살륙행위는 아래로부터 형성되어간 "근대적 딘족주의"의 내용을 보수화하거나 국가주의적 요소를 강화하는 중요한 요인이 되기도 했다.

---

106) <宣諭榜文並東徒上書所志謄書> ≪東學亂記錄≫ 下, 379~380

ABSTRACT

The Donghak Peasant War and Japan

Bae, Hang-seob

Since 1882, Japan dispatched troops to Korea in preparation for the Sino · Japanese War when the Donghak Peasant War broke out in March 1894 and the Korean government requested military assistance from China. The justification for the dispatch of Japanese troops was to protect the Japanese legation and residents in Korea. However, the dispatched forces up until May 15th numbered more than 5,000. This was considered excessive, especially for the purpose of protecting the legation and Japanese residents.

To provoke the Sino · Japanese War, the Japanese ignored the Korean government's repeated requests to evacuate Japanese military troops as well as China's demands for the joint evacuation of troops from Korea. Japan, demanding internal reforms in the Korean government, then seized Gyeongbok Palace by force on June 21, disbanded the Korean army, and then initiated the Sino · Japanese War two days later. By mid August, Japan had won battles in Pyeongyang and a naval battle in Hwanghae (Yellow Sea) and began to suppress rebellion peasant forces. As the second anti Japanese peasant uprising began on September 10, Japan deployed additional troops, with the specific goal of suppressing the peasant army. This lasted until the beginning of the following year, when Japan executed its first large scale massacre abroad.

Japan's deployment of troops significantly influenced the development of the peasant wars, as well as influencing their mindset. In the first peasant war period, under the banner of boguk anmin ('Patriotism to the Nation, Appeasement of the People' 輔國安民), peasants championed the min ('people', 民). However, as the Japanese troops became more invasive and threatened the existence of the nation, the emphasis of boguk anmin shifted from the min to guk ('nation', 國). Japanese intervention in the Donghak Peasant War and its invasive strategies thus became an important basis for the construction of 'modern nationalism' at a grassroots level.

Keywords: Donghak Peasant War, Sino·Japanese War, Jun Bongjun, Occupation of Gyeongbok Palace by the Japanese Army

청일전쟁과 일본의 조선 침략

―조선 보호권 획득책의 정착―

최 석 완*

Ⅰ. 머리말

종래 청일전쟁에 관한 연구는 이를 준비된 전쟁으로 보는 시각이 우세했다. 다시 말하면 일본 정부가 메이지(明治) 유신 이래 혹은 늦어도 1880년대 중반 이래 꾸준히 추진한 대외 팽창 정책의 총괄로 설명하는 견해가 우세했다.[1]

그러나 최근에는 이러한 종래의 통설적 견해를 비판하는 연구가

---

 * 대진대학교 일본학과 교수

1) 中塚明, 1968 ≪日淸戰爭の硏究≫ (靑木書店, 東京) ; 信夫淸三郞 編, 1974 ≪日本外交史≫ Ⅰ (每日新聞社, 東京)

속속 등장하고 있다. 역사 연구에서 선입견을 배제할 것을 주장하는 이들 연구는 청일전쟁이 발발하기 직전까지의 일본의 대외 정책이 청일 협조, 조선 중립국화 구상, 동양 평화의 유지에 중점을 둔 비침략, 비팽창적인 것이었다고 주장한다.[2] 현재 이러한 견해는 역사학계의 범위를 넘어서, 개설서와 교양서는 물론 역사 교과서에까지 빠르게 확산되고 있다.[3] 그 중에서도 특히 자유주의사관연구회의 핵심 멤버가 참여하여 출판한 ≪새로운 역사 교과서≫(新しい歷史敎科書)는 최근의 연구 성과를 충실하게 반영하고 있어 주목된다. 즉 일본의 대청 군비 확장에 관한 내용을 삭제한 것은 물론 거꾸로 청의 대일 군사 시위를 강조한다. 나아가서 조선 중립국화 구상을 강조하면서, 청일전쟁을 의도하지 않은 전쟁으로 자리매김하고 있다.

그렇다면 과연 이러한 보수적인 최근의 연구는 어느 정도의 타당성을 갖는 것일까. 이들 연구에 대한 반론은 이미 부분적으로 시작되었다고 할 수 있다. 다만 그러한 반론은 대부분이 종래의 관점에서 자기의 논리를 재주장하는 선에서 머물고 있는 실정이다.[4] 따라서 보수적인 최근의 연구를 본격적으로 검토하기 위해서는 선입견의 배제라는 그들의 방법론을 적극 수용한 가운데, 1880년대 중엽에서 청일전쟁이 발발하기 직전까지의 일본의 대외 정책을 면밀하게 재검토할 필요가 있다.[5]

2) 高橋秀直, 1995 ≪日淸戰爭への道≫ (東京創元社, 東京) ; 大澤博明, 1991 <天津條約體制の形成と崩壞一八八五～一八九四(一)(二)> ≪社會科學研究≫ 43-3·4 ; 1993 <日淸共同朝鮮改革論と日淸開戰> ≪熊本法學≫ 75 ; 1995 <明治外交と朝鮮永世中立化構想の展開> ≪熊本法學≫ 83 ; 1998 <朝鮮永世中立化構想と近代日本外交> ≪靑丘學術論集≫ 12

3) 西尾幹二, 1999 ≪國民の歷史≫ (産經新聞社, 東京) ; 坂本多加雄, ≪明治國家の建設≫ [伊藤隆 他編, 1999 ≪日本の近代≫ 2 (中央公論社, 東京)] ; 朝尾直弘 他著, 2000 ≪要說日本歷史≫ Ⅳ-1·2 (東京創元社, 東京) ; 西尾幹二 他著, 2001 ≪新しい歷史敎科書≫ (扶桑社, 東京)

4) 藤原彰 他編, 1996 ≪近現代史の眞實は何か≫ (大月書店, 東京)

본고에서는 이상과 같은 문제 의식 하에서, 우선 일본의 조선 독립 정책이 강화도사건을 거쳐 천진조약에 이르러 일단락 되기까지의 과정을 검토할 예정이다. 그리고 나서 이러한 성과를 토대로 등장한 조선 보호권 획득책이 1894년 6월 중순에 정부의 공식 정책으로 확정되기까지의 과정을 검토하고자 한다. 이러한 과정을 통해, <조선 외무 판법 8개조> 및 <외교 정략론>에 드러나는 청일 협조적 자세가 실은 전략에 지나지 않았다는 사실, 내정 개혁 문제는 보호권을 획득하기 위한 유효한 방책으로 인식되고 있었다는 사실, 그리고 보호권 획득책은 동학농민전쟁을 계기로 적극화되었다는 사실 등이 명확해질 것이다. 이후 일본 정부는 그동안 표방해 온 청일 협조가 전략에 지나지 않았음을 자인하는 과정을 거쳐, 보호권 획득책을 공식 정책으로 결정하게 되는데, 이 점 또한 명확히 밝혀 보려고 한다.

Ⅱ. 조선 독립 정책과 천진조약

왕정복고의 쿠데타를 통해 성립한 메이지 신정부는 근대 국가로서의 체제를 갖추고자 노력하였다. 조선 및 청과의 국교 재개 교섭도 이러한 노력의 일환으로 추진된 것이다. 일본은 근대적인 조약의 체결을 통해 청과의 대등 관계 및 조일간의 불평등 관계를 구축함으로써, 청을 중심으로 한 전통적인 동아시아의 국제 질서를 일본을 중심으로 재편하려고 하였다. 이러한 의도는 외무성이 1870년 4월 일본 정부에 제출한 <대조선 정책 3개조>[6]에 잘 드러나 있다. 일본 정부

---

5) 이러한 문제 의식 하에서 1880년대 일본 정부의 동아시아 정책을 검토한 연구로는 졸저, 1997 ≪日淸戰爭への道程≫ (吉川弘文館, 東京) 등이 있다.

6) 外務省 編, 1955 ≪日本外交文書≫ 권3 (外務省, 東京) 144~145

는 이를 토대로 1871년 7월 상호 대등주의에 입각한 청일수호조규를 체결하고 이어서 1875년 9월 강화도사건을 도발하여 조선과의 국교 재개 문제를 마무리짓고자 하였다. 문제는 조선과의 담판을 진행시키는 과정에서 예상되는 청의 간섭을 어떻게 배제할 것인가 하는 점이었다.

이미 일본은 소에지마 다네오미(副島種臣) 외무경 일행이 청일수호조규의 비준서를 교환하기 위해 청을 방문 중이던 1873년 당시, 청조 종속 관계에 대한 청의 입장을 추궁한 끝에 조선의 외교와 내정에 간섭하지 않는다는 대답을 얻어 낸 일이 있다.[7] 그러나 대만 침공(대만 출병) 및 류큐(琉球) 문제를 놓고 청과 갈등 상태에 있던 일본으로서는 이러한 과거의 확인만으로 청의 불개입을 낙관할 수는 없었다. 더구나 조선이 계속해서 조약의 체결을 거절한다면 영토의 일부를 강점해서라도 목적을 관철시킨다는 임기의 처분까지를 상정한 이상,[8] 청의 군사 개입을 초래할 가능성도 충분히 예상되었다.

이 때문에 강화도사건이 발발한 직후부터 일본 정부 내에서는 청조 종속 문제와 관련한 다양한 견해가 분출하였다. 예를 들면 기도 다카요시(木戸孝允)는 10월 5일자 의견서에서, 우선 청에게 "속방의 義"에 입각한 "中保代辦"을 요구할 필요가 있다는 중보대판 허용론을 주장하였고, 프랑스인 법률 고문 보아소나드는 11월 5일 및 9일자 의견서에서 조선 반독립국론을 전개하였다. 여기에서 보아소나드는 청에게 조선의 외교 및 내정에 대한 일시적인 주권 행사를 허용할 수도 있다는 입장을 표명하였는데, 이는 기도의 경우보다도 조선 속국론에 대한 청의 입장을 더욱 강화시켜 주는 것이었다.[9]

그러나 조선과 근대적인 조약을 체결하려는 일본 정부의 입장에서

---

7) ≪日本外交文書≫ 권6, 177~178
8) 金正明 編, 1967 ≪日韓外交資料集成≫ 권1 (巖南堂書店, 東京) 62
9) ≪日韓外交資料集成≫ 권1, 14~16·33~41

본다면, 청조 종속 관계에 대한 일본 자신의 위와 같은 이해는 어떤 방법을 통해서라도 부정될 필요가 있었다. 이에 일본 정부는, 조선은 독립국이라는 대전제 하에 조선과 단독으로 담판하여 조약을 체결하기로 결정하였다. 같은 해 12월 특명전권변리대신에 임명된 구로다 기요타카(黑田淸隆)에게 부여된 훈령의 내용이 바로 그것인데,[10] 이는 보아소나드 및 기도의 견해를 부정한 것이다.

한편 일본 정부는 청에 대해서도 이러한 조선 독립론을 관철시키고자 하였다. 즉 모리 아리노리(森有禮) 공사를 청에 파견하여 청조 종속 관계의 실체를 추궁함으로써, 청이 정치적으로나 군사적으로 조일 담판에 개입할 수 있는 여지를 봉쇄하려고 하였다. 모리 공사는 1876년 1월에서 2월에 걸쳐 총리아문 및 이홍장(李鴻章)과 회담하면서, 청의 조선 속국론은 영토적 소유를 의미하는 것이 아니며 그 실체란 전통적인 조공책봉 관계에 지나지 않는 것으로 조선의 내정과 외교는 자주에 속한다는 점을 확인하였다.[11] 그러나 모리 공사의 거듭된 추궁은 전통적인 조선 속국론에 대한 청의 입장에 변화를 초래하는 역효과를 낳기도 하였다. 청은 청조 종속 관계의 실체를 "속방의 실"과 "속방을 대우하는 실"로 나누어 규정한 다음, 청에게는 후자를 근거로 조선 문제에 자유롭게 간섭할 수 있는 권리가 있다는 점을 일본측에 명확히 전달하였던 것이다.[12] 이상과 같이 속방의 실을 아무런 구속력도 없는 "空名"으로 받아들이는 일본의 자세와, 이와는 반대로 속방 대우의 실을 자각하기 시작한 청 측의 태도는 청일전쟁에 이르기까지 조선 문제를 놓고 벌어질 청일 양국의 대립을 예견케 하는 것이었다.

---

10) ≪日韓外交資料集成≫ 권1, 59~63
11) ≪日本外交文書≫ (明治年間追補) 권1, 186~221 ; ≪日韓外交資料集成≫ 권7, 14~45
12) ≪日本外交文書≫ (明治年間追補) 권1, 218~219 ; ≪日本外交文書≫ 권9, 180~187

드디어 1876년 2월 26일 조일수호조규[13]가 체결되었다. 일본 정부의 입장에서 본다면, 이 조약은 청조 종속 관계를 부정하고 조선을 독립국으로 대우한다는 방침이 관철되었음을 의미하였다. 일본은 1조에 "조선은 자주국으로 일본과 평등한 권리를 보유한다"고 규정함으로써, 동아시아의 전통적인 국제 질서인 중화 체제에 타격을 가하는 성과를 올렸던 것이다.

그러나 조선을 독립국으로 대우하면서 세력을 확대해 간다는 일본 정부의 정책은 1882년 7월에 임오군란이 발발하면서 큰 위기에 봉착하게 된다. 임오군란이 발발하자 청은 지금까지와는 달리 즉시 조선에 병대를 파견하는 한편, 일본에 대해 "附屬國"인 조선은 물론 조선과 "조약국의 관계"에 있는 일본을 "보호하는 것은 우리의 의무"라고 주장하였다.[14]

일본 정부는 청의 의도가 조선의 내정에 깊숙이 개입하여 속방의 실을 유지함으로써 일본의 조선 독립론을 부정하는 데에 있다고 판단하고,[15] 강경한 대책을 마련하기 시작하였다. 그리하여 8월 10일 및 27일경 이렇게 2차례에 걸쳐 대청 개전책을 결정하게 된다. 이 가운데 10일의 결정은 조선 독립론을 대외 명분으로 한 이노우에 가오루(井上馨) 외무경의 개전책이 정부에 수용된 결과였다. 그러나 이 개전책은 청의 조선 속국론을 지지하는 열강의 여론과 조선 반독립국론을 주장하는 정부 내의 반론에 밀려 실행에 옮겨지지 못하였다. 한편 27일의 결정은 要償問罪論을 대외 명분으로 한 야마가타 아리토모(山縣有朋)의 개전책에 이노우에 외무경이 합류한 결과였다. 그러나 이 또한 청의 개입으로 예상보다 빨리 제물포조약이 체결되었기

---

13) ≪日韓外交資料集成≫ 권1, 214~221
14) 井上馨 外務卿에게 보내는 8월 9일자 吉田淸成 外務大輔의 電文 [≪明治十五年朝鮮事件≫ (宮內廳書陵部, 청구기호 明879)]
15) 伊藤博文關係文書硏究會 編, 1973 ≪伊藤博文關係文書≫ 권1 (塙書房, 東京) 178

때문에 실행에 옮겨지지는 못하였다.[16]

그 후 청은 조선에 대한 종주권을 더욱 강화하는 정책을 추진하기 시작한다. 청은 9월 30일자 조회를 통해 일본은 물론 구미 열강에 대해 "조선은 우리 大淸의 속국"이라는 점을 정식으로 선언한 후, 10월 3일 조청상민수륙무역장정을 체결하고 조선이 청의 속국임을 명문화하였다.[17]

그러나 이에 대한 일본 정부의 반응은 제물포조약 전과는 달리 대단히 소극적인 것이었다. 일본 정부는 청이 "연전에 일본 정부가 류큐에 대해 支那의 이론이 있음에도 불구하고 廢藩置縣의 처분을 거행한 것과 같이, 이번에 조선에 대해 이와 같은 처분을 시행하려는 것처럼 보인다"고 판단했음에도 불구하고, 청과의 대립을 회피하였던 것이다. 뿐만 아니라 일본 정부는 청의 종주권 강화 정책에 반발하여 조선의 독립에 필요한 원조를 요청하던 급진개화파에 대해서도 적극적인 원조를 자제하였다. 일본 정부가 이와 같이 소극적인 태도를 나타낸 이유는 열강에 대한 경계 때문이었다. 당시 열강은 청을 군사적으로 원조하면서 청일전쟁을 선동하고 또 청일 문제에 직접 개입할 기회를 엿보고 있었는데, 이러한 상황에서 청과 충돌하는 것은 득이 되지 않는다고 보았던 것이다.[18]

이상과 같이 임오군란 이후의 청의 종주권 강화 정책에 대한 일본

---

16) ≪伊藤博文關係文書≫ 권7, 107~109 ; ≪伊藤博文關係文書≫ 권8, 159~160 ; 花房義質 조선 주재 공사에게 보내는 8월 27일자 이노우에 외무경의 훈령(≪明治十五年朝鮮事件≫) ; 井上馨侯傳記編纂會 編, 1968 ≪世外井上公傳≫ 권3 (原書房, 東京) 473 ; 井上毅傳記記念編纂委員會 編, 1971 ≪井上毅傳≫ -史料編- 권4 (國學院大學圖書館, 東京) 658~659 ; 산죠 사네토미에게 보낸 8월 19일자 야마가타 아리토모의 건의서 [<對淸國開戰ノ建議> ≪三條家文書≫ 書類76-6 (國立國會圖書館憲政資料室)]

17) ≪日本外交文書≫ (明治年間追補) 권1, 285~289

18) ≪伊藤博文關係文書≫ 권1, 179~181

의 대응은 다양한 형태를 나타냈다. 이는 바꾸어 말하면 조선 독립론에 커다란 동요가 발생했음을 암시해 주는 것이다. 예를 들면 이노우에 고와시(井上毅)는 "공법상 이른바 반독립"국인 "貢屬國" 조선은 "외교 교제에서만 자주권"을 갖는다는 조선 반독립국론을 주장하였는데, 이는 조선 독립론을 대외 명분으로 하는 대청 개전책을 견제하는 역할을 하였다. 또한 이노우에 외무경도 급진개화파에 대한 지원 문제를 논의하는 과정에서 한때 조선 반독립국론으로 자신의 입장을 후퇴시킨 일이 있다.19)

그러나 이러한 일본 정부의 동요가 곧바로 청의 조선 속국론에 대한 지지를 의미하는 것은 아니었다. 오히려 일본 정부는 조선의 독립 문제와 관련한 청과의 갈등을 완전히 해소할 수 있는 수단을 강구하였다. 이렇게 해서 등장한 것이 바로 조선의 독립을 국제적으로 공인화시키는 정책이다.

이노우에 외무경은 8월 중순 경부터 주일 영국 공사 파크스와 접촉하면서 조영 조약의 비준을 서둘러 조선을 독립국으로 인정해 줄 것을 요청하였다. 또한 9월 이후에는 독일 및 미국 공사와도 접촉하는 한편 각국에 주재 중인 일본 공사에게 훈령을 보내 조선과 조약을 체결하도록 주재국을 유도하라고 지시하였다. 뿐만 아니라 조선 주재 다케조에 신이치로(竹添進一郎) 공사에게도 훈령을 보내, 집권 세력를 자극하여 각국과 조약을 체결할 수 있도록 권유하라고 지시하였다. 당시 조선의 집권 민씨 세력은 임오군란 후 친청적 성향을 드러내고 있었다. 따라서 이들을 중시하는 일본의 정책은 그 반작용으로

---

19) ≪井上毅傳≫－史料編－ 권4, 658~659 ; 이와쿠라 도모미(岩倉具視)에게 보내는 10월 29일자 이노우에 가오루의 서간 [≪岩倉具視關係文書≫ 362 (國立國會圖書館憲政資料室)]. 메이지 유신에서 임오군란 당시까지 일본 정부에 등장한 다양한 조선독립론에 관해서는 졸고, <근대 일본과 동아시아의 조공체제> [하정식·유장근 엮음, 2002 ≪근대 동아시아 국제관계의 변모≫ (혜안, 서울)]를 참조.

친일적 급진개화파에 대한 냉대를 가져왔다. 이노우에 외무경은 1883 년 7월 김옥균을 만난 자리에서, 일본은 조선 독립국 공인화 정책에 중점을 둘 생각이며 따라서 급진개화파의 급격한 청 세력 배척 운동은 바람직하지 않다는 점을 강조하였던 것이다.[20]

일본 정부의 조선 독립국 공인화 정책이 실제로 어느 정도의 영향력을 발휘하였는지는 명확하지 않다. 그러나 어쨌든 조선은 1883년에서 1884년 사이에 미국, 영국, 독일, 이태리, 러시아 등과 조약을 비준 혹은 체결하였고, 이로써 일본의 조선 독립국 공인화 정책은 일단락 되었다.

그러나 조선에는 임오군란 이후 주둔 중이던 1500여 명(최초 3000 여 명)에 달하는 청국 병대가 여전히 건재하였다. 또 청국 장관 오장경(吳長慶) 등의 내정 간섭도 시간이 지남에 따라 그 도를 더해 갔다. 게다가 이러한 상황 속에서 1884년 12월 급진개화파가 일으킨 갑신정변이 청군에 의해 조기에 진압되자 조선의 내정과 외교는 청국에게 장악되고 말았다. 이러한 사태가 벌어지자 일본 정부에서는 조선의 독립 문제와 관련한 위기감이 높아졌다. 일본 정부는 정부 내외에서 대청 개전론이 비등하는 가운데, 일단 조선의 자주권을 회복시키는데 초점을 맞추고자 하였다. 즉 조선 및 청과의 담판을 별도로 개최함으로써 조선의 외교 자주권을 회복시키고, 아울러 조선에 주둔 중인 청국 병대와 일본의 공사관 경비대를 동시에 철수시킴으로써 조선의 독립 체제를 내정 면에서도 완전히 정돈시키고자 하였다.[21]

그러나 당시 일본 정부에서는 이러한 목표를 달성하는 방법을 놓고, 조선 파견 전권대사에 임명된 이노우에 외무경과 이토 히로부미(伊藤博文) 사이에 심각한 갈등이 일어났다. 이노우에는 사츠마파(薩

---

20) 졸저, 1997 《앞 책》, 39~44·86~88
21) 《日韓外交資料集成》 권3, 91~92 ; 《日韓外交資料集成》 권7, 259~ 263

摩派)의 군부와 밀약을 맺고 조선 독립론을 대외 명분으로 하는 대청 개전을 추진하면서, 개전에 소극적인 이토 등의 태도를 조선 속국론에 대한 승인 행위라고 몰아부쳤던 것이다. 이노우에가 개전책을 들고 나온 배경에는 일본의 조선 정책을 지지하는 청국 주재 영국 공사 파크스의 태도가 크게 작용하였다. 그러나 파크스의 지지가 결코 대청 개전까지를 묵인하는 차원의 것이 아니라는 점이 밝혀지면서, 이노우에는 개전책을 일단 포기하게 된다.[22]

한편 이노우에 외무경은 1885년 1월 조선 측과 담판하여 한성조약을 체결하였다. 이 과정에서 특히 주의를 기울인 점은 청의 간섭을 배제하고, 아울러 조선의 독립은 국제 사회에 공인된 상태라는 사실을 조선 측에 재차 확인시키는 일이었다. 그 후 일본 정부는 이토를 특파 대사에 임명하여 천진에서 이홍장과 양국의 공동 철병 문제를 매듭짓도록 지시하였다. 이토는 조선 속국론을 근거로 파병권을 유지하려는 이홍장의 주장을 반박하면서 담판을 진행시켰고, 그 결과 1885년 4월 천진조약이 체결되었다.[23]

천진조약은 청의 조선 속국론에 대한 커다란 타격이었다. 왜냐하면 청은 지금까지 자신의 속국이라고 주장하던 조선으로부터, 조약의 규정(천진조약 제3조)에 따라 군대를 철수하지 않을 수 없게 되었기 때문이다. 뿐만 아니라 行文知照 조항에 구속되어 장래 조선에 다시 군대를 파견할 때는 먼저 일본에 이 사실을 알려야 하는 의무를 지게 되었기 때문이다. 반면 일본은 제물포조약에 규정된 공사관 경비대의 주둔권을 온존시키는 데에 성공하였다.[24]

천진조약이 체결된 이후 일본 정부에서는 조선 독립국 공인화 정

---

22) 졸저, 1997 ≪앞 책≫, 109~122

23) ≪日韓外交資料集成≫ 권3, 190~193·204~209·223~226·424~425 ; 천진 담판의 경과에 관해서는 졸저, 1997 ≪앞 책≫, 125~131을 참조.

24) 春畝公追頌會 編, 1940 ≪伊藤博文傳≫ 中 (春畝公追頌會, 東京) 429

책 및 천진조약에 의해서, 강화도사건 이래의 청조 종속 부정 정책이
결실을 보게 되었다는 인식이 정착하기 시작하였다.25) 일본 정부는
천진조약을 조선 독립 정책의 귀결점으로 평가하였던 것이다.

Ⅲ. 조선 보호권 획득책의 등장

1. 외무 판법 8개조

갑신정변으로 야기된 조·청·일 3국간의 분쟁이 한성조약(1885.1)
및 천진조약(1885.4)의 체결을 통해서 일단락되는 사이, 조선과 러시
아간의 접근이 표면화되기 시작하였다. 이른바 제1차 조러밀약사건
이 터진 것이다. 한편 천진조약이 체결될 즈음에는 러시아의 남하 정
책에 대항하기 위해 영국이 거문도를 점령하는 사건이 일어났다. 이
러한 사태에 대응하기 위해 이노우에 외무경은 <조선 외무 판법 8개
조>를 마련하였다. 그리고 6월 10일자 훈령26)을 통해 이를 청국 주재
에노모토 다케아키(榎本武揚) 공사에게 보내고, 이홍장과 교섭할 것
을 지시하였다. 이노우에는 조러밀약사건과 거문도점령사건에 청과
일본이 공동으로 대응하는 방안을 제시했던 것이다. 그러나 이홍장은
이러한 이노우에의 제안을 받아들이지 않았다.

이노우에가 훈령에서 "韓廷 監察의 방법"이라고 표현한 점에서 알
수 있듯이, 8개조는 일본이 구상한 조선 보호권 획득책의 하나였다.
그러나 종래의 연구는 이 점에 대해서는 별다른 관심을 보이지 않았
다. 그 이유는 아마도 친일적 세력인 급진개화파가 갑신정변의 실패

---

25) 陸奧宗光 著, 中塚明 校注, 1992 ≪蹇蹇錄≫ (岩波文庫, 東京) 34~36 ;
　　　大山梓 編, 1966 ≪山縣有朋意見書≫ (原書房, 東京) 199
26) ≪日本外交文書≫ (明治年間追補) 권1, 356~361·380~381

로 말미암아 몰락함으로써 조선에 대한 일본의 영향력이 크게 후퇴
하게 되었다는 인식이 정착했기 때문인 것으로 생각된다. 반면에 8개
조의 의미에 관해 큰 관심을 표명한 것은 최근의 보수적 연구이다.
이들 연구는 일본의 대외 정책을 비팽창주의로 규정하기 위한 근거
의 하나로 8개조를 적극 활용하고 있다. 즉 8개조는 조선 문제에 대
한 청의 주도권을 일본 스스로가 인정한 대청 협조적인 것이라고 주
장하고 있는 것이다.

그러나 이러한 주장은 일본 정부의 조선 독립 정책에 대한 이해가
부족한 데서 나온 결과에 지나지 않는다. 또한 8개조를 바라보는 청
일 양측의 시각에 대한 면밀한 검토가 이루어지지 못한 데서 비롯된
것이기도 하다. 8개조는 조선 독립국 공인화 정책의 성과를 바탕으로
조선에 대한 보호권을 획득하고자 제안된 것이다. 다시 말하면 8개조
는 조선 정책이 독립 정책에서 보호 정책으로 바뀌기 시작했음을 보
여주는 것이다.

그러면 이하에서 8개조의 내용을 검토해 보기로 하자. 그 주요 내
용은 다음과 같다.

1조, 대조선 정책은 이홍장과 이노우에가 비밀리에 협의한 다음에 이홍
　　장이 시행한다.
2조, 국왕 측근이 국정에 참여하는 것을 배제한다.
3조, 국왕은 중신을 등용할 때 반드시 이홍장과 상의해야 하며 이홍장은
　　이를 다시 이노우에와 상의한다. 일급의 중신이란 김홍집, 김윤식,
　　어윤중을 말한다.
4조, 위의 세 사람에게 외교, 군사, 회계에 관한 정무를 위임한다.
5조, 멜렌도르프를 해임하고 대신에 미국인을 조선의 고문에 임명한다.
6조, 무능한 진수당(陳樹棠)을 파면하고 재간 있는 인물을 파견한다.
7조, 이홍장은 진수당의 후임 및 미국인 고문에게, 장래의 정책에 대한
　　충분한 훈령을 부여한 후에 부임하기 전 이노우에에게 면회시킨다.
8조, 진수당의 후임은 조선에서 일본의 대리공사와 만사를 협의해서 대
　　처한다.

이상의 내용은 언뜻 보기에는 조선 정책에 대한 주도권을 청에게 양보하는 것처럼 보일 수도 있다. 그러나 이러한 이해는 타당하지 않다. 이노우에 외무경의 기본 자세는 어디까지나 조선 독립론의 견지에 있었으며, 청의 조선 속국론에 대해 지지는커녕 양보할 생각도 없었다. 이러한 태도는 에노모토 공사에게 보내는 6월 9일자 훈령[27]에 잘 드러나 있다. 이에 따르면 당시 일본에 주재 중인 각국 공사들 사이에서, 천진조약이란 청과 일본이 조선의 독립을 부정하는 것이 아니냐는 의문이 제기되고 있었는데, 이에 대해 이노우에는 커다란 우려를 표명하였던 것이다. 또한 이노우에는 청일이 공동으로 군대를 주둔시켜 조선을 보호하자는 에노모토의 제안[28]에 대해서도 이를 일축하였다. 이노우에의 논리는, 조선을 독립국으로 인정하는 일본이 이를 속국으로 간주하는 청과 공공연하게 공동으로 보호하는 정책을 펼칠 경우, 자칫 다른 나라로부터 일본이 청의 조선 속국론에 찬성한다는 오해를 받을 수 있다는 것이었다.[29] 이상에서 이노우에가 가급적 천진조약의 성과를 해치지 않는 범위에서 8개조를 운용할 생각이었음을 알 수 있다.

그렇다면 이노우에가 8개조를 제안한 진정한 의도는 어디에 있었던 것일까. 8개조의 주요 조항이 마련된 배경을 살펴 보면서 이 점을 검토해 보기로 하자.

먼저 5조에서 멜렌도르프의 교체를 제안한 것은 조선에 대한 러시아의 영향력을 차단하기 위한 것이었다. 당시 멜렌도르프는 조선을 친러 정책으로 유도한 핵심 인물로 지목되어 일본은 물론 청으로부터도 반감을 사고 있었다. 멜렌도르프를 대신할 인물로는 미국인을 지정하고 있는데, 이는 일본에 대한 미국의 호의적인 태도를 높이 평

---

27) ≪日本外交文書≫ 권18, 324~325
28) ≪日韓外交資料集成≫ 권3, 446~447
29) ≪日本外交文書≫ (明治年間追補) 권1, 360

가했기 때문이다. 미국은 임오군란 직후 일본이 추진하던 조선 독립국 공인화 정책이 벽에 부딪쳤을 때, 조미조약(1882)에 대한 비준을 결정함으로써 일본의 동아시아 정략에 긍정적인 영향을 주었다. 한편 갑신정변 당시 조선 주재 미국 공사 후트는 조선 정세에 관한 상세한 정보를 이노우에에게 제공하여, 일본으로부터 호감을 산 일이 있다.30)

6조의 진수당의 경우는 1884년에 일본이 조영조약에 대한 균점을 시도했을 때, 이를 방해한 일 때문에 일본으로부터 기피되고 있던 인물이다. 청도 거문도사건 및 조러밀약사건과 관련하여 진수당의 무능함을 문제삼고 있었다.31)

이상과 같이 5조와 6조는 조선 정책에 방해가 되는 인물들을 제거하고, 그 대신에 친일적 성향을 띄는 인물을 기용시키려는 목적에서 마련된 것이었다. 청일 협조라는 명목 하에 일본의 영향력을 확대시키려는 이노우에의 의도가 드러나는 대목이다.

다음으로 주목되는 것은 온건개화파에게 정무를 집중시킬 것을 의도한 3조 및 4조의 관련 부분이다. 김윤식은 후쿠자와 유키치(福澤諭吉)의 문하생인 이노우에 가쿠고로(井上角五郎)의 협력을 얻어, ≪漢城旬報≫를 발간하는 등 근대적 문화 사업을 추진한 바 있다. 당시 이와 관련하여 이노우에 가쿠고로는 후쿠자와는 물론 이노우에 외무경 그리고 자유당의 고토 쇼지로(後藤象二郎) 등, 정부 내외의 인사와 폭넓게 교류하면서 다양한 지원을 받고 있었다. 그리고 조선에서는 급진개화파와의 교류에도 힘을 쏟던 인물이다. 이러한 상황 속에서

---

30) Plunkett to Salisbury, No. 176, July 3, 1885, FO. 405, Vol. 35 ; ≪日本外交文書≫ (明治年間追補) 권1, 356 ; ≪伊藤博文關係文書≫ 권1, 180 ; ≪日韓外交資料集成≫ 권3, 80~81·100~101 ; ≪日韓外交資料集成≫ 권7, 263~267·269~273·332~333
31) ≪井上毅傳≫－史料編－ 권4, 272~273 ; ≪日韓外交資料集成≫ 권2, 466

이노우에 가쿠고로를 매개자로 구축된 온건개화파와 일본 정부 사이의 대와 통로는 일본이 조영조약에 대한 균점을 시도했을 때는 물론, 한성조약을 체결할 당시에도 큰 힘을 발휘한 일이 있다. 뿐만 아니라 일본 정부가 조러밀약사건 당시 조선의 정세를 파악하는 데에도 크게 기여하였다. 한편 김윤식과 어윤중은 청국 병대의 철수를 희망하는 등 조선의 독립 체제를 정돈하는 일에 힘을 쏟고 있었는데, 이는 말할 것도 없이 일본의 조선 독립 정책에 부합하는 것이었다. 이상에서 이들 조항은 장기적인 관점에서 조선 정부를 친일화하기 위한 전략에서 마련된 것이었음을 알 수 있다.[32]

그러나 8개조의 핵심은 무엇보다도 3조 및 7조에 있다고 하겠다. 여기에는 조선 문제에 대한 주도권을 이홍장에게 양보하는 듯하면서도 실제로는 이를 자신이 장악하려는 이노우에의 의도가 명확히 드러나 있다. 이처럼 이노우에가 이홍장의 조선 정책을 사실상 통제하려고 한 이유는 그의 외교 수완을 낮게 평가했기 때문이다. 이노우에는 6월 5일 徐承祖 청국 공사와 만난 자리에서,[33] 설사 멜렌도르프를 다른 외국인 고문으로 교체한다 하더라도 결과는 마찬가지가 될 것이라면서 이홍장의 외교력을 혹평하였던 것이다. 그러나 이홍장은 이노우에의 의도를 정확히 꿰뚫고 있었다. 이홍장은 이들 2개조가 사실상 자신을 "井上君의 지휘" 아래에 두는 것을 의미한다면서 크게 반발하여 8개조 자체를 일축하였던 것이다. 그러자 이노우에는 이들 2개조를 삭제한다면 아무런 실익이 없을 뿐만 아니라 조선에 대한 "청의 주권 확장"을 일본이 인정하는 셈이 되어 장래에 커다란 지장을 초래하게 될 것이라면서 강한 불만을 토로하고 8개조를 철회하였

---

32) 졸저, 1997 ≪앞 책≫ 60~77 ; ≪日韓外交資料集成≫ 권7, 323 ; 伊藤博文 編, 1936 ≪秘書類纂≫ (朝鮮交涉資料) 下, (秘書類纂刊行會, 東京) 124~126 ; ≪日韓外交資料集成≫ 권3, 244~245
33) ≪日本外交文書≫ (明治年間追補) 권1, 352~356. 여기에는 회담 일자가 6월 15일로 기록되어 있지만, 6월 5일이 맞다.

다.[34]

이상에서 알 수 있듯이, 8개조는 청과 대등한 입장에서 조선을 보호할 수 있는 주도적인 권한을 획득하려 한 것이었다. 그러나 8개조는 그러한 권한을 획득하기 위한 방법으로 청의 조선 속국론에 의존하는 한계를 드러낸 정책이었다. 이렇게 일본이 청과의 타협에 의존한 채, 적극적으로 조선 보호권 획득책을 전개하지 못한 이유는 천진조약의 성과를 해치지 않으려 했기 때문이다. 다시 말하면 천진조약은 일본의 조선 정책을 독립국 공인화 정책으로부터 보호 정책으로 탈바꿈하게 한 계기가 되었음과 동시에, 보호 정책으로 완전히 탈바꿈할 수 없게 만드는 브레이크의 역할도 하였던 것이며, 8개조는 바로 이러한 모순의 표출이었던 것이다.

천진조약이 만들어 놓은 이러한 모순은 이후의 조선 정책에 그대로 투영되었다. 일본 정부는 현실의 외교에서는 천진조약의 성과를 고수하면서도, 내적 인식의 차원에서는 조선 보호 문제를 보다 적극적으로 모색하였던 것이다.

전자와 관련하여서는, 야마가타가 1888년의 <軍事 意見書>에서 만약 청이 천진조약을 위반한다면 이를 결코 좌시하지 않겠다는 단호한 입장을 나타낸 일, 그리고 구로다 기요타카(黑田淸隆) 내각 (1888.4~1889.10)의 외무대신이었던 오쿠마 시게노부(大隈重信)가 주일 러시아 공사와 대담하는 자리에서, 천진조약의 견지가 조선 정책의 기조임을 밝힌 일 등을 지적할 수 있다.[35]

후자의 조선 보호 문제와 관련해서는 이노우에와 데니의 회담[36]

---

34) ≪日本外交文書≫ (明治年間追補) 권1, 382·384
35) ≪山縣有朋意見書≫ 179 ; Andrew Malozemoff, 1958. Russian Far Eastern Policy 1881 - 1904 (University of California Press) 35
36) 高平小五郎 조선 주재 임시대리 공사에게 보내는 1886년 2월 10일자 이노우에 가오루 외무대신의 기밀신[≪各國ニ於ケル外國人備聘關係雜件≫ 3-9-3-20-1 (外務省外交史料館)].

내용이 주목된다. 1885년 말 데니와 만난 이노우에는, 일본에게는 조선을 식민지로 만들 생각도 능력도 없다는 점을 강조하였다. 이것은 이홍장의 조선 속국론을 견제하려는 목적에서 나온 말이었지만, 그 과정에서 조선을 지배하는 방법을 여러 가지 각도에서 구체적으로 설명하고 있다는 점에 주목할 필요가 있다. 왜냐하면 거꾸로 말하면 이것은 일본 정부 내에서 조선을 일본의 세력권 내에 포섭시키는 문제가 논의되고 있었음을 반증해 주는 것이기 때문이다. 그러한 의미에서 1885년 말에 개최된 각의에서 사츠마파의 거두인 구로다가 "速取朝鮮"해서 부국강병의 기초를 세워야 한다고 주장한 점,[37] 그리고 1887년 중엽에 이노우에가 조선에 주재 중인 일본 공관원들에게, 열강이 펼치고 있는 조선에 대한 식민지 정략에 정면에서 맞설 것을 지시한 점[38] 등은 시사하는 바가 크다고 하겠다. 조선을 보호하는 문제는 이제 8개조의 단계를 넘어서 일본 정부 내의 광범한 지지 속에서 보다 밀도있게 모색되기 시작했던 것이다.

2. 외교 정략론

그 후 1889년 12월에 제1차 야마가타 아리토모 내각(1889.12~1891.4)이 성립하면서 일본 정부의 대외 정책에 변화가 일어난다. 그동안 일본의 내정과 외교를 이끈 것은 이노우에 가오루를 중심으로 한 긴축 재정파의 외교주의 국가 노선이었다. 이 노선의 특징은 군사 면에서 소수 정예화를 꾀하고 대외 정책의 면에서는 외교 교섭에 의존하여 조약개정 문제를 타결지으려 한 점에 있다. 야마가타 내각은 이러

---

37) 中央研究院近代史研究所 編, 1972 ≪淸季中日韓關係史料≫ 권4, 1107文書, 附件(2) (中央研究院近代史研究所, 臺北) 2007~2010
38) ≪日本外交文書≫ 권20, 253~254

한 정책을 대외 굴종주의라고 비판하면서 국력주의에 입각한 국가 노선의 채용을 표방하였다. 즉 국력을 바탕으로 한 조약개정 문제의 해결과 대규모 군비 확장 정책을 추진할 것을 선언한 것이다.[39]

이러한 국력주의 국가 노선은 야마가타 내각 이후의 조선 정책에도 획기적인 전환을 가져오게 되는데, 그 내용은 야마가타의 <外交政略論>[40]에 명확히 투영되어 있다.

그러나 외교 정략론에 대한 평가는 현재 상반된 두 가지 견해가 대립하고 있는 실정이다. 하나는 종래의 전통적인 견해로, 이들은 조선을 일본의 이익선[41]으로 규정한 대목에 주목하여 외교 정략론을 대외 팽창주의로 평가한다. 이에 대해 최근의 보수적 연구는 조선 중립국화 구상이나 청일 협조적 측면을 중시하여, 외교 정략론을 비팽창주의로 평가한다. 이처럼 견해가 엇갈리는 이유는 외교 정략론 자체가 상호 모순된 내용을 포함하고 있기 때문이기도 하지만, 무엇보다도 이를 검토하는 과정에서 문구 자체에만 매달릴 뿐 이것이 등장하게 된 국내외적 배경에 대한 검토를 소홀히 했기 때문이다. 따라서 외교 정략론의 성격을 정확히 파악하기 위해서는 무엇보다도 먼저 그러한 점들이 고려되어야 할 것이다.

외교 정략론의 핵심은 다음과 같은 네 가지 사항을 주장한 점에 있다.

첫째, 주권선인 일본과 이익선인 조선을 방호하기 위해서는 대규모 군비 확장을 추진해야 한다.

둘째, 조선의 독립을 위협하는 러시아의 조선 침략을 저지하기 위해서는 영국, 독일, 청국, 일본의 4개국이 연합하여 조선을 중립국으

---

39) 졸고, 1999 <일본 정부의 동아시아 질서 재편 정책과 청일전쟁> ≪東洋史學硏究≫ 65, 215~236

40) ≪山縣有朋意見書≫, 196~200

41) <외교정략론>에 이익선론이 포함되게 된 경위에 관해서는 加藤陽子, 2002 ≪戰爭の日本近現代史≫ (講談社, 東京) 81~97을 참조.

로 만들어야 한다.

셋째, 조선의 독립을 보전하기 위해서는 천진조약의 파병 금지 조항을 폐지해야 한다.

넷째, 조선 중립국화 구상이 실현된다면 청일 양국은 조선에 대한 "공동의 保護主"가 되어 조선 문제는 물론 琉球 문제와 관련한 양국의 대립이 근본적으로 해소될 것이다.

이들 네 가지 핵심 내용은 물론 개별적으로 의미를 갖는 것이 아니라 상호 밀접한 연관 하에 제시된 것이다. 그러나 위에서 지적했듯이 상당한 모순을 내포하고 있는 것도 사실이다. 예를 들면 조선의 독립을 보전한다는 명목 하에 제시된 두 번째의 조선 중립국화 구상은 조선에 대한 특정 국가의 일방적인 주도권을 보장하는 네 번째의 조선 보호주 구상과 서로 모순되고 있음을 알 수 있다.

그렇다면 야마가타의 의중은 이러한 두 가지 구상 가운데 어느 쪽에 있었던 것일까. 결론부터 말하자면 두 번째의 중립국화 구상은 조선을 중립국으로 만들겠다는 진정한 의지에서 나온 것이 아니었다. 이 구상은 조선의 독립 문제와 관련한 일본의 고립적 상황에서 벗어나고, 아울러 그러한 과정을 통해서 러시아 세력의 조선 침투를 차단하려는 의도에서 마련된 일종의 방책이었다.

당시 조선 독립 문제와 관련한 일본의 위기감은 상당히 심각한 것이었다. 이러한 사실은 天津 海關의 조선 속국 발언 문제와 관련한 각국의 대응을 통해 확인할 수 있다. 1889년 9월 천진 해관은 조선이 청의 속국이라는 이유를 들어, 독일 상사 世昌洋行이 수입한 조선산 종이에 대한 수입세를 반감하는 조치를 취했다. 이와 관련하여 각국은 다양한 반응을 보이지만, 대체로 1890년 6월에 이르기까지 이들이 보여준 반응은 조선 독립 문제와 관련한 일본의 외교적 고립을 여실히 폭로해 주는 것이었다. 처음에 독일은 청이 조선을 속국시하는 태도를 문제삼아 즉각 청에 항의하는 한편 일본에 대해서도 협력을 요청하였다. 그러나 독일은 곧 일본이 예상한 대로 조선 독립 문제에 대한 관심을 멀리하였다. 한편 여타 국가들의 반응은 처음부터 더욱 냉담한 것이었다. 프랑스와 미국은 거의 관심을 보이지 않았다. 러시아는 한때 최혜국 조관에 의거하여 수입세 반감에 대한 균점을 요구하는 등, 청의 조선 속국론에 대항하는 자세를 취하기도 하였다. 그러나 일본은 이러한 러시아의 태도를 정략적인 것이라고 간주하였다. 만일 조선 독립 문제가 본격적으로 논의된다면 러시아는 종래와 같이 청의 조선 속국론을 승인하게 되리라고 예측하였다. 영국은 청국에 재류하는 영국 상인들의 불만을 아랑곳하지 않고 청의 조선 속국론을 지지하였다.[42]

청의 조선 속국론에 대한 영국과 러시아의 지지 표명은 바로 동아시아 국제 사회에서의 일본의 외교적 고립을 의미하는 것이었다. 동시에 조선 독립론을 주장하는 일본 정부에게는 커다란 타격이었다. 그 타격의 정도가 얼마나 심각한 것이었는지는 청에 주재 중이던 오토리 게이스케(大鳥圭介) 공사가 아오키 슈죠(靑木周藏) 외무대신에게 보낸 1890년 2월 8일자(3월 7일착) 보고서 및 이에 대한 4월 25일자 아오키 외무대신의 훈령에 잘 드러나 있다. 여기에서 오토리는 영국과 러시아의 반응으로 보아 조선 독립 문제를 놓고 청과 논쟁을 벌일 경우 일본은 완전히 고립무원의 상태에 빠질 가능성이 크다고 경고하고 있다. 그리고 이에 대해 아오키는 청의 조선 속국론을 견제할 필요성을 느끼면서도 열강이 일본에게 협조를 요청하기 전에는 앞에 나서서 청과 조선 속국 문제를 놓고 논쟁하지 말 것을 지시하였다.[43]

그러나 이러한 오토리 공사 및 아오키 외무대신의 자세가 곧 조선 독립 문제와 관련한 일본 정부의 후퇴를 의미하는 것은 아니었다. 일본 정부는 이미 천진조약의 성과를 바탕으로 정책의 중심을 조선 독

---

42) ≪日本外交文書≫ 권22, 446~462
43) ≪日本外交文書≫ 권22, 458~459, 461

립 문제에서 보호 문제 쪽으로 방향 전환해 가고 있던 상황이었던 만큼, 조선 속국론을 지지하는 국제 여론을 타파할 수단을 강구하였다. 야마가타의 조선 중립국화 구상은 바로 이러한 목적에서 마련된 것이었다. 즉 이 구상은 동아시아 국제 여론의 관심을 조선 속국론에서 조선 중립국화 쪽으로 유도함으로써, 결과적으로는 일본의 조선 독립론에 대한 호응을 불러일으키기 위한 전략이었던 것이다. 뿐만 아니라 야마가타 내각은 조선에 대한 보호권을 획득하기 위한 전략도 잊지 않았다. 후술하듯이 조선 보호주 구상은 바로 이와 관련한 것이었다.

한편 조선 중립국화 구상에 내포된 또 한 가지 중요한 사실은 이것이 일본의 친영 반러 정책의 본격적인 출발을 의미하고 있다는 점이다. 러시아에 대한 일본의 적대감은 비록 메이지 유신 당시에까지 거슬러 올라갈 만큼 뿌리깊은 것이지만, 적어도 1880년대 중엽의 일본의 대외 정략은 영일동맹은 물론 러일동맹의 가능성까지도 열어둔 것이었다.44) 그러나 1880년대 후반에 들어와 시베리아 철도 건설에 관한 정보가 입수되기 시작하면서 일본의 러시아에 대한 경계는 증폭되기 시작하였다. 외교 정략론이 시베리아 철도와 관련한 러시아의 위협을 강조한 것은 바로 그 한 예이다. 더구나 외교 정략론의 등장에 즈음하여 러시아에 의한 絶影島 조차설이 불거져 나오면서 일본의 러시아에 대한 경계는 최고조에 달하였다. 일본 정부에서는 일본의 인후에 해당하는 조선의 절영도가 러시아에 넘어갈 경우 조선은 물론 동아시아의 세력 판도에 막대한 영향을 끼쳐 결국에는 러시아가 패권을 장악하는 사태가 벌어질 것이라는 우려의 목소리가 나왔던 것이다.45) 따라서 외교 정략론이 러시아를 배제하는 4개국 연합에

44) 졸고, 1998 <松方財政期의 육해군 확장 문제> ≪中央史論≫ 10·11합, 420

45) 海軍大臣官房 編, 1966 ≪山本權兵衛と海軍≫ (原書房, 東京) 59~60 ; ≪日本外交文書≫ 권23, 539

의한 조선 중립국화 구상을 들고 나온 것은 당연하였다고 하겠다.

다음으로 네 번째의 조선 보호주 구상은 청일 양국의 일방적인 우위를 보장한다는 점에서, 4개국 연합에 의한 조선 중립국화 구상의 주도권을 일단 청일 양국의 수중에 넣고자 하는 의도에서 제안된 것이라고 할 수 있다. 세 번째의 천진조약 폐지론은 이를 군사적인 측면에서 뒷받침하려는 것으로, 1890년 3월에 '야마모토 곤베에(山本權兵衛)-袁世凱 루트'를 이용하여 시도된 청일 연합 함대의 구축책은 그 구체적인 표출이었다. 야마모토는 원세개와 만나 러시아의 절영도 조차설을 예로 들면서 러시아의 위협을 강조하고, 연합 함대 구축의 가능성을 타진하였던 것이다.[46]

그러나 청일 공동의 조선 보호주 구상은 조선 중립국화 구상의 주도권 장악만을 목적으로 한 것이 아니었다. 이것은 1890년에 접어들어 조선에서 갑작스럽게 부각된 撤棧 문제와 밀접한 관련이 있었다. 철잔 문제란 한성의 조선 상인들이 정부에 대해, 청일 양국 상인의 철잔을 요구한 데서 비롯된 사건을 말한다. 야마가타 내각은 이 사건이 폭동뿐만 아니라 대원군파와 민씨파 사이에 알력을 격화시켜 조만간에 정변으로 발전할 가능성이 있다고 보았다. 실은 야마모토가 조선으로 건너 온 또 다른 이유는 바로 철잔 문제가 내란으로 발전할 위험성이 있는지를 조사하기 위해서였던 것이다. 야마가타 내각은 조선 정부가 청에 철잔을 요구하는 과정에서 원세개를 제쳐둔 채 청국 정부와 직접 교섭에 나서게 된 배경에는 청조 종속 관계의 해체를 조장하는 러시아 공사의 선동이 있는 것으로 보았다. 그리고 청국이 사태를 수습하기 위해 군함을 파견할 가능성이 크며, 그렇게 되면 러시아도 이를 좌시하지 않을 것이라고 분석하였다.[47]

---

46) ≪山本權兵衛と海軍≫, 59~60
47) ≪日本外交文書≫ 권23, 158~169·176~179 ; ≪山本權兵衛と海軍≫ 46~64

청일 공동의 조선 보호주 구상은 바로 이러한 조선 정세에 대한 대책이기도 하였던 것이다. 즉 이것은 조선의 내란을 미연에 방지함으로써, 청의 조선 속국론이 강화될 가능성은 물론 청과 러시아 간의 군사 충돌을 사전에 방지하려는 것이었다. 특히 후자는 영국과 일본의 참전을 불가피하게 만들어 동아시아의 국제 분쟁을 걷잡을 수 없는 사태로 치닫게 할 가능성이 있었는데, 이것은 당시 조약개정 외교를 통해 동아시아의 패권을 장악하려고 노력 중이던 일본 정부의 입장에서는 어떻게 해서든 피해야 할 사태였다.

그러나 여기에서 더욱 주의해야 하는 것은 청일 공동의 조선 보호주 구상이 천진조약 이후 악화 일로를 걷고 있던 조선에서의 정치적 경제적 대청 열세를 일거에 만회하고, 나아가서 일본 단독의 조선 보호주 구상을 실현시키기 위한 발판에 지나지 않았다고 하는 사실이다.

이러한 사실은 천진조약의 폐지를 선언한 세 번째 및 조선을 이익선으로 간주한 첫 번째 내용에 함축되어 있다. 외교 정략론이 등장하기 전까지 조선 문제에 임하는 야마가타의 기본 자세는 천진조약의 견지를 통한 조선 독립론의 관철에 있었다. 그런데 외교 정략론에서는 천진조약의 폐지를 전제로 한 청일 공동의 조선 보호주 구상만이 조선의 독립을 보전하는 방법이라면서 역설을 전개하고 있다. 이것은 조선 독립 정책의 기축이었던 조선 독립론을 스스로 부정한 것이다. 동시에 정책의 중심을 조선 독립 정책에서 보호 정책 쪽으로 방향 전환할 것을 공식적으로 선언한 것이나 다름없다고 하겠다. 뿐만 아니라 타국의 조선에 대한 행위가 일본의 국익에 불리하다면 언제든지 무력을 발동해서 책임감을 가지고 이익선인 조선을 방호하겠다는 의지를 천명한 점에 주의해야 할 것이다. 이는 사실상 조선 중립국화 구상 및 보호 구상이 언제든지 부정될 수 있음을 의미하며, 영국 및 청과의 협조도 일시적인 것에 지나지 않는다는 것을 의미한다고 하겠다.

실은 청 및 영국에 대한 야마가타의 자세는 기본적으로 적대적이었다. 외교 정략론의 중반부에는 러시아의 위협이 강조되어 있지만, 초반부에서는 러시아뿐만 아니라 영국의 군사적 위협과 함께, 군비 확장에 매진하면서 영국과의 동맹을 꾀하는 청에 대한 경계도 강하게 드러나 있음에 주의해야 한다. 더구나 이러한 적대적인 자세는 1888년 1월의 <軍事 意見書> 및 1893년 10월의 <軍備 意見書>[48]에서도 명확하게 확인된다. 예외적인 쪽은 오히려 영·독·청·일의 협조를 강조한 외교 정략론의 중반부인 것이다. 그러한 의미에서 야마가타가 영청 연합군에 대항하기 위한 대규모 군확을 추진하면서, 구미 열강과의 조약개정을 통해 동아시아의 패권을 장악하려는 대외 정책을 적극 추진하였다는 사실은 의미하는 바가 크다고 하겠다.

Ⅳ. 조선 보호권 획득책의 정착

1. 내정 개혁책의 등장

야마가타 내각은 천진조약을 폐지함으로써 조선 독립 정책의 굴레에서 벗어나, 조선에 대한 보호권을 배타적으로 획득하려는 야심을 드러냈다. 그러나 문제는 이러한 야심을 달성하기 위해서는 전략적으로나마 청과의 협조를 모색하지 않을 수 없다는 점에 있었다. 일본이 이처럼 이율배반적인 태도를 취할 수밖에 없었던 배경에는 조선에서의 일본의 정치적 영향력이 저하되었기 때문이다. 일본의 영향력은 천진조약이 체결된 이후 저하되기 시작하여, 1890년을 전후한 시기에는 그 정도가 더욱 심해졌다.[49] 더구나 이러한 경향은 1893년 6월의

---

48) ≪山縣有朋意見書≫, 215~222

스기무라 후카시(杉村濬)의 보고서50)가 지적하듯이, 그 후에도 좀처럼 회복될 조짐을 보이지 않았다. 일본에게 있어 전략적 청일 협조는 불가피한 선택이었던 것이다. 그러나 외교 정략론에서 말하는 청일 협조는 조선 외무 판법 8개조의 경우와는 구별되어야 한다. 왜냐하면 8개조는 표면적으로나마 청의 주도권을 인정하고 있지만, 외교 정략론은 일본과 청의 대등한 입장을 전제로 하고 있기 때문이다. 뿐만 아니라 조선을 일본의 이익선으로 명확히 규정하고 있는 점에도 주의해야 한다. 이는 그만큼 일본 정부가 조선에 대한 보호권을 획득하는 문제에 적극적이 되었음을 의미한다고 할 수 있다.

야마가타 내각의 조선 정책은 제1차 마츠카타 마사요시(松方正義) 내각(1891.5~1892.8)을 거쳐 제2차 이토 내각(1892.8~1896.8)에 이르러 서서히 정착해 간다. 우선 주목되는 것은 1891년 이토가 이홍장에게 조선의 현상 유지 및 불가침 그리고 공동 방위를 내용으로 하는 청일동맹안을 제안한 일이다. 이 제안은 이홍장의 거절로 실현되지는 못했다.51) 그러나 사실상 천진조약의 폐지를 전제로 한 점에서 알 수 있듯이, 이토가 야마가타의 조선 정책에 동조하고 있음을 확인시켜 준다.

한편 이토는 조선을 이익선으로 규정한 외교 정략론의 논리에도 찬성하였다. 천진조약의 존폐 문제를 놓고 1892년 10월에 벌어졌던 ≪時事新報≫와 ≪東京日日新聞≫ 사이의 논쟁을52) 통해 이 점을 확

---

49) 原敬關係文書硏究會 編, 1986 ≪原敬關係文書≫ 권6 (日本放送出版協會, 東京) 91~101

50) ≪秘書類纂≫ (朝鮮交涉資料) 下, 200~212

51) Synn, Seung－Kwon, 1981. The Russo－Japanese Rivalry over Korea 1876－1904 (Yuk Pbub Sa, Seoul) 78

52) ≪時事新報≫ [慶應義塾 編, 1970 ≪福澤諭吉全集≫ 권13 (岩波書店, 東京)] 520~522·531~537 ; ≪東京日日新聞≫ (東京大學社會情報硏究所) 1892년 10월 2·12·13일자 사설

인해 보자. ≪時事新報≫의 주장은 다음과 같은 내용이었다.

러시아가 조선을 넘보고 청이 조선 속국론을 견지하며 영국, 독일, 프랑스도 조선에 주목하여 음으로 양으로 획책하는 지금과 같은 상황이 지속된다면 머지 않아 거문도사건과 같은 사건이 재발하는 것은 필연적이다. 이에 대처하기 위해서는 무엇보다도 먼저 천진조약의 "行文知照條項"을 폐지해야 한다. 그렇지 않으면 조선 사태에 기민하게 대처할 수 없을 뿐만 아니라 눈앞의 기회를 놓칠 우려도 있다. 천진조약은 조선에서의 일본의 정치적 지위를 진전시켰다고 볼 수 없다. 청은 종주국으로서 그리고 일본은 조선의 개국을 선도한 "德義"에서 조선의 진보와 자립을 도와야 한다. 조선의 자립을 위해서는 재정의 정리와 병제의 개량이 필요한데, 특히 후자는 청일 양국 이외의 나라가 장악하지 못하도록 해야 한다. 그러나 현재 청국은 자국의 개량에도 손이 모자랄 지경이다. 따라서 일본이 이를 담당해야 한다.

이러한 ≪時事新報≫의 주장은 외교 정략론의 논리와 대단히 흡사하다. 오히려 청일 협조를 적절하게 활용하면서 조선에 대한 보호권을 획득하기 위한 방안을 구체적으로 제시하고 있다는 점에서 외교 정략론의 부족한 부분을 보충하고 있는 듯한 인상을 준다. 즉 조선의 개혁 사업은 구미 열강의 세력을 배제한 상태에서 청과 일본이 담당해야 하지만, 청의 국내 사정을 감안할 때 그 주도권은 당연히 일본에게 있다는 것이다. 이를 외교 정략론의 논리로 환언시켜 본다면, 영·독·청·일 4개국 연합에 의한 조선 중립국화 구상은 청일 공동의 조선 보호주 구상에 의해 부정될 수밖에 없으며, 보호주 구상은 다시 조선=이익선론에 의해 부정되고 있는 것이다. 이상에서 청일 협조란 조선의 개혁에 간섭할 수 있는 명분을 얻기 위한 전략에 지나지 않는다는 점을 확인할 수 있다. 또 한 가지 여기에서 주목되는 것은 조선 내정 개혁책이 조선에 대한 배타적 보호권을 획득하기 위한 지름길이라는 인식이 명확히 표명된 점이다. 이러한 이해는 아래서 알 수 있듯이 정부 내외의 공통된 인식이었다.

≪時事新報≫의 주장에 대해, 일본 정부의 기관지적 존재였던 ≪東京日日新聞≫은 다음과 같이 반박하였다. 천진조약은 일본과 청이 대등하게 조선에서 내란 진압의 임무를 수행할 것을 약속한 것이다. 즉 청일 양국이 연맹해서 조선의 중립을 보전한다는 약속이다. 이 조약은 조선의 종주국임을 자처하는 청에게 불리하면 불리했지, 일본의 입장에서 본다면 조선에 대한 책임을 다할 수 있는 근거가 되기 때문에 국권을 자유롭게 운용하는 데에 조금도 해를 끼치지 않는다. 대일본 제국의 주권선은 이 조약이 있음으로 인해서 비로소 조선 전역에 미치게 된다는 사실을 기억해야 할 것이다.

이상의 내용에서 알 수 있듯이, 두 신문은 표면적으로는 천진조약의 폐지 여부를 놓고 대립하고 있지만, 내용 면에서는 이익선인 조선에 대해 일본의 국권을 확장시킬 수 있는 보다 효과적인 방법은 어느 쪽인가를 놓고 대립하고 있었던 것이다. ≪時事新報≫와 ≪東京日日新聞≫ 간의 격렬한 논쟁을 지켜보던 이토는 이노우에 가오루에게 보내는 10월 13일자 서간[53]에서, 자신은 ≪東京日日新聞≫의 논지에 찬성이지만 후쿠자와 유키치에 대한 비방은 자제시킬 생각이라고 말하였다. 비록 이토는 천진조약의 폐지를 직접 언급하고 있지는 않지만, 일본을 주권선으로 그리고 조선을 이익선으로 간주하는 ≪東京日日新聞≫의 논리를 지지하고 있는 점에서 알 수 있듯이, 외교정략론의 취지에 대해서는 찬동하고 있었던 것이다. 천진조약의 체결을 주도한 이토가 스스로 이를 부정하는 발언을 하기란 쉽지 않았을 것으로 생각된다.

그러나 1894년에 접어들면서 천진조약을 폐지하는 문제에 대한 이토의 자세가 보다 명확히 드러난다. 이토는 이노우에 코와시에게 한성 철도를 청일 간의 합자 회사를 만들어 건설하는 문제와 조선의 내

---

53) ≪井上馨關係文書≫ (國立國會圖書館憲政資料室)

정을 안정시키기 위해 청일이 협조하는 방안을 이홍장에게 제안할 수 있도록 문안을 작성하라고 지시하였다. 이에 대해서 이노우에 코와시는 3월 10일자 서간을 통해, 한성 철도 건설 문제는 청의 사정상 이홍장이 받아들이기 어려울 것이라고 전망하였다. 또 설사 받아들인다 하더라도 이는 두 나라 국민의 감정을 해치게 될 가능성이 클 뿐만 아니라, 열강의 시기를 불러일으킬 염려도 있다고 덧붙였다. 그러나 조선의 내정을 안정시키는 문제와 관련하여서는, 이 문제로 청이 골치 아파하는 지금과 같은 상황에서는 대체적인 방안을 제안한다면 반드시 흔쾌한 반응을 보여, "천진조약을 해체하고 한성에 보호병을 둘 것을 요구"해 올지도 모른다고 말하였다.[54]

이토와 이노우에 고와시의 논의 내용은 이토가 천진조약의 폐지를 전제로 한 청일 공동의 조선 보호책을 일관되게 추진하고 있었다는 사실을 말해준다. 다만 이토는 천진조약의 폐지와 관련한 일본의 외교적 부담을 덜어보고자 이홍장이 먼저 조약 폐지론을 들고 나오도록 유도하려 했던 것으로 보인다.

한편 이토가 외교 정략론의 조선 정책을 수용했다는 사실은 그의 경우에도 청일 협조는 전략적인 것에 지나지 않았을 가능성이 크다는 것을 암시해준다. 이 점을 확인해 보자. 조선 문제에 임하는 이토의 기본 자세는 어디까지나 조선 속국론의 부정에 있었다. 이토는 1892년 1월 22일자 상주문에서,[55] 동양의 화근을 제거하려면 이홍장과 직접 담판하여 청의 조선 속국론을 포기시키지 않으면 안 된다는 견해를 밝힌 일이 있다. 이홍장과의 담판은 실현되지 못했지만, 그 후 이토는 방곡령사건을 수습하는 과정에서 청의 조선 속국론에는 아무런 변화가 없음을 확인하였다. 즉 청이 일본에게 보여준 협조적인 태도는 대러 대책의 차원에서 이루어진 것에 지나지 않으며, 청의 궁극

---

54) ≪伊藤博文關係文書≫ 권1, 460
55) ≪伊藤博文傳≫ 中, 822

적인 목표는 조선 속국론을 강화시키는 데에 있다는 사실을 재확인
하였던 것이다.[56] 이러한 사실을 감안한다면, 이토가 말하는 청일 협
조도 조선에 일본의 영향력을 확대하기 위한 전략이었다고 말할 수
있을 것이다. 당시 이토가 열강과의 조약개정을 성공시킴으로써 동아
시아의 패권을 장악하려 한 점,[57] 또한 청일전쟁이 발발하자마자 청
을 문명의 적으로 규정한 것은[58] 결코 우연이 아니었던 것이다.

한편 위의 이토와 이노우에 고와시의 논의에서 또 한 가지 주목해
야 하는 것은 한성 철도 건설 문제, 즉 조선의 개혁을 지원하는 문제
가 청일 협조라는 전제 하에 적극적으로 모색되고 있는 점이다. 이미
≪時事新報≫의 경우에서 확인했듯이, 적어도 민간에서는 조선 개혁
지원책이 조선에 대한 배타적 보호권을 획득하기 위한 중요한 방책
의 하나로 인식되고 있었다. 그렇다면 일본 정부 내에서는 과연 어떠
하였던 것일까. 이 점을 살펴보도록 하자.

1889년 말부터 불거져 나온 방곡령사건이 1893년 5월말에 이르러
일단락되자, 일본 정부에서는 조선의 내정을 개혁하는 문제와 관련하
여 다양한 의견이 활발히 개진되기 시작하였다. 그 가운데 주목되는
것이 스기무라 후카시 서기관 및 오토리 게이스케 공사의 의견서이다.

먼저 스기무라는 1893년 6월에 작성된 보고서에서, 조선의 내정이
근대적으로 개혁되어야 할 필요성에 대해 다음과 같이 주장하였다.

조선은 현재 각국과 체결한 조약을 지키지 못하고 있을 뿐만 아니
라 통상에 별다른 관심을 보이지 않고 있다. 또한 개항 이후 조선과

---

56) 졸고, 2000 <제국의회 개설기의 청일 협조 문제> ≪日本歷史硏究≫ 12,
    125~127
57) 졸고, 2002 <청일전쟁기의 일본 정부의 동아시아 질서 재편 정책> ≪日
    本歷史硏究≫ 15, 95~107
58) 1894년(날자는 미상) 이토 히로부미 총리대신의 <宣戰詔勅案(一)附宣戰
    理由> [≪憲政史編纂會收集文書≫-日淸戰爭關係資料-, 551-(一)-一,
    R-109 (國立國會圖書館憲政資料室)]

일본 사이에서 일어난 크고 작은 사건의 책임은 늘 조선에 있었는데도 불구하고, 일본을 교제하기에 가장 힘든 나라라고 원망한다. 조선이 이러한 태도를 보이는 이유는 내정이 근대적으로 개혁되지 못했기 때문이다. 이에 반해 청조 종속 관계는 여전히 굳건하며 러시아도 조선에 해를 끼친 일이 없기에 호감을 사고 있다. 일본이 조선 정책을 전개하는 과정에서 목적을 달성하려면 좀더 신중해질 필요가 있다. 일본은 조선을 개도하여 부강한 나라가 되도록 유도하는 것이 필요하다. 그렇게 되면 조선은 곤경에 처하게 되더라도 일본의 보호를 원하게 될 것이다. 조선에 세력을 확대하기 위해 군사력을 활용하거나 그 나라의 미숙함을 이용하는 것은 이미 불가능하다. 왜냐하면 조선은 이미 그러한 방법을 잘 알고 있기 때문이다. 뿐만 아니라 각국은 약자인 조선을 편들고 있다. 따라서 강압책을 사용하게 되면 조선은 틀림없이 다른 나라의 보호 하에 들어갈 것이다.

요컨대 스기무라는 조선에 대한 보호권을 배타적으로 획득하기 위해서는 조선의 내정을 근대적으로 개혁시키는 것이 가장 유효한 방책이 될 수 있다고 주장했던 것이다. 이러한 스기무라의 주장은 ≪時事新報≫의 그것과 일치함을 확인할 수 있다. 이처럼 일본 정부의 안팎에서 제기되기 시작한 조선 내정 개혁책에는 조선에 대한 보호권을 획득하려는 의도가 내포되어 있었다.

그 후 스기무라는 일본에 잠시 귀국 중이던 1894년 2월 22일에 무츠 무네미츠(陸奧宗光) 외무대신에게 재차 의견서59)를 제출하여, 조선의 환심을 사기 위한 방책과 더불어 이러한 유화책을 성공시키기 위해서는 전략적으로 청과 협조할 필요가 있다고 강조하였다. 스기무라는 일본에 대한 조선의 악감정을 완화시키고 조선의 이익이 될 수 있는 사업으로 6가지를 들었다. 그 내용은 민씨 정권과의 제휴를 위해 김옥균에 대한 처분을 단행할 것, 제주도 어업 문제와 관련한 조

---

59) ≪秘書類纂≫ (朝鮮交涉資料) 下, 192~199

선과의 분쟁을 피할 것, 대원군과의 친밀한 교제를 피할 것, 일본에서 쓸모 없게 된 군함을 조선에 제공하여 해군 창립을 돕고 환심을 살 것 등이었다. 다음으로 조선의 곤난을 구제하거나 개혁에 도움이 될 수 있는 사업으로 5가지를 들었다. 즉 세관의 세수를 저당으로 차관을 대여하여 조선의 외국채를 상환시킬 것, 경성과 인천 사이에 철도를 부설할 수 있도록 자본을 빌려주고 장차 경부 철도 부설 문제도 실현시켜 나갈 것, 경부간의 전신선에 관한 권리를 청에게서 넘겨받을 수 있도록 할 것, 조선의 조폐 사업을 지원할 것, 일본 화폐의 유통을 원활하게 할 것 등이었다. 앞서 이토와 이노우에 고와시 간의 논의에 등장했던 한성 철도 건설 문제는 바로 이 스기무라의 의견서에 등장하는 내용이었던 것이다.

그러나 이 의견서에서 더욱 주목해야 하는 것은 스기무라가 이러한 유화책을 전개하기 위해서는 청과의 협조가 불가피하다고 지적한 부분이다. 스기무라는 조선에서 청을 혐오하는 움직임이 확산되고 있다는 점을 전하였다. 그리고나서 조선에 대한 청의 영향력은 여전히 압도적이기 때문에 청은 언제든지 일본의 조선 정책을 방해할 수 있다고 보았다. 따라서 청의 방해를 예방하고 아울러 위에서 말한 목적을 달성하려면 표면적으로나마 일본이 청과 협조한다는 태도를 취함으로써 조선을 압박할 필요가 있다는 것이었다. 정리하자면 스기무라는 전략적 청일 협조를 통해 조선에 대한 일본의 영향력을 확대하고, 이를 바탕으로 조선에 대한 신뢰를 점차 회복시켜 간다면, 내심 청으로부터의 독립을 갈구하는 조선 정부를 친일적으로 전환시키는 일도 가능하다고 주장했던 것이다.

한편 오토리 공사는 1894년 2월 14일자 무츠 외무대신에게 보내는 의견서[60]에서, 조선에 대한 청 및 러시아의 영향력을 저지하려면 전략적으로 청과 협조할 필요가 있다고 강조하였다. 스기무라의 견해와

---

60) ≪秘書類纂≫ (朝鮮交涉資料) 中, 267~270

다른 점이라면, 오토리의 경우에는 민씨파를 제거하고 그에 대신하여 대원군과의 제휴를 주장한 점이 지적될 수 있을 것이다. 그러나 이는 청의 조선 정책을 감안한 현실적인 대응책이었다. 오토리는 동아시아의 안정을 위해서는 조선의 내정을 개혁할 필요가 있으나 민씨 정권으로는 불가능하다고 보았다. 그리고 대원군을 정계에 복귀시켜 개혁을 단행함으로써 조선에 대한 영향력을 확대하려는 청의 정책을 이용하지 않으면 일본의 영향력은 감소할 수밖에 없었다. 따라서 최선의 방책은 암암리에 개혁에 간섭하면서 청의 정책을 찬성하고 아울러 대원군의 환심을 삼으로써 조선의 개혁이 이루어진 후에 발생하는 제반 이익에 균점할 수 있는 기반을 만들어놔야 한다고 보았다. 단 물러난 민씨 세력이 러시아에 기대어 청과 대립할 가능성이 있으므로, 일본은 암암리에 청을 도와 개혁을 진행시키되 러시아와 직접 대립하는 사태는 피해야 한다는 주장이었다.

　무츠 외무대신은 2월 24일자 서간과 함께 이들 의견서를 이토 총리대신에게 전하고, 그동안 구상 중이던 조선 정책을 추진해 줄 것을 요청하였다.[61] 이를 전해 받은 이토는 특히 한성 철도를 건설하는 문제와 천진조약을 폐지하고 조선에 보호병을 주둔시키는 문제를 이노우에 코와시와 협의하였고, 그러는 가운데 앞에서 인용하였듯이 3월 10일자 이노우에 고와시의 서간을 받게 되었던 것이다. 이에 대해 이토는 같은날 이노우에게 답장을 보내, 한성 철도 문제 뿐만 아니라 기타 각종의 문제를 협의시키기 위해 오토리를 이홍장에게 보낼 생각임을 밝혔다.[62]

　이상의 경과에서 이토 내각이 스기무라나 오토리 등과 같은 조선 현지의 의견을 상당 부분 수용하고 있다는 사실, 그리고 야마가타 내각의 천진조약 폐지론에 적극 동조하고 있다는 사실을 확인하였다.

---

61) ≪伊藤博文關係文書≫ 권7, 284
62) ≪井上毅傳≫－史料編－ 권5, 57

이토 내각은 전략적인 청일 협조를 통해 조선에 대한 정치적 영향력
을 강화하면서 내정을 개혁시키고 또한 그러한 과정을 통해 조선에
대한 배타적인 보호권을 획득하려는 정책을 추진하고 있었던 것이다.

2. 내정 개혁책의 정착

그러나 오토리를 파견하여 조선 문제를 청과 협의하려던 일본 정
브의 전략은 실행에 옮겨지지 못하였다. 그 이유는 1894년 3월 중순
이후 김옥균 암살사건과 박영효 암살미수사건 그리고 김옥균의 사체
처리 문제가 잇달아 일어났기 때문이다. 김옥균 문제는 일본 정부에
청과의 거리감을 재인식시키는 계기가 된 것으로 보인다. 일본 정부
는 김옥균의 사체를 上海에 매장하기를 희망했으나, 청은 조선 정부
의 요청을 받아들여 김옥균의 사체를 조선에 넘겼고 조선은 이에 훼
손을 가하였던 것인데, 이는 일본 국내의 여론을 악화시켰다. 민간에
서는 개전을 요구하는 극단적인 여론까지 일어났다. 일본 정부는 이
러한 강경한 여론과 일정한 거리를 두었지만, 김옥균 문제를 수습하
는 과정에서 열강의 무관심과 영국의 친청적 태도를 확인하였다.[63]
디러한 상황에서 조선 개혁 문제를 청과 협의하기는 현실적으로 어
려웠을 것이다.

그러나 조선 현지에서는 그러한 가운데서도 일본의 신뢰를 회복시
키려는 노력이 계속되었다. 그 결과 4월 중순 경에는 긍정적인 전망
이 나오게 되었다. 오토리 공사는 4월 19일자 무츠에게 보내는 서
간[64]에서, 최근에 들어와 조선의 고관들이 일본에 호감을 보이며 제

---

63) ≪日本外交文書≫ 권27-1, 495·503·505~506 ; 무츠 외무대신에게 보내
　　는 4월 5일·13일·15일자 이토 총리대신의 서간[≪陸奧宗光關係文書≫
　　10-53, 10-55, 10-57 (國立國會圖書館憲政資料室)]

64) ≪陸奧宗光關係文書≫ 75-6

발로 찾아 와 간담을 나누는 등, 자신이 처음 부임했을 때와는 상황
이 완전히 다르다고 말하였다. 게다가 국왕과 민비 등도 자신의 유임
을 요망하고 있으며, 따라서 앞으로 1년 정도 지금과 같은 상태가 지
속된다면 교제나 통상의 면에서 어느 정도 조일 관계가 회복될 희망
이 보인다고 전하였다. 2월 14일자 의견서를 제출했을 때와는 달리,
오토리가 민씨 정권과의 교제에 힘을 쏟고 있음을 알 수 있는데, 이
는 청의 대원군 복귀설이 단순한 풍문에 그쳤기 때문인 것으로 생각
된다. 오토리 공사는 이토 내각의 훈령에 따라 5월 7일 인천을 떠나
귀국길에 오른다.[65]

동학농민전쟁이 없었다면 오토리 공사의 서간에서 확인되듯이, 조
선 보호권 획득책은 장기적인 전망에서 점진적으로 전개되었을 가능
성이 크다. 그러나 동학농민전쟁은 조선 보호권 획득책을 일거에 진
전시키는 계기가 되었다.

동학농민전쟁에 관한 정보가 일본정부에 입수된 것은 5월 하순에
접어들면서부터의 일이다. 이 때만하더라도 일본 정부는 파병 문제를
본격적으로 고려하지는 않았던 것으로 보인다. 그러나 5월 말에 이르
러 조선이 청에게 동학군 진압에 필요한 원군을 요청했다는 소식이
전해지면서 파병 문제가 본격적으로 논의되기 시작한다. 스기무라 서
기관과 오토리 공사가 조선 내정 개혁에 관한 의견서를 일본 정부에
제출한 것은 바로 이 때의 일이다. 이들 의견서는 한 마디로 말하면,
동학농민전쟁을 이용하여 내정 개혁을 일거에 추진할 것을 건의하는
내용이었다.

그럼 먼저 스기무라 서기관이 무츠 외무대신에게 보낸 5월 22일자(5
·28착) 의견서[66]를 검토해 보자. 스기무라는 다음과 같이 주장하였다.

---

65) 國史編纂委員會 編, 1987 ≪駐韓日本公使館記錄≫ 권2, 三-(13) (國史編
纂委員會, 서울) 132 ; ≪陸奥宗光關係文書≫ 75-6
66) ≪日本外交文書≫ 권27-2, 152~153

전라·충청 지역에서 민란이 발생하게 된 이유는 그 지역의 지방 관이 부패했기 때문이다. 또 현재 다른 지방의 사정도 이와 비슷하기 때문에 민란은 한성으로 번질 가능성이 있다. 조선 정부는 양식 관군을 보유하고 있으나 훈련 부족 등으로 농민군에 패하고 있다. 이번에 새로이 관군이 파견되었으니 3, 4주 정도면 진압의 성패가 갈릴 것이다. 만약 농민군이 승리한다면 조선 정부의 입장에서는 어떠한 대책을 내놓게 될 것인지, 이에 관해 소견을 말해 보겠다. 하나는 정부가 순식간에 내정 개혁을 단행함으로써 농민군을 회유하면서 서서히 진압하는 방법이 있다. 그러나 이는 정부 내의 소수 인사의 생각인데다가 민씨 정권에게 불리하기 때문에 국왕이 결단을 내린다 하더라도 단행되기 어렵다. 민씨를 정부 밖으로 축출하지 않는 한 목적을 이루기 어렵다. 뿐만 아니라 이러한 대사업은 조선 정부의 미력한 힘으로는 성공할 수 없을 것이다. 따라서 아마도 조선 정부는 청에게 원병을 요청하는 수단을 택할 것이다. 민영준이 주장한 이 수단은 현재 반대가 많아 채택되지 않고 있으나 만약 청병이 통지(천진조약)를 마치고 파병한다면 조선의 형세는 급변할 가능성이 크다. 따라서 일본도 관민을 보호하고 또 청일 양국의 權衡을 보전하기 위해서, 청병이 철수할 때까지 공사관 호위를 명목으로 조약(제물포조약)에 따라 출병해야 하지 않겠는가. 아니면 청병 파견에 관계없이 일본은 파병하지 않을 것인가. 서두르는 감이 없지 않지만 이상 보고 드린다.

여기에서 무엇보다 주목되는 것은 조선의 내정 개혁과 관련한 스기무라의 의견이다. 즉 스기무라가 내정 개혁을 성공시키기 위한 전제 조건으로, 민씨 세력을 축출해야 한다고 말한 점, 그리고 조선 정부에는 이러한 개혁 사업을 추진할만한 능력이 없다면서 사실상 일본의 주도적 간섭을 촉구한 점이 주목된다. 이러한 발언은 일본의 조선 보호권 획득책이 청일 협조라는 전략에서 탈피하기 시작했으며 동시에 조선 정부의 역관계를 인위적으로 변동시키는 수준에까지 적극화되었음을 암시한다고 하겠다.

스기무라와 같은 적극적인 자세는 오토리 공사가 무츠 외무대신에게 보낸 5월 31일자 서간 및 의견서에서도[67] 확인할 수 있다. 여기에서 오토리는 동학군이 한성에 진입하기를 기대하면서 이에 대한 대책으로 청일 양국이 군대를 파병하여 합동해서 동학군을 진압할 것을 주장하였다. 그리고 진압이 끝난 다음에는 이번 기회를 이용해서 조선 정부를 혁신시키자고 제안하였다.

청일 양국의 합동을 언급한 대목에만 주목한다면 이 의견서는 청일 협조에 무게를 둔 것으로 이해될 가능성도 있다. 그러나 오토리의 본심은 전혀 다른 곳에 있었다. 몇 가지 예를 들면서 이 점을 확인해 보자. 우선 주목되는 것은 오토리가 주장하는 파병 전략이다. 오토리는 동학군의 한성 진입을 기대한 점에서 알 수 있듯이 처음부터 한성 파병을 고려했던 것으로 보인다. 뿐만 아니라 천진조약에 의거하여 파병하되 청보다 한 발 앞서 일본의 파병이 이루어질 수 있도록 주의해야 한다고 지적한 점에 주목할 필요가 있다. 이것은 오토리가 한성 파병에 따른 청의 반발을 사전에 최소화하려고 노력했음을 암시해준다. 스기무라의 의견서에서 확인했듯이 아직 조선 정부군에 의한 동학군 진압의 가능성은 남아 있었다. 따라서 이런 상황에서 청에 앞선 한성 파병을 고려한 것을 보면, 오토리의 본심은 조선의 내정 개혁과 일본의 주도권 확보에 있었다고 하겠다.

그러나 조선에 대한 영향력에서 압도적인 우위를 보이고 있던 청이, 일본이 제안하는 청일 공동의 조선 내정 개혁책에 응할 가능성은 거의 없었다. 그리고 오토리도 이 점을 충분히 예측하고 있었던 것으로 보인다. 오토리는 조선 정부를 혁신하는 정책은 "본래 청국 정부와 계획해서 함께 해야 하지만, 그 완급관맹은 대단히 중요하기 때문에 대영단이 필요하다. 이는 비밀 중의 비밀이므로 여기에서 다 말하

---

67) ≪陸奧宗光關係文書≫ 75-10

지 않겠다"고 지적하고 있는 것이다. 다시 말하면 오토리는 조선의 내정 개혁은 일본이 단독으로 담당하게 될 가능성이 크며 그 과정에서 청과 결정적인 대립이 발생할 가능성도 있다는 점을 예상하고 있었던 것이다. 그러한 의미에서 오토리가 "만약 동학당이 입경한다면 일본으로서는 대단히 기뻐할 일이지 우려할 일은 아니다. 잘만 대처한다면 동양의 정계에 하나의 신천지를 열고 흥미로운 일대 연극을 연출할 수 있다"면서, 동학농민전쟁을 이용하여 동아시아의 국제 질서를 재편하자고 촉구한 점에 주목할 필요가 있다. 오토리는 사실상 청일간의 무력 충돌을 예정하고 있었다고 할 수 있다.

요컨대 오토리는 동학농민전쟁을 기회로 조선의 내정 개혁을 단행하고 그러한 과정을 통해 예상되는 청과의 무력 충돌을 거쳐 동아시아의 질서를 재편하고자 하였던 것이다.

스기무라와 오토리의 조선 보호권 획득책은 이토 내각에 적극적으로 수용되었다. 이미 살펴 본 바와 같이 무츠는 스기무라 및 오토리와 조선 파병 및 내정 개혁 문제를 놓고 활발히 의견을 교환하고 있었다. 또한 5월 31일자 이토에게 보내는 이노우에 코와시의 서간[68]을 통해 확인할 수 있듯이, 이토와 이노우에는 천진조약에 근거한 파병 절차와 그 목적을 놓고 숙고에 숙고를 거듭하고 있었다. 이들은 육해병을 파견하여 시기 적절하게 조선 정부의 요청에 응해서 간섭, 응원할 것을 적극 검토하고 있었다. 이 서간에서 이노우에는 청과의 무력 충돌을 회피할 것을 주문하고 있지만, 이토는 점차 청과의 무력 충돌에 무게를 두어간다.[69]

6월 2일 일본 정부는 일단 청의 동향에 관계 없이 공사관 및 거류민 보호를 명목으로 즉시 한성에 파병할 것을 결정하였으나, 같은 날 재차 개최된 각의에서 수동적 파병 전략으로 정책을 전환하였다. 일

---

68) ≪伊藤博文關係文書≫ 권1, 462
69) 졸고, 2002 <앞 논문>, 111~117

본 정부는 동학농민전쟁이 격화될 조짐을 보이지 않는 상황에서 즉시 군대를 한성으로 파견하게 되면 조선이나 청은 물론이거니와 열강의 반발을 살 가능성이 있다는 점을 우려하였던 것이다. 결국 일본 정부는 청일 무력 충돌의 계기는 주동자인 청에 대해 피동자인 일본이 대항하는 형태를 취하면서 만들어 내야 한다는 결론에 도달하였다. 그러면서도 파병하는 이상에는 당초의 목적을 관철시켜야 하며 또한 청과 무력 충돌이 벌어지는 경우에는 열강의 간섭을 적극 배제해야 한다는 점에 합의하였다. 이것은 일본 정부가 조선의 내정 개혁이라는 목적을 달성하기 위해서라면 무력의 사용도 불사하겠다는 의지를 표명한 것이라고 하겠다.70)

일본 정부는 6월 5일 해병 300명과 순사 20명을 대동시켜 오토리 공사를 인천으로 출발시켰다. 그리고 6월 6일 청국 공사 王鳳藻가 다음날 정오까지 청군 파병에 관한 정식 통고가 이루어질 것이라는 소식을 전해 오자, 이토 내각은 6일 밤에 즉각 고무라 쥬타로(小村壽太郎) 청국 주재 공사에게 타전하여 일본군 파견을 행문지조하라고 지시하였다. 그 후 6월 8일에 이르러 이홍장으로부터 파병을 자제해 줄 것을 요청받지만, 이를 무시한 채 6월 9일 일단 보병 제11연대 제1대대를 조선으로 출발시켰다. 그리고 드디어 6월 11일 오시마 여단장을 조선으로 출발시켰다. 이처럼 이토 내각은 피동적 파병 및 개전 전략을 현실화시켜 갔던 것이다.71)

그러나 이후 조선 현지에 귀임한 오토리 공사와 일본 정부 사이에 갈등이 발생한다. 6월 9일 인천에 상륙하여 10일 저녁에 호위병과 함께 한성으로 들어 온 오토리는 과다한 병력을 한성에 진입시킬 경우에는 조선과 청은 물론 열강으로부터 맹렬한 비난을 받을 가능성이 있다고 판단하였다. 게다가 아산에 주둔 중인 청국군이 철수할 것이

---

70) 졸고, 2002 <위 논문>, 111~117
71) 졸고, 2002 <위 논문>, 118~119

라는 풍문이 들려오는 데다가 한성 자체가 평온을 유지하고 있는 이
상 대규모 병력의 한성 진입은 외교상 극히 불리하다고 보았다. 이
때문에 오토리는 일본 정부에 추가 파병을 연기해 줄 것을 요구하게
된다. 이처럼 귀임을 전후로 오토리의 태도가 돌변한 것은 열강의 간
섭을 우려했기 때문이다. 한편 영국 주재 아오키 공사로부터 영국이
청일 전쟁을 바라지 않는다는 보고가 6월 12일 일본 정부에 도착하였
다.[72]

　이러한 상황 속에서 무츠 외무대신은 일본군의 한성 진입은 불가
피하다면서 오토리를 설득하였다. 특히 6월 13일에 오토리에게 보낸
전문에서는 군대를 파견한 이상 빈손으로 귀국할 수는 없다는 점을
명백히 하였다. 뿐만 아니라 청군이 아산으로 진군하지 않는다면 일
본군이 단독으로 농민군을 진압하겠다는 뜻을 밝혀도 좋다고 말하였
다. 그러면서 조선에 대한 일본의 정책은 장차 강경책을 취하게 될
것으로 보이며, 이 점은 이토 총리대신과 상의 중임을 밝혔다.[73] 즉
무츠는 그동안 일본이 표명했던 청일 협조가 전략에 지나지 않았다
는 사실을 스스로 명백히 밝혔던 것이며, 조선 내정 개혁에의 의지를
포기할 생각이 없음을 재차 확인하였던 것이다.

　그러나 청이 철병책을 통해 일본의 철병을 유도하려는 움직임을
보이는 상황어서,[74] 일본이 조선의 내정 개혁이라는 목적을 관철시키
려면 무엇보다도 먼저 일본군의 주류 상태를 유지할 필요가 있었다.
이 문제에 일본 정부가 어느 정도로 혈안이 되어 있었는가는 무츠 외
무대신이 오토리 공사에게 보내는 6월 11일자 서간[75]에 잘 드러나 있

---

72) ≪日本外交文書≫ 권27-2, 185~186 ; ≪日本外交文書≫ 권27-2, 182~
　　183 ; ≪日本外交文書≫ 권27-2, 184~185 ; ≪日本外交文書≫ 권27-2,
　　186 ; ≪駐韓日本公使館記錄≫ 권1, 8-(14), 275~276 ; ≪日本外交文書≫
　　권27-2, 268~269
73) ≪日本外交文書≫ 권27-2, 192~193
74) ≪陸奧宗光關係文書≫ 75-11, 10-63

다. 즉 무츠는 일본군이 빈손으로 귀국하는 사태는 절대로 피해야 한다면서, 조선 정부로부터 동학군 진압에 필요한 지원 요청을 끌어낼 수만 있다면 원세개든 조선 정부의 반청파든 누구를 이용해도 좋다는 견해를 밝혔던 것이다. 한편 이 서간에서 주목되는 점은 조일간의 외교 현안을 처리하기 위해 담판을 열고 강압책을 사용해도 좋다고 말한 점이다. 무츠가 말하는 외교 현안이란 김옥균 사체 모욕건을 비롯해서 철도론, 경부전신론, 조선개항론 등인데, 이는 스기무라가 제안한 바 있던 내용들이다. 그만큼 이토 내각은 조선 개혁 문제를 관철시키려는 의지를 갖고 있었다고 하겠다.

조선에 일본군의 주류 상태를 어떻게 해서든지 유지하면서 내정 개혁에의 계기를 찾아보려는 일본 정부의 의지는 드디어 6월 중순에 이르러 공식 정책으로 자리잡게 된다. 뿐만 아니라 이러한 정책을 관철시키기 위해서는 청과의 전쟁도 불사한다는 강경한 입장을 정리하게 된다. 이를 확인시켜주는 것이 바로 6월 13일 각의에 제출된 이토의 제안[76]과 이를 보충하는 형태로 결정된 6월 15일의 각의 결정[77]이다.

이토의 제안은 청일이 공동으로 농민군을 제압한 다음 조선의 정치를 개량시키기 위해 청일 양국에서 상설 위원 약간명을 파견할 것을 주된 내용으로 하는 것이었다. 정치 개량에 관해서는 재정의 조사, 정부 및 지방 관리의 도태, 경비병을 설치하여 국내의 안녕을 기할 것, 그리고 세출을 줄여 남는 재원으로 국채를 모집하여 도로 건설 등에 사용하게 할 것 등이었다.

이러한 내용은 대략 스기무라와 오토리가 그동안 제안했던 내용들을 구체화시킨 것이다. 이 제안은 이토와 무츠가 만들어낸 합작품으

---

75) ≪陸奧宗光關係文書≫ 75-11
76) ≪陸奧宗光關係文書≫ 74-25 ; ≪伊藤博文傳≫ 下, 57~58. 이토의 제안
 서가 제출된 날자에 대해서는, 高橋秀直, 1995 ≪앞 책≫, 348의 주 3)을
 참조.
77) ≪日本外交文書≫ 권27-2, 206~207

로 일본 정부의 모든 각료로부터 찬성을 받았다. 한편 무츠는 이 제
안은 이토가 수동에서 능동으로 조선 정책을 전환했음을 알리는 것
이라고 판단하였으며 동시에 청의 불수용을 예상한 위에서의 제안일
것으로 받아들였다. 이러한 판단에 근거하여 무츠는 이토의 제안에
자신의 입장을 보충해서 15일의 각의에 제출하였던 것이다.[78]

15일의 각의에서 결정된 무츠의 제안은 이토의 그것과 대체적으로
동일하지만 다음과 같은 중요한 의견이 포함되어 있다. 즉 무츠는 조
선의 내정을 개혁하는 문제에 관해 청과의 협의가 이루어질 때까지
는 철병하지 않을 것, 그리고 청이 일본의 제안을 거절할 경우에는
일본 단독으로 이를 실행할 것을 주장하였던 것이다. 이토를 비롯한
각의는 이러한 무츠의 제안을 전면 수용했다.

6월 15일의 각의 결정은 그동안 꾸준히 추진되어 온 일본의 조선
보호권 획득책이 정부의 공식 방침으로 결정되었다는 점에서 획기적
인 의의를 갖는다고 하겠다. 뿐만 아니라 그동안 표방해 온 청과의
협조가 실은 전략적인 것이었음을 일본 정부가 공식적으로 밝혔다는
점에서도 중요하다.

이상에서 살펴본 것처럼 조선의 내정을 개혁함으로써 조선에 대한
보호권을 획득하려는 일본 정부의 정책은 동학농민전쟁을 계기로 급
진전하였다. 그러나 일본 정부는 쉽사리 이러한 강경책을 실행에 옮
길 수가 없었다. 청일전쟁을 반대하는 영국을 비롯한 열강의 간섭이
우려되었기 대문이다. 뿐만 아니라 일본의 군부도 청일전쟁을 수행할
수 있는 전시 태세는 7월말에나 가능하다는 판단을 내리고 있었기 때
문이다.[79]

---

78) ≪蹇蹇錄≫, 49~51
79) 해군대신 西鄕從道에게 보내는 6월 15일자 해군군령부장 中牟田倉之助
  의 보고서[≪明治二十七八年戰史編纂準備書類二≫ (防衛廳防衛硏究所
  戰史部図書室) 청구기호 ⑪日淸M27-2]

V. 맺음말

일본 정부는 청조 종속 관계를 부정하고 조선을 독립국으로 대우하면서 조선에 세력을 확대해가는 정책을 전개하였다. 그러나 이러한 정책은 청이 조선 속국론을 근거로 임오군란에 적극 개입함으로써 커다란 위기에 봉착하였다. 그러자 일본 정부는 이노우에 외무경과 야마가타의 주도 하에 조선 독립론을 관철시키기 위해서는 군사적 대결도 불사한다는 강경한 자세를 나타냈다. 그러나 이러한 개전책은 정부 내의 반대와 조선 속국론을 지지하는 국제 여론에 밀려 보류되었고, 결국에는 청의 개입으로 예상보다 빨리 제물포조약이 체결됨으로써 실현에 옮겨지지 못하였다. 그 후 일본 정부는 청의 종주권 강화 정책에 대해 온건책을 전개하게 되는데, 이는 청일전쟁을 선동하는 열강의 식민지 정략을 크게 경계했기 때문이다.

그러나 온건책의 선택은 결코 조선 독립론으로부터의 후퇴를 의미하는 것은 아니었다. 일본 정부는 조선의 독립 문제와 관련한 청과의 갈등을 근본적으로 해소할 수 있는 방안을 모색하였는데, 이에 추진된 것이 바로 조선 독립국 공인화 정책이다. 이 정책은 조선이 1883년에서 1884년에 걸쳐 구미 열강과 조약을 체결함으로써 일단락되었다.

그러나 급진 개화파가 일으킨 갑신정변이 청군에 의해 진압되면서 조선의 내정과 외교가 청에게 장악되는 사태가 벌어졌다. 조선의 독립 체제는 다시금 유명무실한 상태로 전락하였던 것이다. 일본 정부는 정부 안팎에서 대청 개전론이 분출하는 가운데, 일단 조선의 독립 체제를 정돈시키려고 하였다. 그 과정에서 이토 히로부미와 이노우에 가오루 사이에 대청 개전 문제를 놓고 갈등이 일어났다. 그러나 사츠마파의 군부와 연대하여 대청 개전을 추진하던 이노우에가 영국의 견제에 눌려 이를 포기함으로써 정부 내의 강경책은 진정되었다. 그

러는 가운데 일본 정부는 조선의 외교 자주권을 회복시키기 위해 조
선 및 청과의 담판을 별도로 개최하였고, 내정의 자주권을 회복시키
기 위해 조선에 주둔 중인 청일 양국의 군대를 철수시키려고 하였다.
한성조약과 천진조약은 그러한 목표가 성공했음을 의미하는 것이었
다. 이후 일본 정부에서는 천진조약이야말로 조선 독립 문제를 둘러
싼 일본과 청의 대립에 종지부를 찍은 획기적인 사건이라는 인식이
정착되기 시작하였다.

　이노우에 외무경이 이홍장에게 제안한 조선 외무 판법 8개조는 일
본의 조선 정책이 천진조약의 성과를 바탕으로 독립 정책에서 보호
권 획득 정책으로 전환되기 시작했음을 보여주는 것이었다. 그러나
동시에 천진조약의 성과에 얽매여 보다 적극적인 보호권 획득책을
전개할 수 없는 상황이었음을 보여주는 것이기도 하였다. 8개조가 일
본의 주도권 장악을 노리면서도 표면적으로는 조선에서의 청의 우위
를 묵인하는 전략을 취하지 않을 수 없었던 것은 바로 이 때문이다.

　그러나 야마가타 내각이 들어서면서 조선 보호권 획득책은 보다
명확하게 그 모습을 드러내게 된다. 즉 외교 정략론은 과감하게 천진
조약에서 탈피할 것을 선언함으로써 더 이상 조선 정책이 조선 독립
론에서 머물지 않고 배타적 보호권을 획득하는 쪽으로 매진할 것임
을 설파하였던 것이다. 그런만큼 외교 정략론에는 조선에서의 청의
우위를 묵과하는 태도는 더 이상 보이지 않는다.

　야마가타 내각의 정책은 커다란 반향을 불러와 정부 내외에서 조
선의 보호권을 획득하기 위한 여러 가지 방안이 제기되기 시작하였다.
그 가운데 특히 스기무라 서기관과 오토리 공사의 제안은 이토 내각
의 조선 보호권 획득책에 많은 영향을 주었다. 이들 견해의 특징은 청
과의 전략적 협조를 통해 조선에 대한 영향력을 증대시켜 가려 한 점
에 있다. 이것은 조선에 대한 일본의 정치적 영향력이 1890년대에 접
어들면서부터 현저하게 저하된 점을 고려한 현실적인 전략이었다.

그러나 이들의 의견에서 무엇보다도 주목해야 하는 것은 조선에 대한 보호권을 배타적으로 획득하기 위해서는 조선의 내정을 개혁시켜야 한다고 주장한 점이다. 이들은 조선이 개혁 정책을 추진하게 되면 청보다는 일본을 필요로 하게 될 것이며, 그렇게 되면 유사시에 조선 스스로가 일본의 보호를 요청하게 될 것이라고 판단하였다. 그리고 이러한 판단은 정부 내외에 광범위하게 공유되기 시작했다.

이러한 상황에서 일본 정부는 천진조약의 폐지를 전제로 청과 전략적으로 협조하면서 조선의 내정 개혁에 간섭할 방도를 모색하였다. 그러는 가운데 조선에서 동학농민전쟁이 발발하였다. 이 전쟁은 조선 보호권 획득책을 일거에 진전시키는 계기가 되었다. 즉 조선의 내정을 개혁시키기 위해서는 민씨 정권을 축출해야 한다는 의견이 제기되는가 하면, 청의 거절을 예상한 상태에서 청일이 공동으로 농민군을 진압할 것과 조선의 내정을 개혁할 것을 청에게 제안하자는 의견이 등장하였던 것이다.

드디어 일본 정부는 청 및 조선의 반발, 그리고 오토리 공사의 반대를 무시한 채 대규모 군대의 한성 진입을 실현시켰다. 이것은 일본 정부가 농민군 진압 및 내정 개혁을 일본의 주도 하에 추진하자는 앞서의 의견을 적극 수용했으며, 동시에 그동안 표방해 온 청일 협조가 실은 전략에 지나지 않았음을 스스로 인정하는 행위였다.

이후 일본 정부의 조선 보호권 획득책은 이토와 무츠가 리드하는 가운데 점차 그러나 보다 뚜렷하게 일본의 주도적 역할을 부각시키는 쪽으로 전개된다. 그리하여 일본 정부는 6월 13일 및 15일에 열린 각의를 거쳐, 청일 공동의 농민군 진압과 조선의 내정 개혁을 청에게 제안할 것을 결정하였다. 동시에 청이 이러한 제안을 거절한다면 일본이 단독으로 조선의 내정을 개혁할 것을 결정하였다. 이것은 그동안 다양한 목소리로 제기되어 오던 보호권 획득책이 공식적인 정책으로 자리잡았음을 알려 주는 중대한 의미를 띠는 사건이었다. 또한 청의 거절을 예상한 상태에서 이루어진 결정인만큼 사실상 청과의 무력 충돌을 예정했음을 의미하는 것이기도 하였다.

지금까지 살펴 본 바와 같이, 일본 정부는 조선 독립 정책이 천진 조약에 의해 일단락되었다는 판단 하에 조선에 대한 배타적 보호권을 획득하는 쪽으로 정책의 방향을 전환하였다. 그 과정에서 일본은 조선 내정 개혁책이 보호권을 획득할 수 있는 유효한 수단이 될 수 있다고 보고 이를 적극 추진하였다. 다만 조선에 대한 일본의 영향력이 저하된 현실을 고려하여 전략적 청일 협조를 모색할 수밖에 없었다. 그러나 동학농민전쟁은 일본 정부가 전략적 청일 협조에서 이탈할 수 있는 계기가 되었다. 일본 정부는 조선의 내정 개혁을 단독으로 추진하겠다는 의사를 표명하였으며, 뿐만 아니라 그동안 표방해 온 청일 협조란 전략에 지나지 않았음을 스스로 밝혔던 것이다. 조선 보호권 획득책은 6월 15일의 각의에서 공식 정책으로 확정되었다.

ABSTRACT

The Sino · Japanese War and Japan's Invasion of Korea — The Acquisition of the Korean Protectorate Treaty

Choi, Suk-wan

This paper examines the leading roles that the Choshu Party (長州派) played in ruling colonial Korea from the Meiji Restoration until the Sino · Japanese War.

Japan's policy of Joseon Independence (a policy that negated subordination and tributary status to China) was based on the treatment of Korea as an independent nation. It authorized Korean independence and concluded the Treaty of Tianjin (or Tientsin, 天津). As China retained suzerainty over Korea after the Imo Soldier's Riot and the Gapsin Coup, the Japanese government, under the guidance of the Choshu party, promoted Korean independence, even though it would mean war with China. At that time, there had not been a declaration of war because of certain constraints from imperial powers that upheld the tributary status of Korea to China.

The Japanese government recognized the Tianjin Treaty as the completion of its policy of achieving Korean independence. Afterwards, Japan developed this policy of Korean independence into its acquisition of Korea as a protectorate. Their theory of 'Foreign Political

Maneuver' was declared to obtain protectorate rights by decisively breaking from the terms of the Tianjin Treaty.

The Japanese government advanced reforms of the state's internal affairs to attain protectorate rights. In mid · June of 1894, internal reform policy was officialized. This decision was reached along with the finalization of the decision to engage in a military conflict with China.

The China · Japan Treaty advocated by the Japanese government was nothing more than a strategy to expand its influence in Korea. The foundation of Japanese government policy toward Korea should be considered from the perspective of a military expansionism that negated its independence to assure exclusive protectorate right over Korea.

Keywords: Korean Independence, Protectorate of Korea, Treaty of Tianjin , Theory of Foreign Political Maneuver, Sino · Japanese War, Inoue Kaoru, Ito Hirobumi, Yamakata Arimoto

러일전쟁의 한일관계

―일본·한국정부·한국민중의 관계―

정 창 렬*

Ⅰ. 머리말

1904년의 러일전쟁은 제국주의세계체제의 역사에서 중요한 의미를 가지고 있다. 그것은 식민지 분할을 위한 제국주의체제 내에서의 열강진영끼리의 싸움이었고, 러일 양대 군사봉건적 제국주의의 싸움이었지만, 동시에 그 싸움터가 된 한국에게는 일본제국주의에 보다 더 강하게 예속되는 계기가 되었고, 따라서 한국은 반식민지에서 식민지에로 전환되어 갔다.

한일관계라고 하면 한덩어리로서의 한국과 일본의 관계를 생각하

---

* 한양대학교 명예교수

는 것이 일반적이다. 그러나 농촌사회의 분화와 상공업의 활발한 전개와 광범한 화폐유통 등으로 계급적인 분화가 이루어져 있었던 19세기말 20세기초의 한국에서 한덩어리로서의 한국사회가 보장되어 있지는 않았다. 따라서 외세와의 관계에서도 상당한 균열을 드러내기 마련이다. 예컨대 갑오농민전쟁의 제2차농민전쟁에서 한국의 개화당 정부는 일본침략세력과 결탁하여 농민전쟁을 진압하였다. 침략자 일본과 한국의 정부가 합작하여 민족적 저항에 궐기한 한국민중을 억압하였던 것이다.

제국주의세계체제에서의 민족적 저항 특히 민중에 의한 민족적 저항은 복잡한 관계 속에서 전개되고, 그것에 대한 대응도 복잡한 구조 속에서 이루어지는 것이었다. 이러한 관계가 러일전쟁의 경우에는 어떻게 전개되었는지를 살펴보려는 것이 이 글의 목적이다.

한국인들은 그들이 처한 정치·경제·사회적 조건에 따라 각기 다른 입장에서 러일전쟁에 대응하였다. 민중의 대응과 위정척사유생의 대응이 의병투쟁으로 연합하여 나타났을뿐, 각기 다른 힘으로서 별도로 나타났다. 그것도 그냥 병행하여서만 나타난 것이 아니라 서로 모순되는 관계에서 나타나기도 하였다.

한국인의 대응에서의 이러한 측면이, 러일전쟁에 결과적으로는 유효적절하게 대응하게 되지 못한 가장 큰 원인이었다고 보인다. 이 글에서는 각기 다르게 나타나게 되는 대응의 자세에 초점을 맞추어서 살펴보려고 한다.

Ⅱ. 동아시아 제국주의체제와 러일전쟁의 개전

1894년 이후의 약 10년간은 동아시아에서 제국주의체제가 뿌리를 내리게 되는 기간이었다. 이 기간 동안 동아시아는, 세계열강 모두가

관심을 기울이고 어떤 형태로든 관계됨으로써 국제정치의 초점으로
되었다. 그 속에서도 "1898년은 열강의 동아시아정책이 전환되는 일
대전기"로서[1] 앞뒤로 성격상 다른 시기로 갈라 놓았다. 앞의 시기에
서는 동아시아가 유럽열강에게 금융상·이권상의 문제로서 떠올랐으
나, 뒤의 시기에서는 식민지분할의 본격적인 대상으로서 떠오르게 됨
으로써, 동아시아에서 제국주의체제가 본격적으로 자리잡게 되었다.
예컨대 중국의 교주만, 여순, 대련, 구룡반도, 위해위, 광주만 등이 열
강에게 1898년과 1899년에 조차되었던 것이다.[2]

　1900년의 의화단사건에 대한 제국주의 열강의 진압과정에서 일본
은 최근거리의 군사력이라는 조건으로써, 러·프·독 진영에 대립하
는 영·미·일 진영의 첨병으로서 자리잡게 되었다. 이것은 일본의
對한국정책에서도 일정한 변화를 초래하였다. 이전에는 일본은 한국
에서의 러·일간의 세력범위 분할을 지향하고 있었다. 예컨대 1896년
5월 4일의 小村·웨버각서, 1896년 6월 9일의 山縣·로바노프의정서,
1898년 4월 25일의 西·로젠협정 등이 모두 그러한 표현이었다. 그러
나 의화단사건 이후에는 일본의 對한국정책의 목표는 한국의 독점적
지배로 바뀌었다. 1901년 2월 경에 공공연히 제기되기 시작한 영·일
동맹론이나, 같은 해 12월에 이등박문에 의해 제기된 러·일협상론
모두가 형태는 다르지만 한국을 일본의 세력범위로서 독점하는 것을
지향하였다는 점에서는 전적으로 일치되고 있었다는 것이 그 단적인
표현이었다.[3]

　1902년 1월 30일의 영일동맹 이후 동아시아에서의 제국주의 열강
간의 대립은 일본-러시아관계를 축으로 하여 전개되었다. 러일의 대
립은 특히 만주-한국을 둘러싸고 전개되었는데, 러시아는 한국에서의

1) 최문형, 1979 ≪열강의 동아시아정책≫ (일조각) 3
2) 信夫淸三郞·中山治一, 1972 ≪日露戰爭史の硏究≫ (하출서방신사) 65
3) 井上 淸, 1968 ≪日本帝國主義の形成≫ (암파서점) 192, 197, 199, 200

일본의 우월한 이익, 러시아의 독점적 만주지배를 주장하였고, 일본은 만주에서의 러시아의 우월한 이익, 일본의 독점적 한국지배를 주장하였다. 일본은 만주에서의 경제적 권익보다는 한국에서의 지배권 확립을 더욱 중요시하였다.[4]

만주 한국문제를 에워싼 러일의 대립은 동아시아에서의 지배지역 재분할을 위한 양대진영의 대립이었기 때문에 전쟁으로 밖에는 해결될 길이 없었다. 러시아는 1903년 7월에 만주종단의 동청철도를 완성하고 한국에 용암포의 조차를 요구하였다. 한국정부가 그 요구를 거부하였음에도 불구하고 러시아는 일방적으로 용암포를 군사기지화하기 시작하였다. 러시아도 명백하게 對일개전을 준비하고 있었다.

일본도 1903년 12월 16일의 내각-원로의 연석회의에서 對러전쟁방침을 결정하였고,[5] 1904년 2월 6일에는 외교단절을 통고하고, 이어 8일에는 여순항과 인천항에서 러시아군함을 기습, 군사행동을 개시하고, 이어 2월 10일 선전을 포고하였다.

Ⅲ. 러일전쟁 중 일본의 對한국정책

1. 군사적 제압

1903년 12월 16일에 對러개전의 방침을 결정한 일본은 12월 30일 군사적 실력으로써 한국을 일본의 제압하에 넣는다는 기본방침을 결정하였다.[6] 당시의 한국정부 내부에서는 친러반일적인 세력이 강하

---

4) 신부청삼랑, ≪앞 책≫, 177
5) 宇野俊一, 1976 <日露戰爭> ≪암파강좌 일본역사 17≫ (신판, 암파서점) 24
6) 外務省 編, 1965 ≪일본외교년표병주요문서≫ 상, 명치 36년 12월 30일

여 일본은 한국정치권력 내부에서의 정치지배력이 약하였는데, 이러한 약점을 보완하기 위하여 군사적 제압이라는 기본방향을 택하였다고 생각된다. 선전도 포고하기 전에 군대를 서울에 진입시킨 것 역시 군사적 제압으로 친러파세력을 압도하려는 목적에서였다.

일본은 한국정부를 강박하여 1904년 2월 23일 韓日議定書를 체결하였다. 이 조약은 2월 27일의 관보에서야 비로소 공포되었다. 이 조약의 핵심은 한국황실의 안전이나 한국의 영토보전에 위험이 있을 때에는 일본은 臨機필요한 조치를 취할 수 있고 軍略上 필요한 지점을 隨機收用할 수 있다는 것이었다.[7] 1904년 2월 28일 일본군 제12사단장 井上光貞은 '俘虜 間諜에 관한 軍令'을 공포하였는데, '일본군대에 무거운 위해를 끼친 자는 무조건 사형에 처하고, 가벼운 위해를 끼친 자는 한국의 법례와 관습을 고려하여 처벌한다'는 것이었다.[8]

아무런 조약상의 법적 근거도 없이 일방적으로 한국인들에게 軍令을 실시한다는 군사적 폭압 그 자체였다. 한일의정서의 체결 뒤, 3월 17일에 한국에 파견된 이등박문 특사는 고종을 알현하기 앞서 궁내부대신 閔丙奭을 만난 자리에서 일본의 말을 듣지 않으면 군사력에 의하여 제압한다고 노골적으로 협박하였다.[9] 1904년 5월 31일 일본은 각의에서 '제국의 對韓방침' '對韓시설강령' 등 對韓경영방책을 결정하였다.[10] 그 기본방향은 한일의정서에서 획득한 어느 정도의 보호권을 '한국에 대한 보호의 실권의 확립'으로 강화시키고 '경제상 각반의 관계에서 須要의 이권을 收得'하려는 것이었다. 그 기본목적에 대하여 수상 桂太郎은 '적당한 시기에 한국을 우리 보호국으로 하

각의결정 '對韓교섭결렬의 際 일본이 가져야 할 對淸韓방침' 219
7) 국회도서관입법조사국, 1964 ≪구한말조약휘찬≫ 상 (국회도서관) 66~69
8) ≪황성신문≫ 9, 광무8년 3월 4일, '잡보', 143
9) ≪일본외교문서≫ 37권 1책, 289
10) ≪일본외교년표병주요문서≫ 상, 224~225

거나 혹은 이를 우리나라에 병합할 것, 그런 시기가 올 때까지는 정
치상·외교상·군사상의 실권을 가지고 경제상에 있어서는 더욱 우
리 이익의 발전을 도모할 것'이라고 말하였다.[11] 이는 의정서에서의
기본방침을 군사적 제압에 의한 한국식민지화라는 방향에로 더욱 구
체화시킨 것이었다고 할 수 있다.

　1904년 7월 2일 조선주차군은 서울 원산간, 서울 부산간, 서울 인천
간, 서울 평양간의 전선선로상 및 군용철도 선로상을 시행구역으로
하여 軍律을 시행한다고 공포하였다. 군용의 전선·철도에 해를 끼치
는 자는 사형에 처하고, 군용전선·철도의 보호를 마을의 공동책임으
로 묻고, 군율의 집행자는 각지의 수비대장 또는 병참사령관으로 한
다는 내용이었다.[12] 그러나 다른 지방에서도 전신선의 피해, 무기나
탄약의 절취 등이 발생함에 일본주차군은 7월 9일에, 당시 조선주차
군의 관할구역인 德源·陽德·평양을 잇는 선 이남의 한국 전역으로
군율시행구역을 확대하고, 군율의 해당행위를 군용영조물 및 탄약 기
타 군수품에 대한 가해까지에로 확대하였다.[13]

　1904년 10월 8일 조선주차군은 함경도의 일본군 점령지역 안에서
軍政을 실시한다고 공포하였다.[14] 1905년 1월 20일에는 원산·영흥
간의 지역에서의 토지의 매매·質入 기타 소유권의 이동행위를 금지
하였다. 1905년 1월 6일에는 경성과 그 부근에서도 군율을 시행한다
고 공포하였다.[15] 1905년 3월 7일에는 다시 위의 군율을 경인간, 경
부간의 철도선로와 그 철도에 沿하는 전신선에도 확대 실시한다고
공포하였다.[16] 1905년 7월 3일에는 위의 군율을 고쳐, 사형에 해당하

11)《공작계태랑전》坤, 250
12) 김정명, 1967《조선주차군역사》(암남당서점) 177~178
13)《위 책》, 179
14)《위 책》, 227
15)《위 책》, 181~183
16)《위 책》, 183

는 행위를, 일본군의 군사행동을 간접적으로 방해하는 경우에까지로
확대하였다.17)

2. 민중탄압

한국을 하나의 거대한 군사감옥으로 만든 일본군의 군사행동은 일
본이 한국과의 어떤 조약에 의하여 얻은 권리가 아니라, 기본적으로
는 군사적 실력에 의하여 강행한 것이었다. 그러나 조약상의 그 어떠
한 근거도 전연 없었다고 보기도 어렵다. 예컨대 일본군의 군정·군
율·군사경찰 시행 등 일련의 군사적 폭압에 대하여 한국정부가 소
극적으로 이의를 제기한 일은 있었지만,18) 적극적인 저항의 의지를
나타낸 일은 없었다는 것이 그 반증이다.

견강부회로라도 군사적 폭압의 조약상의 근거로 될수 있었던 것이
1904년 2월 23일의 한일의정서의 제4조인 "제3국의 침해, 혹은 내란
으로 인하여 대한제국 황실의 안녕과 영토의 보전에 위험이 有할 경
우에는 대일본제국정부는 곧 임기 필요한 조치를 취할 것이며"라는
규정이었다.19) 말하자면 일본은, 한국내에서의 일본의 군사행동에 대
한 한국인의 일체의 저항 또는 방해의 행위를 위의 '내란'에 포함시
켜 해석하였던 것이다.

'내란으로 인하여'라는 구절이 들어간 것은, 일본측의 의도적·합
목적적 계획에 의한 것이라는 것을 드러내는 그 나름의 역사적 내력
이 있었다. 갑신정변의 뒤처리로서 1885년 4월 18일에 조인된 天津조
약의 제3항에서는 "장래 조선국에 만일 變亂이나 중대한 사건이 있어

---

17) ≪위 책≫, 185
18) ≪구한국외교문서 7, 일안≫ 광무 8년 7월 25일, #8242 '경성내외 일군
    사경찰실시의 거절', 245
19) 국회도서관입법조사국, 1964 ≪구한말조약휘찬≫ 상 (국회도서관) 66~67

청일 양국 또는 一國이 군대를 파견할 필요가 있을 때에는(하략)"이
라고[20] 하여, 한국 안에서 변란이 있을 때에는 청일 양국은 출병할
수 있다는 것을 당연한 전제로 삼고 있었다. 1894년의 갑오농민전쟁
때에 일본은 위의 천진조약 조항에 근거하여 6월 7일에 한국에의 출
병을 선언하였고, 7월 15일에는 같은 근거에서 그들의 한국에의 군사
적 침략을 정당화하려고 하였다.[21]

　1896년 5월 14일 서울에서 러일간에 체결된 小村 -웨버각서에서도
"조선민중에 의한 있을지도 모를 습격에 대비하여 경성 및 각 개항장
의 일본인 거류지를 보호하기 위하여 (중략) 일본군대를 둘수 있다"
라는[22] 구절을 넣어, 서울·부산·원산에 800명의 군대를 주둔시킴
으로써, 민비시해·단발령 등에 반대하는 의병투쟁을 전개하였던 한
국 민중을 탄압하기 위한 군사력으로 삼았다.

　1896년 6월 9일의 山縣 -로바노프의정서의 비밀조약 제1조에서는
"원인의 내외 여하를 불문하고 만일에 조선국의 안녕질서가 문란하
게 되던가 혹은 문란하게 될 위구가 있어, 만약에라도 러일 양국 정
부가 양국신민의 안전을 보호하고 나아가 전신선 유지의 임무를 소
유한 군대 이외에 각기 합의를 얻어 다시금 군대를 파견하여 내국관
헌을 원조함이 필요하다고 인정될 때에는" 거리를 두고서 양국 군대
의 주둔지역을 획정한다라고 하여,[23] 내란에 의하여 한국정부가 위태
로울 때에는 오로지 그 진압을 목적으로 하는 군대를 러일 양국이 파
견할 수 있다고 규정함으로써, 한국의 민중을 적대시하는 태도·자세
를 분명하게 드러내었다.

　1902년 1월 30일에 체결된 제1차 영일동맹의 제1조에서도 "청국

---

20) 외무성 편, ≪일본외교년표병주요문서≫ 상, 103
21) ≪일본외교문서≫ 27권 1책, 398, 7월 10일, '조선내정개혁의 권고가 거
　　절될 때 우리가 취해야 할 수단에 대한 건' 634.
22) ≪구한말조약휘찬≫ 중, 175~178
23) ≪위 책≫, 181~185

또는 한국에서 양체약국 중 어느 쪽이나 그 신민의 생명 및 재산을
보호하기 위해 간섭을 필요로 하는 소동이 발생함으로 말미암아 침
박되는 경우에는 양체약국 중 어느 쪽이나 그 이익을 옹호하기 위하
여 필요 불가결한 조치를 취할 수 있음을 승인한다"라고[24] 하였다.
여기에서의 '그 신민의 생명 및 재산을 보호하기 위해 간섭을 필요로
하는 소동'이란 무엇인가. 1901년 4월 24일 일본이 제시한 최초의 안
에서는 '조선에 대한 일본의 자유행동'을 영국이 승인한다는 것이었
다.[25] 이후 영국과 일본간에 여러 차례의 타협을 거치면서 일본이
1902년 1월 22일 "또는 내란에 의하여"라는 말을 끼어 넣을 것을 제
의하였는데, 이를 영국이 "간섭을 필요로 하는 소동"으로 바꾸어서 1
월 30일에 조인되었던 것이다.[26] 따라서 이 '소동'이라는 것은 사실상
한국에서 홀연히 일어나는 '소란' 즉 내란 즉 민중에 의한 민족운동
을 의미하는 것이었으며, 일본은 한국 민중의 민족운동 = 변혁운동
에 대한 군사적 탄압을 영일동맹에 의하여 국제적으로 승인받았던
것이다. 즉 영일동맹은 틀림없이 조선이나 중국의 피억압민족에 대
한 억압을 위해 맺어진 제국주의동맹이었고,[27] 반제민족투쟁 진압을
위한 조약이었다.[28]

  민중에 의한 민족운동을 억압하려는 일본제국주의의 의도는 러일
협상에서도 드러나고 있었다. 1902년 9월 말 주러시아일본공사 栗野
愼一郎은 외무성의 지령을 거치지 않은 자신의 러일협상안을 러시아
에 제시하였는데, 그 제3항 丙에서 "叛亂 혹은 어떤 국내 紛擾가 일어
나, 한국에 대한 일본국의 평화적 관계를 侵迫할 때는 필요에 응하는

---

24) ≪위 책≫, 198~200
25) ≪일본외교문서≫ 34권, 15
26) 吉田和起, 1966 <일영동맹과 일본의 조선침략> ≪일본사연구≫ 84 (일
    본사연구회) 19~20
27) <위 논문>, 115
28) 井上 淸, 1968 ≪일본제국주의의 형성≫, 203

兵員을 파견할 것"이라고[29) 하였고, 1902년 11월 1일 小村壽太郎 일본외무대신은 주러일본공사 율야신일랑에게 보낸 러일협상안의 제3항에서 "또는 지방의 소란에 의하여 국제적 분요를 야기할 우려가 있을 때는 이를 진압하기 위해 (일본이--인용자) 출병의 權이 있음을 인정할 것"이라고[30) 하였고, 주일러시아공사 로젠과 러일협상을 벌이고 있었던 코무라 외상은 1903년 10월 30일 일본측의 확정수정안을 로젠에게 제시하였는데, 그 제4조에서 "또는 국제분쟁을 일으킬 수 있는 叛亂 혹은 騷擾를 진정시킬 목적으로써 한국에 군대를 送遣하는 것은 일본의 권리임을 러시아가 승인할 것"이라고[31) 하여, 叛亂 혹은 騷擾 즉 민중에 의한 민족운동을 억압하려는 의도를 노골적으로 나타내고 있었다.

1903년 6월에도 滿韓문제를 에워싼 러일협상이 전개되었는데 일본은 이미 6월 23일의 각의에서 러일협상안 요령으로 "만주나 한국에서 국제분쟁을 일으킬 수 있는 叛亂 또는 騷擾가 발생할 경우에는 그것을 진정시킬 목적으로, 일본은 한국에, 러시아는 만주에, 군대를 파견할 수 있다"라는 안을 결정하였고,[32) 8월 12일에는 위의 내용을 포함하는 기초안을 러시아에 제출하였다.[33) 이러한 러일협상들이 깨지면서 양국은 개전의 방향으로 치달았지만, 러일협상에서도 한국민중에 의한 민족운동을 적대시하는 일본의 의도는 확실하게 살아있었다.

---

29) 외무성 편, 1966 ≪小村外交史≫ (원서방) 299
30) ≪위 책≫, 299
31) ≪위 책≫, 340~341
32) ≪일본외교년표병주요문서≫ 상, 210~212
33) ≪위 책≫, 212~213

Ⅳ. 러일전쟁에 대한 한국의 대응

1. 한국정부의 대응

1903년 7월의 용암포사건으로 러일의 대립이 전쟁의 방향으로 치닫게 되자 한국정부는 우선 局外中立의 노력을 기울였다. 1903년 9월 3일 특명전권공사 高永喜는 일본외무대신 코무라에게 강토를 보전하기 위하여 국외중립을 선언하겠으니 그 용인을 보장해달라는 요청을 하였다.[34] 일본은 9월 26일 이를 거절하였다.[35] 일본은 오히려 10월부터 전쟁 발생시 한국이 일본에 불리한 내용의 협약을 제3국과 맺지 않는다는 내용의 한일밀약을 추진하였다.[36] 11월 30일 일본정부는 주한 林權助공사에게 한국정부와 공수동맹이나 보호적 협약을 맺으라고 명하였는데,[37] 이것은 한일밀약의 내용을 그렇게 유도하라는 지시였다고 생각된다.

12월 29일에 하야시공사는 고종이 파견한 李址鎔에게 비밀조약초안을 제시하였는데, 위 11월 30일의 지시와 연관되는 핵심조항은 "한국은 황실의 안전 및 獨立保持에 관하여 일본정부의 성실한 助力을 求하며 만일 의 時變에 당하여서는 한국영토의 침해 및 한성의 안전에 대하여 일본정부에게 필요한 조치를 구한다"는 것이었다.[38] 이후

---

34) ≪일본외교문서≫ 36권 1책, 723
35) ≪위 책≫ 724
36) ≪주한일본공사관기록≫ 1903년 '일한밀약 부 한국중립 기밀송 제72호' 1 (최영희 1967, <노일전쟁전의 한일밀약조약에 대하여> ≪백산학보≫ 3, 466 주 15)에서 재인용)
37) 多胡圭一, 1974, <일본에 의한 조선식민지화과정에 대한 일고찰 1 > ≪阪大法學≫ 90, 43
38) 주 36)의 책, 8~10 (최영희, <앞 논문>, 473 주 15)에서 재인용)

한국측 대표인 이지용·민영철·이근택 등 3인과의 교섭을 거쳐 1904년 1월 18일 일본은 초안과는 달리 일본이 한국의 독립과 안전을 보전한다는 내용의 수정안을 제출하였다.[39] 이에 대하여 한국은 아마도 1월 19일, 위에 대한 수정안을 제출하였는데, 위의 조항에 관하여서는 "東亞大局의 평화에 관하여 만일 時變에 際當하였을 때에는 한일 양국은 성실한 우의로써 서로 제휴하고 안녕 질서를 영구히 유지할 사"라고[40] 하였다.

일본정부는 한국의 수정안에 자구수정을 하라는 명령을 하야시공사에게 내렸고 이에 따라 하야시는 일단 재수정안을 기안하였다.[41] 그러나 잘못하면 차질이 생길지도 모른다고 판단한 하야시는 한국의 수정안에 "만일 時變에 際當하면 일한 양국은 호상 제휴한다는 자구가 있는고로 우리 목전의 목적은 달성되었다고 생각"되므로 한국수정안대로 조인할 것을 상신하여 정부의 승인을 얻고,[42] 1월 20일에는 한국측 세 대표와 그대로 1월 22일에 조인하기로 합의하였다.[43]

한편 한국정부는 1903년 9월에 일본에 한국의 국외중립을 교섭할 때, 러시아에도 같은 교섭을 하였는데 러시아로부터도 거절을 당하였다.[44] 한국정부는 그 밖의 나라들에도 국외중립 승인을 교섭하였는데, 영국 프랑스 독일 덴마크 청국 이탈리아 등이 1904년 1월 21일에서 29일 사이에 국외중립성명을 승인한다고 회답하여 왔다.[45]

이러한 배경에서 1904년 1월 21일 한국정부는 러일이 개전하게 되면 한국은 국외중립한다고 선언하였다.[46] 일본에 대하여서도 한국의

---

39) ≪위 책≫, 34~36, 39~40, 41~46 (최영희, <앞 논문>, 477 주 29)에서 재인용)
40) ≪고종시대사≫ 6, 광무 4년 1월 20일, 18
41) 주 36)의 책, 55~58 (최영희, <앞 논문>, 478 주 33)에서 재인용)
42) ≪위 책≫, 60~61 (최영희, <위 논문>, 479 주 34)에서 재인용)
43) 최영희, <위 논문>, 475~476
44) ≪일본외교문서≫ 36권 1책, 725
45) 이광린, 1981 ≪한국사강좌≫ V-근대편-(일조각) 472

국외중립을 승인하면 밀약에 서명하겠다고 하였고 이를 일본이 거절
함에 밀약은 완전히 유산되었다. 이상으로 볼 때, 한국정부는 러일개
전에 대응하여 첫째로는 국제열강들을 한국정세에 개입시킴으로써
그 공동의 간섭에 의존하여 일본에의 예속에서 벗어나고자 하는 정
책을 취했음을 확인할 수 있다. 국외중립 추구의 선도자인 이용익은
1905년 2월에도 구미열강에게 국서를 소지한 사절을 파견하여 그들
의 한국사태에의 간섭을 요청하려는 공작을 전개하였고,[47] 3월 25일
무렵에는 그 중의 한통이 당시 상해에 있던 전주한공사 파블로프에
의해 러시아황제에게 발송되었다.[48]

　한국정부의 둘째 정책에 대하여 살펴보기로 한다. 앞의 밀약 교섭
과정에서 12월 19일에 제시된 일본의 초안에서의 '만일의 時變'의 時
變에는, 영일동맹의 제1조의 교섭과정에서 명백하게 드러났듯이, 한
국에서의 민중에 의한 민족운동이 명백히 포함되어 있는 것이었다.
이에 대한 한국측의 수정안으로 아마도 1904년 1월 19일에 제시된 안
에도, 만일 時變에 당하였을 때에는 한국과 일본이 제휴하여 그것을
진압한다는 내용으로 되어 있는데, 이때 한국측에서도 자각적으로 그
'時變'에 한국민중에 의한 민족운동을 포함시키고 있었는지는 일단
따져 볼만한 문제이다.

　김윤식의 ≪續陰晴史≫卷 11 광무 8년 2월 19일조에 보면, 光州 관
찰사가 2월 15일자의 外部電飭을 받아서 관하 각군에 보낸 훈령에서
"일본군대가 경내에 이르면 영접과 付億을 혹 소홀하지 말며 무릇 그
들이 청구하는 것은 철저하게 酬應할 것이다. 이는 土匪를 탄압하고
인민을 보호하는 뜻이다. 愚民輩가 의구하여 선동할 염려도 없지 않
으니 각별히 효유하여 소요에 이르지 않게 하라"라고 하였다고[49] 한

46) ≪황성신문≫ 9, 광무 8년 1월 25일, '잡보' 71
47) ≪일본외교문서≫, 38권 1책, 630
48) ≪위 책≫, 636

다. 한일밀약은 일단 유산되었다가 2월 10일에 전쟁이 개시되고, 일본의 군사적 제압 속에서 2월 23일에 한일의정서로 부활되었는데, 그렇게 부활되기 이전에, 한국측 수정안 제출 이후 26일만에, 외부의 훈령에서 일본군의 한국에서의 군사작전·행동을 '土匪를 탄압하고 인민을 보호하는 뜻'으로 파악하고 있었던 점으로 보아, 아마도 1월 19일 제시의, 한국측 수정 밀약안의 '時變'에는 한국민중에 의한 민족운동이 포함되어 있었다는 것은 명백하다고 보지 않을 수 없다. 따라서 러일개전에 대응하는 한국정부의 둘째 정책은, 일본과 마찬가지로 한국민중에 의한 민족운동을 탄압·압살하려는 것이었다고 보지 않을 수 없다.

한국정부는 열강의 간섭을 초래하여 전쟁의 난국을 타개하려 하였고, 또 민중에 의한 밑으로부터의 변혁운동을 탄압하려는 대응을 취하였기에, 한국의 內政을 개혁한다는 대응은 별로 보이지 않았다. 예컨대 이미 러일전쟁 개시설이 파다한 상황에서 정부는 大更張 守令擇人 視察官·捧稅官 등의 還召 등 여러 일을 논의하였으나, 이용익이 봉세관을 환소할 수 없다고 大言함에 아무런 성과없이 끝나버렸다고 한다.[50] 전쟁 이후인 2월 말에도 "정부에서 날마다 회의하고 또 어전에서 회의하였는데, 일본인이 한국정치를 개혁한다는 설이 있어서 우리 조정에서 먼저 개혁하여 타인이 간섭하지 못하게 하려는 계책 때문이었다. 그러나 날마다 회의를 해도 별 뚜렷한 효과가 없었다. (중략) 심지어는 우리 조정에서 일본보호국이 되려고 스스로 원하여 조약에 조인하였다는 訛言이 일어났다"는[51] 상황이었다. 즉 한국정부의 대응책은 "외교상의 현안을 먼저 장차 착수하려고 하기 때문에 내치의 개량은 당분간 옛날대로일 것 같다"는[52] 상황이었다.

49) 김윤식, ≪속음청사≫ 하, 78
50) ≪위 책≫, 70
51) ≪위 책≫, 79

2. 한국민중의 대응

1904년 1월 초에도 민중은 봉건적 수탈에 대한 저항을 계속하고 있었다. 1월 5일 김제군에서는 인민이 均田減稅事로 會集하였고,[53] 목포에서는 활빈당이 반남장시를 습격하였으며,[54] 1월 13일에는 전라도 일대에서 인민이 千百成群하여 均田 혁파를 제기하였고, 도처에서 화적당이 횡행하였다.[55] 1월 15일에는 천안 甲谷에서 일본인 2명이 화적에게 습격을 받아 중상을 당하였다.[56]

1월 중순에는 "근일 日兵이 入來한다, 각국 공관 보호병이 입래한다, 馬糧이 입래한다, 대포 속사포 탄환 등 군물이 속속 입래하므로 경성 내외에 거주하는 인심만 소동할 뿐 아니고 (중략) 且 외방에서도 訛言이 互播하고 전설이 낭자하여 도처마다 인심이 대단 소요하다는데, 匪徒 화적배는 此際時機를 乘하여 사방으로 봉기하는데, 삼남지방이 尤甚한지라 혹 東學餘黨이라 자칭하고 互相來往하면서 은밀히 企圖한다는 설도 有하고 혹 징세 시찰을 거행한다 자칭하고 각군 吏胥들이 통문을 발하여 모모지방으로 聚會하자 하는 事도 有하고 기타 화적배는 활빈당 都中이라 자칭하고 수백 혹 수십명이 各持軍物하고 혹 관청에도 돌입하여 公錢을 搶奪하며 혹 시장에도 난입하여 商賈의 화물을 掠去하며 혹 부호 饒民에게 驅入하여 牛畜鷄豚을 逢輒掠食하며 錢兩衣件을 所在勒奪"하는[57] 상황이었다.

4월에는 각지에 草賊이 출몰하면서 일본군의 통신기관과 운수에

---

52) ≪일본외교문서≫ 37권 1책, 318
53) ≪황성신문≫ 9, 광무 8년 1월 5일, 2
54) ≪일본신문≫ 1904년 1월 24일(≪고종시대사≫ 6, 광무 8년 1월 5일, 2에서 재인용)
55) ≪황성신문≫ 9, 광무 8년 1월 13일, 30
56) ≪황성신문≫ 9, 광무 8년 1월 18일, 47
57) ≪황성신문≫ 9, 광무 8년 1월 21일, 58

타격을 가하였고, 서울 부근에서는 의병이 출몰하면서 소요를 야기하였다.[58] 한국민중의 일본에의 저항은 일본의 전쟁행위 및 전쟁행위에 직접적으로 관련되는 행위들이 그들에게 입히는 타격때문이었다. 일본인들은 한국민중의 토지를 약탈하였고 또 철도용지로서 광대한 토지를 약탈하였다. 군용철도인 경의선·마산선의 경우에는 의정서의 제4조에 근거하여, 지도상에서 대략의 노선을 택한 뒤 해당 부지를 수용하였으며, 경부선의 경우에는 의정서 제4조의 문구를 확대 해석하여 부지를 수용하였다.[59]

1904년에 러일전쟁을 취재 보도하러 한국에 온 런던의 Daily Mail의 특파원이었던 맥켄지는 러일전쟁 때의 일본의 한국토지 약탈에 대하여 다음과 같이 썼다.[60]

> 일본인들이 될수 있는 한 한국 땅을 많이 소유해야겠다고 나온 것은 분명한 일이다.
> 일본군 당국은 이 나라 안에서 가장 좋은 자리의 대부분을 자기네가 쓰는 것으로 말뚝을 쳐놓았는데, 여기엔 서울 근방의 강변토지, 평양 주변의 땅, 한국 북부의 많은 지역, 그리고 철도변의 좋은 땅들이 다 들어가 있다. 수만 에이커의 땅을 이렇게 해서 얻은 것이었다. 물론 한국정부에 대해서는 몇푼 안되는 돈을 보상금으로 치르기는 했지만, 그것은 실제 가격의 20분의 1도 안되는 액수였던 것이다. 이런 곳에서 내쫓긴 사람들은 대개의 경우 한푼도 받지 못한 채 몰려났거나 혹은 공정가격의 10분의 1 또는 20분의 1 정도의 금액을 받았을 뿐이었다. 군대가 점령한 땅은 명목상으로 전쟁 목적을 위해서라는 것이었다. 그러나 몇 달이 못되어 이 땅의 대부분이 일본인 건축업자와 소매상인들에게 전달됨으로써, 일본인 거류지가 이 위에서 크게 확장되어 나갔던 것이다. 그들의 이와 같은 땅도둑질로 말미암아 여태까지 잘 살던 사람들이 수없이 거지가 되고 말았다.

---

58) 김정명, ≪조선주차군역사≫, 176

59) 박만규, 1982 <한말일제의 철도부설·지배와 한국인 동향> ≪ 한국사론≫ 8, 261

60) F.A.맥캔지, 이광린 역, 1969 ≪한국의 독립운동≫ (일조각) 55

이러한 토지 약탈의 바탕 위에서 이루어지는 철도 운행에 한국 민중은 저항하였다. 철도 운행 방해는, 일본의 요구로 제정된 1900년 1월의 '법률 3호, 철도사항범죄인 처단례'에 의해서도 이미 처벌을 받았지만,[61] 러일전쟁 이후에는 일본주둔군의 군율의 가혹한 처벌을 받게 되었다. 그러나 이러한 가혹한 처벌에도 불구하고 철도운행 방해는 끊임없이 발생하였다. 1904년 9월 21일에는 서울에서 김성삼 등 3인이 군용철도 방해혐의로 일본헌병대에게 砲殺당하였고,[62] 1904년 11월까지에 경산의 만촌 및 신동 부근에서는 기차 전복 기도가 한두 번이 아니었으며,[63] 1905년 4월에서 1906년 7월까지 경부·경인·마산선 상에서의 投石 행위가 55 차례 있었다.[64]

1905년 8월 9일에는 서울의 沿江 12동민 수천명이 일본의 군용지 명목의 토지 침탈에 반대하여 궐기하였다.[65] 이때 일본이 침탈한 토지는 사유전지 3,118 日耕, 家戶 1,176戶, 분묘 1,177,308塚이었다.[66]

일본은 한국인을 役夫로 징발하기 위한 준비를 이미 1904년 2월 초에 갖추고 있었으니, 일본 선박이 지개 수십만개를 싣고 2월 초에 목포에 입항하였다.[67] 役夫는 한국 관헌의 힘을 빌려, 주로 경부선과 그리고 철도 연변 지역에서 징발되었다. 러일전쟁 이전에도 철도 건설에 한국인 역부가 동원되었으나 원칙상 雇價를 지불하는 것이었다. 그러나 러일전쟁 발생 이후에는 賦役으로서 동원되거나 그렇지 않으면 극히 낮은 임금밖에 받지 못하였다.[68]

---

61) 송병기 박용옥 박한설, 1971 ≪한말근대법령자료집≫ 3 (대한민국국회도서관) 24~26
62) ≪황성신문≫ 10, 광무 8년 9월 22일, 70
63) ≪구한국외교문서≫ 7, 광무 8년 11월 4일, #8387, 361
64) ≪대한매일신보≫ 2, 광무 10년 7월 31일, 잡보, 2126
65) ≪황성신문≫ 11, 광무 9년 8월 10일, 잡보, 430
66) ≪황성신문≫ 11, 광무 9년 8월 12일, 438
67) ≪속음청사≫ 하, 권10, 광무 8년 2월 10일, 74
68) 박만규, <앞 논문>, 274

이러한 役夫 동원으로 특히 평안도에서는 곳곳에서 농민들이 못살
겠다고 소요하였다.[69] 그리고 1904년 8월 -- 9월의 사이에는, 김포, 파
주, 가평, 진위, 용인, 고양, 교하, 시흥[70] 그리고 청주에서,[71] 그리고
안악, 배천, 곡산, 용강, 강서 등지에서 소요가 발생하였다.[72] 곡산에
서는 10월과 12월에도 소요가 계속하여 발생하였다.[73] 이렇게 役夫
동원에의 저항이 치열해지자 한국정부에서는 1904년 9월 15일에 각
도에 役夫 강제모집을 중지하라고 훈령하였다.[74] 이후에는 형식상 從
民願모집이 시행되었으나 그러나 사실상에는 일본헌병대에 의한 강
제징발이 계속되었다.

1904년 6월의 일본측의 황무지개척권요구는, 5월 31일의 '對韓시설
강령'의 척식관계항목을 구체화시킨 것이었는데, 이에 대하여 한국민
중은 대중운동의 차원에서 저항하였다.[75] 당시의 상황을 Hulbert는 다
음과 같이 서술하였다.[76]

> 예컨대 일본인들은 황무지 개간안에 대한 유리한 답변을 얻기 위
> 하여 노력하고 있던 몇주일 동안에 韓人들은 그와 전혀 반대되는 특
> 징적인 방안을 채택하였다. '輔安會'라고 자칭하는 단체가 결성되었
> 다. (중략) 그 회원들 중에는 조선의 지도층에 속하는 관리들도 들어
> 있었다. 보안회는 서울의 한복판에 있는 면화전에서 회합을 갖고 일
> 본의 의도를 분쇄하기 위한 수단과 방법에 관하여 열띤 논쟁을 전개
> 하였다. 동시에 일본의 요구에 굴복하지 말라고 탄원하는 결의문을

---

69) ≪대한매일신보≫ 1, 광무 8년 8월 16일, 잡보, 51
70) 박만규, <앞 논문>, 279~280, 283, 284
71) ≪속음청사≫ 하, 광무 8년 9월 11일, 110
72) 주 70)과 같음.
73) ≪황성신문≫ 10, 광무 8년 10월 3일, 106 ; ≪대한매일신보≫ 1, 광무 8
    년 12월 23일, 645
74) ≪황성신문≫ 10, 광무 8년 9월 17일, 잡보, 54
75) 윤병석, 1964 <일본인의 황무지개척권요구에 대하여> ≪역사학보≫
    22, 49~57
76) H.B. Hulbert, 신복룡 역, 1973 ≪대한제국서설≫ (탐구당) 208~209

황제에게 보내었다. (중략) 선동은 서울에만 국한되지 않았다. 왜냐하면 지도층에 있는 회원들은 각지로 回狀을 돌리어 일본인들로 하여금 우리의 움직임이 진정이라는 것을 확신하도록 할수 있는 대시위를 보여주기 위하여 국민들이 서울로 올라올 것을 요구하였기 때문이었다

보안회는 8월 초에는, 한국인을 役夫로 강제모집하려던 일본의 기도를 분쇄하였다.[77] 이러한 한국민중의 대두에 대한 일본의 대응은, 7월 21일의 서울과 그 부근에 대한 군사경찰의 실시, 그리고 8월의 한국주둔 일본군의 2개사단으로의 증강 등으로 나타났다.

이상에서 보았듯이 한국민중의 러일전쟁에의 대응은, 스스로의 몸으로 직접 부딪치고 저항하는 것이었다. 무슨 이념이나 사상을 가지거나 어떤 국제관계 인식에 바탕되어서가 아니라 자신들의 기존의 생활양식을 유지하고 지키려는 의식에 바탕되어 있었다. 즉 러일전쟁의 군사행동에 따른 일본의 토지약탈, 노동력 징발, 물자징수 등 그들의 생활 자체를 파괴하는 행위 그 자체에 대하여 직접적으로 타협없이 저항하는 것이었다.

3. 의병의 대응

러일전쟁 이후 儒生에 의한 최초의 反日의 움직임은, 6월의 황무지개척권요구에 저항하는 김기우 정동시 허위 등 21명의 이름으로 13도 방방곡곡에 보낸 1904년 음력 5월 5일(양력 6월 18일--인용자)자 排日 通文이었다.[78] 한일의정서는 한국의 국권을 빼앗고 한국을 병탄

---

77) ≪위 책≫, 209
78) ≪주한일본공사관기록≫ '1904년 외부왕'(≪한국독립운동사≫ 1, 40·51
    에서 재인용)

하려는 것이고 황무지개척권요구는 강토를 삼키려는 것이므로, 保土하기 위하여 음력 5월 그믐(양력 7월 12일--인용자)에 일제히 궐기하자는 내용이었다.[79] 그리고 철도 역부 作弊事, 북진군 폭행事, 제일은행권 發用事, 불통상 내지에 恣意매매거주사, 울릉도삼림채벌사, 제주도 漁基勒占事 등도 거론하면서 일본의 행위를 규탄하였다.[80]

1895·6년의 의병투쟁에서의 華夏의식은 보이지 않고 國權을 지키기 위한 의식이 전면에 크게 두드러지게 나타나 있다. 한일의정서에 대한 인식도 개화사상에서의 인식과는 크게 대조된다. 위의 6월 18일자 통문은 전국 각지에 飛傳되어 상당한 자극을 주었던 것같다. 평안도 영변에서는 그 통문에 격앙되어 야간에 일본군대에 발포하는 사건이 발생하였다.[81] 7월 24일에는 서울에서도 유사한 사건이 발생하였다. 24일 정오경 문밖 약 1리 남짓의 거리에서 일본군인 8명이 멀리에서의 소총 수십발의 사격을 받았다. 일본공사는 그 공격자를 '무뢰잡배'라고 하였으나, 의병일 가능성도 있다.[82] 9월 8일에는, 8월 18일자의 '皇城金義兵所大將金' 명의의 통문이 춘천향교에 飛傳되었는데, 일본의 역부 모집과 황무지개척권요구를 규탄하고, 통문을 받는대로 각기 砲軍을 募率하고 음력 8월 10일(양력 9월 19일--인용자)에여주에 모여서 서울로 진격하자고 호소하는 내용이었다.[83] 여기에서도 당시 한국의 현실적 사회경제문제가 제기되고 있었다.

9월 14일에는 홍천 의병소에서 통문을 발하였다. 내용은 일본인이한국인의 의식생활을 침해하니 일제히 궐기하여 9월 24일에 홍천에집결하여 爲國報忠·爲民保安하는 거사를 일으키자고 호소하는 것이었다.[84] 1904년 12월 20일 무렵, 평북의 여러 군에서는 의병이 곳곳에

---

79) 위의 재인용의 책, 41
80) ≪황성신문≫ 9, 광무 8년 6월 23일, 잡보, 485
81) 김정명, ≪일본외교자료집성≫ 5, 명치 37년 7월 17일, 247
82) ≪일본외교문서≫ 37권 1책, 601
83) ≪황성신문≫ 10, 광무 8년 9월 15일, 잡보, 46

서 봉기하고 고을마다에서 의병을 불러 모았는데, 개천에 주둔하고 있던 柳麟錫의 지휘에 따른 것이었다.[85] 이때의 주요한 목표는 一進會의 타파였다. 같은 무렵 전라도에서는 도처에서 宗儒會가 의병이라고 칭하면서 일진회의 타파를 위해 활동하고 있었는데, 전북 지방에서는 장성에서 봉기한 奇宇萬의 의병부대가 가장 세력이 강대하였다.[86]

1905년 4월에는 경기, 강원, 충청 및 경북 일대에 의병이 활동하고 있었는데, 모두가 討倭로써 명분으로 삼고 있었다.[87] 5월 중순경에는 죽산, 진천, 청안, 보은 등지에서 200여명의 의병이 斥倭하기 위해 倡義하였다고 내세우고 이동해 다니면서 활동하였다.[88] 이들은 富民에게서 錢穀을 탈취하고 官屬을 결박하고 군기를 빼앗으며, 상인을 잡아서 馬匹을 빼앗았다. 이들은 생활의 길이 막힌 자에게 1朔 食費밖에 또 月料條를 따로 준다고 하면서 의병을 모집하였는데, 위에서와 같은 탈취행동은 이러한 식비와 월료를 마련하기 위한 방법이었다고 생각되며, 이것은 의병활동이 좀 더 항속화되어 갔다는 징표이기도 하였다.

1905년 9월 무렵의 농촌에서의 農談에는 흉년을 만나 죽을 지경인 빈농이 "火賊이나 따라갈지 義兵이나 따라갈지"라고 읊는 것도 있었는데,[89] 이는 의병에 투신하면 그런대로 생계가 이어지게 되었다는 사실의 반영이었다. 1905년 말 이후의 의병운동에서는 많은 경우 의병은 貰錢을 받고 있었던 것이다.[90] 이는 의병활동이 가난한 농민의

---

84) ≪황성신문≫ 10, 광무 8년 9월 22일, 잡보, 70
85) ≪속음청사≫ 하, 권11, 광무 8년 12월 29일, 121
86) 위와 같음.
87) 황현, ≪매천야록≫ 권4, 광무 9년 4월, 335
88) ≪황성신문≫ 11, 광무 9년 5월 22일, 잡보, 158
89) ≪대한매일신보≫ 2, 광무 9년 9월 7일, 잡보, 1077 ; [김도형, 1985 <한말의병운동의 민중적 성격> 박현채·정창렬 편, ≪한국민족주의론≫ 3 (창작과 비평사) 133, 주 22)에서 재인용]

생활의 방책으로도 되었다는 것으로서 의병투쟁이 그만큼 농민의 생활 그 자체와 유착되었다는 것을 반영하는 것이며, 의병활동의 지속성을 그만큼 강화하는 것으로서 의병투쟁에서의 새로운 주목되는 발전이었다.

이 시기의 의병투쟁에서 또 하나 주목되는 현상은, 유생의병장과 화적출신 의병장의 합류를 들 수 있다. 안동의 유생 柳時淵은 을미의병에 봉기하였다가 이듬해 의병 해산령에 따라 귀가하였는데, 그 후 民權의 회복과 民生의 개혁을 위해서 의병으로 재봉기하는 과정이 다음과 같이 서술되고 있다.[91]

> 항상 울분한 기색을 가지고 남의 吉凶事에 인사도 닦지 않고 무엇인가 혼자 생각하는 바 있어 여럿이 모이는 모임에도 나아가지 않았다. 族姪되는 昌植·寅植의 종형제는 글 잘하고 憂國하여 뜻하는 바가 있었다. 방법의 느림과 급함에 있어서는 서로 같지 않은 바가 있었지만 뜻만은 서로 꼭 맞았기 때문에 매양 비밀히 뜻을 통하고, 동지 李鉉圭·申乭石 등 여러 사람과 더불어 寅植의 집에서 모여 나라를 위한 여러 방략을 도모하였다. (유시연이ㅡ인용자) 일찌기 분연히 세상을 꾸짖어 말하기를 "외국 도적도 물리치지 않을 수 없고, 역적 노릇 하는 신하들도 토벌하지 않을 수 없다. 지금 나라 꼴이 이 모양이 된것이 어찌 쌓이고 쌓인 까닭이 없겠느냐, 이른바 世族이라고 하는 자는 閥閱을 빙자하여 榮華만 취하기 때문에 백성을 좀먹고, 소위 士林이란 자들은 한갓 허위만 숭상하여 백성의 기운을 망쳐 놓아서 백성과 나라가 이 지경인데도 아프고 괴로와 하지 않고 남의 일 보듯이 하고 있으니 만일 이 무리들을 통열하게 징계하지 않는다면 우리나라는 구제되지 못할 것이다. 명분이 각박해져 民權이 박탈당하고 빈부가 현저해져 民生이 병들게 되었다. 이것을 통열하게 개혁하지 않는다면 나라가 어찌 나라일 수 있겠으며, 백성이 어찌 백성될 수 있겠느냐"라고 하였다. 이에 (유시연은--인용자) 온 나라 안에서 아전·장

90) 김도형, <위 논문>, 134

91) <柳義士傳> ≪독립운동사자료집≫ 3, 독립유공자사업기금운용위원회, 1971, 574

사치·중·術士·품팔이꾼·종 할것 없이 한가지 재주만 있으면 그 인물을 찾아 문득 그에게 식사를 제공하고 자기 옷을 벗어서 입혔다. 을사 10월에 소위 5조약이 강압적으로 체결되자 온 나라가 파동치고 인심이 분개하였다. 柳義士는 비로소 召募將이 되어 수백명 군졸을 모집하였다.

申乭石은 英陽의 평민 출신으로 화적의 수괴 노릇을 하다가 1906 년부터는 의병투쟁을 전개한 평민의병장이었다.[92] 이 신돌석이 1905 년 10월 이전에 유생의병장 유시연과 동지적 접촉을 하고 있었다는 사실은 대단히 주목된다 신돌석이 화적에서 의병으로 전신하는 데에 는, 아마도 유시연과의 동지적 접촉이 중요한 계기가 되었을 것으로 생각된다. 유시연의 경우에도 화적과 동지적 접촉을 할수 있는 사상 적 바탕, 즉 의병사상 내부에서의 발전·변모가 획득되고 있었다고 보인다.

한갓 허위만 숭상하여 백성의 기운을 망쳐 놓고서도 백성과 나라 의 곤경을 남의 일 보듯이 하는 소위 士林에 대한 통열한 공격에는 華夏의 옹호에만 집착하는 의식에 대한 통열한 비판이 포함되어 있 었다고 생각된다. 그러한 사상적 연장선상에서, 民權과 民生을 회복 함으로써 나라의 나라다움과 백성의 백성다워짐을 확보하고, 그럼으 로써 민족적 모순을 해결하려고 한 것이 이 시기 의병투쟁의 발전방 향이었다고 보인다. 따라서 운동역량의 결집의 방식도, 신분의 여하 에 관계없이 능력위주로 동지를 확장하여 갔다고 생각된다. 이상에서 와 같이 1905년의 의병투쟁에서는 새로운 발전의 가능성이 내재적으 로 성장하고 있었다.

---

92) 조선총독부경무국, 1971 <폭도사편집자료> ≪독립운동사자료집 3≫, 574

V. 맺음말

러일전쟁은 제국주의 체제내에서의, 동아시아 또는 한국의 식민지적 분할을 에워싼, 제국주의 진영간 또는 러일 제국주의간의 전쟁이었다. 일본에게는 러시아와의 싸움이었고, 그리고 그 이상으로 한국과의 특히 한국민중과의 싸움이었다. 따라서 제국주의 전쟁의 모순 즉 전쟁의 폐해는 전적으로 한국민중에게 덮어 씌워졌다. 軍律 시행에 의한 한국 전체의 군사감옥화는 한국민중을 직접적인 억압대상으로 하였던 군사적 폭압이었고, 일본의 토지약탈·노동력징발·물자징수 등은 한국민중의 생활 그 자체를 파괴하는 것이었다.

이러한 전쟁에 대응하는 한국인들의 대응에는 그 자세에서 차이가 나타나고 있었다. 한국정부의 대응은 열강의 간섭을 불러들여 일본한 나라에 의한 식민지적 지배를 모면해 보려는 것이었다. 그것은 그 나름으로 국제관계에 대한 일정한 현실적 인식에 바탕된 것이었다.

한국민중은 그들의 생활 자체가 일본의 지배에 의하여 파괴되었기때문에 어떤 사상이나 이념의 수호를 위해서가 아니라 자신들의 생활양식 자체를 지키기 위하여 일본의 군사적 제압과 민중탄압에 정면으로 대항하여 싸웠다. 그런 점에서 한국 안에서의 러일전쟁은 일본제국주의와 한국민중 사이의 전면적 전쟁이었다. 따라서 러일전쟁에 대하여 한국의 유효적절한 대응이 이루어지려면 한국민중의 일본제국주의에 대한 투쟁을 중심으로 하여 한국인의 민족적 역량이 국민적인 규모에서 통합되어야만 하였다. 그럴려면 민중적 대응이 기타의 민족적 대응을 자기의 주위에 결집시켜 통합된 민족역량을 구축할 수 있는 지도력과 조직력이 민중에게 있어야 하였다. 그러나 당시의 한국의 민중적 대응은 자신들의 대응조차 전국적인 규모에서 통합할만한 역량도 없었다.

　그러한 점에서 러일전쟁에의 한국인의 대응은 일본의 침략을 물리
치는 효과를 올릴 수는 없었다고 볼 수 있다. 이러한 점이 자국 내에
서 자본주의 경제체제를 국민적 규모에서 성립시켜서 국민을 성립시
키기 이전에 제국주의 세계체제에 편입되어버린 민족의 민족운동이
겪지 않을 수 없었던 험난한 처지였다고 할 수 있다. 그러나 어려운
처지속에서도 민중의 대응과 의병의 대응이 연합할 수 있는 가능성
이 내재적으로 준비되고 있었고, 특히 그 과정에서 民權과 民生의 회
복에 의하여 나라의 나라다움과 백성의 백성다워짐을 확보함으로써
민족적 모순을 해결하려는 의식과 자세가 움트고 있었다는 사실은,
민족적 역량의 새로운 발전의 가능성을 열어 놓은 것이었다고 할 수
있다. 기본적으로는, 민중에 의한 민족운동을 일본제국주의가　억압
하는 것을 한국정부가 묵인하였다는 사실이, 외세를 효과적으로 물리
치지 못한 근본적인 원인이 되었다고 할 수 있다.

ABSTRACT

Korea and Japan Relations during the Russo · Japanese War
—Relations between the Japanese and Korean government and Korean *Minjung* (民衆)—

Jung, Chang-yeol

The complex relationship between early 20th century imperialism and the relative powers of colonies that were invaded is typified by the Russo · Japanese War. The battle between Russia, the most underdeveloped imperialist state with specific militaristic and feudal characteristics, with Japan is one aspect of this complicated relationship.

It is noteworthy to see how the Korean government and Korean *minjung* ('masses' or 'nationalists') response to Japanese imperialism differed. The Japanese government had already begun constructing a basis for destroying the *minjung* nationalistic movement through the British · Japanese alliance in January 1902. Article 1 of the British · Japanese Alliance Treaty allowed for the necessary interference of both countries in the event of disturbances. From the perspective of Japan, this was considered "internal strife" and targeted the nationalistic movement at the grassroots level of *minjung*.

The foundation for Japans' suppression of nationalistic minjung movements is expressed in negotiations between Russia and Japan, and even in the Korea-Japan Agreement (1905 Protectorate Treaty). At this time, the Korean government was misled by the 'peace and order of imperial household' and inadvertently carried out Japanese plans to suppress these movements among the *minjung*. This became one of the main reasons why Korea was not able to take effective action against Japanese imperialist invasions.

Keywords: *minjung*. Imperialism, World System, Russo · Japanese War, Military Feudalistic Imperialism, Korea-Japan Agreement (1905 Protectorate Treaty), British-Japanese Alliance

韓國의 獨島領有權에 대한 日本 古文獻의 證明

신 용 하*

Ⅰ. 머리말

2005년에 들어서서 최근 주한 일본대사가 주재국 수도 서울에서

---

* 한양대학교 석좌교수, 서울대학교 명예교수

세계 각국 외신기자들과 회견하면서 "獨島(일본 호칭 다케시마)는 역사적으로나 국제법상으로나 일본영토이다"라고 공언하였다. 이어서 일본 시마네현(島根縣) 의회가 "다케시마의 날" 조례를 제정하여 독도를 일본영토라고 결의 통과시키고, 4월 5일 공표된 일본 교과서에서는 한국역사를 극심하게 왜곡했을 뿐만 아니라 공민교과서에까지 독도를 일본 영토라고 기재하여 교육하도록 함으로써 한·일 양국 사이에 긴장이 조성되었다.

문제의 扶桑社의 公民교과서는 2005년 신청본에서 독도화보를 머리에 게재하고 「한국과 일본이 영유권을 놓고 대립하고 있는 다케시마」라는·설명문을 붙인 후, 본문에서 "다케시마는 역사적으로도, 국제법상으로도 우리(일본-인용자)의 고유영토이다"라고 침략적으로 일본의 독도영유권을 단정하면서 기술하였다. 그런데 일본 문부과학성은 이를 더욱 개악하도록 압력을 가하여, 2005년 4월 5일의 검인정 통과본에서는 독도 화보 설명문을 「한국이 불법점거하고 있는 다케시마」라고 더욱 침략적으로 개악 수정하고, 본문에 "다케시마는 역사적으로도 국제법상으로도 우리(일본-인용자) 고유의 영토이다"라고 기술하였다. 신청본에서는 독도를 언급하지 않았던 東京서적 公民교과서도 문부과학성의 검인정 통과본에서는 「다케시마는 일본의 고유영토이다」라는 기술을 신설했고, 大阪서적의 公民교과서도 본문지도에서 독도를 일본영역으로 표시하였다. 일본서적신사의 地理교과서는 신청본에는 없던 것을 일본 문부과학성 검인정과정에서 독도를 신설해 넣고 일본영해·영역으로 표시하였다. 지리교과서는 6개 출판사가 모두 지도에서 독도를 일본영토로 표시하였다. 이 교과서들의 채택비율은 합하면 70%를 넘는다고 한다. 앞으로 1개월여의 수정기간 중에 일본 외무성 홈페이지와 문부과학성의 독도를 일본영토로 강조하는 기준에 맞추어 독도를 일본영토로 표기하는 일본교과서가 계속 증가할 것이라고 한다.

한편 시마네현 의회는, 1905년 1월 28일 일본정부 내각회의가 獨島를 일본영토로 편입하기로 결정하고 그 고시를 시마네현 지사에게 管內告示톰 훈령하여 고시한 일자가 1905년 2월 22일이므로, 그 100주년을 기념하여 독도의 일본영토에의 재편입을 다짐 결의하기 위해 '2월 22일'을 "다케시마의 날"로 제정한 조례를 2005년 3월 16일 통과시켜 공포하였다.

이 논문에서는 우선 일본정부가 독도를 일본영토라고 주장하는 첫째의 근거인 1905년 1월 28일의 일본정부의 독도를 일본영토로 편입한 결정의 정당성·적법성 여부와 시마네현의 관내고시의 정당성·적법성 여부를 실증적으로 고찰하기로 한다.

이 주제에 대한 증명자료는 한국측 고문헌에 상당히 많다. 그러나 문제가 한·일 양국의 독도문제 해석에 관련된 것이므로, 여기서는 일본측의 이해를 돕기 위해 주로 일본고문헌을 사용하여 증명하는 방식을 취하기로 한다.

Ⅱ. 1900년 대한제국 勅令 제41호의 울릉도·독도 행정구역 개정과 中央 ≪官報≫告示

1894~95년의 청·일전쟁에서 일본이 승리하자 일본인들이 不法으로 울릉도에 다수 밀입도 하여 한국인들과 함께 거류하면서 伐木과 魚採에 종사하였다.

대한제국 내부대신은 사태의 심각성을 파악하고 1899년 9월 15일 의부대신에게 일본공사관에 요구하여 울릉도에 침입한 일본인들을 기한을 정해 刷還케 하고,[1] 不通商港口에 密輸한 것을 조사 처벌하여

---

1) ≪皇城新聞≫ 1899年 9月 16日字, <雜報 : 鬱島日人>

後弊를 영구히 두절시켜줄 것을 요청하였다.[2] 이에 외부대신은 내부 대신의 요청사항을 일본공사에게 요구하였다.[3]

대한제국정부의 이러한 요구에 일본공사는 9월 22일 ① 만일 일본 인들의 울릉도 침입행위와 犯法行為가 있다면 朝日修好條規에 의거 해 가장 가까운 일본영사에게 공문을 보내는 것이 순서이고, ② 일본 측은 특히 호의로 元山港에 정박한 警備艦에 領事館員을 탑승케 해 서 그 정황을 조사하여 일본인을 說諭할 차로 파견했으나 경비정이 풍랑으로 울릉도에 정박하지 못했으며, ③ 不通商港口의 외국인 밀무 역에 대한 단속은 귀국 지방관의 직권이므로 대한제국정부에서 지방 관에게 일본인들의 철수를 게시하도록 권고한다는, 매우 오만불손하 고 고답적인 회답을 보내왔다.[4]

대한제국정부는 이에 1899년 10월(음력 9월) 內部官員 禹用鼎을 책 임자로 한 조사단을 울릉도에 파견하여 사정을 정밀히 조사하기로 결정하고,[5] 일본측에서도 조사위원을 파견하여 합동조사해서 일본인 潛越문제 대책을 세우기로 방침을 정하여,[6] 1899년 12월 15일자로 우 용정을 鬱陵島視察委員에 임명하였다.[7]

또한 內部는 1900년 2월에 鬱陵島官制改定을 추진하여 그 개정안 을 議政府에 제출하였다. 그 요점은 島監을 監務라고 개칭하여 奏任 官으로 해서 內部地方局長의 지휘를 받도록 하고, 監務 밑에 島長 1 명, 書記 2명, 通引 2명, 使令 2명을 두며, 監務의 임기는 5년으로 하 고, 島長은 도민의 유지들이 회의하여 투표로 선출하되 임기를 3년으

---

2) ≪內部來去案≫ 第12冊, 光武 3年 9月 15日條, <照會 第13號>

3) ≪皇城新聞≫ 1899年 9月 23日字, <別報 : 鬱陵島事況>

4) ≪內部來去案≫ 第12冊, 光武 3年 9月 22日條, <照覆 第20號>

5) 禹用鼎, ≪鬱島記≫. "內部大臣李乾夏 深慮弊源 上年九月 以本部視察官 爲調査委員 使之前往 詳察該島情形之意 上奏"

6) ≪皇城新聞≫ 1899年 10月 11日字, <雜報 : 日人撤還>

7) ≪舊韓國官報≫ 光武 3年 12月 19日字

로 하며, 관리들의 봉급액은 울릉도의 戶口와 田結을 조사한 후 도민의 회의에 따라 결정 조달한다는 것이었다.8) 이 사이에도 울릉도 도감 裵季周로부터는 일본인들이 1899년 7, 8월간에 도벌한 材木이 1천여 株에 달하며,9) 불법으로 槻木을 대량 도벌하면서 이를 저지하려는 島監을 위협하고 있다고 사정의 시급함을 알리는 보고가 다시 도착하였다(1900년 3월).10)

대한제국 내부는 3월 14일과 26일 外部에 사태의 시급함을 알려 일본공사관에 항의토록 했고,11) 외부에서는 일본공사에게 知照하여 한·일 양측이 모두 함께 派員하여 합동조사하기로 했다.12) 일본측은 5월 초순에 파견원을 보내기로 동의했다가 다시 2주일의 연기를 요청해 왔다.13) 마침내 우용정 일행이 서울을 출발한 것은 1900년 5월 25일이었다.14)

울릉도 시찰위원 우용정은 5월 25일 인천항을 향해 서울을 출발하여, 5월 27일에 日本警部 1명을 태우고 인천을 출발 釜山港에 도착해서, 5월 30일 監理署 主事 金冕秀와 증인 겸 국제법상의 자문원으로 영국인인 釜山海關稅務司 라포르트(E. Laporte, 羅保得) 및 封辦 金聲遠을 태우고, 또 駐釜山日木副領事 赤塚正助(輔) 및 警部 渡邊鷹治郎과 함께 蒼龍丸에 탑승하여 5월 31일 오후 울릉도에 도착했다. 우용정은 6월 1일부터 5일간 영국인 稅務司 라포르트의 입회 아래 日本副領事 赤塚正助 등과 연달아 회동하면서 울릉도의 사정을 조사하였다.15)

---

8) ≪皇城新聞≫ 1900年 3月 1日字, <雜報 : 鬱陵官制의 改定>
9) ≪皇城新聞≫ 1900年 3月 10日字, <雜報 : 鬱陵島監의 公報>
10) ≪內部來去案≫ 第13册, 光武 4年 3月 14日條, <照會 第6號>
11) ≪內部來去案≫ 第13册, 光武 4年 3月 26日條, <照會 第7號>
12) ≪內部來去案≫ 第13册, 光武 4年 3月 27日條, <照覆 第5號>
13) ≪內部來去案≫ 第13册, 光武 4年 5月 9日條, <照會 第9號> ; 光武 4年 5月 14日條, <照會 第7號> ; 光武 4年 5月 19日條, <照會 第11號>
14) ≪內部來去案≫ 第13册, 光武 4年 6月 19日條, <照會 第12號>

우용정은 이때 짧은 조사기간중에도 各洞의 民人 대표들을 초청하여 울릉도 상황을 질문하고,[16] 일본인들의 潛入 실태를 조사하면서 울릉도민에 대한 중앙정부 조사위원으로서의 告示와 訓令을 발표하였다.

우용정은 서울로 귀환하자 보고서를 냄과 동시에 울릉도의 ≪戶口成冊≫ 1건, ≪起墾成冊≫ 1건, ≪日本人結幕人口成冊≫ 1건, ≪日本人犯斫槻木成冊≫ 1건, ≪本島人犯斫成冊≫ 1건, ≪監務報告≫ 1건, ≪本島等狀≫ 2건, ≪日本人事實≫ 1건을 內部에 제출하였다.[17]

　　이러한 상태에서 대한제국 內部는 종래 監務를 두기로 했던 울릉도 관제개정안을 수정하여 '郡'을 설치하기로 정하고 이를 기안해서,[18] 1900년(光武 4) 10월 22일<울릉도를 鬱島로 개칭하고 島監을 郡守로 改正하는 것에 관한 請議書>를 내각회의에 제출하였다.[19]

내부대신 李乾夏의 '鬱島' 設郡 청의서는 1900년 10월 24일 議政府會議(내각회의)에서 8대 0의 만장일치로 통과되었다.[20] 이에 대한제국정부는 1900년 10월 25일자 勅令 제41호로 全文 6조로 된 '鬱陵島를 鬱島로 改稱하고 島監을 郡守로 改正한 件'을 다음과 같이 중앙정부≪官報≫에 게재하고 전국과 각국 공사관에 반포하였다.

　　　勅令第四十一號

---

15) ≪內部來去案≫ 第13冊, 光武 4年 6月 19日條, <照會 第12號> : 光武 4年 6月 26日條, <通牒 第12號>

16) 禹用鼎, ≪鬱島記≫

17) 禹用鼎, ≪報告書 : 鬱陵島査覈≫

18) ≪皇城新聞≫ 1900年 10月 8日字, <雜報 : 鬱島設郡>

19) ≪各部請議書存案≫ (議政府 編) 第17冊, 光武 4年 10月 22日條, <鬱陵島를 鬱島로 改稱하고 島監을 郡守로 改正에 關한 請議書>

20) ≪奏議≫ (議政府 編) 第47冊, 光武 4年 10月 24日 議政府會議, <內部大臣請議鬱陵島改稱鬱島島監以郡守改正事, 勅令案>

鬱陵島를 鬱島로 改稱ㅎ고 島監을 郡守로 改正홀 件.
第一條. 鬱陵島를 鬱島라 개칭ㅎ야 江原道에 부속ㅎ고 島監을 郡守로
　　　　改正ㅎ야 官制中에 編入ㅎ고 郡等은 五等으로 홀 事.
第二條. 郡廳 位置는 台霞洞으로 定ㅎ고 區域은 鬱陵全島와 竹島 石
　　　　島를 管轄홀 事.
第三條. 開國五百四年 八月十六日 官報中 官廳事項欄內 鬱陵島以下
　　　　十九字를 删去ㅎ고 開國五百五年 勅令三十六號 第五條 江原
　　　　道二十六郡의 六字는 七字로 改正ㅎ고 安峽郡下에 鬱島郡 三
　　　　字를 添入홀 事.
第四條. 經費는 五等郡으로 磨鍊호디 現今間인즉 吏額이 未備ㅎ고 庶
　　　　事草創ㅎ기로 海島收稅中으로 姑先 磨鍊홀 事.
第五條. 未盡흔 諸條는 本島開拓을 隨ㅎ야 次第 磨鍊홀 사.
　　　　　　　　　　　　　　　　光武四年 十月二十五日
　　　　　　　　　　　　　　　　　　御押 御璽 奉
　　　　　　　　　勅 議政府臨時署理贊政內部大臣 李乾夏[21]

　　대한제국의 이 칙령에 의해 울릉도는 蔚珍郡守(때로는 平海郡)의
행정을 받다가 이제 江原道의 독립된 郡으로 승격되었다. 그리고 울
릉도의 초대 군수로는 島監으로 있던 裵季周가 奏任官 6등으로 임명
되었으며,[22] 뒤이어 사무관으로 崔聖麟이 임명 파송되었다.[23]
　　여기서 우리의 주제와 관련하여 주목할 것은 제 2 조의 울도군은
'區域은 鬱陵全島와 竹島 石島를 管轄할 事'라고 한 부분이다. 여기서
竹島는 울릉도 바로 옆의 竹嶼島를 가리키는 것으로 李奎遠의 ≪울
릉도검찰일기≫에서 확인된다. 그리고 石島는 獨島를 가리킨 것이었
다. 당시 울릉도 주민의 절대다수는 전라도 출신 어민들이었는데, 전
라도 方言으로는 '돌'을 '독'이라고 하고 '돌섬'을 '독섬'이라 부른다
는 것은 잘 알려진 사실이며, 대한제국정부는 '독섬'을 意譯하여 '石

21) ≪舊韓國官報≫ 第1716號, 光武 4年 10月 27日字
22) ≪舊韓國官報≫ 第1744號, 光武 4年 11月 29日字, <任鬱島郡守叙奏任官
　　六等 九品裵季周>
23) ≪皇城新聞≫ 1901年 1月 18日字, <雜報：訓令鬱島>

島'라고 한 것이다.[24] 울릉도 초기 이주민들의 민간호칭인 '독섬', '독
도'를 뜻을 할 때는 '石島'가 되고, 발음을 할 때는 '獨島'로 표기되고
있었다.

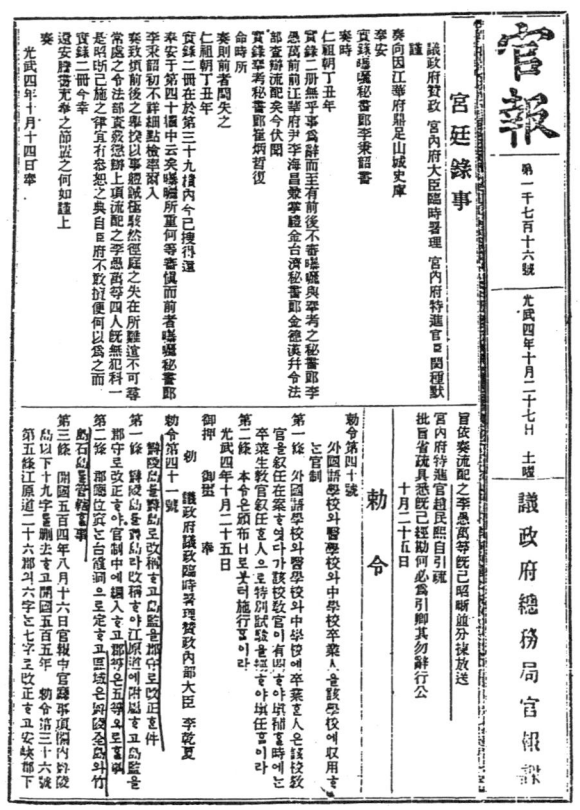

[그림 1] 1900년 대한제국 칙령 제41호를 수록한 《官報》
1900년 울릉도와 죽서도(竹島), 석도(獨島)를 관할하는 행정구
역으로 울도군을 설치한다.

---

24) 李漢基, 1969 《韓國의 領土》, 250~251 ; 宋炳基, 1978 <高宗朝의 鬱
陵島 經營> 《鬱陵島·獨島 學術調査研究》 (韓國史學會) ; 愼鏞廈(司
會)·白忠鉉·宋炳基, 1981 <獨島問題 再照明> 《韓國學報》 24

전라도에서 울릉도로 이주한 어민들은 于山島가 두 개의 큰 돌바
위로 구성된 岩嶼임을 주목하여 그들의 관습대로 '독섬'(돌섬)이라고
부른 것이고, 有識者들이 이를 한자로 표기할 때 뜻을 취하면 '石島',
음을 취하면 '獨島'라고 표기하였다. 즉 于山島＝독도＝石島＝獨島＝
리앙꾸르石島인 것이다.

울릉도 어부들의 이러한 命名방식은 리앙꾸르島라고 '독도'에 이
름을 붙인 프랑스 탐험선 리앙꾸르(Liancourt)號의 명명방식과 일치한
다. 이 탐험선은 于山島＝독도를 자기 배의 이름을 따되, Liancourt
'Islands'라고 하지 않고 Liancourt 'Rocks'(岩嶼)라 하여 '바윗돌섬'이라
고 명명했는데, 이것을 울릉도 어민들의 방식으로 보면 역시 리앙꾸
르石島＝'돌섬 · 독도 · 石 島'인 것이다.25)

또한 특히 주목할 것은 일본 해군성 수로국이 1882년(明治 15) 발
행한 ≪日支韓航路里程一覽圖≫에서는 독도(Liancourt Rocks ; 佛)를 아
예 리앙꼬르드'石'이라고 표기하여 수록했다는 점이다.

대한제국 内部가 관제를 개정하여 울릉도를 郡으로 승격시킬 때
우용정의 복명서와 함께 영국인 釜山海關 세무사 라포르테(E. Laport
e : 羅保得)의 자문과 복명서도 참조하였다.26) 그는 영국인이었기 때
문에 서양인이 제작한 한국지도에 친숙한 인물이었으며, 于山島를
Liancourt 'Rocks'(石島)라고 부른 표기에 친숙하였다. 대한제국정부가
칙령 제41조를 발표할 때 각 섬의 명칭을 약간씩 수정했는데, 울릉도
를 鬱島라 개칭하고, 竹嶼島를 竹島라고 했으며,27) 于山島를 울릉도

---

25) 프랑스 탐험선 리앙꾸르號뿐만 아니라, 1854년 러시아 탐험선 팔라다號
　도 마날라이 올리브차岩(Manalai and Olivutsa Rocks)라고 명칭을 붙이고,
　1855년 영국군함 호넷號도 호넷岩(Horrnet Rocks)イ라고 명칭을 붙여, 섬
　(Islands)이 아니라 岩(Rocks ; 바위 · 돌)임을 강조하였다. Rocks＝岩蕉＝石
　島인 것이다.
26) ≪各部請議書存案≫ 第17冊, 光武 4年 10月 22日條, <鬱陵島를 鬱島로
　改稱하고 島監을 郡守로 改定에 關한 請議書>

어민들의 명칭인 '독섬', '독도'를 意譯하고 리앙크르드석石島를 참작하여 한자로 '石島'로 개칭 표기하였다.[28]

울릉도 초기 이주민들의 '독섬'(돌섬), '독도'의 호칭방법과 이를 意譯한 '石島'의 표기방법은 한국 민족에게 보편적인 명명 표기의 양식이었다.

'독섬', '돌섬'의 경우에 울릉도 초기 이주민의 절대다수를 구성했던 전라도 남해안 지역에서 현재 민간인들이 '독섬'이라고 부르는 것을 한자로 '石島'라고 표기하고 있는 사례를 들어보자. 전라남도 莞島郡 蘆花面 古幕里에 있는 한 섬(미나리 서쪽에 있는 섬)은 민간인들은 돌이 많아 '독섬'이라고 불러오고 있는데 표기는 '石島'로 하고 있으며,[29] 忠道里에 있는 한 섬(육도 남쪽에 있는 섬, 돌로 이루어짐)은 주민들은 지금도 '독섬'이라고 호칭하는데, 행정관청에서 표기할 때는 '石島'로 하고 있다.[30] 또 海南郡 花原面 山湖里에 있는 섬은 민간인들은 '독섬'이라고 호칭하고 있는 것을 공식적으로는 '石湖島'라고 표기하고 있다.[31]

또한 민간인들이 '돌'이라는 뜻으로 '독섬'이라고 호칭하고 있는 것을 音을 취하여 '獨島'라고 표기하고 있는 사례도 꽤 있다. 전라남도 高興郡 南陽面 五泉里에 있는 한 섬(母女島 동남쪽에 있는 바위섬)은 돌로 된 섬이라고 하여 주민들은 '독섬'이라고 호칭해오고 있는데 옛날부터 한자로는 '獨島'로 표기되고 있다.[32] 또 전라남도 新安郡 飛

---

27) 朝鮮王朝의 資料들에서는 이 섬을 '竹嶼'라고도 하고 때로는 '竹島'라고도 불렀으므로 이것은 改稱이 아니라고 볼 수도 있다.

28) 愼鏞廈, 1998 <獨島명칭 변화 연구-명칭 변화를 통해 본 독도영유권> ≪韓國學報≫ 91·92합 ; 2003 ≪韓國과 日本의 獨島領有權論爭≫ (한양대학교 출판부) 수록 참조.

29) ≪한국지명총람≫ 15, 315~316

30) ≪한국지명총람≫ 15, 321

31) ≪한국지명총람≫ 16, 248

32) ≪한국지명총람≫ 13, 116

禽面 水雉里[원수치리] 앞바다에는 돌로 된 두 개의 섬이 있어 북쪽
에 있는 돌섬을 '위쪽에 있는 돌섬'이라는 뜻으로 '웃독섬'이라고 불
러왔는데, 한자로 표기할 때는 '上獨島'로 표기되어 왔으며, 남쪽에
있는 돌섬을 '아래쪽에 있는 돌섬'이라는 뜻으로 주민들은 '아릿독섬'
이라고 부르는데 한자로는 '下獨島'로 표기해오고 있다.[33]

Ⅲ. 1904년 일본 해군의 獨島 명칭 확인 보고

대한제국정부가 1900년 10월 울릉도와 그 부속도서를 하나의 郡으
로 독립시켜 鬱島郡을 설치하면서 '독도', '독섬'을 한자로 意譯하여
'石島'로 표기했지만, 당시에도 주민들 사이에서는 흡을 취하여 '獨島
'라고도 표기되었으며, '石島'와 '獨島'가 병용되고 있었다.

보통 '獨島'라는 명칭은 일제가 1905년 '독도'를 침탈한 사실을 알
게 된 제2대 鬱島郡守 沈興澤이 1906년 3월 중앙정부에 보고서를 낼
때 처음 사용된 것으로 알려져 있으나, 이전부터 울릉도 주민들은
'獨島'라고 표기하고 있었다. 그 증거로는 일본 해군이 '독도'(리앙꾸
르石島)침탈에 욕심을 내기 시작해 군함 新高號를 울릉도에 파견해
서, 처음으로 '독도'에 대한 탐문조사를 했을 때인 1904년 9월 25일
보고에, '리앙코르드岩을 韓人은 獨島라고 書하고 本邦(일본-인용자)
어부들은 약하여 리앙꼬島라고 칭한다'고 한 것에서도 알 수 있다.

松島(울릉도-인용자)에서 리앙코르드岩 實見者로부터 聽取한 情報.
리앙코르드岩은 韓人은 이를 獨島라고 書하고 本邦 漁夫들은 '리앙꼬
島'라고 호칭한다.[34]

33) ≪한국지명총람≫ 14, 467~468
34) ≪軍艦新高行動日誌≫ (日本防衛廳戰史部 소장) 1904年 9月 25日條 ; 堀

울도군수 심흥택은 일제가 독도를 몰래 침탈했다는 정보를 처음 듣고 1906년 3월 강원도관찰사에게 긴급 보고를 올리면서 '本郡所屬 獨島가 在於本部外洋百餘里許이옵드니 …"35)라는 서두로 보고서를 시작했다. 여기서 울도군수 심흥택이 독도에 대하여 '本郡[鬱島郡]所屬 獨島가 …'라고 하여 독도가 울도군 소속임을 명확히 기록한 것과, 위의 일본 군함 新高號의 보고에서 '독도'(리앙코르드岩)가 이미 1904 년 9월 이전에 한국인들 사이에서는 '獨島'로 표기되고 있었다고 기록하고 있음을 주목할 필요가 있다.

이 사실들은 '독섬', '독도'가 1900년 울도군을 독립시킬 무렵에 識者들 사이에서 意譯하여 표기할 때에는 '石島'로 표기되고 音을 취하여 표기할 때는 '獨島'로 표기되어, '石島', '獨島'가 병용되고 있었음을 나타내는 것이다. 즉 독섬＝독도＝石島＝獨島＝리앙꾸르石島(Liancourt Rocks)인 것이다.

그리고 독섬＝獨島＝石島＝리앙꾸르石島는 대한제국정부에 의하여 종래 강원도의 蔚珍郡에 속해 있다가 1900년 10월 25일자로 강원도 鬱島郡 石島(독도)로 지방관제가 개편되었으며, 민간인들은 여전히 이를 '독도', '독섬'이라고 부르고 '獨島'라고 쓰기도 했던 것이다.

Ⅳ. 1905년 일본정부의 獨島의 일본영토 편입시도

이 무렵인 1904년 일본인 어업가 中井養三郞이란 자가 독도에서의 해마잡이 독점권을 韓國政府에 청원하려고 교섭활동을 시작하자, 이 기회에 군사전략상 새로이 가치가 높아진 '독도'를 아예 일본영토로

和生, <앞 논문>
35) ≪各觀察道案≫ 第 1 冊, <報告書號外>

탈취해서 여기에 해군망루를 설치하려는 일제의 공작이 일본 해군성과 외무성을 중심으로 전개되었다.

나카이는 韓國政府에 독도에서의 어업독점권을 신청하기 위해 먼저 어업 관장 부처인 농상무성 수산국장을 방문하여 교섭하였다. 농상무성 수산국장은 나카이를 해군성 수로국장에게 보냈다.

일본 해군성 수로국장 肝付(해군제독)는 나카이에게 독도의 어업독점권을 얻으려면 韓國政府에 '貸下願'을 신청할 것이 아니라 이 섬을 주인없는 無主地라고 전제해서 일본정부에 '독도(리앙꼬島) 영토편입 및 대하원'을 제출할 것을 요구하고 독려하였다.

나카이는 해군성 수로부장에게 독려당하여 1904년 9월 29일 마침내 독도를 일본영토로 편입해서 자기에게 대부해 달라는 '리앙꼬島(독도) 영토편입 및 대하원'을 일본정부의 내무성·외무성·농상무성의 3대신에게 제출하였다.

그러나 이 때에도 나카이는 독도가 韓國領土임을 알고 있었으므로 주무부처인 내무성과 농상무성 뿐만 이나라 외무성에도 이 청원서를 제출하여 한국과의 분쟁이 발생하는 경우 이를 해결하려고 하였다.

일본 내무성은 나카이의 청원서를 받고 처음에는 이를 반대하였다. 그 이유는 러·일전쟁이 전개되고 있는 이 시국에 韓國領土로 생각되는 불모의 암초를 갖는 것이 일본의 동태를 주목하고 있는 여러 외국들에게 일본이 한국병탄의 야심이 있지 않는가 하는 의심을 증폭시킬 가능성이 있는 등 이익이 적은 반면, 한국이 항의라도 하면 일은 결코 용이하게 되지 않으리라는 것이었다. 내무성은 따라서 나카이의 독도 영토편입 및 대하원을 각하시키려고 하였다.

그러나 일본 외무성은 내무성과는 달리 독도의 '영토편입'을 적극 지지하였다. 외무성의 정무국장은 나카이에게 독도에 망루를 설치하여 무선전신 또는 해저전신을 설치하면 적의 군함에 대한 감시에 매우 좋다는 말을 들었다고 말하면서, 러·일전쟁이 일어난 이 시국이

야말로 독도를 일본에 영토편입하는 일이 긴급히 요구된다고 추동하
였다. 외무성 정무국장은 나카이에게 내무성이 우려하는 바와 같은
외교상의 고려는 할 필요가 없다고 확언하면서, 속히 청원서를 외무
성에 회부하라고 적극 독려하였다.

이와 같은 과정으로 나카이가 청원서를 제출한 후 약 4개월여 동안
에 일본정부 내부에서 독도 침탈 문제를 놓고 이론이 전개되다가, 결
국 독도를 침탈하기로 일본 내무성도 가담하게 되었다.

일본정부는 내무대신으로 하여금 나카이의 청원서를 수용하여
1905년 1월 10일자로 일본의 내각회의 결정을 요청하도록 하였다. 이
요청을 받아서 1905년 1월 28일 일본 내각회의에서 독도를 일본영토
로 편입한다는 결정을 하였다. 이 때의 내각회의 결정 원문은 중요한
것이므로 전문을 인용하면 다음과 같다.

> 메이지 38년 1월 28일 閣議決定
> 별지 內務大臣 청의 무인도 소속에 관한 건을 심사해보니, 북위 37
> 도 9분 30초, 동경 131도 55분, 隱岐島를 距하기 서북으로 85리에 있는
> 이 무인도는 他國이 이를 占有했다고 인정할 形迹이 없다. 지난 (메이
> 지) 36년 우리나라 사람 中井養三郎이란 자가 漁舍를 만들고, 인부를
> 데리고가 獵具를 갖추어서 海驢잡이에 착수하고, 이번에 領土編入 및
> 貸下를 출원했는 바, 이 때에 소속 및 도명을 확정할 필요가 있으므로,
> 該島를 竹島라고 이름하고 이제부터는 島根縣 소속 隱岐島司의 所管
> 으로 하려고 하는데 있다. 이를 심사하니 메이지 36년 이래 中井養三
> 郎이란 자가 該島에 이주하고 어업에 종사한 것은 관계서류에 의하여
> 밝혀지며, 국제법상 점령의 사실이 있는 것이라고 인정하여 이를 本邦
> 所屬으로 하고 島根縣所屬 隱岐島司의 소관으로 함이 무리없는 건이
> 라 사고하여 청의대로 閣議決定이 성립되었음을 인정한다.[36]

이 내각회의 결정에서 '독도'를 일본영토로 편입한 전제로서 근거
가 된 것은 '독도'(리앙꼬도)는 "他國이 이 섬을 占有했다고 인정할

---

36) ≪公文類聚≫ 第29編, 卷1

형적이 없다"고 하여 독도가 임자없는 '無主地'라고 주장한 것이었다. 즉 '한국영토인 독도'에서 '한국영토'를 '無主地'로 만들어서 지우려 한 것이었다. 독도를 '무주지'로 주장한 것은 나카이의 생각에는 없는 것을 일본 내무성과 내각회의가 만들어 넣은 것이었다.

일본정부는 '무주지'인 '독도'(리앙꼬島)는 나카이라는 일본인이 1903년 이래 이 섬에 들어가서 어업에 종사한 일이 있기 때문에 국제 법상 일본인이 '무주지'를 先占한 사실이 있다고 인정하여 이를 일본 영토로 '편입'한다는 '무주지 선점'에 의한 영토편입이라는 당시의 국제공법 규정에 맞추려 한 것이었다.

따라서 독도가 1905년 1월 이전에 '무주지'가 아니라 '韓國領土'였음이 증명되면, 이 '無主地 先占論'에 의거한 일본 내각회의의 결정은 완전히 無效化되는 것이었다.

독도는 서기 512년(신라 지증왕 13년) 우산국이 신라에 통일된 이래 계속하여 한국영토로 존속해 왔으므로, 역사적 진실은 '한국이라는 주인이 있는' '有主地'의 섬이었다.

일본측의 일부에서는 1905년 1월 28일 이전에 獨島(리아꼬島)가 無主地가 아니라 韓國領有의 有主地임을 일본정부 公文書로 증명해 준다면 완벽한 증명이 된다고 생각하는 이들이 많으므로, 일본고문헌에 의거해 이를 증명하기로 한다.

V. 1869~1870년 일본 明治政府 外務省과 太政官의 조선왕조의 獨島 영유 재확인 증명

일본의 明治정부가 獨島를 조선의 영유로 재확인한 실증자료가 있다면, 독도에 대한 소위 '영유권 논쟁'의 문제는 자연히 해결될 수 있다. 독도의 영유권이 조선왕조에 있음을 확인하는 일본 민간인들의 자료는 다수 남아 있다. 일본정부는 그것들이 사실을 모르는 책임 없는 민간인들의 기록이므로 증거자료가 될 수 없다고 주장한다. 그러한 주장이 반드시 맞는 것은 아니지만 일단은 접어두고, 일본정부의 주장대로, 책임 없는 민간인이 아닌 明治정부의 公文書가 '獨島는 朝鮮의 領有'라고 확인한 자료들을 제시한다면 독도가 한국영토임은 저절로 증명된다고 할 수 있을 것이다.

첫째로 주목해야 할 결정적인 자료는, 明治정부의 외무성과 太政官이 독도를 조선의 영유(부속)로 인정하고 있는 일본 외무성 자료 <朝鮮國交際始末內探書>이다. 明治정부는 德川幕府를 타도하고 新政府를 수립한 직후인 1869년(高宗 6, 明治 2) 12월 조선과의 국교 확대 재개와 征韓의 가능성을 내탐하기 위해 일본 외무성 고위관리인 佐田白茅·森山茂·齋藤榮 등을 釜山에 파견하였다. 이들이 내탐결과를 보고한 復命書가 바로 <朝鮮國交際始末內探書>다.[37) 여기에 울릉도[竹島]와 독도[松島]가 조선의 부속령임을 확인하는 다음과 같은 기록이 포함되어 있다.

　　一. 竹島와 松島가 朝鮮附屬으로 되어 있는 始末.
　　이 건은 松島는 竹島의 隣島로서 松島의 件에 付해서는 이제까지 게재된 書留도 없다. 竹島의 件에 付해서는 元祿度後는 잠시 朝鮮으로부터 居留를 위해 差遣한 바 있다. 당시는 이전과 같이 無人으로 되어 있다. 竹木 또는 竹으로부터 큰 갈대가 자라며 人蔘 등이 자연으로 난다. 그 밖에 漁産도 상응하여 있다고 들었다.(이하 略)

　　一. 竹島松島朝鮮附屬二相成候始末
　　此儀松島ハ竹島ノ隣島ニチ松島ノ儀ニ付是迄揭載セシ書留モ無之.

---

37) 山邊健太郎, 1966 ≪日韓倂合小史≫ ; 李漢基, 1969 ≪韓國의 領土≫ ; 愼鏞廈(司會)·白忠鉉·宋炳基, 1981 <獨島問題 再照明> ≪韓國學報≫ 24

竹島ノ儀ニ付テハ元祿度後ハ暫クノ間朝鮮ヨリ居留ノ爲差遣シ置候
處當時ハ以前ノ如ク無人ト相成竹木又ハ竹ヨリ太キ莨ヲ產シ人參等
自然ニ生シ其餘漁產モ相應ニ有之趣相聞ヘ候事.
右ハ朝鮮事情實地偵索イタシ候大略書面ノ通リニ御座候間一ト先歸

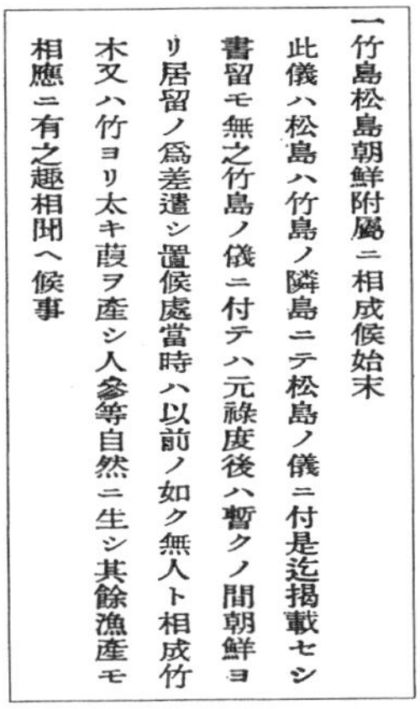

一竹島松島朝鮮附屬ニ相成候始末
此儀ハ松島ハ竹島ノ隣島ニテ松島ノ儀ニ付是迄揭載セシ
書留モ無之竹島ノ儀ニ付テハ元祿度後ハ暫クノ間朝鮮ヨ
リ居留ノ爲差遣シ置候處當時ハ以前ノ如ク無人ト相成竹
木又ハ竹ヨリ太キ莨ヲ產シ人參等自然ニ生シ其餘漁產モ
相應ニ有之趣相聞ヘ候事

[그림 2]
일본 외무성과 太政官이 1869년 조사 사항으로 指令한 <竹島松島朝鮮附屬ニ相成候始末>(울릉도·독도가 조선부속으로 되어 있는 시말)의 지령항목과 그에 대한 일본 외무성 관리들의 復命 내용. 일본 외무성과 太政官이 지령한 이 조사사항은 1869~1870년에 일본정부가 독도가 조선부속령임을 확인한 명백한 실증자료다.(≪일본외교문서≫ 수록)

府仕候依之件々取調書類繪圖面トモ相添此段申上候以上.
　午四月

外務省出仕
佐田白茅
森山茂
齋藤榮[38]

……

　일본 외무성의 이 公文書를 좀더 깊이 분석해볼 필요가 있다. 우리는 이 문서에서 그 보고내용 이전에, 일본 외무성이 지령한 '調査事項'을 먼저 주목해야 한다. 위의 ≪日本外交文書≫에서 <울릉도[竹島]와 독도[松島]가 조선부속으로 되어 있는 始末>(竹島松島朝鮮附

---

38) ≪日本外交文書≫ 第3卷, 事項6 文書番號 87, 1870年4月 15日字, <外務省出仕佐田白茅等ノ朝鮮國交 際始末內探書>, 137

屬二相成候始末)은 보고문이 아니라 일본 외무성과 太政官이 지령한 '조사사항'이다.

≪일본외교문서≫ 제2권 제3책을 보면 1869년 11월 1일자 문서번호 574에 <外務省에서 太政官辨官으로의 質疑書>, <조선국에의 派遣員에 대한 調査事項指令에 관한 질의 및 이에 대한 太政官의 決定>(윗점은 인용자)이라는 문서가 있다.[39] 그리고 ≪일본외교문서≫ 제3책에서는 佐田白茅 등이 제출한 ≪朝鮮國交際始末內探書≫에 대하여 "本內探書는 제2권 제3책 574에서 지령되었던 조사사항에 대한 복명서다"[40]라고 그 성격을 명백히 밝히고 있다. 조사사항의 지령 내용은 그 주요 사항의 기본취지와 <心得方御達之案>만이 문서번호 574에 수록되어 있고,[41] 자세한 사항은 내탐서에서 '一, 一' 등의 형식으로 수록되어 있다.

여기서 주목할 것은 일본의 明治정부가 수립된 이듬해인 1869년에 외무성과 국가최고기관인 太政官(조선왕조와 대한제국의 議政府에 해당)은 '객관적 事實로서' '울릉도와 獨島가 朝鮮의 附屬領'이라는 사실을 거듭 확인했다는 사실이다. 이것은 ≪일본외교문서≫에도 수

---

39) ≪日本外交文書≫ 第2卷 第3册, 文書番號574, 1869年 11月 1日字, <外務省ヨリ太政官辨官ヘノ伺書> 및 <朝鮮國ヘノ派遣員二對スル調査事項指令二關スル伺竝二之二對スル太政官ノ決定>, 265~268

이 문서에는 끝에 '(貼紙)伺之通'이라고 하여 조사사항의 모든 항목들을 質疑書(伺) 형식으로 작성한 문건 이 생략되어 있음을 표시하고 있는데, 이것은 ≪日本外交文書≫ 편집자가 第3卷, 文書番號 87의 ≪朝鮮國交際始末內探書≫에 지령받은 모든 조사항목이 다시 나오므로 중복을 피하기 위해 '貼紙로서 伺之通'이 있었다는 것만 표시하고 생략한 것으로 보인다.

40) ≪日本外交文書≫ 第3卷, 事項6 文書番號87, 1870年 4月 15日字, <外務省出仕佐田白茅等ノ朝鮮國交際始末內探書>, 138

41) ≪日本外交文書≫ 第3卷, 事項6 文書番號87, 1870年4月 15日字, <外務省出仕佐田白茅等ノ朝鮮國交際始末內探書> ≪朝鮮國交際始末內探書≫, 131~137

록되어 있는 움직일 수 없는 역사적 진실이다.[42]

　여기에 추가하여 또한 주목할 것은 일본 明治정부의 외무성과 태
정관이 울릉도와 독도가 조선의 부속영토임을 인지하고서도 기회만
있으면 이를 탈취하고자 하는 주관적 의도를 가지고 있었다는 점이
다. 그들이 조선에 파견하는 외무성 관리 佐田白茅 등에게 울릉도와
獨島가 조선 부속이 되어 있는 경위를 조사하도록 지령한 사실에서
이를 알 수 있다. 이때 조선에 파견된 일본 외무성 고위관리들은 귀
국 즉시 공식 복명서와 함께 개별적으로 建白書(상소문)를 제출했는
데, 대표격인 佐田白茅의 건백서를 보면 그들이 얼마나 조선영토를
탐내고 있었으며 침략적이었는가를 알 수 있다.[43]

　일본 외무성의 이러한 침략적 의도에도 불구하고, 그들의 복명서에
서 울릉도와 獨島가 조선부속령임이 객관적 사실로 확인되었고, 또한

---

42) 愼鏞廈, 1989 <朝鮮王朝의 獨島領有와 日本帝國主義의 獨島侵略> ≪한
　　국독립운동사연구≫ 3, 참조.

43) ≪日本外交文書≫ 第3卷, 事項6 文書番號88, 1870年 4月 15日字, <朝鮮
　　國ヨリ歸セ朝セシ外務省出仕佐田白茅等ノ建白書提出ノ件> 部屬書一,
　　'三月外務省出仕佐田白茅ノ建白書寫ノ', 139~140
　　"(全皇國爲一大城則 若蝦夷呂宋琉球滿淸朝鮮皆皇國之藩也. 蝦夷業旣創
　　開拓 滿淸可交 朝鮮可伐 呂宋琉球可唾 手而取矣. 夫所以朝鮮之不可不
　　伐者 大有之四 年前佛國攻朝鮮 取敗衄懊恨無限 必不使朝鮮長久矣 又魯
　　國竊窺其動靜 國國亦有功伐之志 皆垂涎乎. 彼金穀云爾 皇國若失斯好機
　　會 而與之於匪人則 實失我唇 而我齒必寒 故臣痛爲 皇國唱撻伐也)"
　　"今發出師之論則 人必以靡財蠹國 破其論 臣謹按 伐朝鮮利而無損　一
　　日雖投 若干金穀 不出五旬 而得其償矣. 今大藏省 每藏出金 凡二十萬圓
　　於蝦夷 未知幾年而成開拓矣. 朝鮮則金穴也 米麥亦頗多 一擧拔之 徵其
　　人民與金穀 以用之於蝦夷則 大藏省不唯取其償省幾年間開拓之費 其利
　　豈不浩乎. 古伐朝鮮 富强兵之策不可容易 以靡財蠹國論 鄙之也"
　　"今皇國 實患兵之多 而不患兵之少 諸方兵士 未足東北之師 頗好戰鬪 翹
　　足思亂 或恐釀成私鬪 內亂之憂"
　　"幸有朝鮮之擧用之於斯 而洩其兵士鬱勃之氣則 不唯一擧屠朝鮮 大練我
　　兵制 又輝皇威於海外 豈可不神速伐之乎哉"

보고내용에도 부분적으로 반영되었다. 즉 ① 독도는 울릉도의 隣島라는 사실, 다시 말해 독도는 울릉도의 附屬島嶼로 간주되고 있다는 사실,[44] ② 독도에 대해서는 그것이 부속령으로 된 경위를 게재한 문서가 그들이 조사한 對馬州와 草梁倭館에는 보관되어 있지 않다는 사실, ③ 울릉도에 대해서는 그것이 조선부속령이 된 경위의 문서가 보관되어 있는데, 조선정부가 한때 조선인을 거류시켰다가 지금은 이전과 같이 공도정책을 채택하여 무인도 상태에 있다는 사실, ④ 울릉도의 물산으로는 竹木·竹·葭·人蔘·海産物 등이 있다는 보고 내용이다.

이 복명서는 울릉도와 독도가 조선부속령이 아님을 밝혀내지 못하고 도리어 獨島가 울릉도의 隣島로서 울릉도의 부속도서임을 강조하여 조사항목지령과 같이 '울릉도와 獨島가 朝鮮附屬領'임을 거듭 확인했다. 그리고 울릉도와 독도를 탈취하기 위해서는 武力에 의거한 '征韓'이 필요함을 건백서를 통하여 강력히 건의하고 있다.[45]

일본 明治政府의 외무성과 국가최고기관인 태정관은 이 조사 결과 울릉도와 獨島가 조선부속령임을 재확인했고, 일본 외무성은 그 후 일정 기간 이를 당연한 것으로 인정했다. 1876년 6월에 武藤平孝란 일본 민간인이 외무성에 <松島開拓之議>라는 건의서를 냈을 때 외무성이 이 건의서를 却下시킨 것은 그 예가 된다. 일본 외무성의 정책은, 울릉도와 獨島가 朝鮮附屬領임을 재확인했지만 조선정부가 (일본측의 침략의도에 비추어 볼 때) 다행스럽게 공도정책을 채택하여 조선인의 거류를 승인치 않고 있으므로, 울릉도에 일본인의 비공식적 이주를 권장하거나 묵인하여 후일의 무력 사용에 의한 탈취에 대비

---

44) 일본의 明治政府 뿐만 아니라 이전 德川幕府의 龜山庄衛門도 獨島[松島]를 '竹島之內松島' 또는 '竹島近所之小島'라고 하여 鬱陵島[竹島]의 附屬島嶼로 간주해왔다(川上健三, ≪앞 책≫, 74~78).

45) ≪軍艦新高行動日誌≫ (日本防衛廳戰史部 소장) 1904年 9月 25日條 참조.

하자는 것이었다.

일본 외무성 ≪일본외교문서≫의 위에 든 공문서 자료들을 통하여 우리가 알 수 있는 것을 다시 한번 요약해서 정리하면 다음의 사실들에 특히 주목할 필요가 있다.

첫째, 일본 明治維新 정부의 외무성은 1869～1870년에 울릉도와 獨島가 조선의 부속령임을 객관적 사실로서 다시 확인했다는 사실이다. 즉 일본 외무성은 이때 울릉도와 獨島가 ① 朝鮮附屬領으로 되어 있고, ② 無主의 섬이 아니며, ③ 일본부속령이 아님을 명료하게 확인한 것이다.

둘째, 울릉도와 독도가 객관적으로는 조선부속령이라는 일본 외무성의 확인을 당시 일본의 국가최고기관인 태정관이 재확인했다는 사실이다.

셋째, 일본 외무성과 明治정부는 그러나 주관적 의도로는 울릉도와 獨島가 朝鮮附屬領으로 되어 있는 사실에 불만을 갖고 있었으며, 가능하면 무력을 사용하여 이들을 탈취할 의사를 갖고 있었다는 사실이다. 이것은 그들의 건백서에서도 잘 드러나고 있다.

넷째, 일본 明治정부는 독도를 울릉도의 隣島로서 울릉도의 부속도서로 파악하고 있었다는 사실이다. 이것은 당시 明治정부가 獨島를 전혀 일본의 島根縣 隱岐島의 附屬島嶼로 파악하고 있지 않았음을 아울러 증명한다.

우리는 여기서 明治정부의 외무성과 국가최고기관인 太政官이 1869～1870년에 (그들의 주관적 침략 의도와는 별도로) 객관적 사실로는 울릉도와 獨島를 朝鮮附屬領으로 명료하게 인지하고 재확인했음을 알 수 있다. 이것은 이 시기에 明治정부가 울릉도와 獨島가 朝鮮領土라고 공식적으로 간주했음을 의미한다. 그리고 일본정부가 울릉도와 독도가 조선영토라는 사실을 확인한 문건이 정부의 公式文書인 ≪일본외교문서≫에 수록되어 있고, 그 확인기관이 외무성과 국가최고기관인 太政官이라는 사실도 아울러 주목해둘 필요가 있다.

Ⅵ. 1877년 일본 明治政府 內務省과 太政官의 조선왕조의 獨島 영유 재확인 증명

다음으로 주목해야 할 자료는 明治정부의 내무성과 태정관이 1877 년(明治 10)에 독도가 조선영토이며 일본과는 관계 없는 곳이라고 명백하게 결정한 일본정부 공문서다.

일본 내무성(內務卿 大久保利通)은 1876년(明治 9) 일본 국토의 地籍을 조사하고 지도를 편제하는 사업에 임하여, 울릉도[竹島]와 독도 [松島]를 島根縣에 포함시킬 것인가 말 것인가에 대한 질의서(<日本海內竹島外一島地籍編纂方伺 ; 동해내의 竹島 외 一島 地籍編纂에 대한 質稟>)를 1876년 10월 16일자 공문으로 島根縣 參事 境二郞으로부터 접수했다. 일본 내무성은 약 5개월에 걸쳐 島根縣이 제출한 부속문서뿐 아니라, 元祿연간(朝鮮의 肅宗연간에 해당)에 조선과 교섭한 관계문서들을 모두 조사해본 후, 울릉도와 獨島는 朝鮮領土이며 일본과는 관계 없는 곳이라는 결론을 내렸다.[46] 일본 내무성은 울릉도와 獨島가 "本邦[日本]關係無之"라고 결론을 내렸으나 "版圖의 取捨는 重大之事件"이므로 이를 내무성 단독으로 결정할 수 없다고 생각하여, 島根縣이 제출한 문서들과 일본 元祿期 조선과 왕래한 외교문서들을 부속으로 별첨하여 1877년(明治 10) 3월 17일 당시 국가최고기관인 太政官(右相 岩倉具視)에 稟議書를 제출하였다.

---

46) 堀和生, 1987 <1905年 日本の竹島領土編入> ≪朝鮮史硏究會論文集≫ 24, 참조.

日本海內 竹島外一島 地籍編纂에 대한 質稟書

竹島는 所轄의 건에 대하여 島根縣으로부터 別紙의 질품이 와서 조사한 바 該島의 건은 元祿 5년(1692, 숙종 18) 朝鮮人이 入島한 이래 別紙書類에 摘採한 바와 같이 元祿 9년 정월 第 1 號 舊政府의 評議의 旨意에 의하여, 第 2 號 譯官에게 준 達書, 第 3 號 該國에서 온 公簡, 第 4 號 本邦回答 및 口上書 등과 같은바, 즉 元祿 12년에 이르러 각각 왕복이 끝났으며 本邦은 관계가 無하다고 들었지만, 版圖의 取捨는 중대한 事件이므로 別紙書類를 첨부하여 爲念해서 이에 품의합니다.

明治 10년 3월 17일
內務卿 大久保利通 代理
內務少輔 前島 密
右大臣 岩倉具視殿

日本海內竹島外一島地籍編纂方伺

竹島所轄之儀二付島根縣ヨリ別紙伺出取調候處該島之儀ハ元祿五年朝鮮人入島以來別紙書類二摘採スル如ク元祿九年正月第一號舊政府評議之旨意二依リ二號譯官へ達書三號該國來柬四號本邦回答及ヒ口上書等之如ク則元祿十二年二至リ夫夫往復相濟本邦關係無之相聞候得共版圖ノ取捨ハ重大之事件二付別紙書類相添爲念此段相伺候也.
明治十年三月十七日
內務卿 大久保利通 代理
內務少輔 前島 密
右大臣 岩倉具視殿[47)]

일본 내무성 用紙에 내무대신 大久保利通을 대리하여 내무차관 前島密이 太政官 右大臣 岩倉具視 앞으로 제출한 이 공문서의 요점은, ① 竹島와 그 밖의 一島의 地籍 편찬에 대하여 그 所轄 문제로 島根縣으로부터 내무성으로 질품서가 왔는데, ② 내무성이 島根縣이 제출한 서류들과 또 1692년 (安龍福이라는-필자) 朝鮮人이 들어온 이래

---

47) 日本 太政官 編, ≪公文錄≫ 內務省之部 1 (日本國立公文書館 소장) 1877年 3월 17日條, <日本海內竹島外 一島地籍編纂方伺>

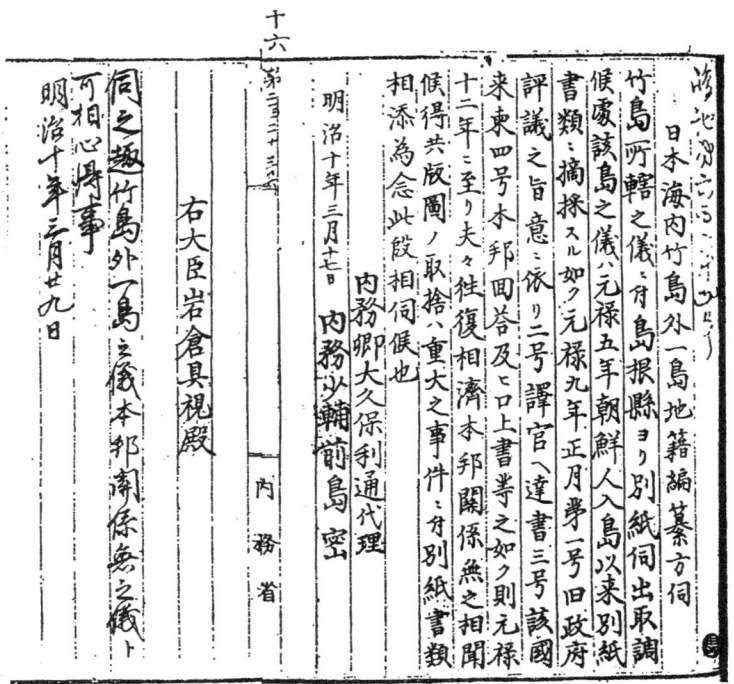

[그림 3] 일본 內務省 공문서

일본 내무성이 1877년에 鬱陵島(竹島)와 그 외 一島(獨島, 松島)를 일본영
토 地籍에 포함시킬 것인가에 대하여 두 섬이 일본과 관계 없는 조선영
토라고 판단하고, 太政官에 최종결정을 요청하여 상신한 질품서와 태정
관이 울릉도와 독도가 일본과 관계 없는 곳이라고 최종결정하여 내려보
낸 지령문을 첨가해서 기록한 공문서.(일본국립공문서관 소장)

조선과 일본 사이의 왕복문서들을 조사해본 결과, ③ 내무성의 의견
은 竹島와 그 밖의 一島는 일본과는 관계가 없는 곳이라고(조선의 부
속령이라고) 결론을 내렸지만, ④ 地籍을 조사하여 일본국의 판도에
넣을까 뺄까는 중대한 사건이므로 태정관의 최종 결정을 요청한다는
것이었다.

  이 시기 明治정부는 울릉도를 '竹島'라고 부르고 독도를 '松島'라

고 불렀으므로, '竹島外一島'의 一島가 '松島'[독도]를 가리키는 것인
가를 확인해둘 필요가 있다. 이와 관련해 위의 내무성 질품서에 첨부
된 별지서류에서는 다음과 같이 그 一島가 '松島'임을 밝히고 있다.

> 磯竹島는 일명 竹島라고 칭한다. 隱岐國의 북쪽 120리에 있다. 둘
> 레가 약 90리이며 산은 험준하고 평지는 적다. 내가 셋 있으며 폭포도
> 있다. 그러나 깊은 골짜기에는 나무와 대가 조밀하여 그 근원을 알 수
> 없다. 오직 눈에 보이는 바의 그 많은 것으로서 식물에는 五鬣松 …
> 있음을 본다. 魚貝는 매거하기 어려울 정도다. 그 가운데 海鹿과 鮑의
> 물산이 가장 많다. 鮑를 잡는 데는 저녁에 대나무를 바다에 투입하여
> 아침에 이것을 들어올리면 鮑가 가지에 붙는 것이 많으며 그 맛이 절
> 륜하다고 한다. 또 海鹿 한 마리에서 여러 말의 기름을 얻을 수 있다.
> 다음에 一島가 있는데 松島라고 부른다. 둘레의 주위 30정보 정도
> 이며, 竹島와 동일선로에 있다. 隱岐를 距하기 80리 정도이다. 나무나
> 대는 드물다. 역시 漁獸가 난다.

> 磯竹島一ニ竹島ト稱ス. 隱岐國ノ乾位一百二拾里許ニ在ス. 周回凡
> 九十里許山峻嶮ニシテ平地少シ. 川三條アリ. 又瀑布アリ. 然レトモ深
> 谷幽邃樹竹稠密其源ヲ知ル能ハス. 唯眼ニ觸レ其多キ者植物ニバ 五
> 鬣松 紫木再檀 黃蘗 椿 樫 柊 桐 雁皮 栂 竹 マノ竹 胡蘿 蔔 蒜 款冬
> 蘘荷 獨活 百合 午房 茱萸 覆盆子 虎杖 アヲキハ, 動物ニハ 海鹿 貓
> 鼠 山雀 鳩鴨 弱 梟 鵜 燕 鷺 鵰 鳰 ナヂコ アナ鳥四十雀ノ類 其他辰
> 砂岩綠靑アルヲ見ル. 魚貝ハ枚拳ニ暇アラス. 就中海鹿鮑ヲ物產ノ最
> トス. 鮑ヲ獲ルニタニ竹ヲ海ニ投シ朝ニコレヲ上レハ鮑枝葉ニ著クモ
> ノ夥シ其味絶倫ナリト. 又海鹿一頭能ク數斗ノ油ヲ得ヘシ.
> 次ニ一島アリ松島ト呼フ. 周回三十町許竹島ト同一線路ニ在リ. 隱
> 岐ヲ距ル八拾里許 樹竹稀ナリ. 亦魚獸ヲ產ス.[48]

즉 일본 내무성이 태정관에게 제출한 위 공문서의 부속문서에서
"다음에 一島가 있는데 松島라고 부른다"고 하여 一島가 '松島'임을
명확히 밝히고 있는 것이다.

---

48) ≪公文錄≫, 위 자료의 別紙文書

태정관에서는 내무성의 품의서를 접수하여 검토한 후 조사국장의 기안으로 1877년 3월 20일 "품의한 취지의 竹島 外 一島의 건에 대하여 本邦[일본]은 관계가 없다는 것을 心得할 것"(伺之趣竹島外一島之義本邦關係無之義ト可相心得事)이라는 지령문을 작성하여 이를 결정하였다.

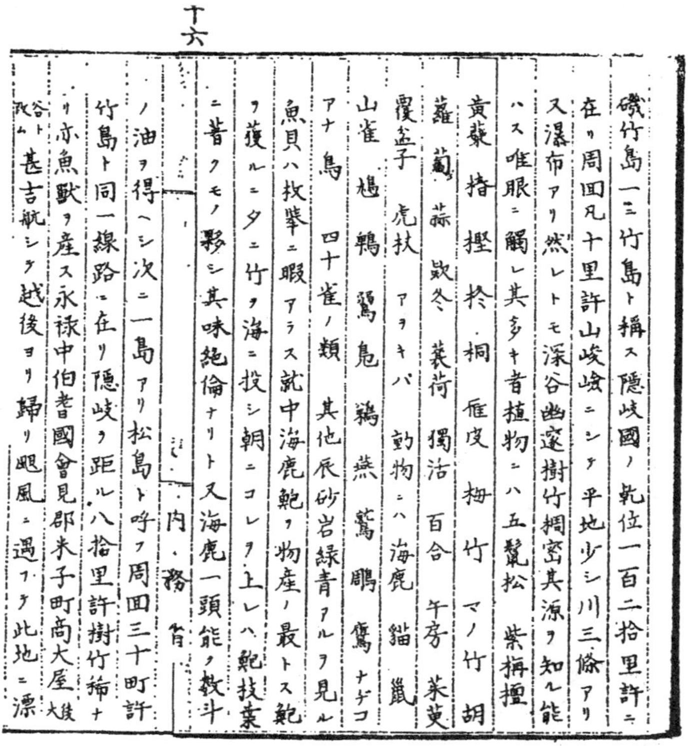

十六

磯竹島一ニ竹島ト稱ス隱岐國ノ乾位一百二拾里許ニ在リ周回凡十里許山峻嶮ニシテ平地少シ川三條アリ又瀑布アリ然レトモ深谷幽邃樹竹稠密其源ヲ知ル能ハス唯眼ニ觸レ其多キ植物ハ五鬣松紫栴檀黃蘗椿桐雁皮梅竹マノ竹胡蘿蔔葵歁冬菉苟獨活百合午芳茱萸虎杖アフキバ鈞物ハ海鹿猫鼠山雀鳩鵯鵜燕鷲鵰鷹ナヅコ魚貝ハ枚擧ニ暇アラス就中海鹿ノ物產ノ最トス一ヲ獲ルニ一タビ暇ヲ投シ朝ニコレヲ上レハ數斗ノ油ヲ得ヘシ次ニ一島アリ松島ト呼フ周回三十町許竹島ト同一線路ニ在リ隱岐ヲ距ル八拾里許樹竹稀ナリ亦魚獸ヲ產ス永禄中伯耆國會見郡米子町高大屋某改谷善吉航シ越後ヨリ歸リ颶風ニ遇ヒテ此地ニ漂

[그림 4] 일본 내무성 부속문서

1877년에 울릉도[竹島]와 그 외 一島를 일본의 地籍에 포함시킬 것인가에 대하여 두 섬이 일본과 관계 없는 곳이며 조선영토라고 판단하고 太政官에 최종결정을 요청하여 질품서를 제출할 때 竹島外一島가 松島[獨島]임을 가리킨 문서.(일본국립공문서관 소장)

별지 內務省 품의 日本海內竹嶋外一嶋地籍編纂之件. 위는 元祿 5
년 朝鮮人이 入嶋한 이래 舊政府와 該國[조선]과의 왕복의 결과 마침
내 本邦[일본]은 관계가 없다는 것을 들어 상신한 품의의 취지를 듣
고, 다음과 같이 指令을 작성함이 가한지 이에 품의합니다.

指令按
품의한 취지의 竹島 外 一島의 건에 대하여 本邦[일본]은 관계가
없다는 것을 心得할 것.

明治十年三月二十日
大臣㊞   本局㊞㊞
參議㊞
卿輔㊞

別紙內務省伺日本海內竹嶋外一嶋地籍編纂之件 右八元祿五年朝鮮
人入嶋以來舊政府該國卜往復之末遂ニ本邦關係無之相聞候段申立候
上八伺之趣御聞置左之通御指令相成可然哉 此段相伺候也
御指令按
伺之趣竹島外一嶋之義本邦關係無之義卜可相心得事[49)]

이 太政官의 指令按에서 竹島[울릉도]와 그 외 一島(松島, 독도)가
"일본과 관계가 없다"는 것은 그 앞에 "위는 元祿 5년 朝鮮人이 入島
한 이래 該國[조선]과 往復의 결과 일본과 관계가 없다"(윗점은 인용
자)고 전제한 기록에서 알 수 있는 바와 같이 '朝鮮領土'여서 일본과
관계가 없다고 명백히 밝혀 결정한 것이다.

위의 '元祿5년 朝鮮人이 入島한 이래'는 1693년 安龍福이 일본에
들어갔던 일을 가리킨 것이다. 이때 對馬島主 등이 앞장서서 울릉
도·獨島의 영유권 논쟁을 일으켜서 3년간을 끌다가 1696년 1월에
德川幕府의 將軍과 關白(집정관)은 울릉도와 독도를 朝鮮領土로 재확
인하고, 그 재확인과 울릉도·독도에의 일본어부들의 출어를 금지시
키겠다는 외교 문서를 조선정부에 보내어왔다. 이미 이때 울릉도·독
도 영유권논쟁은 사실상 종결된 것이었다.

---

49) ≪公文錄≫, 위 자료의 1877년 3월 20日條 太政官指令文書

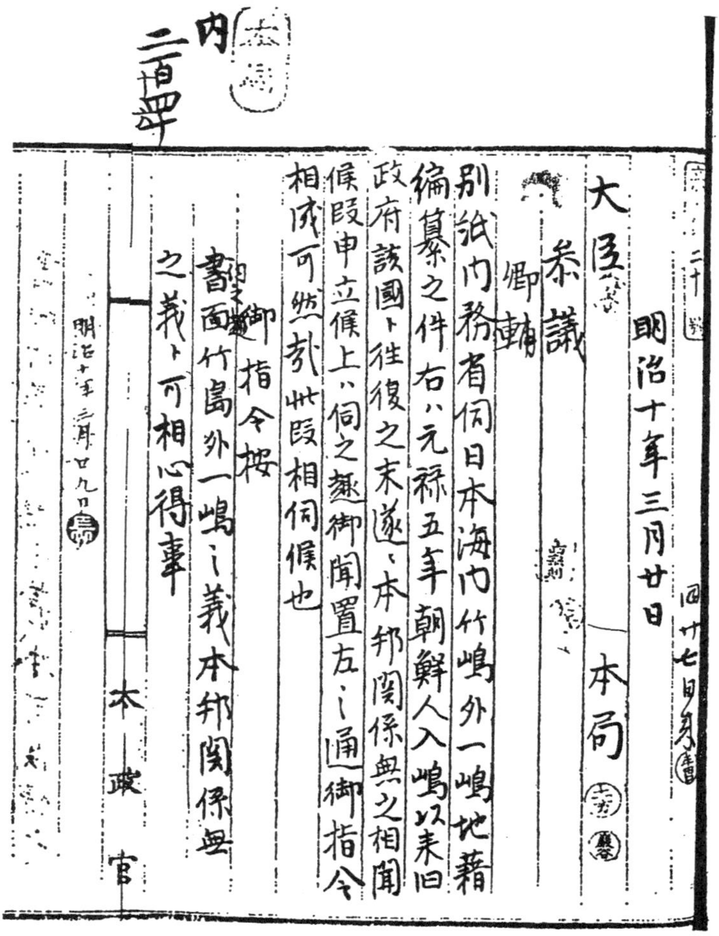

[그림 5] 太政官 공문서

일본 국가최고기관인 태정관이 1877년 울릉도[竹島]와 그 외 一島(獨島. 松島)가 조선영토라고 판단하고 "울릉도와 독도는 일본과 관계 없는 곳"이므로 日本 地籍에 포함시키지 말라는 결정을 내려 內務省에 보낸 공문서.(일본국립공문서관 소장)

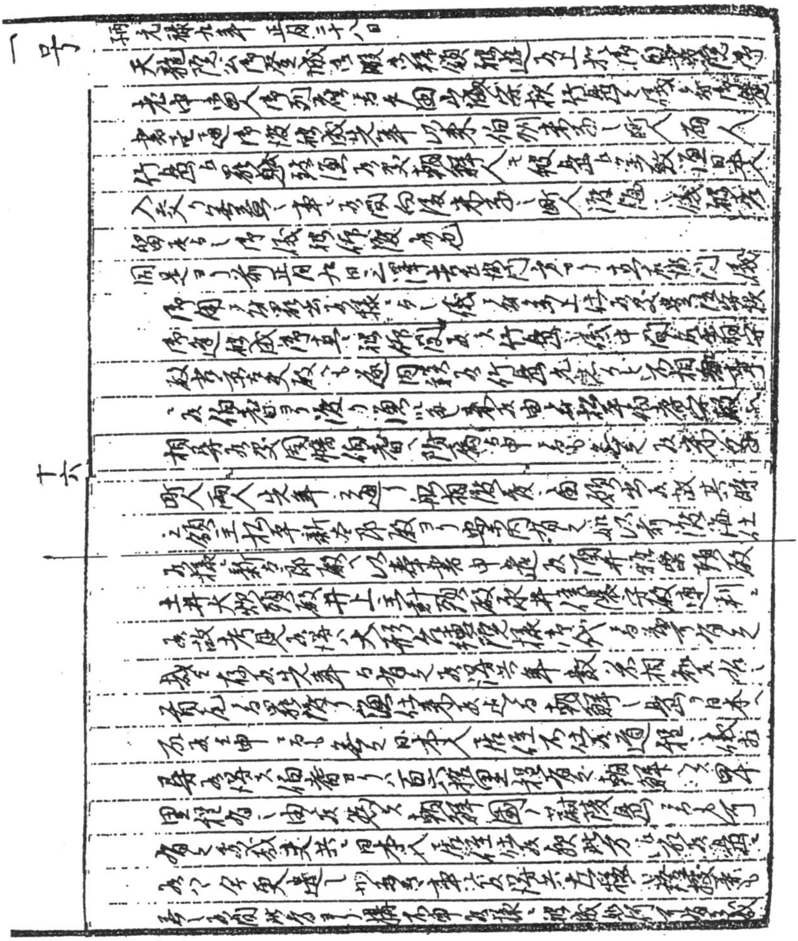

[그림 6]

1696년 1월 28일 본 德川幕府 將軍이 伯耆州太守 등 4명의 藩主들 앞
에서 竹島와 松島를 조선영토로 확인 결정한 회의록의 일부.(일본국립
공문서관 소장)

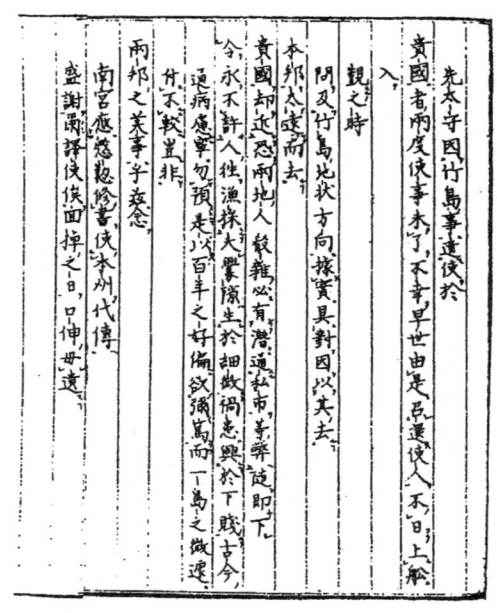

[그림 7]

1697년 1월 일본측이 竹島를 조선영토로 인정하고, 일본인의 竹島 出
漁를 금지하는 명령을 내렸음을 조선측에 알려온 외교문서. (일본 국립
공문서관 소장)

태정관 용지에 작성된 1877년 3월 20일의 위의 이 지령안에는 右大
臣 岩倉具視의 印章이 찍혀 있고, 이 밖에 이를 승인 결정한 寺島宗
則 大木喬任 등의 인장도 찍혀 있다. 이 공문서의 오른쪽 끝에 '同二
十七日來'라는 작은 글씨가 첨가되어 있는데, 이것은 이 지령문을 승
인 결정한 일자와 관련된 것으로 보인다.

태정관은 이 승인 결정된 지령문을 1877년 3월 29일 정식으로 내무
성에 보내 지령의 절차를 완료하였다.[50] 일본 내무성은 이 지령문을

---

50) 太政官 지령문서의 끝에 이 지령문을 내무성에 발송한 日字가 매우 작
   은 글씨로 첨기되어 있고 그 담당 관사의 印章이 찍혀 있다.

받자, 처음 태정관에 제출했던 품의서 끝에다, "伺之趣竹島外一島之儀本邦關係無之儀卜可相心得事. 明治十年三月二十九日"[51]이라는 태정관 지령문을 첨기해서 이 안건의 처리를 완료하였다.

내무성은 태정관의 이 지령을 1877년 4월 9일자로 島根縣에 전달하여 현지에서도 이 문제는 완전히 결말을 짓게 되었다.[52] 결국 내무성과 국가최고기관인 태정관은 울릉도와 獨島가 朝鮮領土이며 일본의 영토가 아니어서 일본은 이에 관계가 없다고 1877년 3월 29일자로 재확인하여, 公的으로 지령했던 것이다.

일본 내무성과 태정관의 위에 든 자료들을 통하여 우리가 알수 있는 것을 다시 한번 간단히 요약해서 정리하면 다음과 같다.

첫째, 일본 明治정부의 내무성과 국가최고기관인 태정관은 울릉도와 독도가 조선영토이며 일본과는 관계가 없음을 1877년 3월 29일자로 재확인하여 공문서로 지령하였다.

둘째, 일본 내무성의 이같은 결정은 島根縣에서 제출한 자료들뿐 아니라 내무성이 元祿연간의 조선과 일본의 왕복문서들을 조사하고 독자적으로 정보를 수집하여 약 5개월 동안이나 조사하고 검토한 후 내린 것이었다.

셋째, 일본 국가최고기관인 태정관은 이미 1869～1870년 외무성이 조선 부산에 고위관리를 파견하여 조사항목을 지령하고 복명서를 받을 때 울릉도와 독도가 조선영토임을 재확인하여 결정했으며, 다시 1877년에 내무성으로부터 울릉도와 독도가 조선영토이며, 일본과는 관계가 없는 곳이라는 품의를 받자 이를 최종적으로 승인 결정하여 공문서로 지령하였다. 이 태정관의 지령문은 당시 국가최고기관의 결

---

51) ≪公文錄≫ 內務省之部 1, 1877年 3月 17日條, <日本海內竹島外一島地籍編纂方伺>의 太政官指令文 後端 添記.

52) 堀和生, <앞 논문>

정이었음에 그 중요성이 있다.

넷째, 일본 국가최고기관인 태정관의, 울릉도와 독도가 조선영토이
며 일본과는 관계가 없다는 지령문은 내무성뿐만 아니라 島根縣에까
지 "心得할 것"이라는 강한 표현의 명령으로 1877년 4월 9일자로 시
달되어 異論의 여지가 없음을 명백히 하였다는 사실이다.

Ⅶ. 일본 海軍省과 陸軍省의 조선왕조의 獨島 영유 재확인

다음으로 주목해야 할 중요한 자료는 일본 海軍省이 1876년에 편
찬한 <朝鮮東海岸圖>이다. 일본 해군성 水路局은 직접 조선 해안을
實測하지 못한 明治정부 초기에 서양인들이 실측한 朝鮮國 海岸圖를
번안 편집해서 그들의 군사용 지도를 작성했는데, 1876년(明治 9)에
번안해서 편찬한 <조선동해안도>에는 독도가 조선의 영토로 선명하
게 그려져 있다.

奎章閣에 原本이 보관되어 있는 이 <조선동해안도>(99×66㎝)는,
부기된 주석에 의하면, 러시아보다 앞서 조선해안을 측량한 영국의
측량지도를 개정하고, 1853년 러시아 선박 팔라다號와 1854년 올리브
차號가 측량한 것에 기초해서 1857년 러시아 군함이 다시 실측하여
작성한 지도를, 일본 해군성 수로국이 번안 편집해서 1876년에 발행
한 것이다.[53] 이 지도에는 독도를 3.5마일 正北 방향에서 그린 그림,
北西 10도 방향 5마일 거리에서 그린 그림, 北西 61도 방향 14마일 거
리에서 그린 그림이 마치 사진으로 찍은 것처럼 정확하고 선명하게

---

53) 奎章閣 소장 原本 <朝鮮東海岸圖> 및 ≪朝鮮日報≫ 1983년 2월 24일자
社會面 보도

右端 中下에 게재되어 있다. 그리고 이 지도제작 당시 러시아측이 독도의 東島를 올리브차礁, 西島를 마날라이礁라고 명명했음이 기록되어 있다. 일본 해군성 수로국은 그 후 1887년에도 <조선동해안도>의 재판을 냈으며, 그 후에 판을 거듭하였다. 이 <조선동해안도>의 모든 版本들은 1905년까지는 독도를 조선영토로 인지하여 포함시켰다.

저자가 여기서 특히 주목을 요청하고 싶은 것은 <조선동해안도>라는 地圖名과 함께, 독도의 그림을 <조선동해안도>에 그려넣은 사실이다.

만일 일본 해군성이 독도를 일본영토로 인지했다면, 독도의 정밀하고 정확한 그림을 당연히 일본 <西北海岸圖>에 넣어야 할 터인데, 일본 해안도에는 이를 포함시키지 않고, ≪조선동해안도≫에 右端經度 밖에 있는데도 별도로 떼어서까지 포함시킨 것은 일본 해군성이 독도를 명확히 조선영토로 인지하고 있었음을 나타낸다.

일본 해군성은 외무성의 요청을 받고 1878년 4월과 1880년 9월 '松島'의 실체를 실측할 때도 울릉도와 우산도[독도]를 조선부속령으로 간주했다. 1876년에 武藤平孝란 사람이 東海 가운데 조선의 울릉도가 아니면서 자연자원이 풍부한 新島를 발견했다고 떠들며 외무성에 <松島開拓之議>를 제출한 일이 있었다. 일본 외무성은 조선의 울릉도를 竹島로, 우산도를 松島라고 부르면서 이것을 조선의 영토로 확인하고 있었으며, '松島'(조선의 우산도 : 독도)는 조선의 작은 바위섬에 불과한 것으로 알고 있었는데, 자연조건이 풍부한 新島를 발견했다고 떠들면서 '松島開拓'을 청원하므로 이의 실측을 요청했던 것이다.

일본 해군성은 朝日修好條規에서 얻은 이권인 朝鮮海岸測量權에 의거하여 天城丸이라는 군함으로 조선 해안을 처음 실측하고, 武藤平孝가 발견했다는 新島인 '松島'가 다름 아닌 조선의 울릉도임을 확인한 다음 ≪朝鮮東海岸略記≫를 발표하여 武藤平孝의 <松島開拓之議>를 각하하게 하였다.54) 그러나 이 이후부터 일본 해군성에서는 그들이 최초로 실측한 '松島'라는 명칭에 집착하여 울릉도를 '松島'라고 부르고, 종래 松島라고 부르던 우산도[독도]를 '리앙코르드('리앙꾸르'의 영어식 발음)島'라는 서양 명칭을 차용해 부르기 시작해서, 일본 어부들 사이에서도 점차 보급되었다.55)

이와 관련하여 주목해야 할 중요한 자료의 하나는 일본 해군성수로국이 편찬한 ≪朝鮮水路誌≫다.56) 일본 해군성은 그들이 편찬한 세계수로지인 ≪寰瀛水路誌≫의 제2권 제2판(1886년)에서 처음으로 獨島를 '리앙코르드列岩'이라는 이름으로 제4편 <朝鮮東岸>에 수록하였다.57) 또 일본 해군성은 1889년 ≪환영수로지≫ 편찬을 중단하고, 이것을 ≪日本水路誌≫, ≪朝鮮水路誌≫ 등 국가영토별로 분류하여 편찬하기 시작하였다. 이때 독도[리앙코르드列岩]가 ≪조선수로지≫와 ≪일본수로지≫ 가운데 어디에 포함되는가는 일본 해군성이 독도를 어느 나라의 영토로 인지했는가의 척도가 된다.

일본 해군성은 이때 독도를 조선의 영토로 간주하여 ≪조선수로지≫에 포함시키고 ≪일본수로지≫에는 포함시키지 않았다. 일본 해군성 수로국은 ≪조선수로지≫를 1894년에 최초로 편찬 발행했는데, 이때 독도를 '리앙코르드列岩'이라는 이름으로≪조선수로지≫ 제4편 <朝

---

54) 日本海軍省 水路局, 1879 ≪水路雜誌≫ 16, 24~26. 여기에 수록된 ≪朝鮮國東海岸略記≫에서 '朝鮮' 동해안약기라 하지 않고 '朝鮮國'동해안약기라고 '國'字를 넣어 측량보고지역이 조선국 영토임을 더욱명료히 나타낸 것 또한 주목된다.

55) 따라서 일본에서는 1878~1880년대까지 外務省과 內務省은 울릉도를 '竹島', 우산도[獨島]를 '松島'라 고 부르고, 해군성에서는 울릉도를 '松島', 우산도[독도]를 '리앙코르드島'라고 불러 明治政府 내에서 울릉도에 대한 명칭에 혼란이 있던 시기가 있었다. 그러다가 일본 해군성이 ≪水路誌≫를 편찬한 후에 해군성의 호칭이 일반화되었으며, 해군성 수로국에 크게 의존하는 일본 어부들도 해군성의 호칭에 따르게 된 것으로 보인다.

56) 李漢基, 1969 ≪韓國의 領土≫, 253~254

57) 日本 海軍省水路部, 1886 ≪寰瀛水路誌≫ 2, 2版, 397~398

鮮東岸>에 포함시켜 다음과 같이 설명하였다.

리앙코르드列岩

此列岩은 서기 1849년 佛國船 '리앙코르드'號가 처음으로 이를 발견하여 船名을 취해서 리앙코르드列岩이라고 이름 붙였다. 그 후 1854년 露國 프레가트型 함선 '팔라스'號는 이 列岩을 마날라이 및 오리우사列岩이라고 칭하였다. 1855년 英艦 호르넷드號는 이 列岩을 探險하여 호르넷드列岩이라고 이름 붙였으며, 함장 홀시스노의 말에 의거하면 이 列岩은 북위 37도 14분, 동경 131도 55분에 위치하는 두 개의 不毛岩嶼로서 鳥糞이 항상 섬 위에 堆積하여 섬의 색이 이 때문에 하얗다. 北西微西로부터 南東微東에 이르는 길이는 약 1里이고 두 섬간의 거리는 0.25里로서 보이는 곳에 一礁脈이 있어 이를 연결한다. 西嶼는 해면으로부터 높이가 약 410呎으로서 형상은 糖塔과 비슷하다. 東嶼는 이에 비교해 낮고 평평한 頂上으로 되어 있다. 이 列岩 부근의 수심은 상당히 깊을지라도 그 위치는 函館을 향하여 日本海(東海 – 인용자)를 항해하는 선박의 直水道에 當하므로 상당히 위험한 것이다.'[58]

여기서 명백한 것은 일본 해군성 수로국은 독도[리앙꾸르島]를 조선의 동해안 부속령으로 간주하고 있으며, 그들의 독도에 대한 지식은 서양 선박들이 측량 보고한 사실에 한정되어 있었다는 사실이다. 일본 해군성 수로국은 그 후 ≪조선수로지≫의 판을 거듭했는데, 예컨대 제 2 판인 1899년판 ≪조선수로지≫에서도 이전과 같은 설명을 게재하고 독도를 조선 동해안 부속령으로 취급하였다.[59]

현재의 일본 외무성은 ≪조선수로지≫는 수로지이기 때문에 소속 영토의 개념은 포함되어 있지 않다고 주장하고 있는데, 전혀 그렇지 않다. 일본 해군성 수로국은 세계수로지인 ≪환영수로지≫ 체제를 해체하여 각국별로 수로지를 편찬할 때 국가영토별로 했으며, ≪조선수

---

58) 日本 海軍省水路部, 1899 ≪朝鮮水路誌≫, 255~256
59) 日本 海軍省水路部, 1899 ≪朝鮮水路誌≫, 263

로지≫는 조선영토의 水路를 묶어 편찬한 것이었다. 이 사실은 우선 일본 해군성 수로국은 조선이 독립국일 때까지는 ≪조선수로지≫를 독립해 편찬하다가 조선이 일본의 식민지가 되자 ≪조선수로지≫ 발행을 중단하고, 1911년부터는 ≪일본수로지≫에 포함시켜 제6권으로 편찬하면서 그것이 영토의 '병합' 때문임을 밝히고 있는 것에서도 알 수 있다.

> 本書는 朝鮮全岸의 水路로서 明治 43년 朝鮮을 我帝國에 倂合시켰기 때문에 ≪日本水路誌≫ 第6卷이라고 題하여 刊行한다.[60]

반면에 일본 해군성 수로국이 편찬 간행한 ≪일본수로지≫는 (일본 학자의 조사에 의하면) 1892년 제1판 이래 順次 간행하면서도 독도를 포함시키지 않았다. ≪일본수로지≫에는 1895년 下關條約에 의해 일본의 새로운 영토가 된 臺灣과 澎湖島, 그리고 千島列島 최북단의 占守島까지 수록되어 있지만, 대만의 對岸이나 캄차카반도는 전혀 포함되어 있지 않다. 즉 일본 해군성은 독도의 정확한 위치를 알고 있으면서도 이를 일본영토가 아니라고 보아 ≪일본수로지≫의 東海(일본 이름으로 소위 '日本海') 부분에 포함시키지 않았던 것이다. 일본 해군성 수로부가 독도를 ≪일본수로지≫에 포함시키기 시작한 것은 일본이 1905년 2월 독도를 대한제국정부 몰래 침탈하여 島根縣에 편입시킨 후부터다. 그들은 1907년의 ≪일본수로지≫ 제4권의 海圖에서 隱岐島 북방에 처음으로 작은 점을 그려넣기 시작하였다.[61] 이러한 사실들은 일본 해군성도 태정관·외무성·내무성과 마찬가지로 1905년 2월까지는 독도가 조선영토임을 정확하게 인지하고 있었음을 증명해준다.[62]

---

60) 日本 海軍省水路部, 1911 ≪日本水路誌≫ 6卷 '序', 1
 61) 堀和生, <앞 논문>
62) 日本海軍省 水路部는 일제 강점 후에는 ≪朝鮮水路誌≫를 독립시키지

일본 육군성도 해군성과 마찬가지로 독도[松島]를 조선영토로 재확인했다. 일본 육군성 참모국이 1875년(明治 8)에 편찬해서 발행한 <朝鮮全圖>를 보면 울릉도[竹島]와 함께 독도를 함께 그려 독도가 조선영토임을 나타내고 있다.

일본 육군성의 이러한 관점은 그 후 내내 계속되어, 심지어 1936년의 日本 육군참모본부 陸地測量部의 ≪地圖區域一覽圖≫에서도 독도(이때의 명칭은 竹島)를 조선부속으로 구획하여 그려 넣었다.

이상과 같이 일본 明治정부의 외무성·내무성·해군성 및 육군성과 일본의 국가최고기관인 太政官이 일본정부의 공문서들을 통해 獨島＝于山島＝리앙꾸르島를 조선부속령이라고 거듭거듭 확인하고 지령한 사실들은 적어도 1905년 2월 일제가 독도를 침탈하기 전까지 明治정부 전체가 獨島를 朝鮮領土로 인지하고 재확인했음을 잘 나타내 주는 것이다.

않고 계속 ≪日本水路誌≫ 안에 포함 시켰다. 예컨대 1920년의 ≪日本水路誌≫에서는 第10卷(上·下 2冊)에 朝鮮水路를 넣었다. 특히 第10卷上冊의 울릉도 바로 다음에 '竹島'[Liancourt Rocks]라는 항목을 넣으면서 "朝鮮人은 이를 獨島라고 쓰고 內地(日本) 漁夫는 이를 리앙꾸르島라고 말한다"고 기록 설명하였다(≪日本水路誌≫ 10卷 上冊, 56～58). 여기서 주목할 것은 鬱陵島와 獨島[竹島]를 나란히 朝鮮篇에 넣고 있다는 사실이다.

日本 海軍省水路部는 海軍省의 書誌 第6號로 1933년 ≪朝鮮沿岸水路誌≫를 간행했는데, 第1卷에서 아예 '鬱陵島及竹島'라는 항목을 설정하여 울릉도에 이어 독도를 비교적 상세히 설명하였다(日本 海軍省水路部, 1933 ≪朝鮮沿岸水路誌≫ 1卷, 86～90).

여기서 주목할 것은 日帝가 조선이 영구히 일본영토가 되었다고 간주했던 시기에는 '鬱陵島及竹島'라고 하여 독도를 울릉도의 부속도서로 간주했다는 사실과, 이를 모두 조선연안에 귀속시켰다는 사실이다. 일본이 독도를 朝鮮東海岸과 울릉도로부터 떼어내 ≪日本水路誌≫의 隱岐島 다음에 넣어서 설명하기 시작한 것은 독도 영유권에 대한 논쟁이 시작된 1952년 이후부터다.

Ⅷ. 신청자 中井養三郎의 先占否認과
獨島의 韓國領土 認知

일본 해군성의 강권을 받고 獨島의 일정기간 貸下를 大韓帝國 정부에 신청하려던 교섭활동을 변경하여 독도의 일본영토편입을 신청한 中井養三郎도 獨島가 韓國領土임을 잘 認知하고 있었으며, 1903년 해마잡이 나간 것이 無人島의 先占이라고는 전혀 생각하지 않았다. 1904년 일본 해군성이 독도 망루 설치계획을 추진하는 도중, 일본정부는 獨島[리앙꾸르島]에서의 漁業獨占出願을 한국정부에 교섭해줄 것을 요구하는 中井養三郎의 신청에 접하게 되었다. 이를 기화로 한국영토이지만 한국인이 거주하지 않는 無人島인 獨島를 이 기회에 아예 침탈해서 일본영토로 편입, 망루를 설치하려는 일본 제국주의자들의 공작이 해군성과 외무성을 중심으로 전개되었다.

中井養三郎은 1891~1892년에는 러시아령 블라디보스토크 부근에서 잠수기를 사용한 海鼠漁業에 종사했고, 1893년에는 조선의 경상도·전라도 연안에서 역시 잠수기를 사용한 海豹·鮑잡이에 종사했다. 中井養三郎은 1903년 독도[리앙꾸르島]에서 海驢잡이를 시도했는데 이것이 수익이 높자 다른 어부들의 競爭 濫獲을 방지하고 독점이권을 (대한제국 정부로부터) 획득해보려고 1904년 東京에 가서 일본정부 관료들과 접촉을 시작했다.[63] 中井養三郎이 1910년에 직접 작성하여 島根縣에 제출한 이력서와 그 부속문서인 '事業經營槪要'는 그가 獨島를 韓國領土로 인지하고 있었고, 獨島를 일본 제국주의자들이

---

63) <中井養三郎履歷書>(1910年 隱岐島廳 提出), 島根縣廣報文書課 編, 1953 ≪竹島關係資料≫ 1卷 ; 2000 ≪獨島領有權 資料의 探究≫ 3, 224~231 참조.

침탈하여 일본영토에 편입한 것임을 잘 밝혀주고 있다. 독도가 1905
년 2월 일제에게 침탈당한 약 5년 후에 쓴 글이므로 독도의 이름이
'리앙꾸르島'가 아니라 '竹島'로 표기되어 있다. 중요한 문서이므로
독도 부분을 인용한다.

竹島經營

竹島에 海驢가 많이 群集하는 것은 종래 울릉도 방면 어부의 周知
하는 바이지만, 하루 아침 그 포획을 개시하면 홀연히 散逸해가버리
거나 포획해도 用途 販路의 있음을 요하므로 이익이 전혀 不明에 속
하였다. [···]

本島가 울릉도에 부속하여 韓國의 所領이라고 (本島ノ鬱陵島ヲ附
屬シテ韓國ノ所領ナリト) 하는 생각을 갖고, 장차 統監府에 가서 할
바가 있지 않을까 하여 上京해서 여러 가지 획책중에, 당시의 水産局
長 牧朴眞 씨의 注意로 말미암아 반드시는 韓國領에 속하는 것이 아
닐까 하는 의문이 생겨서, 그 조사를 위하여 여러 가지로 奔走한 끝
에, 당시의 水路局長 肝付將軍의 斷定에 의뢰하여 本島가 전적으로
무소속인 것을 확신하게 되었다. 그리하여 경영상 필요한 이유를 具
陳해서 本島를 本邦領土에 편입하고 또 貸付해줄 것을 內務·外務·
農商務의 三大臣에게 願出하여, 원서를 內務省에 제출했더니 內務 당
국자는 이 시국에 際하여(日露開戰中) 韓國領地의 疑가 있는 荒莫한
일개 不毛의 岩礁를 收하여 環視의 諸外國에게 我國이 韓國倂吞의
야심 있는 것의 疑를 크게 하는 것은 이익이 극히 작은 데 反하여 事
體는 결코 용이하지 않다고 하여 여하히 陳辨해도 願出은 장차 각하
되려고 하였다. 그리하여 좌절해서는 안 되기 때문에 곧바로 外務省
으로 달려서 당시의 政務局長 山座円二郎 씨에게 가서 크게 論陳한
바 있었다. 씨는 時局이야말로 그 영토편입을 急要로 하고 있다. 망루
를 건축해서 무선 또는 海底電信을 설치하면 敵艦 감시상 극히 좋지
않겠는가. 특히 외교상 內務와 같은 고려를 요하지 않는다. 모름지기
速히 원서를 本省에 回附케 해야 한다고 意氣가 軒昂되어 있었다.(氏
ハ時局ナレバコソ其領土編入ヲ急要トスルナリ望樓ヲ建築シ無線若
クハ海底電信ヲ設置セバ敵艦監視上極メテ屈竟ナラズヤ特二外交上
內務ノ如キ顧慮ヲ要スルコトナシ須ラク速カニ願書ヲ本省二回附セ
シムベシト意氣軒昂タリ). 이와 같이 해서 本島는 드디어 本邦領土에
편입된 것이었다.

　　　明治三十八年 二月二十二日 그 告示가 있자 本島經營權에 就하였
　　다. …64)

　中井養三郎은 1906년 3월 25일에 獨島를 일본영토로 편입하여 자
기에게 貸下할 것을 청원한 경위를 奧原福市에게도 진술했는데, 이것
은 中井養三郎의 1906년의 진술이므로 위의 자료와 마찬가지로 중요
한 史料가 된다.

　　　中井養三郎 씨는 리앙꼬島를 朝鮮의 領土라고 믿고, 同國政府에
　　貸下請願의 결심을 하여(中井養三郎氏はリヤンコ島を以て朝鮮の領
　　土と信じ, 同國政府に貸下請願の決心を起し) 三十七年의 漁期가 종
　　료되자 곧바로 上京하여 隱岐 출신인 農商務省 水産局員 藤田勘太郎
　　씨에게 도모해서 牧 水產局長에게 면회하여 진술한 바 있었다. […]65)

　이러한 사실은 위의 원자료를 통해서 거듭 확인되는데, 그 후 島根
縣敎育會는 1923년 ≪島根縣誌≫의 '竹島'의 항목에서 "中井養三郎
은 이 島를 朝鮮領土라고 생각해서 上京하여 農商務省에 말해서 同
政府(韓國政府-인용자)에게 貸下請願을 하려고 했다"고 기록했다.

---

64) <中井養三郎事業經營槪要>, 위 履歷書 附屬文書, 1910年 中井養三郎
　　작성, ≪竹島關係資料≫ 1卷 ; ≪獨 島領有權 資料의 探究≫ 2, 262～266
　　참조. 中井養三郎은 이「事業經營槪要」를 1910년에 작성하 여 隱岐島廳
　　에 제출했기 때문에 6년 전인 1904년에 독도를 한국영토라고 생각하여
　　'統監府'에 貸下願을 제출하려고 했다 썼는데, '統監府'는 1906년에 설
　　치되었기 때문에 이것은 착오이고, 中井養三郎이 1906 년 3월 25일에
　　奧原福市에게 진술한바 獨島를 한국영토로 확신하여 '韓國政府'에 貸下
　　願을 제출하려 했 다는 것이 정확한 것이다. 즉 여기서 '統監府'는 '韓國
　　政府'의 착오이다.
65) 奧原福市, 1907 ≪竹島及鬱陵島≫, 27～32. 1906年刊 ≪歷史地理≫ 8卷
　　6號에 게재된 奧原碧雲 (福市)의 논문 <竹島沿草考>에도 같은 글이 수
　　록되어 있다.

三十七年 각 방면으로부터 競爭濫獲이 있어서 여러 가지의 弊害를 낳고 있었다. 이에 中井養三郎은 이 島를 朝鮮領土라고 思考해서 上京하여 農商務省에 말해서 同政府에 貸下請願을 하려고 했다.[66]

위에서 제시한 일본측의 세 기본자료에서 우리는 다음과 같은 사실들을 알 수 있다.

첫째, 일찍이 러시아령 블라디보스토크와 한국[朝鮮]의 경상도 · 전라도 연안 등 다른 나라의 연안과 영해에서 잠수기 어업에 종사한 바 있는 島根縣 거주의 어업가 中井養三郎은 韓國領土인 獨島에서 해마[海驢]잡이의 漁業獨占利權을 大韓帝國 政府로부터 획득하고자 하였다.

둘째, 이때 中井養三郎은 의문의 여지 없이 獨島[리앙꾸르島]가 韓國領土라고 확신하고 있었다.

셋째, 따라서 中井養三郎은 韓國政府에 貸下願을 제출하려고 1904년 漁期가 끝난 후 어업의 관장부처인 農商務省을 방문했다.

넷째, 中井養三郎의 움직임을 본 농상무성 수산국장 牧朴眞과 해군성 수로부장 肝付兼行이 공작을 꾸몄다. 그리하여 수산국장이 獨島가 한국령에 속하지 않을 수 있다는 자기의 의사를 말하여 注意를 준 다음, 中井養三郎을 해군성 수로부장에게 보냈다.

다섯째, 일본정부의 해군성 수로부장 肝付는 수산국장이 보낸 中井養三郎에게 獨島를 無主地라고 단정하여 주장하고 일본인으로서 中井養三郎이 독도경영에 종사하려면 독도를 일본영토로 편입해야 한다고 설득하면서 韓國政府에 貸下願을 제출할 것이 아니라, 獨島[리앙꾸르島]의 일본 영토편입 및 貸下願을 제출하라고 요구하였다.

여섯째, 中井養三郎은 해군성 수로부장에게 독려당해서 마침내 독도를 일본영토에 편입하고, 자기에게 대부해달라는 '리앙꼬島領土編入並貸下願'을 1904년 9월 29일 일본정부의 내무성 · 외무성 · 농상무

---

66) 島根縣敎育會 編, 1923 ≪島根縣誌≫ ; 李漢基, ≪앞 책≫, 258 ; 堀和生, <앞 논문>

성의 세 대신에게 제출하였다.

일곱째, 그러나 이때에도 中井養三郎은 獨島가 韓國領土라는 생각을 갖고 있었으므로 내무성과 농상무성뿐 아니라 외무성에도 이 원서를 제출하여 그의 원서가 제출된 경우의 한국과의 영토분쟁도 해결하려고 하였다.

여덟째, 일본 내무성은 당시 中井養三郎의 청원에 분명하게 반대하였다. 그 이유는 러·일전쟁이 시작된 이 시국에 韓國領土라는 의심이 있는 불모의 암초를 갖는다는 것이 일본의 동태에 주목하고 있는 여러 외국에게 일본이 한국병탄의 야심이 있지 않은가 하는 의심을 크게 하여 이익은 매우 적은 반면에 (한국의 항의로) 事體는 결코 용이하지 않으리라는 것이었다. 따라서 내무성은 中井養三郎의 청원을 각하시키려 하였다.

아홉째, 내무성과는 반대로 일본 외무성 政務局長은 이를 적극적으로 지지했다. 그 이유인즉, 시국(러·일전쟁 開戰)이야말로 獨島의 일본영토 편입을 긴급히 요구하며, '망루'를 건축하여 무선전신 혹은 해저전신을 설치하면 敵艦에 대한 감시에 매우 좋다는 말을 들었다는 것이었다. 외무성 당국자는 내무성이 우려하는 바와 같은 외교상의 고려는 할 필요가 없다고 확언하며, 속히 청원서를 외무성에 회부하라고 적극 독려하였다.

열째, 일본정부는 이러한 과정으로 中井養三郎이 제출한 '리앙꼬島 領土編入並貸下願'을 승인하는 형식을 취하여 1905년 1월 28일 내각회의에서 獨島[리앙꾸르島]를 일본영토로 편입한다는 각의결정을 내렸다.

여기서 우리가 다시 한번 주목할 것은 일본 어업가 中井養三郎은 獨島[리앙꾸르島]가 韓國領土임을 명백히 인지하고 韓國政府에 그 貸下願을 제출하려고 東京에 올라가서 일본정부의 고관들과 접촉했다는 사실이다. 이것은 1903년 中井이 獨島에 건너가 며칠간 해마잡이

한 사실을 中井은 無主地의 先占이라고는 꿈에도 생각하지 않았음을 증명하는 것이다. 주목할 것은 그런데 中井은 그후 일본정부의 해군성·농상무성·외무성의 공작과 지시를 받고 '리앙꼬島領土編入並貸下願'을 제출했다는 사실이다. 그리고 일본정부의 해군성·농상무성·외무성이 獨島가 韓國領土임을 알면서도 일본에 '영토편입'을 추진한 동기는 러·일전쟁이 개전된 긴급한 시국에 처하여 獨島에 해군 망루를 두고 무선전신 혹은 해저전신을 설치, 러시아 함대를 감시하기 위한 목적과 帝國主義的 領土野慾이 결합한 것이었다는 사실이다.

그러므로 1905년 1월 28일 일본 내각회의의 無主地 先占論에 의거한 獨島의 일본영토 편입 결정은 獨島가 이미 이전에 韓國領土임이 明白하고 일본정부와 신청자 中井도 독도가 한국영토임을 잘 알고 있었기 때문에 完全無效이며, 한국영토 독도 侵奪을 시도한 不法的인 것이며 成立되지 않는 것이다.

IX. 중앙정부 國際告示조차 하지 못하고 감춘 독도 침탈 시도

일본정부는 독도를 일본에 '영토편입'한다는 결정을 해놓고 한국정부에 이를 사전 또는 사후에 조회 또는 통보했는가? 일본정부는 어떠한 방법으로 '독도'의 일본에의 '영토편입' 결정을 한 사실을 국제사회에 알렸는가?

설령 그것이 '무주지'라고 할지라도 그 '무주지'의 영토편입을 할 때에는 그곳이 면한 나라들에 사전조회하거나 國際的 告示를 하는 것이 국제법상 요청되고 또 국제관례이기도 하였다.

예컨대 일본정부는 1876년 태평양쪽의 오가사하라섬(小笠原島)을

'영토편입'할 때에는 이 섬과 간접적으로 관계가 있다고 본 영국·미국 등과 몇차례 절충을 하고 구미 12개 국가들에 대하여 '오가사하라섬'에 대한 일본의 관리통치를 통고했었다.

독도는 울릉도의 부속도서이고 한국의 우산도(독도, 석도)로서, '영토편입'을 형식상 청원한 나카이와 내무성도 이를 처음 한국영토로 인지했으므로, 일본정부는 당연히 한국정부에 이를 사전 조회해야 했고 또 사후 즉시 통보했어야 하는데 이러한 조회·통보도 전혀 하지 않았다. 일본정부는 '독도'를 일본에 '영토편입'한다는 내각회의 결정을 한 후, 내무대신이 1905년 2월 15일 훈령으로 시마네현 지사에게 이 사실을 管內告示하라고 지시했으며, 시마네현 지사는 1905년 2월 22일자의 <竹島 편입에 대한 시마네(島根)현 고시 제40호>로서 "북위 37도 9분 30초, 동경 131도 55분, 은기도로부터의 거리가 서북으로 85해리에 있는 섬을 竹島(다케시마)라고 칭하고 지금 이후부터는 본현 소속 隱岐島司의 소관으로 정한다"는 고시문을 시마네현 ≪縣報≫에 조그맣게 게재했으며, 이 고시 사실 내용을 자방신문인 ≪山陰新聞≫ (1905년 2월 24일자)이 조그맣게 보도했다고 한다.

일본정부의 이러한 管內告示 방법은 일본이 '독도'를 일본에 '영토편입'한 결정 사실을 대한제국 정부와 국제사회에 사실상 비밀사항으로 한 조치였다.

왜냐하면 당시 일본 수도 동경에는 주일본 한국공사관도 있고 한국인들도 있었으나, 시마네현에는 사마네현청에서 발행하는 ≪현보≫나 그곳 지방신문인 ≪산음신문≫을 즉각 면밀하게 읽고 독도를 일본이 '영토편입' 결정을 한 사실을 알아내어 서울의 한국정부에 보고할 수 있는 한국인이 거주하고 있지 않았기 때문이다.

독도의 영토편입은 극히 중요한 국제적 사항일 뿐 아니라, 내각회의의 결정은 '비밀사항'이 아니면 중앙정부 ≪官報≫에 게재하여 중앙정부 수준에서 국제고시하는 것이 통례이고 당연한 것인데, 일본정

부는 이 사안에 대해서만은 예외적 조치로 지방의 縣관내부소식지인
≪懸報≫에 게재하여, 이 사항을 사실상 '비밀'에 두려고 한 것이었
다. 왜냐하면 ≪관보≫에 게재하면 동경에 있는 주일본 한국 공사관
과 각국 대사관·공사관에서 이를 알게 될 것이기 때문이다.

　일본정부는 '독도'를 일본에 '영토편입'한 사실을 왜 한국정부와
세계 각국에게 '사실상의 비밀사항'으로 해두려고 구차한 縣의 管內
告示방법을 택했었는가?
　'독도'가 '무주지'가 아니라 '한국영토'임을 그들이 잘 알고 있었기
때문이었다.
　독도의 일본에의 '영토편입'을 형식상 신청한 나카이도 독도가 '한
국영토'임을 잘 인지하고 있었으며, 해군성도 '독도'를 한국영토라고
인지하고 있으면서도 '무주지'라고 주장했었고, 외무성도 '독도'를 한
국영토로 인지하고 있었으면서도 독도에 일본해군 망루를 설치하여
러·일전쟁에서 승리를 도와야하기 때문에 '독도'를 일본에 '영토편
입'해야 한다고 역설하였다. 그러나 내무성은 '독도'는 '한국영토'인
데 이 불모의 섬을 러·일전쟁 도중에 일본에 '영토편입'했다가 한국
정부가 이를 알고 항의해오고 또 세계 각국이 이를 알게되면 일본은
한국영토를 침탈하기 위한 야욕으로 러·일전쟁을 일으켰다고 생각
하게 되어 득보다 손실이 클 것이라고 반대했던 사실을 주의할 필요
가 있다.
　그러므로 일본은 한국영토인 '독도'를 '무주지'라고 전제해서 일본
에 '영토편입'하여 '竹島'라고 부르도록 결정한 사실을 대한제국 정
부나 한국민들이 알게 되면, 이것은 한국 부속령에 대한 '침탈'이므
로, 아무리 서울과 한반도가 일본군의 군사 점령 하에 있다고 할지라
도 항의문을 내거나 항의외교활동을 전개할 가능성이 있고, 이렇게
되면 아직도 한국의 수도 서울에 각국 공사관들이 주재하여 활동하

고 있는 상황에서 한국과 분쟁이 일어나고 서양 각국으로부터 일본의 한국영토 침탈에 대한 비판과 러·일전쟁 후의 일본의 한국침탈에 대한 의심을 강화하게 될 것을 우려하여 '독도'의 '영토편입' 결정 사실을 숨기려 한 것이었다.

일본의 시마네현 ≪현보≫에 의한 고시방법은 매우 교활한 방법으로서, 국제법상 '무주지' 영토편입 때의 요건인 '告示'절차를 형식상 밟는 체 하면서 실제로는 '비밀사항'으로 두려는 방법이었다. 그러나 국제법의 '고시' 규정 목적은 관련자·관심자에게 알려야 하는 것을 목적으로 한 國際告示이므로 일본의 이 시마네현 ≪현보≫ 고시 방법은 '고시'의 요건을 충족했다고 볼 수 없는 것이었다.

그러므로 일본이 '독도'를 '무주지'라고 전제하여 '無主地 先占論'에 의거해서 '영토편입' 결정을 하고 '고시'한 것은, '독도'가 무주지가 아니라 한국이라는 주인이 있는 韓國領 '有主地'였고, 고시 방법도 國際告示가 아니라 교활한 기만적 지방縣 管內告示방법이어서 국제법상 성립되지 않는 불법의 결정이며 무효의 결정인 것이었다.

X. 일제의 독도 침탈이 대한제국에 알려진 시기와 방식

일본 제국주의자들이 해군성의 주도로 1905년 2월 한국영토인 독도를 침탈하고 독도에 일본 해군의 망루와 통신시설을 설치한 사실을 대한제국정부와 한국인들은 전혀 모르고 있었다. 일본정부가 이러한 사실을 대한제국정부에 조회 혹은 통고하지도 않았고, 國際的 告示방법인 ≪官報≫나 중앙신문에 게재 보도하지도 않았으며, 오직 島根縣廳에서 형식만 취하여 縣廳管內告示하는 식의 實效的 秘密措置

를 취했으니, 대한제국정부와 한국인들이 도저히 이를 알 수 없었던 것이다.

이것은 일본인들도 마찬가지였다. 예컨대, 東京 최대의 출판사 가운데 하나인 博文館은 1905년 6월 20일 ≪日露戰爭實記≫라는 방대한 러·일전쟁 승전 기록집을 출판했는데, 그 제76편의 부록으로 1905년 6월 현재의 <韓國全圖>(34.5×48cm)를 부록으로 붙였다. 여기에서 右端線外에 있는 것을 무리하게 포함시켜가면서까지 독도(竹島 : 리앙꾸르岩)를 한국영토로 표시하고 있다. 일본정부의 각료들과 관계자들을 제외하고는 일본인들 자신도 일제가 한국영토인 독도를 침탈한 사실을 알지 못했던 것이다.

일본이 독도를 침탈하여 일본에 소위 '영토편입'한 사실을 한국정부가 알게 된 것은 1년 후인 1906년 3월 28일이었다. 島根縣 隱岐島司 東文輔 및 事務官 神西由太郎 일행이 獨島[竹島]를 시찰하고 돌아가는 길에 울릉도에 들러 鬱島郡守 沈興澤을 방문해 獨島를 일본영토로 '편입'했음을 말한 때문이었다.

여기서 먼저 주목할 것은 그 시기이다. 종래의 연구는 이 시기를 별로 주목하지 않았다. 일본정부는 왜 이 사실을 1906년 3월말에야 한국정부가 알게 해주었을까 ?

일제는 1905년 9월 5일 포츠머스조약 체결로 러·일전쟁을 승리로 끝낸 다음, 무력으로 조선 궁궐을 포위하고 '乙巳五條約'('을사늑약') 체결을 강요했다. 이 조약의 요점은 ① 한국의 외교권을 박탈하고, ② 통감부를 설치하여 한국의 정치 일반을 감독한다는 것이었다. 일본이 통감부를 설치하여 한국의 정치 일반을 감독한다는 것은 외교권뿐만 아니라 한국의 內政에 관한 國權 일반을 대부분 침탈하고, 그 결과 한국이 실질적으로 일본 통감부의 통치 아래 들어감을 의미한다. 이에 따라 대한제국의 外部가 1906년 1월 17일 완전히 폐지되고, 1906년 2월 1일 통감부가 서울에 설치되어 업무를 개시했다. 즉 한국은

1905년 11월 17일 외교권을 일제에게 강탈당해 상실했고, 1906년 1월 17일 外務機關까지 폐쇄되어 국제적 항의를 담당할 기구마저 완전히 없어진 채, 1906년 2월 1일부터는 外務는 물론 內政까지 일제 통감부의 지배를 받게 된 것이다. 이러한 '시간표'에 맞춰서 일본정부는 1906년 3월 28일에 독도의 일본영토 '편입', '침탈'을 한국정부가 알게 한 것이다.

이때 한국정부는 외교권이 박탈되어 항의문서를 제출할 권리마저 갖고 있지 못했으며, 만일 항의를 하려면 통감부(일본정부의 일부)가 일본정부에 항의하도록 되어 있었다. 실제로 당시 통감부가 內政 일반을 모두 감독했으므로 한국정부의 항의는 불가능한 상태였다. 일본정부는 이와 같이 한국정부의 외교권을 박탈하고 통감부를 설치해 내정 일반을 지휘하는 체제를 만들어서 한국정부가 항의문서를 제출할 수 없도록 완전한 준비를 갖춘 후에야, 한국정부에 독도침탈 사실을 알렸던 것이다.

다음으로 주목할 것은 독도침탈 사실을 알게 한 방식이다. 일본정부는 한국영토인 독도를 침탈하여 일본영토로 '편입'해버린 중대한 사실을 1905년 2월 당시에 통고하거나 조회하지 않았을 뿐 아니라, 1906년 3월말에도 아직 엄연히 그 이름이 남아 있는 대한제국 중앙정부에 통고하지 않고 島根縣 隱岐島司와 事務官이라는 말단 지방관리의 말을 통해 울도군수가 먼저 알게 하였다.

이는 대한제국정부가 독도의 침탈이라는 중대한 사실을 가능한 한 대수롭지 않은 사소한 사건으로 처리하게 하고, 또 현지 지방관이 항의하는 경우에도 이를 일제 통감부가 內部 수준에서 사소한 일로 처리토록 하여 대한제국의 중앙정부나 내각회의에서 거론하지 못하게 하기 위한 조치였다고 해석된다.

일본정부는 독도의 일본 '영토편입'이 한국영토에 대한 침탈이며 따라서 떳떳하지 못한 것임을 잘 알고 있었기 때문에 이것이 큰 분쟁

이 되지 않도록 가능한 한 감추고 사소한 일로 축소하여 최하급 지방
관청에서 다루도록 한 것이다.

XI. 일제의 독도 침탈에 대한 대한제국정부와
한국인의 抗論

당시 鬱島郡守로서 울릉도·竹嶼島·독도를 관장하고 있던 沈興澤
은 1906년 3월 28일 일본의 島根縣 隱岐島司 東文輔 및 사무관 神西
由太郎 일행의 내방을 통해 獨島가 일본영토로 '편입'되었음을 알고
깜짝 놀라 이튿날인 3월 29일(음력 3월 5일) 강원도관찰사에게 긴급
보고를 올렸다.

> 本郡所屬 獨島가 在於本部外洋百餘里許이옵드니 本月初四日 辰時
> 量에 輪船一隻이 來泊于島內道洞浦而 日本官人一行이 到于官舍하여
> 自云獨島가 今爲日本領地故로 視察次來島였다이온바 其一行則 日本
> 島根縣隱岐島司東文輔及 事務官神西由太郎 稅務監督局長吉田平吾
> 分署長警部 影山岩八郎 巡查一人 會議員一人 醫師技士各一人 其外隨
> 員十餘人이 先問戶摠人口土地多少하고 次問人員及經費幾許 諸般事
> 務를 以調查樣으로 錄去이압기 玆以報告하오니 照亮하심을 伏望.
> 光武十年丙午 陰三月 五日[67]

여기서 주목할 것은 울도군수 심흥택이 1906년 3월 29일에 "本郡
所屬 獨島가 在於本部外洋百餘里許이옵드니"라고 하여 독도가 울도
군 소속임을 명확히 밝혀 항의하고 있다는 사실이다. 그는 다음에 일
본인 관리 일행이 자기의 官舍를 찾아와서 "自云獨島가 이제 日本領

---

67) ≪各觀察道案≫ 第1册, <報告書號外> : 梁泰鎭 編, 1979 ≪韓國國境領
土關係文獻集≫

地가 되었기 때문에 시찰차 來島하였다"는 말을 '自云'이라고 하여
승복하지 않은 채 그들의 언행을 관찰사에게 긴급 보고하였다.

이 보고서를 받은 강원도관찰사 서리 李明來는 이를 다시 중앙정
부의 內部大臣(당시 李址鎔)에게 보고하였다. 이에 대한 한국 內部大
臣의 반응과 지령은 다음과 같았다.

> 遊覽道次에 地界戶口之錄去는 容或無怪어니와 獨島之稱云日本屬
> 地는 必無其理니 今此所報가 甚涉訝然이라.[68]

이 글은 일본 관리들이 '獨島를 日本屬地라고 칭하여 말한 것은 전
혀 理致가 없는 것(必無其理)'이라고 단호히 부정하고, '이제 이 보고
한 바가 매우 아연실색할 일이라'고 경악해 항의하고 있다. 즉 대한
제국정부는 '독도가 이제 일본영토로 되었다'는 일본 관리들의 주장
을 단호하게 거부한 것이다.

울도군수 심흥택의 긴급 보고를 받은 강원도관찰사 서리는 의정부
참정대신에게도 동일한 보고를 했는데, 의정부 참정의 지령도 거의
같았다. 강원도관찰사 서리의 보고는 다음과 같다.

> 鬱島郡守 沈興澤 報告書 內開에 本郡所屬 獨島가 在於本部外洋百
> 餘里外이삽더니 本月初四日辰時量에 輪船一雙이 來泊于郡內道洞浦
> 而 日本官人一行이 到于官舍ㅎ야 自云獨島가 今爲日本領地故로 視察
> 次來到이다 이온바 其一行則 日本島根縣隱岐島司東文輔及 事務官神
> 西由太郎 稅務監督局長吉田平吾 分署長警部 影山巖八郎 巡査一人 會
> 議員一人 醫師技手各一人 其外隨員十餘人이 先問戶摠人口土地生産
> 多少ㅎ고 且問人員及經費幾許 諸般事務를 以調査樣으로 錄去이옵기
> 玆에 報告ㅎ오니 照亮ㅎ시믈 伏望等因으로 准此報告ㅎ오니 照亮ㅎ시
> 믈 伏望.
>
> 光武十年 四月二十九日

68) ≪大韓每日申報≫ 1906년 5월 1일자, <雜報 : 無變不有>

江原道觀察使署理春川郡守 李明來
議政府參政大臣 閣下[69]

이 보고에 대하여 의정부 참정대신(당시 朴齊純)은 지령 제 3 호로써 다음과 같이 명령했다.

來報는 閱悉이고 獨島領地之說은 全屬無根ᄒ나 該島 形便과 日人 如何行動을 更爲査報ᄒᆯ 사.[70]

의정부 참정대신의 이 지령문은 독도가 일본영토라는 일본인의 說은 '전혀 근거가 없는 것'(全屬無根)이라고 명백히 부정하며, 독도가 한국영토임을 거듭 강조하고, 독도의 형편과 일본인들이 어떠한 행동을 하고 있는지 다시 조사해서 보고할 것을 명하고 있다.[71]

대한제국정부뿐만 아니라 이 보고서를 알게 된 당시의 언론기관들도, 일제의 강압 속에서 검열을 받고 있는 상황인데도, 일본의 독도침탈 시도에 대해 여러 가지 형태의 抗論을 제기하였다. 일제의 사전검열을 받으면서 발행되고 있던 ≪皇城新聞≫은 일제의 독도침탈 시도에 대한 항의 의사를 표제의 활자 크기를 갑자기 높이는 것으로 나타냈다. 즉 '雜報'란의 독도침탈 시도에 대한 기사의 표제 크기를 평상시의 4배로 높여 발행했다.

鬱倅報告內部 鬱陵島郡守 沈興澤氏가 內部에 報告ᄒ되 本郡所屬

---

69) ≪各觀察道案≫ 第1册, 光武 10年 4月 29日條, <報告書號外>
70) ≪各觀察道案≫ 第1册, 光武 10年 4月 29日條, <(報告書號外에 대한) 指令 第3號>
71) 당시의 議政府 參政大臣 朴齊純과 內部大臣 李址鎔은 1905년 11월 17일 日帝가 강요한 '乙巳5條約'의 강요에 굴복하여 '可'를 표시한 乙巳五賊의 일부이었는바, 이 乙巳逆賊의 관점에서조차도 독도를 일본영토라고 주장하는 것은 '全屬無根', '必無其理'였다는 사실에 주목할 필요가 있다.

獨島가 在於外洋百餘里外인디 本月四日에 日本官人一行이 來到官舍
ᄒ와 自云獨島가 今爲日本領地故로 視察次來到이다 이온바 其一行則
日本島根縣 隱岐島司東文輔及 事務官神西田太郎과 稅務監督局長吉
田坪五 分署長警部影山岩八郎과 巡査一人 醫師技手各一人 會議一人
其外隨員十餘人인디 戶總人口와 土地生產多少와 人員及經費幾許와
諸船事務를 調査綠去하얏다더라.72)

또한 한말의 대표적 언론기관인 ≪大韓每日申報≫는 '無變不有'(變
있지 않음이 아니다 : 變이 있다는 뜻)라는 표제로 "독도를 칭하여 말
하기를 日本屬地라 한 것은 전혀 이치가 없는 것으로 이번에 보고한
바가 심히 아연실색할 일이라"고 한 內部의 지령문을 인용해 보도함
으로써 항론을 표시하였다.

無變不有. 鬱島郡守 沈興澤氏가 니府에 報告ᄒ되 日本官員一行이
來到本郡ᄒ야 本郡所在獨島ᄂ 日本屬地라 自稱하고 地界潤狹과 戶口
結摠을 一一綠去 ᄒ얏ᄂ디 니部에서 指令하기를 遊覽道次에 地界
戶口之綠去ᄂ 容或無怪어니와 獨島之稱云日本屬地ᄂ 必無其理니 今
此所報가 甚涉訝然이라 ᄒ얏더라.73)

또한 당시 일반 한국인의 기록을 보면, 한말 지식인 梅泉 黃玹은
1905년 음력 4월 ≪梧下記聞≫에서 다음과 같이 기록하였다.

鬱陵島 100리 밖에 한 屬島가 있어 獨島라고 부르는데, 倭人이 이
제 日本領地가 되었다고 審査하여 갔다.74)

황현은 또한 그의 ≪매천야록≫에서도 다음과 같이 비슷한 항론을

72) ≪皇城新聞≫ 1906年 5月 9日字, <雜報 : 鬱倅報告內部>
73) ≪大韓每日申報≫ 1906年 5月 1日字, <雜報 : 無變不有>
74) 黃玹, ≪梧下記聞≫. "鬱陵島百里外 有一屬島 曰獨島 倭人稱今爲日本領
地 審査以去"

기록하여 남겼다.

> 울릉도의 바다로부터 距하기 東으로 100리에 한 섬이 있어 獨島라
> 고 부르며 울릉도에 舊屬했는데, 倭人이 그 領地라고 勒稱하고 審査
> 하여 갔다.[75)]

황현은 여기서 독도가 울릉도의 屬島로 한국영토인데 일본인이 이
제 자기의 영지가 되었다고 '勒稱'(강제로 칭함)하고 조사해갔다고 항
론을 펴고 있다.

이상과 같이 대한제국정부와 한국인들은 1906년 3월말~5월초에
일본이 독도침탈을 시도하고 있음을 처음 알고, 독도가 울릉도에 속
한 한국영토임을 단호하게 밝히며, 일본이 자기 멋대로 독도를 일본
영토에 '편입'시켰다고 늑칭하는 것은 전혀 근거가 없고 이치에 닿지
않는 것이라고 항론했다.

그러나 이때는 이미 일본 제국주의자들이 러시아를 패배시킨 강대
한 군사력을 한반도에 직접 주둔시키고, 1905년 11월 17일 외교권을
강탈해갔으며, 1906년 1월 17일에는 대한제국의 外部를 완전히 폐쇄
시켜버린 채, 1906년 2월 1일부터 통감부가 대한제국의 외교와 내정
일반을 감독 지배하면서 모든 결정을 좌우하고 있는 상황이었다. 그
렇기 때문에 대한제국정부와 한국인들은 일제의 독도침탈에 대하여
항론을 전개했을 뿐 항의외교문서를 일본정부나 국제사회에 보낼 통
로와 기구가 없었다.

문제는 이것만이 아니었다. 일본 제국주의자들은 한국의 모든 영토
를 식민지화하려 하고 있었고, 독도의 침탈은 오직 그 일환으로 변경
에 대한 先行侵奪일 뿐이었다. 바야흐로 전국이 일제의 식민지로 침
탈될 위험에 직면해 있었기 때문에 한국 국민들은 전국토의 國權 회

---

75) 黃玹, ≪梅泉野綠≫, 375. "距鬱陵島洋東百里 有一島 曰獨島 舊屬鬱陵島
倭人勒稱其領地 審査以去."

복을 위한 항일의병무장투쟁과 애국계몽운동을 전개하게 되었으며, 독도의 회복도 전 국토의 국권회복이 있고서야 가능할 일이 되었다.

XII. 맺음말 – 일본의 독도 영유권 주장의 오류와 허구성

지금까지의 실증적인 고찰을 통하여 우리는 적어도 다음과 같은 사실들을 확인할 수 있다.

(1) 독도가 1905년 2월 이전에 무주지였기 때문에 일본정부 내각회의가 中井의 1903년 無主地 先占사실을 받아들여 독도를 일본에 '영토편입'한 결정은 獨島가 無主地가 아니라 그 이전에 이미 (서기 512년) 韓國領土로서 韓國이라는 主人이 있는 有主地였기 때문에 원천적으로 無效이고 不法이며 成立되지 않는 것이다. 독도가 '무주지'가 아니라 '한국영토'였다는 한국측의 기록은 많이 있다. 신라왕조와 고려왕조가 이미 서기 512년(지증왕 13년)부터 독도를 영유했으며 조선왕조는 고려왕조를 계승하여 독도를 강원도 울진현 소속으로 영유하였다.

대한제국정부는 특히 지방관제를 개정하여 1900년 10월 25일 칙령 제41호로써 울릉도를 군으로 격상시켜서 독도를 강원도 울도군 소속으로 영유하였다.

일본측은 이것이 일방적인 것이라고 잘 받아들이려 하지 않으므로, 일본측의 기록에서 독도가 한국영토였음을 기록한 고문헌 자료를 제시하면 오류를 밝히는 데 매우 설득력이 있게 된다. 특히 일본측의 기록 가운데서도 明治정부의 公文書에서 독도가 '무주지'가 아니라 '한국영토'였음을 기록한 실증자료를 제시하고 분석하면, 독도를

1905년 2월 明治정부가 '무주지'라고 하여 소위 '영토편입'했다는 것이 사실은 '한국영토'를 '침탈'한 것임이 증명되고, 일제가 침탈한 독도가 1945년 8·15해방과 동시에 한국영토로 복귀한 사실이 지극히 정당한 것임을 명백히 증명하게 된다.

(2) 일본 明治정부가 수립 직후인 1869년(明治 2년) 12월에 外務省出仕 佐田白茅·森山茂·齋藤榮 등을 부산에 파견하여 개항교섭을 탐색할 때, 外務卿이 제출하고 국가최고기관인 太政官이 승인하여 지령한 조사사항 가운데 '竹島[울릉도]와 松島[독도]가 朝鮮附屬으로 되어 있는 始末'이 포함되어 있고, 이에 대한 복명서로 1870년(明治 3)에 ≪朝鮮國交際始末內探書≫가 일본 외무성에 제출되었다. 明治정부의 외무대신과 태정관이 확인하여 지령한 일본 외무성의 이 공문서에는 울릉도와 독도가 '무주지'가 아니라 '조선 부속령으로 되어 있음'을 명백히 기록하고 그 전말을 조사하도록 했다. 이 자료는 ≪日本外交文書≫ 제3권, 문서번호 87호로 1938년에 간행되었으므로 누구나 공개리에 열람할 수 있다. 이 일본 외무성의 공문서는 독도가 조선영토이며 무주지나 일본영토가 아님을 明治정부가 1869～1870년에 명확하게 인지하고 확인했음을 잘 증명해주고 있으며, 아울러 독도가 한국영토임을 확실하게 증명해준다.

(3) 일본 明治정부는 1876년(明治 9)에 島根縣으로부터 地籍·地圖 편제에 임하여 울릉도[竹島]와 독도[松島]를 島根縣에 포함시킬 것인가의 질품서를 받았다. 이에 內務省이 약 5개월간 문헌조사를 한 후 울릉도[竹島]와 독도[松島]는 조선영토이며 일본과는 관계없는 곳이라는 결론을 내렸다. 그러나 版圖의 取捨는 중대한 안건이므로 內務卿이 다시 국가최고기관인 태정관에 품의서를 올렸던바, 태정관 역시 1877년 3월 20일 울릉도[竹島]와 독도[松島]는 일본과는 관계없는 곳이며 조선영토임을 확인하는 지령을 내렸다. 이 일본 내무성의 공문서와 태정관의 공문서는 ≪公文錄≫ 內務省之部의 표제로 현재 日本

國立公文書館에 보관되어 있다. 이 내무성과 태정관의 공문서는 독도가 조선영토이며 무주지나 일본영토가 아님을 다시 한번 명확하게 증명해주고 있으며, 明治정부가 1877년 독도가 한국영토임을 재확인했음을 잘 나타내주고 있다.

(4) 일본 明治정부의 해군성은 1876년(明治 9)에 서양 탐험선들이 실측하여 편제한 지도를 번역 편찬해서 <朝鮮東海岸圖>를 발행할 때, 독도를 그림까지 넣어서 조선 부속령에 포함시켰다. 이 <조선동해안도> 原本 가운데 하나가 현재 奎章閣에 보관되어 있다.

또한 일본 해군성이 세계수로지인 《寰瀛水路誌》를 해체하여 국가별로 분류할 때도 1905년까지는 독도를 '리앙코르드島'라는 이름으로 《朝鮮水路誌》에 넣었다.

일본 육군성 참모국의 <朝鮮全圖>(1875년)도 독도를 조선영토에 포함시켜 표시하였다.

이러한 사실들은 모두 독도가 조선영토이며, 무주지나 일본영토가 아님을 증명해주며, 明治정부의 해군성과 육군성도 태정관·외무성·내무성과 마찬가지로 1905년 2월까지 독도가 한국영토임을 명확하게 인지하고 거듭 재확인했음을 잘 나타내주고 있다.

(5) 일본 明治정부에 '리앙꼬島領土編入並貸下願'을 제출한 일본 어업가 中井養三郎이 작성한 <이력서> 및 그 부속문서인 <事業經營槪要>(1910년 본인 작성)를 보면, 그는 일찍이 1893년 조선의 전라도·경상도 연안에 침입하여 잠수기를 사용해 어채를 한 경험이 있으며, 1903년 독도에서 물개잡이를 할 착안을 했다. 그는 한국정부에 貸下願을 제출하려고 그 교섭차 1904년 東京에 가서 農商務省 高官들과 접촉했다. 이때까지 그는 독도를 한국영토라고 확신하여 한국정부에 貸下願을 제출하려고 했음이 <사업경영개요>에 잘 나타나 있다. 현재 일본 島根縣廳에 보관되어 있는 이 자료는 독도의 일본 '영토편입'을 청원한 中井養三郎도 독도를 한국영토로 알고 있었음을

잘 증명해준다.

(6) 中井養三郎의 이러한 요청문서를 본 일본 해군성은 독도가 한국영토라는 내무성의 반대를 누르고 독도를 침탈할 계략을 꾸몄다. 즉 수로부장(일본 해군소장) 肝付兼行의 주도하에 농상무성 수산국장과 외무성 정무국장 등이 긴밀히 연락해가면서, 中井養三郎에게 러·일해전에서의 승리를 위해 독도에 러시아 함대를 감시할 해군 망루를 건설하고, 통신시설을 설치할 필요가 긴박하므로 한국정부에 貸下願을 내지 말고 일본정부에 '리앙꼬島領土編入並貸下願'을 제출하라고 교사했다. 中井養三郎은 이 지시에 따라 한국정부가 아닌 일본정부에 貸下願을 제출했다. 즉 어업가 中井養三郎은 독도[리앙꾸르島]가 한국 부속령임을 확신하고 한국정부에 貸下願을 제출하려고 상경했다. 그런데, 일본 해군성 수로부장 등이 이를 알고 러·일전쟁에 필요한 해군 망루를 설치할 목적으로, 독도[리앙꾸르島]가 한국영토임을 알면서도 무주지라고 강변, 中井養三郎에게 일본정부에 영토편입 및 貸下願을 제출하도록 지시하여 이것이 제출된 것이다.

일본 明治정부는 1905년 1월 28일 내각회의에서 中井養三郎의 청원을 승인하는 결의 형식으로 이른바 '無主地' 독도를 침탈하였다. 이때 明治정부가 독도가 한국영토임을 잘 알고 있었음은 앞에서 밝힌 바와 같으므로 더 말할 필요가 없겠다.

(7) 독도는 512년(신라 지증왕 13년) 于山國이 신라에 귀속했을 때부터 한국의 고유영토가 되어 지금까지 이어져왔다. 이 사실은 ≪三國史記≫, ≪高麗史≫ 地理志(1451년 편찬), ≪世宗實錄≫ 地理志(1423년 및 1454년 편찬), ≪成宗實錄≫, ≪東國輿地勝覽≫(1481년 편찬), ≪新增東國輿地勝覽≫(1531년 편찬), ≪肅宗實錄≫, ≪萬機要覽≫ 軍政篇(1808년 편찬), ≪增補東國文獻備考≫(1792년 편찬), ≪增補文獻備考≫(1908년 간행) 등과 기타 다수의 고문헌에 잘 기록되어 있다.

한편 일본 기록에 독도가 처음 보이기 시작하는 것은 ≪隱州視聽

合記≫(1667년)부터이며, 그것도 독도가 조선의 영토이고 일본영토의 서북 경계는 隱州(隱岐島)를 한계로 한다고 기록하고 있다.

이러한 사실은 지도에도 반영되어 <東國地圖>(1463년 제작), ≪東國輿地勝覽≫의 <八道總圖>인 <東覽圖>(1481년 최초 제작)와 도별지도 <朝鮮地圖竝八道天下地圖>(17세기), <海東八道烽火山岳地圖>(17세기), <天下大摠一覽地圖>(17세기), 정상기의 <東國地圖>(18세기 전기), <海東圖>(18세기), <我國摠圖>(18세기), <八道全圖>(18세기), <朝鮮全圖>(18세기), <輿地圖>(18세기), <海左全圖>(1822년) 등뿐만 아니라 최근 발견된 金大建의 <朝鮮全圖>(1846년) 등에도 독도가 조선영토로 잘 표시되어 있다.

또 일본의 고지도로서 林子平의 <三國接壤地圖>(1875), <大日本圖>(1875), <總繪圖>(18세기 중엽), <朝鮮細圖>(1852년경) 梁崎延房의 <朝鮮國細見全圖>(1873년) 등도 독도를 조선의 영토로 표시하고 있다.

19세기 말 大韓帝國學部의 <大韓輿地圖>(1898년)와 <大韓全圖>(1899) 등도 마찬가지다.

(8) 일본이 1905년 2월 無主地인 독도를 先占해서 일본의 영토에 편입했다는 주장은 또한 일본측이 독도를 일본의 역사적으로 고유영토라고 주장하는 것이 새빨간 거짓말임을 잘 증명하는 것이다. 만일 독도가 일본의 역사적 고유영토였다면, 일본정부가 1905년 2월에 새삼스게 무주지라고 하면서 새로이 '영토편입'할 필요가 어디 있겠는가? 일본정부 내각회의의 이러한 결정 자체가 독도는 역사적으로 일본의 영토가 아니었음을 스스로 잘 증명해주는 것이다.

(9) 일본 明治정부는 한국영토인 독도를 일본에 '영토편입'한 것이 실은 독도를 '침탈'한 것이므로 한국과 세계가 알면 항의와 분쟁이 일어날 것이라 보고 이 사실을 일본의 중앙정부 ≪官報≫에 게재하지 못하게 했으며, 언론기관에도 공개하지 않았고, 1905년 2월 22일

島根縣廳에서만 縣管內고시하게 하였다.

이때 明治정부는 소위 '영토편입'에서 국제법상의 당연한 요건이 되는 한국정부에 대한 통고나 조회도 하지 않았다. 그 이유는 1905년 2월 당시 한국정부가 아무리 일본군의 지배하에 있다고 해도 아직은 외교권을 가진 독립국이므로 이것을 알게 되면 항의로 분쟁이 일어날 것을 두려워했기 때문이다. 明治정부의 이러한 사실상의 비공개조치 때문에 당시 한국정부와 한국인은 독도가 침탈당한 사실을 전혀 몰랐으며, 일본인들까지도 독도를 일본영토로 '편입'한 사실을 모르고 여전히 한국영토로 알고 있었다.

(10) 대한제국정부가 일본의 독도침탈을 알게 된 것은 1년 후인 1906년 3월 28일 島根縣 隱岐島의 지방관리 일행이 독도를 시찰한 다음 울릉도에 들러 鬱島郡守 沈興澤에게 독도를 일본영토로 '편입'했음을 구두로 말했을 때였다. 경악한 울도군수는 울도군 소속 영토 독도를 일본측이 자기네 영토에 편입했다는 말을 들었다고 항의하면서 이를 강원도관찰사를 거쳐 내부대신과 참정대신 에게 보고했다. 내부대신과 議政府 參政大臣은 이 보고를 받고 독도가 한국영토임을 명확히 했으며, 독도가 일본영토로 되었다는 일본의 주장은 '전혀 근거가 없고'(全屬無根), '이치에 닿지 않는 것'(必無其理)이라고 반박하는 지령문을 내렸다.

또한 대한제국의 신문들과 지식인들도 울도군수의 보고를 보도하면서 일본측의 주장에 抗論을 폈다.

그러나 1906년 3월말~5월초는 이미 '을사5조약'이 통과되고(1905. 11.17), 대한제국 外部가 폐지되었으며(1906.1.17), 일제 통감부가 설치되어 활동을 개시한(1906.2.1) 시기로, 대한제국이 일제에게 외교권은 물론, 內政까지도 지배받게 된 후였다. 즉 대한제국정부와 한국인들은 일제의 독도침탈에 국제적으로 항의할 통로와 기관마저 빼앗겨버린 상태였던 것이다.

뿐만 아니라 일제의 독도침탈은 한국영토 전체에 대한 침탈의 시작에 불과했고, 이제 '을사5조약'의 강제 체결에 의해 전 국토가 침탈당하게 되었으므로 한국인들에게는 국권회복투쟁이 더 화급한 과제가 되었다.

(11) 1910년 8월 29일 이른바 한일합방이 이루어짐으로써 독도뿐만 아니라 한국의 전 국토가 일제에게 침탈당하였다. 일제는 '征韓'의 목적을 마침내 달성했으며, 이것은 1910년 8월 29일 하루에 자행된 것이 아니라 1875년 전후부터 한국에 대한 침략정책을 일관되게 추진해온 일본 제국주의자들의 오랜 염원의 결과였다.

한국민족의 국권회복운동은 이 기간(1875~1910년)과 그 이후 식민지통치기간(1910~1945년)에 일제가 침탈해간 모든 종류의 주권과 영토와 이권을 회복하여 독립을 달성하는 것을 목적으로 한 운동이었다. 한국민족의 이러한 목적은 끊임없는 독립투쟁과 연합국의 제 2 차 세계대전에서의 승리에 의해 달성되었다.

1943년 11월 27일 카이로선언에서 미국·영국·중국 3개국 수뇌는 "위 연합국의 목적은 1914년 제 1 차세계대전 개시 이후 일본이 장악 또는 점령한 태평양의 모든 도서를 박탈할 것과, 아울러 滿洲·臺灣·澎湖諸島 등 일본이 중국인들로부터 절취한 일체의 지역을 중화민국에 반환함에 있다. 또한 일본국은 폭력과 탐욕에 의하여 약취한 모든 다른 지역으로부터도 축출될 것이다.(윗점은 인용자) 위 3대국은 한국민족의 노예상태에 유의하여 적당한 시기에 한국이 자유롭게 되고 독립하게 될 것을 결의하였다"고 발표했다. 이 선언에 의하여 한국의 독립이 국제사회에서 최초로 약속되었으며 또한 일제가 '폭력과 탐욕에 의하여 약취한' 한국의 영토도 모두 회복되도록 약속되었다.

물론 당시 '카이로선언'은 연합국의 공동선언에 불과했으며 아직 일본에 대해 구속력을 갖는 것은 아니었다. 뒤이어 미국·영국·소련

등 연합국은 1945년 7월 26일 '포츠담선언'을 결의했는데 이 선언 제
8항은 '카이로선언의 조항은 이행되어야 하며 또한 일본의 주권은
本州·北海島·九州·四國 및 우리들이 결정하는 諸小島에 한정한
다'고 선언하고 있다. 물론 '포츠담선언'도 카이로선언과 마찬가지로
연합국의 공동선언일 뿐 일본에 대하여 구속력을 갖는 것은 아니었
다. 그러나 일본이 1945년 8월 14일 포츠담선언을 무조건 수락하고,
8월 15일 연합국에 무조건 항복을 공포했으며, 9월 2일 포츠담선언의
무조건 수락을 문서화한 항복문서에 서명함으로써 포츠담선언은 일
본에 대하여 구속력을 갖게 되었다. 일본은 그동안 한국을 침략하여
침탈한 모든 한국영토는 한국에, 1894~1895년 청·일전쟁에서 침탈한
지역은 중국에, 1904~1905년 러·일전쟁 결과 침탈한 지역은 소련에
돌려주어야 했고, 일본의 영토는 本州·北海島·九州·四國과 연합
국이 결정하는 諸小島로 한정되었다.

(12) 연합국 최고사령부는 일본 항복문서의 영토부분 시행을 위한
결정으로서 1946년 1월 29일 SCAPIN(聯合國最高司令部指令, Supreme
Command Allied Powers Instruction의 약칭) 제677호 <약간의 주변지역
을 정치상 행정상 일본으로부터 분리하는 데 관한 각서>를 일본정부
에 지시하였다. 이 각서는 '일본의 정의'를 내려 일본정부가 정치·행
정권을 행사할 수 있는 지역과 행사할 수 없는 지역을 구분하면서,
일본의 통치권에서 제외되는 지역으로 (a) 울릉도·리앙꾸르岩嶼(獨
島·竹島)·제주도, (b) 북위 30도 이남의 琉球諸島(口文島 포함), 伊
豆, 南方, 小笠原·硫黃群島·大東諸島, 沖鳥島, 中之鳥島를 포함한
모든 외곽 太平洋諸島, (c) 千島列島, 齒舞群島(小晶·勇留·秋勇留·
志發·多樂·各島 포함)를 지정했다.

연합국 최고사령부는 여기서 리앙꾸르岩嶼[독도]를 일본의 통치권
에서 명백하게 제외시켰으며, 1946년 1월 29일자로 한국영토로 판정
하여 한국이 독립하면 한국에 접수시키도록 주한 미군정에 반환 이

관하였다.

1948년 8월 15일 대한민국이 수립되자 獨島도 대한민국의 영토로 반환 접수되어 완전히 회복되었다. 1948년 12월 12일 대한민국은 UN 총회에서 당시의 소유한 국민과 領土(獨島 포함)의 主權國家로 公認받고 國際社會의 일원이 되었다. 이 이후부터는 대한민국의 국민과 獨島를 포함한 韓國領土의 어떠한 부분도 대한민국 국민과 정부·국가의 동의 없이는 훼손하지 못하도록 국제법상 되었다.

(13) 한국의 고유영토인 독도를 일제가 1905년 2월 한국인 몰래 침탈시도했다가 1945년 8·15해방과 함께 한국영토로 회복된 역사적 과정이 이상과 같은데도, 일본정부는 1952년 1월 28일 이래 독도에 대한 한국의 영유를 인정하지 않고 독도를 일본영토라고 주장하면서 한국정부에 해마다 항의해오고 있다.

일본정부는 ① 독도가 일본의 고유영토라거나, ② 無主地를 1905년에 일본이 선점한 것이라고 주장하기도 하고, ③ 한국영토로 일본이 승인하여 반환한 지역은 1910년 8월 '한·일합병조약' 체결 당시의 한국영토에 대한 것이고 그 이전에 일본영토로 '편입'된 지역에는 해당되지 않는다고 주장하기도 하며, ④ 1951년 연합국의 對일본강화조약의 일본의 한국에 대한 모든 권리의 포기 항목에 제주도·거문도·울릉도만 기록되었지 독도가 기록되어 있지 않음을 주장하기도 한다. 그러나 일본의 이러한 주장들은 모두 명백한 오류이다.

이 글에서 밝힌 바와 같이 독도는 한국의 고유영토이다. 일본 明治정부도 1905년 1월까지는 이를 공문서로 확인했음이 충분히 밝혀졌다. 또한 1905년 일본이 無主地인 독도를 선점하여 소위 '영토편입'했다는 주장에 대해서는, 일본정부가 독도가 무주지가 아니라 한국영토임을 잘 알면서도 러·일전쟁과 관련 해군의 망루를 설치하기 위해 대한제국정부와 한국인들 몰래 침탈시도했던 것임이 충분히 밝혀졌다.

그리고 연합국은 '일본국은 폭력과 탐욕에 의하여 약취한 기타 모든 지역에서 驅逐된다'고 한 원칙적용의 기준시점은 1894년 1월 1일을 기준으로 하였다. 그러므로 한국에 대해서 1910년 8월 당시의 한국의 영토에만 국한되어 적용된 것이 아니라 그 직전인 1905년 독도 영토 침탈시도에도 당연히 적용되었다. 일본이 1894~1895년 청일전쟁에서 얻은 臺灣・澎湖諸島에도 적용되고, 1904~1905년 러・일전쟁에서 얻은 千島列島에도 적용되며, 1910년 이전에 조선왕조와 체결한 모든 이권조약에도 적용되었다. 연합국은 1905년 2월 일제의 독도 침탈을 포함해서 일본 제국주의가 근대에 들어 한국에서 침탈한 모든 영토와 이권이 일본으로부터 박탈되고 무효화되어 한국에게 반환된 것이다.

또한 1951년의 대일강화조약에서 '일본국은 한국의 독립을 승인하고 제주도・거문도・울릉도를 포함한 한국의 모든 권리・權原 및 청구권을 포기한다'고 한 조항에서 독도가 기록되지 않은 것은 대표적 도서 일부를 기록한 것에 불과하며, 이 조약 문서에 일본에 점령당했던 한국의 수천 개의 섬들을 다 나열할 수는 없는 것으로, 기록에 없는 다른 수천 개의 島嶼들이 기록에 없기 때문에 아직도 일본영토라고 볼 수는 없다. 국제법과 국제관계상 附屬島嶼의 개념을 적용하여 해석해야 한다. 獨島는 울릉도의 부속도서이다. 獨島의 명칭이 없이도 울릉도의 명칭이 있으면 독도는 울릉도의 부속도서이기 때문에 울릉도 영유국가가 독도영유국가로 해석되는 것이다. 제주도의 일본 쪽에 있는 牛島가 있는데, 샌프란시스코 강화 조약에 牛島명칭이 없이 제주도만 명칭이 있어도 우도는 제주도의 부속도서이기 때문에 牛島가 일본영토로 해석되지 않고 대한민국 영토로 해석되는 것과 같은 논리이다.

이 조약에 앞서 1946년 SCAPIN 제677호에서 연합국 최고사령부가 리앙꾸르島[독도]가 일본의 통치 지역이 아님을 성문화하여 일본정부에 지시했기 때문에 이것이 다른 문서로써 취소되지 않는 한 독도가 한국영토라는 연합국의 결론은 변함이 없는 것이다. 더구나 연합국이 샌프란시스코 강화조약 준비로 1950년에 최종 합의해 작성한 ≪연합국의 구일본 영토처리에 관한 合意書≫(Agreement Respecting the Disposition of Former Japanese Territories) 제3항에서 한국영토는 한반도와 대표적 섬으로 제주도·거문도·울릉도와 함께 獨島를 한국영토에 속함을 명백히 하였다. 본 조약문에 기록이 없으면 이 합의서가 내부 해석문서가 되는 것이다.

그러므로 울릉도와 마찬가지로 명백한 한국영토인 독도에 대하여 일본정부가 일본영토인 죽도[독도]를 한국이 불법 점령하고 있다고 주장하고 있는 것은 전적으로 오류이며 허구다.

한국민족은 근대에 일본 제국주의의 침략을 받고 심한 타격을 입었다. 일본 제국주의자들이 한국영토를 침탈하여 강점하고 자행한 살육과 약탈과 착취는 말할 것도 없고, 그 문화적 정신적 피해도 실로 막심하며, 오늘날 한국민족의 고통의 근원이 되고 있는 남북분단도 따지고 보면 일본 제국주의자들의 침략과 침탈에서 기원한 것이다.

오늘의 일본정부가 과거 일본 제국주의자에게 침탈당한 독도를 한국이 정당하게 회복했음에도 불구하고 아직도 독도를 일본영토라고 주장하면서, 일본국민과 청년학생에게 일본영토인 독도[竹島]를 한국이 불법 점령하고 있다고 교육하여 분쟁의 불씨를 배양하는 것은 한국민족에 대한 중대한 제국주의적 도전이며, 이것은 과거 일본 제국주의 침략이 남긴 상처에 시달리고 있는 한국인에게는 한국의 독립주권을 부정하기 시작하는 심각한 민족문제의 성격을 지닌 것이다.

일본정부는 바로 자신의 과거 공문서들이 독도가 한국영토이며 일본영토가 아님을 명확히 증명해주고 있는 상황에서, 과거 일본 구제국주의의 독도침탈을 합리화하고 그 연속선상에서 독도가 일본 영토라는 신제국주의적 신군국주의적 주장을 제기하는 억지와 모순을 즉각 중단철회하고 교과서들에서 반드시 삭제해야 할 것이다.

　또한 한국민족은 일본정부의 이러한 억지 주장이 과거 일본 제국주의의 침탈을 합리화하는 한편, 그 연속선상에서 한국영토와 주권을 침탈 종속시키려는 신제국주의적인 도전행위이며 한국민족에게는 더 없이 커다란 민족문제임을 명확히 인식하고 참으로 단호하게 대처해 나가야 할 것이다.

ABSTRACT

Ancient Japanese Documentary Evidence Regarding Korea's Territorial Rights to Dokto

Shin, Yong-ha

The Japanese government, having presumed Dokto to be unclaimed territory, claim that it was reasonable to have incorporated Dokto into the Japanese territories in 1905, a claim which has become the basis for their current assertion of territorial rights to Dokto. Dokto had already been settled before January 1905, however, once the examination of Japanese government public documents prove that these settlers were Korean, the assertions of the Japanese government will fall apart.

In 1869, the prime minister and foreign ambassador of Japan's Meiji government recorded the reconfirmation of Ulleungdo and Dokto as part of Joseon territory as documented evidence in the third volume of the *Nihon Gaiko Munsho* [日本外交文書]. Furthermore, in response to an inquiry by the governor of Shimane county, the Japanese Prime Minister and the Minister of the Interior wrote concluding statements and written directives in March 1877 that remain as public Japanese record that "Ulleungdo and Dokto, which lie in the middle of the East Sea, are territories of Joseon and have no relation to Japan".

The Japanese departments of the Navy and Army also have reconfirmed that in all documents and maps prior to February 1905, Dokto appears as Korean territory. Therefore, there is no basis, historically or within international law, to Japanese government claims to territorial rights over Dokto.

Keywords: Dokto, East Sea (or Japan Sea, 東海), territorial rights to Dokto, Shimane county

근대 일본의 조선주둔군에 대한 고찰
― 그 始原에서 1910년 한국병합까지 ―

서 민 교*

Ⅰ. 서 론

메이지유신 직후인 1870년에 일본정부는 육군은 프랑스식(1886년에는 독일식으로 변경)을, 그리고 해군은 영국을 모델로 한 '천황의 군대'를 건설할 것을 결정하였다. 메이지유신 직후 '富國强兵'을 국가목표로 내건 일본은 점진적으로 군대의 군비를 확장시켜나가기 시작했으며 '강병'으로서 양성한 군대는 대외팽창노선의 전위대로서의 역할을 담당하게 된다. 근대 일본 군대의 창설에 큰 역할을 한 야마가타 아리토모(山縣有朋)는 1872년 "밖으로 대비하는 계획은 이미 서

---

* 고려대학교 강사

있고 그 조치가 잘 이루어진다면 국내의 일은 걱정할 바 없다"면서 외국과의 전쟁에 대비하는 군대를 만들기 위해 징병제의 창설을 주장하면서 군비확장의 필요성을 역설하였다.[1] 이를 계기로 일본에서는 이전과는 달리 당시로서는 혁명적인 변화라고 할 수 있는 일반 농민까지 군대에 징병되는 國民皆兵制가 실시되기에 이르렀고 이후 점진적인 군비확장이 이루어지게 된다. 참고로 메이지 초기에서 제1차 세계대전에 이르기까지의 일본의 군비 변화를 살펴보면 다음과 같다.[2]

〈표 1〉 일본 육해군 병력 및 艦艇數의 변천

年度	將兵數			艦艇數	
	육 군	해 군	합 계	隻 數	총톤수
1869				4	3,416
1871	14,841	1,798	16,639	14	12,351
1872	17,901	2,641	20,542	14	12,351
1885	54,124	11,399	65,523	25	28,243
1894	123,000	15,091	138,091	55	62,866
1895	130,000	16,596	146,596	69	77,536
1900	150,000※	31,114	181,111	112	212,933
1904	900,000	40,777	940,777	147	236,558
1905	990,000	44,959	1,034,959	171	341,643
1912	227,861	59,777	287,638	192	341,643

<1> 兵員數는 군인, 軍屬의 총계임.
<2> ※은 推定數.
<3> 厚生省引揚援護局조사통계.

---

1) 大山梓, ≪山縣有朋意見書≫, 43~45
2) 內閣官房, 1955 ≪內閣制度七十年史≫, 565. 본고에서는 山田朗, 1997 ≪軍備擴張の近代史≫ (吉川弘文館) 9에서 발췌 재인용.

　지면 사정상 위의 표에 대한 상세한 설명은 생략하지만 1870년대 이후 일본의 군대는 점진적으로 증가추세를 보이고 있고 특히 청일, 러일 전쟁시기에 비약적인 증가 추세를 보이고 있음을 알 수 있다. 본고에서는 이러한 변천을 거듭하던 일본군이 조선과 어떠한 관련성을 갖고 있었는가에 대해 살펴보는 것을 과제로 하고 있다. 따라서 근대 일본의 건군이래 초기의 한일간의 역사에 있어서 일본군이 어떠한 형태로 또 어떠한 역할을 담당했는가를 중심으로 고찰하고자 한다. 이것은 근대 한일관계의 성격을 규정하는데도 큰 의미를 지닌다고 하겠다. 이어서 1876년 강화도 조약(朝日修好條規)의 체결 이후 1910년까지의 한국병합에 이르기까지의 시기를 주된 대상으로 하여 일본군과 조선과의 관련성에 대해 분석해 보겠다.

Ⅱ. 조선에서의 근대 일본군의 출현

　마지막 조선군사령관이었던 코오즈키 요시오(上月良夫) 대장은 패전이후인 1946년 2월 부원 당시의 上奏文에서 1945년 패전 당시의 조선주둔군은 "地上二軍, 九師団, 五師管區, 二混成旅団과 三要塞 및 航空一軍 一師団을 根幹"으로 하는 약 23만의 군인이 소속되어 있었다고 기록하고 있다[3]. 물론 23만이라는 숫자는 실제로는 남방이나 중국지역 등에 제19, 제20사단 등 정규사단이 차출되어 서류 상에 남아있는 숫자에 불과하지만 당시로서도 대단한 규모의 병력이 식민지 조선에 주둔하고 있었다는 것을 보여주고 있다.

　1945년 패전 당시 이상과 같은 규모를 가지고 있었던 조선주둔 일

---

3) 上月良夫, <第十七方面軍並に朝鮮軍管區の終戰狀況に關する上奏文> [宮田節子編, 1989 ≪朝鮮軍槪要史≫ -解說- (不二出版)]. 또 이 23만이라는 숫자는 패전 당시 조선반도에 존재하고 있던 일본군의 총수는 아니었다.

본군(이하 조선군으로 약칭함)은 조선의 개국 이래로 한반도와 깊은 관련을 가지게 되며 요컨대 조선의 식민지화 과정에서 물리력의 전위대로서 기능하게 됨에도 불구하고 독자적인 선행연구가 거의 전무한 실정이라고 하겠다. 또한 조선군에 대한 선행연구[4]는 일본 군사사 분야에서도 극히 드물고 한국 학계에서도 체계적인 연구가 진행되었다고 할 수 없지만 근년에 들어와 한일간의 학계에서 점차 연구가 진행되고 있는 상황이라고 하겠다.

이상의 상황하에서 본 장에서는 조선군의 始原이라고 할 수 있는 근대 일본군과 조선과의 관계의 출발점을 고찰해 보고자 한다.

1. 조선에서의 일본군의 始原 -임오군란과 갑신정변-

1870년대에 근대적 군대의 형태를 갖추기 시작하던 일본군이 조선과 관계를 맺기 시작하는 것은 역시 강화도 조약을 둘러 싼 무력도발

---

4) 일반적으로 근대 일본군에 대한 연구에서 조선군의 존재에 대해 언급하고 있는 연구는 꽤 보이지만, 조선군에 대한 독자적 선행연구는 매우 미흡한 실정이다. 기존의 조선군 연구 중에 먼저 개괄적인 연구로서는 한국의 임종국, 1988·89 ≪일본군의 조선침략사≫ 1·2 (일월서각)을 들 수 있다. 이 연구는 1876년 이래 일방적인 일본의 침략의 궤적이라는 관점에 일관하여 개설적으로 서술되고 있다. 그리고 일본측의 연구로는 역시 수적으로 매우 적은데 먼저 大江志乃夫는 1987 ≪日露戰爭と日本軍隊≫ (立風書房)의 終章인 <朝鮮植民地化と軍部>에서는 러일전쟁기의 일본군을 대상으로 한 연구에서 한 章을 할애하여 조선 식민지화과정에서의 일본군의 역할을 분석하고 있다. 韓國駐箚軍에 대한 선행적 연구라고 하겠다. 또 1920년대의 식민지 조선의 치안체제의 확립, 유지과정을 조선군에 관련시킨 연구로 芳井硏一, 1976.6 <植民地治安維持體制の軍部-朝鮮軍の場合> ≪季刊現代史≫ 7 등이 있다. 그 외에는 만주사변기의 조선군에 대한 논문으로 拙稿, 2002.9 <만주사변기 조선주둔 일본군의 역할과 행동> ≪한국민족운동사 연구≫ 32 등이 있다. 또 近刊 예정인 松田利彦의 1910년대의 조선군에 대한 연구도 기대되는 바이다.

에서 비롯된다고 보는 것이 타당하겠다. 일본군인이 조선에 그 모습을 드러내는 것은 1876년 이후의 일이 되는데, 강화도 사건을 제외한다면, 처음으로 일본 군인이 조선에 오는 것은 1880년 당시 조선의 수도 서울(=漢陽)에 일본국 공사관이 개설될 때 수행원 중에 일본군인이 포함되어 있었던 것이 처음이라고 보여진다.[5]

그후 1882년 임오군란이 발생하여 조선군인 등에 의한 일본공사관 습격사건이 발생한 후 일단 나가사키(長崎)로 피신했던 하나부사 공사는 동년 7월 16일 2개 중대의 병력을 이끌고 다시 서울로 들어왔다.[6] 같은 달 30일 한일간에는 임오군란에 대한 善後조치로 제물포조약이 체결되는데, 이 조약에 의해 일본은 조선 측에 대해 일본공사관에 대한 안전 책임문제를 질타하면서 '公使館守備隊' 명목으로 서울에 일본군 병력의 일부가 駐留할 수 있는 권리를 획득하였다.

동 조약 제5조에는 "일본 공사관은 兵員 약간을 두어 호위할 것. 兵衛를 설치 수리하는 것은 조선국이 이를 담당함. 만일 조선의 兵民

---

5) 최초의 일본국 조선주재 공사였던 花房義質는 書記官인 近藤眞鋤이하 40명의 수행원을 이끌고 왔는데 그 중에 일본군인이 포함되어 있었다. 우선 육군군인으로는

步兵大尉　水野勝毅
步兵中尉　松岡利治
砲兵軍曹　千原秀三郎
陸軍語學生武田勘太郎, 岡內恪, 池田平之進가 있고,
해군군인으로는
中軍醫　佐川晃
看病夫長　鈴木利作 외 4명의 어학생이 있었는데 관등성명은 알 수가 없다(임종국, 《앞 책》 1, 35 참조).
한편으로 《朝鮮駐箚軍歷史》 [金正明編, 1964 《日韓外交史料集成別冊》 (巖南堂書店)에 의하면 총 38명의 수행원이 있었다고 하는데 그 중에 군인으로는 步兵大尉 水野勝毅와 工兵中尉 堀本禮造의 신분 이외에는 분명하지 않다.

6) 임오군란 당시 일본은 육군 1개 大隊 및 4척의 군함(=金剛, 扶桑, 日進, 淸輝)를 조선에 파견하여 무력으로 위압하고자 하였다.

이 법을 지키기를 일년이 경과하여 일본 공사가 경비할 필요가 없다고 판단될 때에는 철병할 수도 있다"라고 되어 있는데 이 조항을 근거로 일본 군인이 조선의 수도인 서울에 駐兵하게 된 것이다. 당시에는 일본군 수비대 1개 대대가 서울에 주둔하게 되는데, 다음해인 1883년에는 1개 중대로 축소되었다.

여하튼 조선의 수도인 서울에 일본군이 주병하게 되는 권리를 획득했다고 하는 것은 꽤 상징적인 의미를 갖는다. 바꾸어 말하자면 일본은 제물포조약에 근거하여 국제법상으로도 합법적으로 소수이기는 해도 일본군대를 파견할 수 있는 권리를 얻었다는 것을 의미하며 이 조항은 나중의 청일간에 체결된 천진조약에서도 해소되지 않았으므로 일본은 언제라도 독자적으로 한반도에 군대를 파견할 수 있는 권리를 보유하고 있었다고 하겠다. 근대적 조약이 갖는 중요한 의미를 여기서 또 한번 느낄 수가 있다.

그후 도중에 1개 대대로 늘었다가 다시 1883년 8월에 1개 중대로 축소된 일본군이 바로 이듬해인 1884년의 갑신정변에 관여하게 되었다. 일본의 갑신정변에 대한 구체적인 관여 문제는 본고에서 언급하지 않겠지만 일본이 무책임하게 김옥균 등을 선동한 것은 주지의 사실이며, 또 11월 14일의 박영효 집에서의 회합에서 시마무라 히사시(島村久) 서기관이 김옥균 등에게 말한 단 '1개중대의 일본군 병력으로 3천여 명의 청국군을 견제할 수 있다'는 호언장담이 갑신정변이라는 무모한 시도에 큰 역할을 했던 점은 부정할 수 없다고 하겠다.[7] 이 정변으로 인해 일본측은 군인 4명, 참모본부 어학생 2명, 민간인 34명 등 40여명의 사상자를 낸 것으로 되어있다.[8]

---

7) 金玉均, ≪甲申日錄≫ [趙一文 역주, 1977 (건국대학교출판부)] 44 및 <事變前竹添公使報告並びに訓令> <朴泳孝宅に於て洪英植金玉均徐光範等と島村久談話筆記要約> [山邊健太郎, 1966 ≪日本の韓國併合≫ (太平出版社) 146~147] 참조.
8) 군인 사망자는 이소바야시(磯林眞三) 대위와 이이다(飯田須太郎) 曹長

역시 갑신정변의 선후 조치를 위해 일본은 육군 2개 대대와 해군 함정 7척을 파견해 조선과 청군에 대해 무력 행사의 위협을 가하면서 조선 측에 한성조약을 강요하였다. 1885년 1월에 체결된 한성조약에서 일본은 조선 측의 사과와 피해 보상금의 지불을 요구하였고, 더불어 제5조에서는 "일본 호위병의 營舍는 공사관 부지로 擇定하되 壬午續約(=제물포조약을 말함) 제5款에 비추어 시행할 것"을 규정하였다. 즉 이는 공사관 경비를 담당하는 일본군의 주둔지가 공사관 부지 내부로 결정된 것을 의미하는 것이며 한성의 중심부에 일본군이 주둔하게된 것을 뜻하는 것이다.

이로 인해 일본군 1개 대대가 주둔하게 되는데 조선에서의 청일간의 무력 충돌을 회피하기 위해 동 1885년 4월에는 일본의 이토 히로부미와 이홍장이 각각 전권대사가 되어 천진조약을 체결하게 되었다. 이 조약으로 인해 청일 양국은 각각의 병력을 조선에서 철수시키게 되었고 이후 1894년 청일전쟁의 발발까지는 일본과 청국의 군대는 조선에 주둔하지 않게 되었다. 하지만 전술한대로 이토의 노회한 조약체결 교섭과정에서 제물포조약 이래의 일본군 주병권 조항이 삭제되지 않아 필요하다면 일본군은 조선에 군대를 파견할 수 있는 단서를 제공하는 있는 결과가 초래되었다. 이를 뒤늦게 안 이홍장이 제물포조약의 폐기를 요구했으나 이토는 천진조약과는 무관하다고 주장하며 이를 거부했다.

2. 청일전쟁과 조선에서의 일본군

1890년대어 들어가면서 일본은 이전부터의 군비확장 정책을 적극

및 藤代市一郎, 目黑多利吉 一等卒이며, 참모본부 어학생은 上野茂一郎, 赤羽平太郎이다(임종국, ≪앞 책≫, 45 참조).

적으로 진행하는 한편, 조선을 '이익선'으로 확보해야 한다는 정치지
도자간의 이해관계가 일치되는 특징이 나타나면서 조선은 독립유지
가 불가능한 국가이다라는 평가가 주류를 이루게 되었다.9) 한편 일본
초기 의회에서의 정부와 民党의 대립은 국가통합이라는 일본 국내
정치과제를 위협하는 수준으로 전개되었으며 이러한 시기인 1894년
에 발생한 갑오농민봉기는 일본이 내정의 위기상황을 전쟁을 통해
극복하려는 절호의 기회를 부여한 셈이 되었다. 여하튼 일본은 조선
에 대하여 청국의 세력을 조선에서 구축하고 조선 내정개혁을 통해
조선을 일본이 단독으로 보호국화하는 정책을 확정짓게 되고 이것이
청일전쟁으로 분출되어 나왔던 것은 두 말할 필요가 없다고 하겠다.
다만 일본의 조선 내정개혁 정책은 조선의 반발, 러시아의 개입 등으
로 인해 그 실효를 바로 거두지는 못하고 다시 러일간의 대립이 해결
되기를 기다리게 되었다.

청일전쟁과 조선과의 관계에 대해서는 본고에서 다룰 여유는 없지
만 기존의 연구10)를 참조하면서 여기서는 전쟁 자체의 전개과정은 생

---

9) 유명한 主權線과 利益線의 논리는 1890년 3월 당시 일본 수상이었던 야
마가타 아리토모(山縣有朋)의 의견서인 <外交政略論>에서 주장된 것
인데, 이는 1888년 야마가타가 유럽을 방문했을 때 만났던 로렌츠 폰 슈
타인 빈대학 정치경제학부 교수의 "主權疆域"과 "利益疆域"을 강조했던
"국방론"의 영향을 받았던 것이다. 슈타인은 메이치헌법 기초과정에서
이토 히로부미에게 영향을 미쳤던 인물로도 알려져 있다. 슈타인은 서
구 열강의 조선의 중립 보장은 일본 입장에서 可하지만 조선이 타국의
영향권 하에 들어간다면 일본에게 매우 불리할 것이라는 의견을 제시하
였고 이러한 논리는 당시의 일본 정치 지도자들의 대 조선 정책을 형성
하는데 큰 영향을 미쳤음을 그후의 경과에서도 잘 알 수 있다[加藤陽子,
2002 ≪戰爭の日本近現代史≫ (講談社) 81~97 참조).
10) 청일전쟁 및 일본과 조선관계에 대한 선행 연구는 戰前, 戰後로 나누어
볼 때 그 접근 방법에 다양한 차이점이 露呈되는데, 일정 정도 학문 연
구의 제약에서 벗어난 주요 연구로는 다음과 같은 연구가 지적될 수 있
다. 먼저 田保橋潔, 1940 ≪近代日鮮關係の硏究≫ (朝鮮總督府中樞院)는

전전의 연구에서도 사료 구사와 서술의 객관성을 유지한 예외적인 연구로서 일선 양국 및 중국 서구까지도 시야에 넣었던 관계사적 연구였고 전후 연구의 출발점이 되었다고 하겠다. 그리고 전후가 되어 식민지 지배에 대한 반성과 비판을 강조했던 외교사료를 중심으로 분석했던 山邊健太郎, 1966 ≪日韓倂合小史≫ (岩波書店) ; 1966 ≪日本の韓國倂合≫ (太平出版社)가 있다. 이 연구는 종래와는 달리 조선 침략에 대한 성격 규정과 조선 침략의 要因에 대하여 경제적 요인을 강조했던 연구에 비판을 가하면서 정치 군사적인 요인으로 설명을 시도한 것에 의미를 찾을 수 있다. 이는 中塚明, 1968 ≪日淸戰爭の硏究≫ (靑木書店)로 계승되면서 전후 연구의 통설적 위치를 차지하게 되었다. 한편으로 信夫淸三郎, ≪日淸戰爭≫ (福田書房) ; ≪陸奧外交≫ (叢文閣) ; 1970 ≪增補日淸戰爭≫ (南窓社)에서는 조선 침략에 대한 일본 정치 지도자들의 견해가 일치되었다는 점 그리고 民黨의 조선침략론도 정부의 그것과 별로 다르지 않았다는 점이 입증되었고, 彭澤周, 1969 ≪明治初期日韓淸關係硏究≫ (橋書房)와 山邊의 논쟁에서는 조선의 개화파와 일본의 현지 官憲이 상호간에 정변을 획책했다는 점이 밝혀졌다.

그후 藤村道生, 1973 ≪日淸戰爭≫ (岩波書店) 및 <日淸戰爭> ≪岩波講座－日本歷史≫ 16은 청일전쟁의 성격에 대해 청국의 종주권 배제, 열강에 의한 淸韓分割, 점령지 민중의 억압 등 '세 국면의 重層的 구조'로 파악하면서 이토 히로부미의 전쟁지도를 강조하였다. 80년대에 들어와 새로운 연구 경향이 나타나게 되는데 먼저 森山茂德, 1987 ≪近代日韓關係史硏究≫ (東京大學出版會)는 갑오경장에서 한국병합까지의 한일관계사를 종합적으로 분석하였으며, 이시기에 들어와 청일전쟁에 대한 새로운 연구 경향으로 ①일본의 확고한 대한정책의 결여를 강조하는 것, ②일본의 국민적 독립 및 근대국가 형성의 의의를 강조하는 것, 그리고 ③민족적 대립 및 한일전쟁의 측면을 강조한 것이 나타났는데, ①에 해당되는 것으로는 高橋秀直, 1995 ≪日淸戰爭への道≫ (東京創元社)와 大澤博明, <明治外交朝鮮永世中立化構想> ≪熊本法學≫ 83과 檜山幸夫, <日淸戰爭開戰期における國內世論と戰爭指導>가 있고 이러한 견해에 비판을 가한 崔碩莞, ≪日淸戰爭への道程≫가 있다. 그리고 ③의 입장의 대표적인 선구적 연구로는 朴宗根, 1982 ≪日淸戰爭と朝鮮≫ (靑木書店)이라는 역작이 나왔다. 또 1994년 청일전쟁 100주년을 맞이하여 ②, ③에 해당되는 대표적 연구로서 比較史・比較歷史硏究會 編, 1996 ≪黑船と日淸戰爭≫ (未來社)와 東アジア近代史硏究會 編, 1997 ≪日淸戰爭と東アジア世界の變容≫ (ゆまに書房) 등이 있다.

략하고 조선에 주둔했던 일본군의 편제와 역할의 특징 및 전쟁의 발발에서 전후에 이르는 시기의 활동에 대해 살펴보는 것으로 하겠다.

단지 한가지만 지적하자면 일본사 연구에서는 공식적인 선전포고가 행해진 것은 1894년 8월 1일이지만 해상에서는 7월 25일의 豊島 앞 바다에서의 해전에서 그리고 육상에서는 7월 29의 성환 전투에서 전쟁이 발발된 것이 통설로 되어 있으나, 이미 박종근의 연구[11]에서도 지적되고 있듯이 국제법상 조선에서의 군사행동의 정당성을 확보하기 위해 7월 23일 조선왕궁을 군사력으로 강제 점령하고 대원군을 집정으로 한 괴뢰 정권을 수립한 후, 고종에게 '조선의 자주를 침범한 청국군을 구축할' 것을 요청하는 공문서를 쓰게 만든 것 자체가 이미 조선을 상대로 한 전쟁 행위에 들어간 것으로 보아야 할 것이다. 그후 일본은 8월 26일 조선에 군사동맹을 강제하여 조선을 일방적으로 전쟁에 끌어들이게 된다. 하지만 이러한 사실은 군사동맹이 강제인 것 외에도 엄밀하게 논하자면 7월 23일에서 8월 26일 조일군사동맹의 체결까지의 조선에 대한 일본의 군사적 행동은 어떠한 법적 근거로 이루어 졌는가 하는 점에 대한 설명은 될 수가 없다. 군사동맹조약의 강제를 차치해 놓더라도, 요컨대 7월에서 8월에 이르는 조선에서의 일본군의 군사 행동은 국제법상으로 논하더라도 불법이자 강제로 행해진 침략 행위 이외의 아무 것도 아니었던 점은 반드시 지적하고 넘어가야 한다.

1894년 7월 청일전쟁 발발과 더불어 일본군 '守備隊'가 부활하게 되었다. 이들의 부활 이유는 크게 세 가지로 구분되었는데, ①일본인 거류민의 보호, ②병참경비, ③군용전신의 수비 등이 그것이다. 이를 위해 京城[12]地區守備隊, 仁川兵站警備隊, 洛東電線警備隊가 설치되었다.

---

11) 朴宗根, 1982 ≪日淸戰爭と朝鮮≫ (靑木書店) 第2章 <日本軍の王宮占領と日淸開戰> 및 第3章 <開戰後の日本の對朝鮮政策> 참조.

12) 京城이란 지명은 일본이 1910년 일본이 한국을 합병하고 난 다음에 사

〈표 2〉 청일전쟁기(1894~5년)의 조선 주둔군의 존재 형태[13]

釜山守備隊	1894년 6월부터 步兵第二十一連隊 第八中隊가 담당. 뒤에 洛東電線警備隊로 불림. 같은 해 10월 6일 後備步兵第十連隊 第四中隊로 교대. 1896년 2월까지 존속함.
仁川兵站守備隊	같은 해 6월부터 步兵第二十一連隊 第十一中隊, 騎兵七騎가 담당. 8月중순에 步兵第二十二連隊 第五中隊와 교대. 같은 해 10월 6일, 後備步兵第六連隊 第六中隊와 교대함. 청일전쟁후 해체.
龍山兵站守備隊	같은 해 6월부터 步兵第十一連隊 第三中隊,騎兵五騎가 담당. 8월 중순에 步兵第十二連隊 第十二中隊와 교대. 10월 4일부터 인천을 포함해 後備步兵第六連隊 第六中隊가 담당. 청일전쟁후 해체.
京城守備隊	같은 해 6월부터 步兵第十一連隊 第一大隊(第三中隊欠) 및 騎兵五騎가 배치. 같은 해 8월부터 步兵第二十二連隊 第二大隊(第五中隊欠)와 교대. 같은 해 10월 6일부터 同二十二連隊 第七中隊만 남겨 두었고, 11월 초순에 後備步兵第十八大隊가 교대하였다.
臨津鎭獨立支隊	步兵 少佐 야마구치 케이조(山口圭藏)가 지휘하는 步兵第二十一連隊 二大隊(第七,八中隊欠) 및 同第二中隊 騎兵一小隊, 砲兵第五中隊(一小隊欠), 工兵一小隊가 배치.
元山守備隊	1894년 9월 25일부터 새로이 後備步兵第六連隊 第二中隊가 배치됨.

　이들 수비대는 1896년 5월까지 존속하게 되는데 문제는 이미 1895년 4월 17일에 청일전쟁 강화조약인 시모노세키조약의 성립으로 이

용하기 시작한 서울에 대한 명칭으로 알려져 있지만 근대 일본에서는 시기와 상관없이 조선의 수도 서울(=漢城, 漢陽)을 나타내는 명칭으로 사료나 서적 속에서 널리 사용되고 있다. 예를 들어 1884년의 갑신정변을 京城事變이라거나 1885년의 漢城條約을 京城條約이라고 칭하는 것도 이에 해당된다고 하겠다(吉川弘文館 編, 1985 ≪國史大辭典≫ 참조). 하지만 고유한 지명은 엄밀하게 구분하는 것이 역사적 사실을 바르게 이해하기 위해서도 필요하다고 하겠다. 본고에서는 사료상의 명칭이므로 그대로 명기하도록 하겠다.

13) ≪朝鮮駐箚軍歷史≫ [金正明編, 1964 ≪日韓外交資料集成別冊≫ (巖南堂書店) (以下 ≪朝鮮駐箚軍歷史≫로 略稱) 12~20에서 작성.

미 존재 이유와 그 법적 근거가 사라졌음에도 불구하고 불법적으로 존재한 것이 된다는 점이다. 이러한 일본의 국제법 위반 사례는 유독 조선과의 관계에서 이후에도 계속 자행되는 특징이 나타나는데, 이러한 점에 대해서도 금후 보다 엄밀한 국제법적 분석 및 검토가 필요하다고 여겨진다. 청일전쟁기에 존재했던 주둔군의 성격을 지니는 일본군을 보면 앞의 <표 2>와 같다.

전술한 대로 이상의 일본군 수비대는 청일전쟁 출병군의 병참확보, 경비가 그 주류목적이었는데, 경성, 부산, 원산 이외에는 출병군 철병 후에 해체되었다. 나머지 수비대는 1896년 5월에 주둔 형식이 주차군으로 바뀔 때까지 주류하였다. 그 목적은 공사관 및 거류민 보호로 되어 있으나 그후 항일동학군에 대한 대대적인 탄압과, 민비시해사건 등의 조선침략 행위에도 관여하고 있다.[14] 이어서 청일전쟁 후의 조선에서의 일본군이 관여했던 행동의 주요한 사건이었던 민비 시해사건에 대해서 간단히 고찰한 뒤 논의를 계속 전개하는 것으로 하겠다.

Ⅲ. 민비 시해사건의 진상과 일본군

청일전쟁 직후의 삼국간섭에 의해 조선에서의 우월적 지위에 위기감을 느끼고 있던 일본이 조선에서의 정국 주도권을 장악하기 위한 시도의 일환으로서 저질렀던 사건이 1895년 10월 8일 미명에 발생한 동서고금 그 유례를 찾아볼 수 없는 만행인 민비 시해사건이다. 이 사건은 일본에 의한, 정확하게는 일본국을 대표하는 외교관의 수장인 일본의 조선국 주차공사 미우라 고로(三浦梧樓)가 중심적 역할을 하며 계획적으로 주도한 사건이었다는 점에서도 일본과의 뿌리깊은 악

---

14) 林鍾國, ≪日本軍の朝鮮侵略史≫ 1, 70~80 참조.

연을 쉽게 지울 수가 없다고 하겠다. 더욱이 문제는 민비 시해사건의 직접 하수인으로 일본군인이 관여하고 있다는 사실이 교묘하게 왜곡되고 있는 진상에 대해서도 조선에서의 일본군의 행동의 진상을 파악하는데 필요하다고 여겨진다. 본고에서는 먼저 민비 시해사건에 대한 일본에서의 인식과 역사서의 기술에 대해 살펴보겠다.

1. 민비 시해사건에 대한 인식과 記述

먼저 일본의 역사 관련 서적 등에서는 민비의 존재와 민비 시해사건이 어떻게 인식되고 기술되고 있는가에 대해 알아보기로 하겠다. 일본에서 간행된 역사 사전으로는 그 권위가 인정되는 吉川弘文館에서 편찬된 ≪國史大辭典≫에는 <閔妃>와 <閔妃殺害事件>이란 두 항목이 실려있다. 민비의 인물에 대해서는

> "<춘추좌씨전> 등 서사백가에 通曉한 재원으로서 정치적 수완이 뛰어난 여걸로 대두되었고 … (대원군 실각 후) 민비와 그 일족 민씨 일파는 정권의 주도권을 장악하고, 척족정치를 행하였다 … 민씨정권의 無定見적인 개국정책은 국내의 사회적 모순을 격화시켜 … (갑신정변 후) 민씨정권은 개화에 대항하여 수구정책을 강화하였다 … 1895년의 삼국 간섭을 계기로 민비와 민씨파는 러시아와 연계하여 반일정책을 전개하였다"

고 서술하면서 "95년 10월 8일 미명 일본공사 미우라 고로의 주도하에 일본군 일개 대대, 일본외교관, 거류민이 (94년에 왕궁점령사건에 이어) 다시 궁성을 점령하고 민비를 살해했다"라고 사실관계만을 중심으로 기술하고 있다.

그리고 민비 시해사건에 관해서는

"신임 일본공사 미우라 고로(예비역 육군 중장)는 민비를 반일의
원흉으로 생각해 … 민비 암살을 꾀했다. 1895년 10월 7일 심야에서
8일 아침에 걸쳐 일본군이 지도하던 조선의 훈련 대, 일본군수비대,
일본인 경찰관, 대륙 낭인들이 경복궁에 침입해, 왕궁을 호위하던 시
위대를 격파하고 왕비의 침실에 난입해 민비를 참살하고 사체를 凌
辱하고 석유를 뿌리고 불태웠다 … (미우라 고로를 비롯한 사건 관계
자는 히로시마 군법회의와 지방재판소에서) 증거 불충분으로 전원 면
소 판결을 받았다."

라고 기술하고, 그 말미에서

"이 사건은 재조선 일본관헌이 계획하고 실행한 것인데, 그들은
(1894년 청일전쟁 개전 당시 조선왕궁점령사건 행위를) 일본정부가
시인한 이상, 이 사건(1895년의 왕궁점령 및 민비 시해사건)도 비난받
지는 않을 것이라고 생각하고 실행하였다."15)

라고 지적하면서 시해 사건에 있어서 주모자들의 대 조선정책 시각
의 일단을 분석하고 있다.

이러한 기술 방식은 민비 및 시해사건에 대한 인식과 관점을 가장
집약적으로 표현하고 있다는 점을 그 특징으로 지적할 수 있겠다.

이어서 일본에서 간행된 한국사 관련 개설서의 기술을 살펴보자.
일본에서 한국사 연구자들의 중추적인 모임인 朝鮮史硏究會가 펴낸
≪朝鮮の歷史≫에는 <민비 살해사건과 초기의병투쟁>이란 항목에
서 삼국간섭 이후 조선에서의 친로파의 대두로 일본의 침략주의자들
은 커다란 불안감을 안게 되었다는 점이 원인이 되어, 신임 공사 미
우라 고로가 민비 시해사건을 일으켰다고 지적하면서 사건의 개요와
사건 직후 김홍집 내각의 진상 은폐 및 단발령 등의 실시가 의병투쟁
을 불러 일으켰다고 지적한다.16)

---

15) 國史大辭典編纂委員會 編, 1990 ≪國史大辭典≫ 11卷 (吉川弘文館) 1116
16) 朝鮮史硏究會 編, 1974 ≪朝鮮の歷史≫ (三省堂) 147

　　그리고 최근에 간행된 한국사 개설서는 <초기의병과 아관파천>
이란 항목에서 일본 공사 미우라 고로는 일본의 세력만회를 위해 친
로파의 중심인 왕후 민씨를 살해할 계획을 세우고 일본공사관원, 영
사관원, 일본군 수비대, 일본인 顧問官 및 대륙 낭인 등을 동원해 시
해사건을 실행에 옮겼다. 그리고 일본정부는 국제적 고립을 우려하여
외무성의 의견을 받아 들여 미우라 공사 등을 소환하여 재판에 회부
했으나 증거불충분으로 전원무죄가 되었다고 기술하고 있다.[17]

　　이상에서 살펴본 한국사 관련 서적 등에서는 대체로 대동소이한
기술이 행해지고 있음을 알 수 있다. 몇 가지 특징을 지적하면, 우선
기존의 일본 학계에서의 연구 성과를 반영하고 있다는 점. 그리고 청
일전쟁 직후의 러시아 등에 의한 삼국간섭에 의해 조선 내에서의 일
본의 영향력 쇠퇴를 만회하기 위해 친로파의 배후로 지목된 민비를
미우라 공사 등이 계획적으로 시해했다는 사실 관계를 중심으로 간
략하게 서술하는데 그치고 있다.

2. 민비 시해사건에 대한 연구와 그 문제점

　　오랜 무관심과 진상의 은폐, 왜곡의 시기를 거쳐 민비 시해 사건의
전모와 실체가 드러나는 연구가 나타나는 것은 2차대전이 끝나고도
한참 뒤인 1960년대에 들어가서이다. 사건의 실체와 진범을 밝힌 선
행연구로서 우선 야마베 겐타로(山辺健太郎)의 연구[18]를 들 수가 있
다. 야마베는 자신의 저서 ≪日本の韓國倂合≫ 중 제7장 <閔妃事件
について>라는 장을 설정해, 민비 시해사건의 정의, 진상 및 일본 군

---

17) 武田幸男編新版, 2000 ≪世界各國史≫ 2－朝鮮史－ (山川出版社) 247～
　　249 및 糟谷憲一, 1996 ≪朝鮮の近代≫ (山川出版社) 55～57
18) 山辺健太郎, 1966 <閔妃事件について> ≪日本の韓國倂合≫ (太平出版
　　社) 참조.

대의 관련 문제, 그리고 외교적 처리 문제에 대하여 비교적 소상하게 분석을 행하고 있다.

야마베는 당시까지 횡행하던 사건의 진상 왜곡과 은폐[19]에 대해 다소 거칠지만 격정적인 문체로 주모자가 조선 주재 일본 공사 미우라 고로였다는 것과 그 하수인들에 대해서 대강의 진상을 밝히고 있다. 특기할 것은 사건의 전개에 있어서 조선 주둔 일본군 수비대가 결정적인 역할을 수행했다는 점과 직접적인 하수인 속에 현역 일본군 장교(士官)가 포함되어 있었기 때문에 일본 정부가 적극적으로 진상의 은폐, 사실왜곡을 꾀했다는 점을 분명하게 하고 있다는 점이다.

이러한 실증적인 연구 성과가 나오게 된 것은 강창일이 지적하는 바[20]와 같이 "일본의 외교사료관, 국회도서관 헌정자료실 등에 비장되고 있던 관련자료가 공개 혹은 공간되면서"였다. 더불어 메이지유신 100주년을 즈음하여 메이지시대 자료집 간행이 성행하였고 또한 이로 인해 그 시대 역사연구에 박차가 가해진 것도 하나의 배경이 되었으리라고 여겨진다.

이어서 청일전쟁에 관한 학계의 본격적인 연구성과가 나타나는 가운데 재일 조선인 사학자인 박종근의 연구업적[21]이 제시되었다. 이에 의하면 1894년에 발발한 청일전쟁은 한, 중, 일 삼국의 그후의 발전 방향성을 서로 크게 다른 방향으로 향하게 한 중대한 전환점이었으며, 전쟁 발발의 최대 요인은 조선을 보호국화하려는 일 청 양국의 정략에서 찾을 수 있다. 그러나 정작 가장 중요한 조선의 입장을 논하는 연구가 부진하였는데, 박종근의 연구는 그러한 점에서도 특기할

---

19) 山辺, <위 논문>, 207~208
20) 강창일, 1992 <三浦梧樓公使와 閔妃弑害事件> 최문형 외편, 1992 ≪閔妃弑害事件≫ (民音社) 31
21) 朴宗根, 1982 ≪日淸戰爭と朝鮮≫ (靑木書店) 第6章 <三浦梧樓公使の赴任と明成皇后 (閔妃)殺害事件> 및 第7章 <閔妃殺害事件の處理策と反日義兵運動> 참조.

만 하다.

그리고 박종근은 이노우에 가오루(井上馨)의 퇴임과 미우라 공사 임명의 배경, 민비 시해사건과 조선에서의 궁중쿠데타의 실행과정 및 일본정부와 친일 조선 내각이 행한 각각의 시해사건 처리과정에 대해 구체적으로 논증하고 있다. 이것은 사건의 배경 및 진상과 처리과정을 실증적으로 논증한 선행연구 중에 가장 주목을 받을만한 것으로서 방대한 자료를 이용하여 매우 구체적이며 입체적인 분석을 행한 것이라 하겠다. 특히 그는 미우라 고로의 주모설을 기존의 진상 왜곡설 등과 관련시켜 논증하였다. 그리고 사건의 하수인으로 일본군인, 외교관, 영사관 경찰 등을 동원하였고, 구마모토(熊本) 國權堂 계열의 대륙 낭인 등의 민간인을 동원하여, 만에 하나라도 일본측이 주도한 진상이 밝혀졌을 경우를 대비해 사건 발발 당초부터 진상을 은폐 왜곡시키려는 의도가 획책되었고 또 범인들의 의도대로 전개가 되었다는 점을 분명히 밝히고 있다.

다만 한가지 아쉬운 점은, 이것은 비단 박종근의 연구에만 해당되는 사항이 아니지만, 사건의 계획, 실천 과정에서의 미우라 고로와 일본 정부와의 관련성을 논증하는데 까지는 이르지 못하고 있다는 점을 지적하고 싶다.

이러한 점에 비추어 주목할 만한 추론을 제시하고 있는 것으로서, 당시 일본 외상인 무츠 무네미츠(陸奧宗光)의 회고록인 ≪蹇蹇錄≫의 정밀한 검토를 통해, 무츠의 외교에 대한 분석과 평가를 중심으로 청일전쟁기 일본의 외교정책의 功過를 비판적으로 분석한 나카츠카 아키라(中塚明)의 근년의 연구 성과[22]를 지적할 수 있다. 나카츠카의 견해에 의하면 조선의 민족적 자주성을 무시한 일본외교의 실행방식이 한편으로 일본의 조선침략을 점점 노골적으로 만들어 때로는 無軌道

---

22) 中塚明, 1992 ≪≪蹇蹇錄≫の世界≫ (みすず書房). 그 중에서도 第3章 <<陸奧外交>の歷史的位置とその意味> 참조.

적인 방향으로 나아가게 했고, 그 대표적인 행동이 '민비 살해 사건' 이라는 것이다. 특히 그는 일본의 외교관이자 시해사 건 실행의 참모 장 역할을 담당했던 스기무라 후카시(杉村濬) 일등서기관의 인식23)을 지적하면서 민비 시해사건이 조선 정부 내 일본 세력의 회복을 꾀하 는 쿠데타 과정에서 부수적으로 일으킨 행동이었다는 안일한 對조선 인식을 통렬히 비판하고 있다.

또 나카츠카는 민비 시해사건이 미우라 공사와 스기무라 서기관이 중심이 되어 일으킨 것이라고 추찰하면서도 사건의 전모에 대해서는 아직도 불분명한 점이 많이 남아 있다는 한계에 대해서도 지적하고 있다24). 이러한 지적 역시 금후의 명성황후 연구에 대한 과제를 시사 하는 점에서 그 의미를 찾을 수가 있겠다.

본고에서는 이상의 관점에 입각해서 몇 가지 문제점에 대해 상황 인식의 외연을 넓혀보고 싶다. 첫 번째는 사건의 배경과 시해사건의 주모자와 하수인에 대한 것이다. 그 중에서도 주모자 및 하수인의 인 물 및 인적관계에 대한 분석이 아직은 미흡한 실정이라고 보여진다. 이 점과 관련해 최근 한국에서 다른 의견(=이노우에 가오루 主犯說) 이 제기되기도 했지만25) 현재까지의 연구로는 민비 시해사건의 주모

---

23) 스기무라는 민비 시해사건을 企圖했던 "유일한 목적이 궁중에서 露國黨 (그 首領은 물론 王妃임)을 억제하고 일본당의 세력을 회복시키는데 있 었고 … 살해사건은 오로지 이에 附帶하여 일어난 것으로서 主要한 목 적이 아니었다"라는 폭언을 내뱉고 있다. 당시 일본 외교관의 조선인식 의 수준과 자질을 극명하게 나타내는 자료라고 하겠다. 후술하겠지만 당시 사건에서 스기무라가 담당했던 역할은 보다 심층적으로 분석할 만 한 가치가 있다고 하겠다. 왜냐하면 조선에 부임해서 한 달이 조금 지난 시점에서 사건을 주도했던 미우라 공사 에 대해 의구심을 느끼는 지적 (최문형)도 있는데 거꾸로 미우라 주도설이 가능할 수 있었던 것에는 스 기무라의 존재가 배후에 있었기 때문이라고 보여진다(杉村濬, 1932 ≪在 韓苦心錄≫, 199. 본고에서는 中塚明, ≪앞 책≫, 247에서 재인용).

24) 中塚明, ≪앞 책≫, 249~250

25) 최문형, 2001 ≪명성황후 시해의 진실을 밝힌다≫ (지식산업사) 참조.

자는 미우라 고로 공사로 지적이 되고 있다.

이 문제와 관련지어 먼저 검토해야 할 인물이 미우라 고로26)이다. 미우라 고로에 대해서는 한국에서는 단순 무지한 군인, 이노우에가 주도한 민비사건의 종범, 외교관과는 거리가 먼 무장 등등의 인식이 강하고, 따라서 이노우에 전임공사의 하수인이며 민비 시해만을 위해 조선에 부임했다고 하는 이미지가 강하게 존재하고 있다.27)

그러나 실제로 미우라 고로는 일본근대의 역사공간에서도 상당히 독특하고 개성이 강한 인물로 평가받고 있다. 일본 역사학계에서 미우라에 대해서는 사츠마(薩摩), 조슈(長州) 출신의 양대 세력이 삿초 번벌정권(薩長藩閥)정권을 구성해 정치 군사적으로 독단적 정권을 강화해 갈 때 이에 줏대를 가지고 반대한 反骨武將이라는 평가가 우세하다. 하지만 조선공사 시절의 민비 시해사건을 주도한 만행에 대해서는 별다른 평가가 행해지고 있지 않은 실정이다.

미우라는 본인 스스로의 주의가 다카스기 신사쿠(高杉晋作), 기도 다카요시(木戶孝允)로 이어지는 조슈벌의 정신적 직계라고 자부하고 있었다.28) 그리고 미우라는 군인이면서도 예비역으로 물러난 이후에는 국권당 계열에 속하는 일본 우익의 대부를 자처하면서 말년에 이르기까지 일본 정계의 흑막으로서 다양한 정치적 역할을 수행한 인물이다.

미우라는 이토 히로부미나 야마가타 아리토모와는 친구이자 정치적으로는 애증관계로 연결되는 同格의 인물이다. 즉 이노우에와도 대등한 관계였고 누구의 말을 듣고 그대로 실천하는 성격의 인물이 아

---

26) 미우라 고로는 ≪觀樹將軍縱橫談≫과 ≪觀樹將軍回顧錄≫를 저술했다. 회고록 全文과 縱橫談의 일부를 합본하여 나온 책이 三浦梧樓, 1981 ≪明治反骨中將一代記≫ (芙蓉書房)이다. 또 山本四郎 編, ≪三浦梧樓關係文書≫(≪明治史料≫ 8卷)가 있다.

27) 주 25) 참조.

28) 三浦梧樓, 1981 ≪明治反骨中將一代記≫ (芙蓉書房) 424

니었다. 예를 들어 그가 현역에서 물러난 것도 군대제도 개혁문제에
대해 삿초(薩長)정권의 야마가타 주도에 대해 반대했기 때문이다. 또
이노우에가 외상에서 사직할 수밖에 없었던 계기가 조약개정교섭 당
시 비밀교섭 내용을 언론에 흘리고 연약 굴복외교라고 정면에서 비
판한 사람이 타니 다테키(谷干城) 농상무 대신이었는데, 타니가 미우
라와 공보하고 있었다는 것은 공공연한 사실이었다. 이상의 관점에서
도 미우라의 인물에 대한 평가는 새로운 각도에서 이루어져야 할 것
이다.

그리고 실제로 민비 시해사건에 관계되는 하수인들은 일본군 수비
대 소속의 군 장교와 병사들, 공사관 영사관의 외교관과 경찰관, 그리
고 일본인 민간인으로서 아다치 켄조(安達謙藏)를 비롯한 구마모토
국권당 계열의 우익 낭인 그룹 그리고 여기에 조선의 훈련대 병력이
동원되고 있다. 이들을 가장 효과적으로 지휘 통제할 수 있는 인물은
결과론적인 논지전개일지도 모르겠지만 미우라 고로가 최적의 인물
이었다는 점은 부정할 수 없는 사실이다.

두 번째 문제는 미우라를 주모자로 전제할 때, 그 하수인들과의 상
관 관계 문제이다. 미우라는 자신의 회고록에서 본인의 역할에 대해
서는 거의 언급을 하지 않고, 구체적인 실행계획은 전부 스기무라 후
카시(杉村濬) 일등 서기관에게 위임했었다고 적고 있다.[29] 이 말은 전
부는 신용할 수 없는 기술이지만, 반면에 시해사건의 전개에 있어서
스기무라 일등 서기관의 역할이 그만큼 컸다는 것을 의미하고 있다
고 보여진다. 스기무라는 1880년에서 87년까지 그리고 1891년에서 95
년까지 외교관으로서 10년 이상을 조선에서 지낸 이른바 "朝鮮通"이
라 할 수 있는 인물로서 갓 부임한 미우라 공사를 보좌해 민비 시해
사건을 주도했던 주요 인물이었다. 이러한 관점과도 연계하여 스기무
라를 접점으로 하는 미우라와 그 하수인들의 관계, 특히 국권당계열

---

29) ≪觀樹將軍回顧錄≫ 중 <朝鮮事件> ; 三浦梧樓, ≪앞 책≫, 238

의 우익들과 대륙낭인 중에서도 조선 낭인들과의 관련성에 대한 금후의 연구가 기대되어진다.30)

 더불어 민비 시해사건에 있어서 조선주둔일본군의 개입한 것은 부동의 사실이며, 문제는 실제로 직접 민비 시해를 자행한 인물이 누구냐는 문제에 대해 직접 시해를 자행한 인물이 일본군인일 가능성이 대우 크다고 추찰되고 있지만 아직 그 구체적인 증거는 사료가 발견되고 있지 않다.31) 기존의 연구에서도 지적되고 있듯이 일본인 관헌, 즉 군인 경찰 외교관 등이 직접 시해행위에 관여했다는 사실만큼은 절대로 밝혀져서는 안 된다는 방침이 시해사건 당시에 이미 일본측

---

30) 스기무라 후카시에 대해서는 전술한 바와 같이 中塚 明도 주목하고 있다. 그리고 스기무라에 대해서는 그가 남긴 杉村濬, 1932 ≪(明治27, 8年)在韓苦心錄≫이 있고, 또 田保橋潔, ≪日淸戰役外交史の硏究≫도 참조할 만하다. 잘 알려져 있지 않은 또 하나 흥미로운 사실은 스기무라는 ≪杉村君日記≫ (未刊行)를 남겨 놓고 있는데, 이 사료가 일본 토치기현 사노시 (佐野市) 도서관에 보관되어 있다. 원래 소장자는 스나가 하지메 須永 元라는 사노 지역의 대지주였다. 그는 게이오(慶応)대학 출신으로 정확한 배경은 알 수 없으나 민비 시해사건 관련자들과 깊은 관련을 맺고 있다. 예를 들어 오카모토 류노스케(岡本 柳之助)에게 평생 생활비 등으로 거금을 지속적으로 지원하고 있고, 또 禹範善에 대한 지원도 남다르게 하고 있다. 우범선의 무덤도 분묘가 되어 사노시에 있으며, 그의 아들인 우장춘의 일본내 후견인도 바로 스나가였다는 점을 고려할 때 이들의 인간적 관계에 대해서도 향후 더 검토가 되어야 할 것이다. 우범선 일가와 스나가의 관계에 대하여는 츠노다 후사코, 1990 ≪わが祖國 －禹博士の運命の種≫ (新潮社) 참조.

31) 일본 내무성 법제국 참사로 있으면서 한국의 內部顧問으로 파견되었던 이시츠카 에이조(石塚英藏)가 시해 사건 직후 스에마츠(末松) 법제국장에게 보낸 편지에 의하면 <실행자는 訓練隊 외에 (일본군) 守備隊의 後援이 있었고 … 수비대의 장교 병졸은 門의 경호에 그치지 않고 門內로 침입하였다>고 일본군의 직접 관여를 시사하면서, 잔혹하게 살해된 궁내대신 李耕植의 경우에는 "士官(장교)도 도왔지만 주로 병사 외 일본인의 所以에 관계된 것 같다"라고 일본인 민간인의 책임 소재를 강조하면서도 군인들의 개입 여부를 부정하고 있지 않다(<末松法制局長宛石塚英藏書簡> ≪井上馨文書≫, 日本國立國會圖書館 憲政資料室 所藏).

의 통일된 입장이었다는 점이 사실의 은폐 왜곡으로 연결되어 갔다
고 보여진다. 일본군인의 직접 관여 문제를 포함해 상세한 사실 규명
이 구체적인 사료의 발굴을 통해 보다 엄밀하게 밝혀져야 하겠다. 금
후의 과제로 하겠다.

Ⅳ. 러일전쟁과 한국주차군의 창설

청일, 러일전쟁은 식민지 획득을 위한 일련의 대외전쟁이었고, 양
전쟁을 거쳐 일본은 조선반도를 실질적인 지배권 하에 장악하는데
성공했다. 근대일본은 청일전쟁의 결과, 타이완(臺灣)에서 시작되는
장기간의 식민지획득전쟁에 돌입했고, 러일전쟁은 당초부터 한국을
식민지화하기 위한 제국주의 전쟁이었고, 타이완 식민지화가 청일전
쟁의 결과였다면, 한국 식민지화는 러일전쟁의 동기였다고 하겠다.
청일전쟁에서의 청의 패배는 그 실력을 명백히 하는 결과를 초래해
동아시아에서의 세력균형이 무너지는 계기가 되었으며, 한편으로 동
아시아에서의 러시아의 대두를 현저하게 하였다. 이는 일본 및 영국
등을 긴장시키는 결과를 가져오고 새로이 러일간 대립의 원인을 제
공하게 된다.

전후 일본은 러시아와 민비 시해사건의 선후처리를 위해 서울에
왔던 고무라 주타로(小村壽太郞) 외상과 웨베르 공사 사이에 <고무
라・웨베르 각서>를 교환하여 조선에서의 일본측의 전신선과 거류
민보호를 명분으로 일정 수의 일본군을 한국에 주둔시킬 것을 양해
하였고,[32] 또 1896년 6월 <야마가타(山縣)・로바노프 협정>에 의해

---

32) <朝鮮問題に關する日露兩大表者間覺書> (外務省 編, ≪日本外交年表
並主要文書≫ 上, 174~175

양국 동 수의 한국주병권 및 한국으로의 출병권을 비밀사항으로 재확인하였다.[33] 이는 이해 당사자인 한국과는 무관한 열강간의 침략논리의 산물임은 두말할 필요도 없다.

1. 한국주차군의 편성

1904년 2월6일 일본은 러일교섭을 중단시키고, 동 9일에는 인천만 앞에서 일본함대가 러시아함대를 격침시킴으로서 전쟁에 돌입하였다 (공식 선전포고는 2월10일). 그리고 이미 2월8일에 제23 여단장 기코시(木越安綱) 소장이 지휘하는 보병 4개 대대를 근간으로 한 한국파견대가 인천에 상륙하여 서울 등지로 이동하였다. 이 파병은 러일간 교섭이 진행 중이던, 즉 군동원하령전인 전년도 12월18일에 작성된 편성요령에 의거한 것이며, 그 파병은 "신속하게 경성에 진입하여 당지의 점령을 확실하게 확보 유지할 것"을 목적으로 한 정략적 파병이었다.[34] 그리고 2월 5일부터 동원하령이 하달되고 일본군 주력 야전사단 등은 "먼저 한국 경성 및 그 이남을 군사적으로 점령하기 위해" 한국에 속속 상륙하였다.[35]

이러한 일본군의 인천으로의 상륙과 서울 점령은 전술한 청일 전쟁기와 매우 유사한 행동으로서 전쟁의 유리한 전개를 명목으로 한국의 수도권 일대를 불법적으로 강제 점령한 것이며, 아무런 국제법적 고려 없이 행해진 것이었고, 바꾸어 말하자면 한국에 대해 일방적

---

33) <朝鮮問題に關する日露間協定書> ≪앞 책≫ 上, 175~176

34) 大江, ≪日露戰爭と日本軍隊≫, 360~362

35) 이상의 군사 작전안과 연동하여 일본 정부에서 對韓정책안을 확정 지은 것은 1903년 12월 30일의 각의 결정이었다(<對露交涉決裂の際日本の採るべき對淸韓方針> 1903년12월30일 閣議決定, 金正明 編, ≪日韓外交史料集成≫ 5, 3~8).

인 전쟁행위를 벌인 것이라고 밖에 해석의 여지가 없다고 하겠다. 더불어 러일개전에 대해 대외중립을 선언했던 한국정부의 의견은 일방적으로 무시되고, 일본군의 무력점령이 진행 중이던 2월 23일 <일한의정서>에 조인할 수밖에 없었다. 그 제4조에는

> "제3국의 침략에 의해 혹은 내란으로 인해 대한제국의 황실의 안녕 혹은 영토의 보전에 위험이 있을 경우 일본제국정부는 신속하게 임기응변의 조치를 취할 수 있다. 따라서 대한제국 정부는 위(右)의 일본제국정부의 행동을 용이하게 하기 위해 충분히 편의를 제공할 것. 대일본제국 정부는 전항의 목적을 달성하기 위하여 군략상 필요한 지점을 임기수용할 수 있다"

고 규정하였다. 이 조항에 의거하여 그 후 조선에 대한 일본군의 무제한에 가까운 군사적 점령이 행하여졌다.

러일전쟁시의 한국에서의 일본군은 러시아와의 전투에 주력하는 작전부대와 한국내의 무력점령, 치안확보, 방비에 종사하면서 병참부대로서 작전부대를 지원하는 한국주차군(이하 주차군으로함)으로 나누어 볼 수 있다. 본고에서는 러일전쟁기의 한국주차군의 역할과 한국사회에 미쳤던 충격을 중심으로 검토해 보겠다.

2. 개전 초기의 한국주차군

주차군은 1904년 3월10일 한국주차군사령부 및 그 예속부대의 편성이 발령되었고, 군사령부는 3월 20일 도쿄(東京)에서 편성을 완결하고 동 4월 3일 서울에 도착하였다.[36]

한국에서의 치안을 유지하고, 작전군의 배후에서 제 설비에 만전을 기해 그 활동을 용이하게 하기 위해 편성된 주차군은 군사령부를 비

---

36) ≪朝鮮軍槪要史≫ 5

롯해 병참감부 및 병참사령부, 補助輸卒隊, 임시군용철도감부, 주차
전신대, 주차헌병대 및 주차병원 등으로 구성되어 있었다. 초기에 그
관할구는 평양의 대동강을 거슬러 가는 양덕, 덕원 이남지역이었으
나. 5월에는 한국전역으로 확대되었고, 전투에 참가하면서 병참부대
로서 그리고 확대점령지의 수비와 치안확보의 임무를 담당하였다.

편성당시 육군소장 하라구치(原口兼濟) 한국주차군사령관에게 부
여된 훈령에 의하면 임무수행에 있어서 외교상 관계 있는 사항은 재
경성 전권공사와 협의하고, 병참 및 전신, 위생, 군용철도의 부설에
관한 사항은 병참총감의 區處를 받을 것. 그리고 주차부대 배치에서
는 "경성에는 항상 대대 규모 이상의 군대를 주차시킬 것"이 엄명되
고 있다. 또한 당시 주차군의 병참업무 내용의 일부를 보면, "제 부대
의 給養은 가능한 한 지방물자에 의해서 (해결)한다"고 규정하여, 식
료 등의 물자와 인력, 우마의 징용 등 한국인민의 일상경제 생활을
위협하고, 부담을 주는 결과를 초래하고 있다.[37]

특히 군대와 군사물자의 우선 수송 등은 일반 서민의 경제를 한층
힘들게 만들었다. 개전 초기의 경성, 인천 지역의 쌀 부족 현상은 일
본거류민 조차도 그 고통을 호소하고 있을 정도이다.[38]

또한 동년 5월부터 전선이 조선반도 북부로 확대됨에 따라 한국 인
민의 피해는 더욱 커지고, 주차군은 6월부터 북부지역에 급양물자 확
보를 위한 가축수산업의 증식을 꾀하는 한편 주요도로의 개수와 적
동향에 관한 첩보를 일본군에게 통지할 것을 한국의 지방관민들에게
요구하고 있다.

---

37) <韓國駐箚軍陣中紀要> -防衛廳防衛研究所 所藏資料-
38) 개전 직후 운행하는 모든 선박은 군함이거나 군수송선이었던 관계로 民
　　需品의 유통이 거의 마비 상태에 빠졌고 특히 쌀의 유통 마비는 심각한
　　식량위기를 초래해 일본인 거류민들이 군대에 강력히 항의하였다고 당시
　　한성신보 사장이자 일본거류민단장이었던 나카이(中井)가 회고록에 기록
　　하고 있다[中井錦城, 1915 ≪朝鮮回顧錄≫ (糖業研究會出版部) 94~98].

〈표 3〉 한국주차군 편제당시의 구성(1904년 6,7월경)[39]

軍司令部	兵站監部	병참사령부 15個 後備보병제47연대 제1대대 동 제14연대 동 제24연대(1중대와 1소대 결) 동 제1대대 제2중대(1소대 결) 동 제48연대제3중대 제12사단 제2補助輸卒隊 일부
	鐵道監部	鐵道大隊(1중대 결)
	憲兵隊	
	電信隊	
	病院	
	元山守備隊	步兵제37연대 제3대대
	後備步兵제40연대 제1대대(2중대 결)	
	後備步兵제24연대 제8중대의 1소대(木浦派遣隊)	
	동 제48연대 제4중대	
	동 제24연대 제1대대(1중대 결)－－－京釜鐵道路線守備隊	
	동 제45연대 제1대대－－－大邱派遣隊	
	－－－釜山派遣隊	

그리고 주차군의 또 하나의 역할은 군용철도의 부설이었다. 주차군 사령부는 서울의 용산에서 의주까지의 구간을 3기로 나누어 부설공 사에 긴급 착수하였다. 경의선, 경원선 구간은 한국정부 직영의 서북 철도국에 의해 1902년부터 부분적 공사착수가 이루어지고 있었으나, 러일전쟁 발발과 더불어 일본측의 일방적인 통고에 의해 일본군이 공사를 강행하였다. 그 통고문의 내용을 간단히 보면,

"… 군대와 군수품의 대수송을 위해 경의간 군사철도를 건설하여 군의 행동을 민활하게 하는 것은 초미의 급한 일이며 … 제국정부가 당해 철도부설에 신속하게 착수함은 군사상의 필요에 의한 것이다. 귀 정부는 … 아무런 이의가 없을 뿐 아니라, 오히려 부설상 제반의

---

39) 防衛廳防衛硏究所所藏, <韓國駐箚軍陣中紀要>에서 작성

편의를 제공해야 할 것이다"[40]

라는 고압적이며 일방적인 내용이었다. 이 철도는 임시군용철도감부의 주도하에 1905년 말에 완성되는데, 위낙 속성공사였던 탓으로 완성과 동시에 개량공사가 시작되고 있다. 또한 이 공사는 러일전쟁에서 직접 활용하려는 의도보다는 이권침탈의 성격이 더 강했던 것으로 보여지며, 부설공사에 직접 동원된 인적, 물적 자원은 대부분이 한국 측의 부담이 되었다는 것 또한 간과할 수 없는 점이다.

그리고 주차군은 "군기 누설을 방지하기 위해서"란 명목으로 韓國電報總司를 장악하여 검열, 압수를 자행하였고, 전보총사의 전선을 주차군 군용전신소내로 끌어들여, 정보 통신의 차단과 검열을 실시하였다.[41] 이로 인해 한국정부는 물론이고 각국의 영사관에서도 불평이 분출하였는데 역으로 일본군의 입장에서는 정보의 독점과 차단이라는 면에서 상당한 성과를 거두었다고 하겠다.

또한 1905년 1월에는 주차군에 속하는 압록강군이 편성되어 한국 서북국경을 방비하고 만주군의 작전을 용이하게 하는 임무를 수행하게 되었는데 전선의 만주이동에 따라 만주총군의 예하로 들어가게 되었다.

3. 주차군 확장 정책 - 군의 주도권확보 -

러일개전 이전부터 군중앙부, 특히 참모본부의 대한정책은 상당히 적극적이었다. 군사작전상 이미 1903년 12월 단계에서 참모본부의 일

---

40) 1904年3月4日字 <電報> (每日コンミュニケーションズ編, ≪明治ニュース事典≫ Ⅶ, 269 및 高橋泰隆, 1995 ≪日本植民地鐵道史論≫ (日本經濟評論社) 65~66 참조.

41) <韓國駐箚軍陣中紀要> 참조.

본군 한국파견계획은 입안이 되어있었는데, 이는 청일전쟁 이래의 대외출병의 경험에서 비롯된 것이었으나, 한국에서의 군사력에 의한 점령 이후에 대비한 실질적인 군사지배 매뉴얼이 완성되어 있었던 것은 아니었다. 특히 대외출병에 따른 정, 전략의 양면을 어떻게 잘 정리할 것인가 하는 문제는 일본 정부와 군중앙부와의 의견이 상치될 개연성이 상존하고 있었다.

이미 전술한 1903년 12월 입안된 임시파견대의 경우에도 그 지휘권이 육군대신에게 있는가 참모본부에 있는가를 둘러싸고 정부와 통수부간에 대립이 발생하였다. 이는 파견부대에 대한 군령전달방식을 둘러싸고 발생한 것인데, 요컨대 개전에 이르는 최종적인 주도권을 정부가 확보할 것인가 통수부가 장악할 것인가 하는 문제와 직접적으로 연관이 되는 상당히 중요한 문제였다. 이 대립은 전쟁수행을 위한 국론통일이라는, 결국 정, 전략의 조화를 강조한 정부측 의견이 관철되는 형태로 타협을 보았지만[42] 문제의 불씨는 여전히 남아있었다.

이러한 문제는 주차군 편성이후 전술한 주차군사령관에게 부여한 훈령 제4항에 "귀관의 임무수행에 있어서 국교상 관계가 있는 행동은 모두 재경성 우리 전권공사와 협의할 것"이란 문구가 삽입되는 이유가 되었다.

즉 천황에게 직예하는 군대로서 정부로부터 통수권독립을 꾀하는 군부에 대해, 정부측이 제어하려는 움직임이 러일전쟁 개전 직전까지는 나름대로 관철되고 있었다. 주차군 편성이전의 한국에서의 일본측의 정치와 군사간의 조정은 주한공사와 공사관주재무관이 협의하는 형태로 행해졌다. 그러나 주차군 편성이후 현지인 한국에서는 여러 가지 문제점들이 노정되기 시작했다.

1904년 2월 한국공사관 주재무관인 이지치 코스케(伊地知幸介) 육」

---

42) 大江, ≪앞 책≫ 203~213 및 由井正臣, 1976 <日本帝國主義成立期の軍部> ≪大系日本歷史≫ 5 (東京大學出版會) 130~131

군소장은 한국을 일본영토로 하든지, 적어도 군사, 외교, 재정을 장악하는 보호국화할 것을 참보본부에 의견구신하고 있고, 또한 <半島總督府條例>를 입안하면서 "총독은 대, 중장으로 친보하고 천황에 직예하여 주한공사 및 주차부대를 통독하며 한국의 경영을 주재한다"는 내용을 제안하였다.[43] 당시의 실행여부는 차치해 놓더라도, 군부가 지배하는 군사지배기구를 통해 지배의 항구화 구상을 제안하였다는 것은 이후의 흐름을 고려할 때 주목할 만한 가치가 있다고 하겠다.

한편 실제로 주차군 설치 후 한국에서는 하야시 곤스케(林權助) 주한공사와 하라구치(原口) 사령관이 지휘하는 주차군 사이에 종종 대립이 발생하고 있었다.

또 이지치(伊地知) 주재무관의 경우도 "공사관주재무관은 종종 공사를 초월하는 행동을 취하며, 주차군사령관 또는 韓兵을 조종하여 종종 한국정치에 간섭"하고 있어, "경성에는 우리 공사, 공사관부무관, 군사령관의 3개 분립의 상황이 되어 그 통일이 至難한 정황을 노정하고 있다"고 지적하고 있다.[44] 그러나, 주재무관인 이지치(伊地知) 소장은 러일전쟁이 본격화하는 3월 19일자로 만주로 전출이 되고 그 후임에 주차군 참모인 사이토 리키자브로(齋藤力三郎) 중좌가 착임하였다. 이러한 정황을 볼 때 러일전쟁이 본격화되면서 공사관과 주차군 사이에는 상호 협조를 전제로 하는 拮抗관계가 존재하고 있었다고 보아야 할 것이다. 더불어 이 문제는 전술한대로 군정과 군령을 둘러싼 대립, 즉 정략, 전략의 연계문제에 대한 정부와 군부간의 주도권 쟁탈전의 연장선상에 있는 상당히 중요한 의미를 지니고 있던 것이었다고 하겠다.

어쨌든 주차군은 동년 8월에 "위압을 중심으로 하는 당금의 한국조종에 대해서는 군사령관의 권능이 공사의 우위에 서지 않으면 우

---

43) 谷壽夫, 1966 ≪機密日露戰史≫ (原書房) 72
44) 由井, <앞 논문>, 131

리 정책은 (수행이) 불가능하다"는 의견구신을 대본영에 제출하여 주차군의 우위확보를 계속 고집하였다.

이에 대해 군중앙부는 그 필요성을 인정하여, 작전상 필요하다는 구실을 내세워 한국주차군의 위상 강화책을 정부측에 압박하였다. 그 결과 동년 8월13일 <한국주차군근무령> 개정안이 재가되어, 한국주차군사령부의 확대편성이 실시되기에 이르렀다. 개정된 <한국주차군근무령> 제3조에는 새로이 한국주차군사령관의 임무로서 "군사령관은 천황에 직예하고 한국에 주차하는 제 부대를 統督하여 제국 공사관 영사관 및 거류민의 보호에 임하며 또 군대 주둔지방의 안녕을 유지한다"고 규정하였다. 이어서 하세가와 요시미치(長谷川好道) 육군중장이 대장으로 승진되어 새로이 확대된 한국주차군 사령관으로 친임되었다.

또 8월 21일 대본영에서 가츠라 타로(桂太郎) 수상, 고무라(小村) 외상, 테라우치 마사다케(寺內正毅) 육상이 회의를 열어 한국주차군 확장안이 입안되었다. 그 주요 내용만을 요약해 보면

> "… 대륙방면으로부터의 내습에 대비하여 … 2개 사단 및 약간의 特種으로 편성하는 一軍으로 확장함(사단병력은 內地와 동일함)
> 配兵
> 隣邦의 형세와 한국진압을 고려해 일개사단을 평안도에 다른 일개사단을 각 도에 배치하고 군사령부를 경성에 각 사단 사령부를 경성 및 평양에 두고 … 따라서 주차군 사령관은 군사상에 있어서 한국 至高의 고문을 겸함"

이라고 하고 있다. 이 확대안의 전체적인 내용은 한마디로 일본의 군사력으로 한국의 방위를 담당한다는 의미였다. 즉 군사력에 의해 사실상 한국을 일본의 지배하에 두겠다는 것이며, 주차군 사령관이 한국에서의 군사면에 관한 최고실력자로서 군림하겠다는 것을 상정하

고 있다. 이러한 확대책은 러일전쟁 종결까지 군사적 제반 사정으로 인해 곧바로 실행되지는 않았으나, 하세가와(長谷川) 사령관의 부임에 따라 주차군은 후비보병 12개 대대 규모로 확대되었다.

그리고 한국주차군사령관은 천황에 직예하며, 군정에 관해서는 육군대신에게, 군령에 관해서는 참모총장의 지휘를 받게 되었고, 한국에서의 정, 전략의 조화는 외무성을 비롯한 정부보다도 군부가 우위에 서게 되는 방향성을 유지하게 되었다.

4. 점령과 치안확보 정책 – 군정 시행과 군율의 적용 –

한편 전쟁이 본격화되던 1904년 7월 주차군 사령관은 함경도에 군정을 시행하고 경성과 그 부근에 군사경찰제 시행을 포고하면서 서울의 치안권까지 장악하였다.

또한 군율, 군정의 시행에 따른 헌병대의 배치도 축차 변경되어 전신선 및 철도의 보호를 목적으로 한국 각지에 분주하면서 고등경찰 및 보통경찰의 업무에 종사하였다. 주차헌병대는 1905년 10월 강화가 성립될 당시에는 12분대, 56개소의 分遣所에 배치되어 주차군사령관의 지휘하에서 이후 이사청경찰, 고문경찰과 더불어 삼자체제로 한국의 치안을 담당하였다.

주차군은 군용시설의 보호, 점령지 치안확보를 명목으로 한국의 각지역과 일반인민을 대상으로 군정을 선포하고 군율을 적용하였다. 이것은 물론 어떠한 협정이나 조약에 근거한 것이 아닌 명백한 주권국가의 주권침해였고, 일본 정부와 주차군에 의한 실질적인 한국 식민지화의 과정이었다고 하겠다.

또한 이 과정은 전쟁의 참상에 괴로움을 당하는 한국인민의 모습을 적나라하게 말해 주고 있으며 한편으로는 그에 대한 한국민의 저항이 격화되었던 것의 반증이기도 하다.

1904년 7월 주차군사령관은 경성에서 원산, 부산, 인천, 평양간의 전신선, 군용철도상의 시행구역에 군율 8개조를 발포하였다.[45] 그 내용의 특징은 "군용전선, 철도에 위해를 가하는 자는 사형에 처한다"는 규정으로 시작되어, 전신선, 철도에 대해 지역주민에게 보호책임을 전가하고 있다. 이 군율을 각지의 수비대장, 병참사령관에게 집행시키고, 한편으로 한국 정부에 일방적으로 통고하여 한국의 지방관에게 그 이행을 독려시켰다.

그러나, 전신선 절단사건과 무기탄약 절취사건이 발생하자 전신철도 외에 군용무기 탄약 등 군수품에 관한 위반자도 군율을 적용한다는 명령[46]을 발령하고, 군율 위반에 관한 재판 및 형집행을 위한 훈령[47]을 발포하였다.

또한 주차군 사령관은 1905년 1월6일, 한국정부에게 경성 및 그 부근의 치안경찰권을 주차군이 집행할 것을 통고하고 동시에 증가시킨 군율의 조규를 일반 인민에게 고시하였다.[48]

이 개정 군율은 처벌 조항을 사형, 감금, 추방, 과료 및 태형 등으로 구분하고 직접 위법행위를 하지 않더라도 방해, 범인방조, 은닉, 증거인멸 등의 혐의자도 처벌하는 규정으로 강화되었다. 나아가 1905년 7월에는 군율의 적용 지역을 한국 전역으로 확대하고 새로이 7개조22개 항목, 부칙 등으로 구성된 "한국에 있어서 제국의 군사행동에 저해를 가하는 자를 방지하기 위해"서라는 명목으로 군율의 강화, 확대 적용을 시행하였다.[49] 동시에 "군율 위반 심판규정"도 강화하였다.

그 외에도 영홍만요새와 진해요새 설치에 따라 해당 지역을 대상

45) 訓令 <1904년 7월 2일 韓駐參 259호>
46) 訓令 <1904년 7월9일 韓駐參 269호>
47) 訓令 <1905년 1월4일 韓駐參 9호>
48) 개정 군율 <1905년1월6일 韓駐參 15호>
49) 한국주차군 군율 <1905년7월3일 한주참 313호>

으로 하는 군율을 각각 반포하였는데,[50] 이 또한 일방적인 통고에 의해 요새로 지정한 양 지역의 토지를 강제 수용하고, 주민들의 터전과 생업을 빼앗은 폭거에 다름이 아니었다.

이러한 폭력적인 군율의 반포, 적용은 러일전쟁이 종결된 1905년 10월 이후에도 "전시 특별히 편성된 한국주차군사령부 기타 부대는 여전히 수비를 위해 주차하고 있고 … 평화극복 이후에도 군율을 존속시켜 군사 제반에 관한 단속을 계속하게" 하였다.

요컨대 아무런 법적 근거가 없는 전쟁을 빙자한 일방적인 강경 조치였던 군율이 전쟁이 끝난 뒤에도 당분간 그대로 존속이 되었고 군사점령지를 중심으로 한국민에 대한 생존권 침해와 단속이 강행되었다. 나아가 주차군은 "군율의 전폐는 군사 제반의 보호를 완전히 결여시키는 결과를 초래한다"고 강변하면서 폐지를 거부하였고, 뒤늦게 마지못해 통감부를 거쳐 한국정부에 승인을 강요하여, 처벌규정에서 사형만을 제외한 신 군율을 1906년 8월7일에 가서야(韓參命 34호) 선포하였다.

이 신 군율은 사형규정을 제외하고는 종래의 군율과 거의 차이가 없었으며, 더구나 제1조에 "좌에 해당하는 행위를 하는 자는 제국 및 한국 법규를 참작하여 범행의 성질 및 그 경중에 따라 본 율에 정하는 바의 형을 과한다"고 규정하고 있는데, 이는 일본의 법률을 그대로 참작하겠다는 것을 의미하고 있다. 이것 또한 무엇을 근거로 일본법이 한국에서 적용이 되며, 더구나 한국민을 일본법에 의거하여 처벌하겠다는 것인지 매우 의심스러운 대목이라 하겠다. 어찌되었거나 같은 날짜로 <軍律違犯審判規程>(한참명 35호) 및 <韓國駐箚軍要塞地帶取締規則>, <同 施行細則>(한참명 37호), <韓國駐箚軍要塞地帶內出入取締規則> 등이 선포되었다.

이상의 군율은 1906년 11월 이래로 실행정지 상태로 되어 1910년

---

50) <동 7월13일 군 제1호> 및 <동 8월1일 日日命令 제39호>

한국병합으로 폐지가 되게 된다. 참고로 1904년 7월부터 1906년 10월
까지 일본군 측의 공식자료에 의한 군율에 의해 처벌되었던 인원 및
형량은 다음과 같다.

<표 4> 군율에 의한 형량 및 인원[51]

死　刑	35명
監禁 및 拘留	46명
追　放	2명
笞　刑	100명
過　料	74명
合　計	257명

　이미 전쟁이 끝났음에도 불구하고 주차군의 군율이 실제로는 전시
그대로 한국인민에게 계속 적용되었던 것은 한국의 식민지화 과정에
서 치안확보세력으로서의 일본군의 역할이 어떠했는가를 분명하게
말해준다고 하겠다.

　이상에서 고찰해 본 러일전쟁기의 한국주차군은 러시아와의 전쟁
의 후방지원이라는 명분하에 한국을 군사력으로 무력 점령하는 전위
대로서의 역할을 수행하였음을 알 수 있다. 이는 협상이나 협정에 의
거하지 않고 불법적으로 주권국인 한국을 군사 강점한 것이며, 그러
한 성격은 그 후의 주차군의 확대과정 및 군정의 실시, 군율의 적용
과정에서도 잘 나타나고 있다고 하겠다.

　그러나 이러한 일본군과 식민지와의 관계가 총체적으로는 파악이
되고 있으나 정치한 분석은 아직까지 연구가 미흡한 실정이다. 식민
지 통치의 실태 파악과 병행하여 통치세력의 대외적인 면뿐만 아니
라 대내적인 면에서도 물리적 기구였던 일본군에 대한 실체 연구가
앞으로도 과제가 되어야 하리라고 생각된다.

---

51) ≪韓國駐箚軍歷史≫에서 작성.

그리고 러일전쟁이 끝난 이후에도 한국주차군은 2개 사단 내지는 1개 사단과 임시파견대가 교대로 주둔하는 형태로 계속 유지되었다. 참고로 그 주요사단의 교대상황은 다음과 같다.

〈표 5〉 日露戰後 한국주차사단의 교대상황[52]

제1차	제13사단, 제15사단(1905년 10월16일)
	제15사단 철병(1907년 2월6일)
제2차	제6사단으로 교대(1908년 9월1일)
제3차	제2사단으로 교대(1910년 2월1일)
제4차	제8사단으로 교대(1912년 3월1일)
제5차	제9사단으로 교대(1914년 2월14일)
	제9사단 귀환, 제19사단 편성착수(1916년 4월)

이상의 한국주차군은 1910년 병합을 계기로 조선주차군으로 명칭이 변경되어 1916년 이후 제19, 20사단의 2개 사단 상주화가 이루어질 때까지의 존재형태였다.

그리고 위의 표에서도 알 수 있듯이 러일전쟁이 끝난 후 1905년 10월에는 제13, 15 양사단이 주차군에 예속되었고 이것이 또 1906년 3월부터 대체로 주차군 일개 사단과 임시파견대 이개 연대의 병력수준을 유지하게 되었다. 결국 이 주둔군이 조선의 식민지화 추진에 있어서 제일선의 물리력의 담당자이자 조선민중의 항일투쟁(=의병투쟁)을 탄압하는 역할을 주도적으로 수행했던 것이다.

한국주차군은 1910년 한국병합 때 조선주차군으로 명칭이 바뀐다. 이것이 식민지조선에 이개 사단 상주체제 완성까지의 조선주둔군의 기본적인 존재형태이다. 그 이후 편제의 변화를 약술하면 조선상주군인 제19사단, 제20사단을 근간으로 하는 조선군체제가 1945년 2월까

---

52) 林鐘國, ≪앞 책≫ 1, 123 참조.

지 유지되었다. 그후 1944년까지 독립혼성101연대, 제30사단, 제49사단이 증설되었고, 1945년 2월에는, 같은 해 1월에 재가(裁可)된 <제국육해군작전계획대강>에 의해 식민지조선에 제17방면군, 조선군관구(군)가 설치되었고, 8월의 패전을 거쳐 1946년 2월에 복원, 해체의 길을 걷게 된다.

V. 결론에 대신하여 – 조선주둔군의
지휘권문제와 조선군의 변화 –

메이지헌법 규정에는 군통수권은 천황에 속하는 대권사항으로 되어있다. 그리고 육군의 경우 군정관계는 국무대신인 육군대신에게, 군령관계는 참모총장을 통해 명령을 내리게 되어 있다. 이러한 규정이 결과적으로는 군부가 통수권독립을 주장하는 근거가 되어 근대일본에 있어서 끊임없는 정쟁의 씨앗이 되었던 것이다. 어쨌든 천황에게 직례하는 각 군의 지휘관인 군인은 천황의 위임에 의해 그 군의 지휘권을 행사하게 되어 있다.

그런데 조선을 실질적으로 식민지화했던 한국통감부 설치 이후조선주둔군의 지휘권문제는 이상과는 다른 특징을 가지게 된다. 1906년 7월31일 발령된 칙령 제205호 <韓國駐箚軍司令部條例> 제3조에 "군사령관은 한국의 안녕 질서를 保持하기 위해 통감의 명령이 있을 때에는 병력을 사용할 수 있다"라는 규정에서 알 수 있듯이 한국통감에게 조선주둔군 병력사용권이 부여되어 있는 것에 그 특징이 있다. 이것은 또한 통감부 통치가 시작된 1905년 11월20일의 <統監府及理事廳官制> 제4조에서 "통감은 한국의 안녕질서를 保持하기 위해 필요하다고 인정될 때에는 한국수비군 사령관에 대하여 병력의 사용을 명할 수 있다"는 규정에서도 알 수 있다.

한편 1907년 10월의 칙령 제323호 <韓國駐箚憲兵에 關한 制> 제1
조에서도 군인인 헌병이 통감의 지휘를 받아 치안유지에 관한 행정
경찰업무와 본래의 군사 경찰업무를 겸해서 관장하고 있다. 이는 문
관인(정확히는 문관직)한국통감에게만 특례적으로 실질상의 병력지
휘권을 인정했던 것으로서 달리 볼 수 없는 조선에서만 적용된 특례
적인 조치였다.[53]

1910년 한국병합 후 조선총독부시대가 되어서는 친임으로 육해군
대장 중에서 임명된 조선총독이 "천황에게 직례하고 위임 범위 내에
서 육해군을 통솔하며 더불어 조선방비의 임무(事)를 장악하게"[54]되
어, 통감부시대의 한국통감을 대신하여 조선총독이 조선주둔군의 지
휘권을 장악하였다. 조선총독은 육해군 대장인 武官만을 임용한다고
하는 규정은 일본의 군사적인 조선지배의 특징을 단적으로 나타내고
있는 것이며, 그에 따른 총독부 관제 제21조에 의해 조선주둔군에 소
속하는 총독부 부속 참모가 임용되었고, 또 칙령 제381호에 의거하여
조선통치의 각 분야에 일본의 현역 군인을 참가시키는 길을 열어 놓
고 있었다.[55]

그리고 같은 해 9월 12일 <朝鮮駐箚憲兵條例>(칙령343호)에 의해

53) 油井正臣는 武官統監派와 文官統監派의 政爭으로 설명하고 있는데[由
井正臣, <日本帝國主義成立期の軍部> ; 中村正則 編, 1976 ≪体系日本
國家史≫ 5-近代2- (東京大學出版會) 138~142 참조]. 일본군의 歷史
중에서 달리는 볼 수 없는 이례적인 조치이며, 조선에 대한 日本의 관심
도와 지배체제의 부안정성에 대한 위기감의 표현이었다고 하겠다.
54) 1910年 9月30日의 <朝鮮總督府官制> (勅令354号)
55) 官制 第21條에서 "總督府ニ總督附武官二人及專屬副官一人ヲ置ク總督
府武官ハ陸海軍少將又ハ佐官ヲ以テ之ニ補ス總督府武官ハ參謀トス"라
는 규정. 또 같은 날의 勅令 第381号에서 "陸海軍現役將校又ハ同相当官
ニシテ朝鮮總督府臨時土地 調査局,通信官署,医院,營林廠,平壤鑛業所又
ハ道慈惠医院ノ職員ニ任セラレタル者ハ陸海軍ニ於テ之ヲ定員外ト爲
スコトヲ得 …"는 규정.

식민지조선에서는 헌병이 "치안유지에 관한 경찰 및 군사경찰을 장악하게"되어 "그 직무 집행에 관해서는 조선총독의 지휘 감독을 받을 것"으로 되어 있다. 이상의 사항을 종합해 보면 식민지 조선통치에 있어서 군의 관여도가 얼마나 심대했는가 하는 것을 알 수 있다. 또한 "별도로 조선헌병대 사령관은 조선총독부 경무총장을 겸무하고 각 도청 소재지에 있는 각 지역 헌병대장은 그 도의 경무부장을 겸무하여 군 헌 경 통합 일원제하에 各 읍면에 이르기까지 … 헌병대를 분치하여"[56] 조선지배에 임했다 라는 것도 식민지조선 지배에 군이 어느 정도로 깊이 관여하였던가를 잘 보여주고 있는 사례라고 할 수 있다.

이러한 식민지화 과정 및 통치제도의 정비 면만 보더라도, 조선주둔군의 일차 임무는 조선의 치안확보이며, 그 중심적인 담당자가 조선주둔군이었다고 지적할 수 있다. 그러나 식민지조선의 치안확보 임무 이외에도 조선주둔군은 러시아와 대륙으로의 확대에 대비한 군대로서의 역할이 존재하고 있었다는 점도 그 성격을 파악하는데 간과해서는 안될 것이다.

1907년 제정된 <제국국방방침>에서는 일본 육군이 전시에 필요로 하는 병력이 50개 사단으로 되어 있고, 이를 위해서 평시 사단을 25개 보유한다는 계획으로 되어 있다. 그 계획은 당시의 17개 사단을 단계적으로 25개 사단으로 증설하는 것으로써, 부족한 8개 사단을 2기로 나누어 4개 사단을 우선 증설하는 것으로 하고 1907년 이래로 제17, 제18의 2개 사단이 증설되었다.

그러는 동안에 1910년 한국병합에 따라 일차 계획의 나머지 2개 사단 증설 계획은 식민지조선에 상주하는 사단(제19, 제20사단)으로 하는 계획으로 변하였다. 군 당국은 식민지조선에 상주 사단을 설치할 목적으로서 장래의 대 러시아, 중국전에 대비하기 위함이라고 상정하

---

56) ≪朝鮮軍槪要史≫ 10頁

고 있는데, 현실적으로는 병합을 전후하여 식민지화를 반대하는 조선
민중의 항일투쟁을 탄압하고 식민지 치안체제를 안정화시키는 것이
가장 중요한 목적이었다. 이것은 약 일개 사단반의 병력을 가진 조선
주차군이 수비대로서 약 110여 곳에 분산 배치되었고 대러전에 대한
대비보다는 현실적으로 대부분 치안유지용의 병력으로서 활용되고
있는 것에서도 잘 알 수가 있다.[57]

한편 이상과 같은 육군의 2개 사단 증설 요구는 러일전쟁 이후 일
본의 재정상태의 악화[58]에 직면하여, 더구나 군비 확장은 육군만이
아니라 해군도 요구하고 있었기 때문에 그 성립은 한층 더 어려운 정
황이었다. 이 2개 사단 증설문제가 직접적인 원인이 되어, 1912년 12
월에 우에하라 유우사쿠(上原勇作) 육군대신이 단독 사임함으로써 제
2차 사이온지(西園寺) 내각을 붕괴시켰다. 그 후에도 계속하여 정쟁의
씨앗이 되었던 사단 증설문제는 제2차 오오쿠마(大隈)내각 성립 이후
1915년 12월 24일 제36의회에서 겨우 타결이 되었다.

그리고 구체적인 사단 편성이 진행되어, 조선주차군은 1918년 5월
29일부터 조선군으로 개칭되었다. 나아가 조선군은 평시편제가 아니
라 준 전시편제라고 할 수 있는 '高定員編制'사단으로 편제되었다.[59]

---

57) 芳井研一, 1976.6 <植民地治安維持体制と軍部－朝鮮軍の場合－> ≪季
刊現代史≫ 7号, 167 참조.

58) 러일전쟁 前後의 재정상태를 보면, <戰前 대략 五億五千万円이었던 공
채발행은, 전후 二二億円을 넘어, 그 금리 및 상환금만으로도 재정에는
큰 중압이 되었다. 국가재정의 수지균형은, 전후경영의 지출도 보태어
져 매우 유지하기 곤란>하게 되어 있던 실정이었다.
   藤原彰, 1987 ≪日本軍事史≫ 上 (日本評論社) 151 참조.

59) 戰前 일본의 사단은, 1939연까지는 각각 2개 연대를 갖춘 2개 보병旅団
(四單位師団)을 기간으로 하고, 사단의 定員은 평시에는 약 1만명 强, 戰
時에는 약 2만5천명 규모였다. 이는 당시 외국 군대의 군단에 상당했다.
<高定員編制>라는 것은 사단편제는 평시편제이나, 실제의 人員과 裝備
는 戰時編制에 準하는 수준을 보유하고 있었다. 이것을 통칭해서 <高定
員編制師団>이라고 불렀다.

즉 2개 사단 상주화와 더불어 조선주둔군은 유사시가 되면 언제라도 전쟁에 즉시 개입할 수 있는 상태의 군대였다는 것을 알 수 있다.

이것은 관동군이 만철 연선 및 관동주에 대한 보호를 제1차 임무로 하고 있었던 것에 비해 상주체제 확립 후의 조선주둔군은 일본의 대륙 팽창의 최전선에 자리잡고 있는 최정예의 긴급 발진군적인 성격을 띄고 있는 군대였다는 것을 말해 주고 있다.

秦郁彦 編, 1991 ≪日本陸海軍總合事典≫ (東京大學出版會) 704 참조.

ABSTRACT

A Study of the Modern Japanese Stationary Army – from its Origins to Korean Annexation in 1910

Seo, Min-kyo

After the Meiji Restoration, Japan, with its national goal to build a 'wealthy country, strong army' (*buguk gangbyeon*, 富國強兵) gradually began to increase its military expenditures. The resulting military force was in charge of protecting efforts at expansionism along the frontlines. Yamagata Moritomo(山縣有朋), who played a major role in establishing the modern Japanese army, promoted the war mobilization system to create a force that could battle with other foreign countries in 1872 and stressed the necessity of war expenditures. As a result, Japan split from the past in that it implemented this war mobilization system nationwide that even had an impact on ordinary peasants.

Even after the end of the Russo · Japanese War, the Japanese stationary army continued to maintain a system that alternated the second division with the first, or the temporary detached force. Examining the colonization process of Korea and the restructuring of its ruling system, the primary duty of the Korean stationary army was to secure order in Korea. However, aside from this responsibility, its military duties in preparing for territorial expansion to Russia should not be overlooked.

The Joseon stationary army was renamed the Joseon Army on May 18, 1918. Joseon Army was not an ordinary organization but a semi wartime organization. In addition to the residency of the two army divisions, the Joseon Army was always prepared for war time emergencies. Compared to the Gwandong army whose primary duty was to protect the Manchurian railroads and Gwandong Province, the Joseon stationary army was characterized by its role as the foremost military force in the frontline of Japanese territorial expansion.

Keywords: Joseon Stationary Army, Joseon Army, Assassination of Queen Min, Russo·Japanese War, Tonggambu(統監府, Residency-General), Japanese Government-General of Joseon (K. *Joseon Chongdokbu*, J. *Chōsen Sōtokufu* 朝鮮總督府)

천황제 내셔널리즘의 형성과
변용의 한 단면
-메이지시대의 '국체론'을 중심으로-

박 환 무*

Ⅰ. 머리말

근대 일본은 '제국'으로서 시작하여 제국으로서 종언을 고했다. 그
것은 아이누 민족의 땅인 홋카이도를 약취한 것에서 비롯하여 오키
나와, 타이완과 펑우제도, 라오닝성 뤼다와 남만주철도회사 부속지,
사할린 (북위 50도 이남), 한국, 미크로네시아의 적도 이북 제도, 중국

---

* 한양대학고 강사

의 동북 지구 등을 잇달아 병탄하고, 마침내는 동남아시아의 대부분을 포섭하는 '대동아공영권'이라는 제국을 만들다가 나락에 빠지고 말았던 것이다. 그 과정에서 근대 일본의 지배층은 구미 열강에서와 마찬가지로 국가통합을 위한 여러 장치뿐만 아니라 국민통합을 위한 강력한 이데올로기=내셔널리즘이 창출하는 에너지에 의존하면서 제국을 경영했다. 거기에서 天皇制는 비/헌법적 여러 국가장치 간의 의사를 조정하거나 통합하여 국가의사를 최종적으로 결정하는 기능을 가졌으며, 아울러 국민통합 이데올로기=내셔널리즘의 중핵으로서 그것을 재/생산하는 사회적 기능도 보유했던 것이다.

이렇게 적극적이며 강력한 '천황제 내셔널리즘'은 '건국 이래의 역사적 전통'이 구현되어 나타난 것이 아님은 말할 나위도 없다. 그것은 근대 일본이 19세기 이래의 세계 시스템=국가간 시스템에 적극적으로 가담하여 국가장치와 국민형성을 급속히 추진하고, 그 과정에서 우월적 지위를 추구하는 제국을 형성·전개시키는 과정에서 만들어지기도 하고 시대적 상황에 따라 변용되기도 했다. 게다가 천황제 내셔널리즘은 식민지화에 대한 첨예한 위기감의 산물로 근대화와 국가적 독립이라는 이중 과제를 짊어진 근대 일본이 만들어낸 시민종교의 일종이다. 루소가 말하는 시민종교는 시민의 자기희생과 공동체의 일체감이었는데, 그것은 근대 국민국가가 본질적으로 내포하지 않을 수 없는 일면을 철저하게 표현한 것임에 틀림없다.[1] 이 글은 루소의 시민종교를 실마리로 삼아 천황제 내셔널리즘 차원에서 메이지(明治) 시대(1868～1912) 몇몇 사상가들의 國體[2]에 관한 언설을 통해 천황제 내셔널리즘의 형성과 그 변용의 한 단면을 엿보고자 하는 것이다.

---

1) 졸고, <근대일본의 국가신도 형성과정과 천황제 이데올로기−일본적 '시민종교'의 성립에 관한 시론> 歷史學會 編, 2000 ≪歷史上의 國家權力과 宗敎≫ (一潮閣, 서울) 참조.
2) '國體'라는 말은 태평양전쟁 패전 전에는 천황제라는 용어를 포함하는 개념으로서 널리 사용되었지만 패전 이후에는 거의 쓰이지 않고 있다.

Ⅱ. 내셔널러티로서의 '국체' 발견
─후쿠자와 유키치

1868년 왕정복고 쿠데타로 수립된 메이지유신(明治維新) 정부는 그 정치이념을 신화 속의 천황인 진무(神武)가 건국한 때로 회귀하는 것을 국가통치의 정통성 근거로 삼고 왕정복고와 제정일치를 내세웠다. 그 배경에 있는 것은 히라타파 국학(平田派 國學)과 후기 미토학(後期 水戶學)이다. 에도(江戶)시대 말기의 정치과정에서 그들이 부상한 것은 그들의 첨예한 위기감이 시대의 필요에 대응할 수 있었기 때문이다. 예컨대 후기 미토학의 대표적 문헌이며 에도시대 말기의 尊王攘夷운동에 지대한 영향을 끼친 아이자와 야스시(會澤安)의 ≪新論≫은 크리스트교와 결합된 구미 열강의 침략을 경계하면서 다음과 같이 말하고 있다. 크리스트교의 "교법"은 邪僻淺陋"하지만 "愚民을 誑誘"하기 쉽다. 만일 인민이 이에 영향을 받으면 "아직 싸우지도 않았는데 천하가 거의 이로(夷虜)의 소유로 될 것이다".[3] 그러므로 크리스트교의 유혹에 대항하기 위해서는 "신성한 大道"를 분명히 하여 이데올로기 면에서 크리스트교 대책을 강구해야 한다는 것이다. 이것이 후기 미토학이 제시한 '국체'라는 개념이었다. 요컨대 ≪신론≫이 말하는 '국체'는 祭·政·敎의 일치라는 이념으로 귀착한다고 할 수 있다.

그런데 메이지유신 정부의 왕정복고·제정일치를 둘러싼 정책은 우여곡절을 겪었다. 제정일치를 목표로 창설된 神祇官은 1871년에 神祇省으로 격하됐으며, 나아가 이듬해는 새로 敎部省이 설치되어 敎導職 제도가 도입됐다. 교도직은 불교세력까지 동원하여 크리스트교에

---

3) 會澤正志齊, 1976 <新論> ≪水戶學≫ ─日本思想大系 53─ (岩波書店) 69

대항하는 국민교화 운동을 조직하려 했던 것이다. 그러나 眞宗本願寺派가 도중에 태도를 바꾸어 반대운동으로 돌아섰기 때문에 이 체제도 실패했다.[4] ≪明六雜誌≫에 결집한 지식인들이 정교일치 체제를 맹렬히 비판한 것은 이상과 같은 정부의 정책을 의식한 것이다. ≪명육잡지≫에 게재된 니시 아마네(西周)의 <敎門論>, 가토 히로유키의 <米國政敎> 등은 그 대표적인 것으로 모두 정교분리를 역설하고 있다. 후쿠자와 유키치(福澤諭吉)도 ≪文明之槪略≫에서 제정일치를 비판하고 "至尊"과 "至强"의 이원적 구조야말로 일본이 중국보다 우월한 이유라고 하며 "皇學者流"를 견제하고 있다. 가토 히로유키의 ≪國體新論≫은 제정일치를 "天神政治(theocracy)"라고 비판하는 것을 주제로 삼았던 것이다. 여기서 가토는 神典을 尊信하는 것은 괜찮지만, 국가는 인간계에 관한 것이므로 "인간계의 도리에 맞지 않은 것"은 취해서는 안 된다고 주장하고 있다. 이런 일련의 저서나 논설이 쓰인 1874-5년은 眞宗의 大敎분리운동=교도직제도 반대 운동이 정점에 달한 시기이며, 그들의 언론 활동은 제정일치를 기도하는 세력이 동요하는 것을 꿰뚫어 봤다고 할 수 있다.

그러나 이 시기에 전통적인 국체론을 문제삼고 니시나 가토와는 비교될 수 없을 정도로 문제의 본질에 다가간 비판을 전개한 사람은 후쿠자와이다.[5] 아마도 그는 미토학에 유래하는 전통적인 국체론이 서양문명을 수용할 때에 큰 장애가 될 것이라고 생각했을 것이다. ≪문

---

4) 앞의 졸고, 3장 참조 ; 安丸良夫, 1978 ≪神々の明治維新≫ (岩波新書, 東京) 223 ; 羽賀祥二, 1994 ≪明治維新と宗敎≫ (筑摩書房, 東京) 30 이하 참조 ; 阪本是丸, 1994 ≪國家神道形成過程の硏究≫ (岩波書店, 東京) 第1章 등 참조.

5) ≪文明論之槪略≫을 중심으로 후쿠자와의 국체 개념을 J. S. Mill이나 F. Guizot와 관련시켜 분석한 것으로 安西敏三, <福澤諭吉における國本觀念の轉回> [慶應義塾福澤諭吉センター 編, 1998 ≪近代日本硏究≫ (慶應義塾福澤諭吉センター, 東京)]가 있다.

명지개략≫ 제2장이 "국체"에 관해 상세한 설명을 하고 있는 것은 그와 같은 인식 때문일 것이다. 후쿠자와의 국체에 관한 설명을 추적해보자.

후쿠자와는 국체에 관해 다음과 같이 정의하고 있다. "국체란 한 종족의 인민이 모여 憂樂을 함께 하고, 타국인에 대해 자타의 구별을 짓고, 스스로 서로 보는 것은 타국인을 보는 것보다 두터이 하고, 스스로 서로 힘을 다하는 것은 타국인을 위해 하는 것보다 힘쓰고, 한 정부 아래에 있어 스스로 지배하고 다른 정부의 제어를 받는 것을 좋아하지 않고 화복 모두 스스로 담당하여 독립하는 것을 말함이다"(후쿠자와 4, 27쪽). 이는 후기 미토학 이래의 국체 개념을 근본적으로 전환한 것이다. 미토학 특유의 뉘앙스는 이미 약화되었다 하더라도 종래의 국체론은 전통적인 국가체제를 의미했다. 후쿠자와는 무엇보다도 타자와의 차이 감각을 강조하고 그 차이를 공유한다는 점에 국체의 핵심을 찾고 있다. 이 같은 전환의 비결은 후쿠자와가 밀(J. S. Mill)의 ≪대의정체론≫의 "내셔널러티(nationality)"에 관한 유명한 한 구절을 원용하여 그것을 국체론으로 번안한 점에 있다. "국체의 情이 일어나는 연유를 찾건대, 인종의 같음에 의한 것이 있고, 宗旨의 같음에 의한 것이 있고, 혹은 언어에 의하고 그 느낌이 한결같지 않더라도, 가장 유력한 원인이라 이름할 수 있는 것은 한 종류의 인민이 함께 세태의 연혁을 거치고 懷古의 情을 같이 하는 것, 바로 이것이다"(후쿠자와 4, 27)[6] 이리하여 "내셔널러티"의 핵심은 역사를 공유하는 의식에서 찾게 된다. 국체란 이 같은 역사를 공유하는 단위로서의 "내셔널리티"의 독립과 존속으로서 정의되는 것이다.

이 같이 후쿠자와는 정치체제("政統")나 皇統의 연속성과는 구별

---

6) (후쿠자와 4, 27)는 ≪福澤諭吉全集≫第4卷, 27이다. 이하 후쿠자와 유키치의 인용은 福澤諭吉, 小泉信三 監修, 富田正文・土橋俊一 編, 1958~71 ≪福澤諭吉全集≫(岩波書店, 東京)에 따른다.

되는 국체의 관념을 제시함으로써 전통적인 국체론으로부터 단절된 새로운 국체론을 구축한 것이다. 후쿠자와의 국체론은 왕정복고라는 형태로 귀착한 메이지유신의 대외적 위기의식을 퍼 올려 그것을 교묘하게 환골탈태하여 근대적 내셔널리즘으로 전환시켰다고 말할 수 있을 것이다. 국제적 고립이나 군사적 침략의 위협에 직면한 일본의 지식인들이 그 열세를 만회하기 위해 찾은 정신적 근거가 황통의 연속성이라는 신화였다.[7] 국체 개념은 원래 그와 같은 磁場에서 성립했다. 후쿠자와는 이 皇統一系나 제정일치를 자장으로 하는 국체 개념을 보편적인 국민국가의 장소 안에 완벽하게 옮겨 놓은 것이다. 이것이 가능하기 위해서는 단순한 계몽의 합리주의 정신만으로는 충분하지 않다. 국체론에 나타난 민족적(ethnic) 정체성 의식이 국가독립의 중요한 모멘트가 될 수 있다는 것을 후쿠자와는 분명히 인식하고 있었다. 게다가 한편으로는 서구의 보편적인 문명의 이입 없이는 국가독립이 불가능하다는 것도 자명했다. 이 양자를 어떻게 조화시킬 것인가. 이 문제를 둘러싼 그의 사고는 이 한 점에 집중하고 있었다. 이 시점에서 내린 그의 결론은 민족적 독자성의 의식을 "虛威에 惑溺한 妄誕"으로서 부정하는 것이었다(후쿠자와 4, 34). 그러나 뒤에서 보듯이 그의 주장이 이 선에서 일관했다고는 말할 수 없다.

　그런데 후쿠자와가 종교 문제를 내셔널리즘과의 관계에서 본격적으로 다룬 것은 ≪時事小言≫이 처음이다. <국민의 기력을 기르는 것>이라는 제목이 붙은 ≪시사소언≫ 제6편에서 "보국심"의 "열도"를 높이는 이유를 그는 다음과 같이 설명하고 있다. "언어를 함께 하고 태어난 땅을 함께 하고 도덕의 교지를 함께 하고 의식주 풍습을 함께 하는 것들은 여러 가지이지만, 그 중에서 유력한 것은 懷舊의

---

7) 예를 들면 竹尾正胤, 1971 <大帝國論> ≪國學運動의 思想≫ーー日本思想大系 51ー (岩波書店) ; 大國隆正, 1973 <學統弁論> ≪平田篤胤・伴信友・大國隆正≫ー日本思想大系 50ー (岩波書店) 참조.

ㄷ碑를 함께 하여 그 喜憂榮辱을 함께 하는 것, 바로 이것이다"(후쿠
자와 5, 207). ≪문명지개략≫에서도 여기에서와 같이 역사의 공유가
강조되고 있다. 이 관점에서 경계해야 할 것이 크리스트교의 만연이
다. 크리스트교에 대한 경계심은 이미 ≪문명지개략≫ 제10장에서 털
어놓았다. 크리스트교의 "一視同仁"의 취지가 "보국심"과 대립한다는
것이다. ≪시사소언≫에서는 그 비판이 더 강한 어조를 띤다. "금일
우리나라에서 야소교를 배우는 사람은 서양인의 師恩을 짊어지고 서
양 제국으로써 정신의 스승으로 삼는 사람이다"(후쿠자와 5, 214). 크
리스트교에 의해 정신적으로 거세되고 "자타의 구별을 작위"하는 것
을 본령으로 삼는 "보국심"이 내부에서 융해되어 버린다는 우려이다
(후쿠자와 5, 214). 크리스트교 교리는 공평을 으뜸으로 치지만, 서양
제국에 있어 그것은 "고유한 종교"로서 "정치와 밀착"되어 있기 때문
에 해가 되지 않는다. 일본에서는 그것은 "外敎"이며 "외교"를 배우
는 것은 정신적인 종속을 의미한다. 정신의 노예화가 "형체"의 노예
화를 수반하는 것은 필연적이라고 후쿠자와는 단언하고 있다.

　후쿠자와는 일관되게 일본의 "국교"라고 할 수 있는 종교는 불교뿐
이라고 생각했다. 그가 불교에 친근감을 가지고 있었던 것은 아니다.
종교에 관해 말할 때, 그는 항상 자신은 어떤 신앙도 가지고 있지 않
다고 말했다. 그에게 있어 중요한 것은 종교의 정치적 효용이다. 이 관
점에서 그가 때때로 언급한 것은 메이지유신 정부의 종교정책 실패이
다. 특히 廢佛毁釋은 불교의 영향력을 죽이고 결국은 크리스트교를
이롭게 했을 뿐이다. 죽은 것은 신앙 면의 영향력뿐만이 아니다. 전국
의 명승고적이 황폐해져서 "나라의 장식"이며 공통의 기억이어야 할
풍경이 없어지고 국민적 자부심이 상처를 입었다(<나라의 장식이라
는 것>, 후쿠자와 4, 521). 이른바 "내셔널리티"의 근간이　위협받은
것이다. 후쿠자와에 따르면, 神道는 "나라를 중히 여기는" 것을 주의
로 삼는 "일본 고유의 도"이지 종교는 아니다(<신관의 직무>, 후쿠자

와 8, 81). 그러므로 긴요한 것은 불교와 신도가 "분계"를 분명히 하여 "쌍방 모두 고래 관행의 본분을 다함으로써 외교의 만연을 막는 것"이다(≪시사소언≫, 후쿠자와 5, 220). 주지하다시피, 자유민권 운동이 활발해진 1870년대 말 이래 후쿠자와가 생애에 걸쳐 주창한 것은 官民調和論이었다. 내셔널리즘의 논리에 의한 국내 평화의 주장이다. 종교에서도 같은 논법이 사용되었음을 알 수 있다. 구체적으로는 "고유의 국교"인 불교와 "고유의 도"인 신도가 분담하여 "외교" 저지를 위해 공동전선을 펴는 전략이다.

그런데 앞에서 말한 교도직 제도는 후쿠자와의 주장과는 다른 의미에서 불교와 신도의 공동전선이었을 터이다. 그러나 眞宗 각파가 이탈함으로써 공동전선의 장이었던 大敎院은 해산하지 않을 수 없었다(1875년 5월). 1882년에는 신관의 교도직 겸직이 폐지되고 신관은 장례에 관여하지 못한다는 내무성 명령이, 1884년에는 교도직 폐지의 내무성 명령이 내렸다. 연구사에서는 대체로 이들 조치를 神道非宗敎論의 원칙이 성립했다고 한다. 야스마루 요시오(安丸良夫)가 이것을 "일본형 정교분리"가 성립했다고 말하고 있는 것은 그 대표적인 예이다.[8] '일본형 정교분리'란 "국가 이데올로기적 요청에 대해 각 종파가 스스로 유효성을 증명해 보이는 자유경쟁"[9]이 시작되었다는 사태를 말한다.

그런데 후쿠자와가 다시 신도를 문제 삼고 자신의 국체론을 심화시켜 나가는 것은 1882년의 내무성 명령을 계기로 삼는 때이다. 어떤 연유에서인지 그는 1월에 나온 내무성 명령을 4월에 되어 ≪시사신보≫의 논설 <신관의 직무>에서 문제 삼고 신도는 "敬神의 교"를 설명하기 때문에 종교가 아니라는 원리가 성립한 것에 만족의 뜻을 표명한다. 그리고 신관의 직무는 일본 역사를 가르침으로써 "懷舊의

---

8) 安丸良夫, 1978 ≪앞 책≫, 208 이하
9) 安丸良夫, 1978 ≪위 책≫, 209

感"을 생기게 하고 "國權의 氣"를 기르는 것이라고 하면서 다음과 같이 말하고 있다. "우리 일본과 같이 개벽 이래 一系萬世의 君을 받들고 일찍이 외국의 侵凌을 받은 적이 없으며, 그 金甌無缺은 실로 宇意와 같고 일찍이 尺寸의 땅을 잃은 적이 없기 때문에 고래의 국사를 펴고 이를 읽어보면 결국은 더욱더 용기를 드높이지 않는 사람이 없을 곳이다"(후쿠자와 8, 81). 역사의 공유야말로 내셔널리즘의 핵심이라고 생각한 후쿠자와는 정체성의 근거를 신도에서 찾았으며, 신도 비종교론이 성립함에 따라 그것이 '내셔널리티'를 환기시키는 역할을 담당하는 데 충분한 존재가 되었다고 판단했던 것이다.

여기서 주목해야 할 것은 내셔널리즘의 중심이 되는 "회구의 감"이 만세일계의 황통과 불가분한 관계라고 생각한 것이다. ≪시사신보≫에 <제실론>이 연재된 것이 신도 비종교론를 논한 <신관의 직무>를 발표한 지 1주일 후라는 사실은 후쿠자와의 문제의식이 어디에 있었는지를 잘 말해 준다. 요컨대, 이에 이르러 민족적(ethnic) 정체성의 근거를 만세일계의 황실에서 구하는 구상이 선명해진 것이다. 후쿠자와의 이 구상은 수십 년이 지나 도쿠토미 소호(德富蘇峰)의 '황실중심주의'로 이어지게 된다. 예컨대 ≪국민신문≫(1912년 2월 11일)의 논설 <국민적 생활>에서 일본인은 진무 천황의 창업 이래의 역사를 배우면 "권리도 없고 의무도 없어 단지 스스로 사랑하는 것을 금할 수 없다"는 애국심이 생기게 된다고 하며 다음과 같이 말하고 있다. "일본국민에게 애국심의 설교는 무용할 뿐이다. 다만 일본역사를 가르쳐라. 단지 야마토(大和)민족의 이력을 말하라". 이는 <신관의 직무>에서 국권은 "바깥에 대한 私情"이며 그 의식을 양성하는 데는 어릴 때부터 "국사를 가르치는" 것이 최선의 방법이라고 역설한 후쿠자와와 상응한다.

그런데 <신관의 직무>를 이어받은 형태로 나온 <제실론>은 "제실은 정치사회의 밖에 있는 것이다"라고 하는 유명한 구절로 시작한다. 이 논설에서 후쿠자와가 의도한 바를 한 마디로 하면, 만세일계의 황통신화를 '황학자류'의 독점에서 해방시키고 국민 공통의 "회고의 정"으로 정착시킴으로써 황실을 "民心 收攬의 중심"(후쿠자와 5, 267)으로 삼는 것이었다고 평가할 수 있다. "제실은 만세무결의 全壁이며 인심 수람의 일대 중심이다. 우리 일본 인민은 이 玉璧의 明光에 비추어져 이 중심에 輻輳하여 안으로는 사회질서를 유지하고 밖으로는 국권을 皇張해야 할 것이다. 그 寶玉에 거슬릴 수 없고 그 중심을 동요시킬 수 없다"(후쿠자와 5, 279). 비종교론으로 신도가 국가의식 양성 수단이 될 수 있게 되었듯이, 황실은 정치적 대립의 바깥에 놓여짐으로써 관민조화와 "예로부터 내려오는 우리나라에 고유한 문명의 사물"의 상징이 될 수 있다. 아마도 버젓트(Walter Bagehot)에게 시사받은 후쿠자와는 '존엄적 부분'의 정치적 기능을 잘 이해하고 아울러 왕조가 교대한 영국 왕가보다도 "만세무결"의 일본 황실이 국민의 "정신의 초점"으로서 더 유력하다고 은근히 생각했을 것이다.

　"無偏無黨의 한 燒點"으로서 황실의 존엄을 확립하고 이를 "변할 수 없는 국체"(후쿠자와 6, 18)로 만든다는 <존왕론>의 구상은 <제실론> 이후 후쿠자와가 취한 일관된 주장이다. 이러한 생각이 선명해진 1882년 단계에서는 크리스트교에 대한 위기감이 그 배경에 있었다. 따라서 문명의 보편성이 주장되는 한편, 역사나 전통에 호소함으로써 '내셔널리티'를 방위한다는 의도가 강하게 나타났다. 그러나 조약개정으로 인한 內地雜居가 초점이 된 1884년이 되면 그는 이런 애매한 태도에 결말을 짓지 않을 수 없게 된다. 후쿠자와가 갈피를 잡지 못한 것을 단적으로 보여주는 것이 이 해 5월에 발표된 <開鎖論>이다. 후쿠자와는 여기서 장래의 전략으로 쇄국과 개국의 두 가지 선택지를 제출한다. 다시 말하면 만사를 어디까지나 "우리는 우리다"는 태도를 가질 것인가, 아니면 서양과 "풍습 습관까지도 동일하게 할 방략"을 취할 것인가의 선택이다(후쿠자와 9, 495). 쇄국론은 이

전의 무지한 攘夷論이 아니라 국제적인 同等同權"의 주장임에 틀림
없지만, 서양인이 동양인을 "일종의 열등한 사람이라고 妄信"하고 있
는 현상 속에서는 "암암리에 적대적 원소"를 포함하고 있다(후쿠자와
9, 491). 그러나 일본이 이제까지 독립을 유지할 수 있었던 것은 "자립
의 힘"에 의한 것이지, 결코 "우연한 요행"에 의한 것이 아닌 것을 생
각하면 실력에서나 국민적 자부심에서도 쇄국론을 취하는 것은 불가
능하지 않다고 후쿠자와는 생각한다. 이 논설에서 그는 아직 개국과
쇄국 중 어느 것도 결정하기 어려운 것처럼 보이지만, 아마 이는 대
담한 방향 전환을 할 예고였는지도 모른다.

후쿠자와가 "종교도 또한 서양풍으로 따르지 않을 수 없다"[10]고 써
서 크리스트교 위협론을 철회한 것은 이 2주 후의 일이다. 그 논설에
서 그는 동물의 보호색 비유를 원용하고 풍속 종교를 달리 하면 外道
國視"되는 현상인 이상, "문명의 색상"으로 가려서 스스로를 보호하
는 수밖에 없다고 논한다. "문물제도도 그를 본뜨고 습관 풍습도 그
를 본뜨고 모든 것을 서양과 그 색을 같이 하여 그 사이에 다른 색상
이 있는 것을 느끼지 못하게 하고 그로 하여금 서로 구별하는 바가
없는 것을 보아 그것만큼 우리를 소외시키는 생각을 끊게 하는 것은
없다(후쿠자와 9, 531).

보호색 비유를 사용한 이 문장에서 후쿠자와답지 않은 비굴함을
간파할 수 없는 것도 아니다. 그 배후에는 구미인이 던지는 차별적인
시선이 있다. 이는 명시하는지 안 하는지의 차이는 있지만 근대 일본
의 지식인 대부분이 느꼈던 것이다. <개쇄론>에서는 이러한 시선을
의식하면서 "우리는 우리다"는 태도를 취한 것도 선택지의 하나라고
말했다. 그러나 후쿠자와의 프래그머티즘은 결국은 보호색으로 그 차
별적인 시선을 피하는 선택을 한다. 후쿠자와가 이 같은 결단을 내리

---

10) 山口輝臣, 1999 ≪明治國家と宗教≫ (東京大學出版會, 東京) 第3章을 참
조.

는 배경에는 두 가지 사정이 있다고 생각된다. 하나는 내지잡거가 되면 크리스트교의 만연은 막기 어렵다는 상황 판단이다. 막을 수 없다고 하면 "받아들이는 것처럼, 꺼리는 것처럼" 애매한 태도를 취하는 것은 서양 제국의 불신과 업신여김을 초래할 뿐이기 때문에 "단연코 이를 받아들이기로 결정"하는 편이 상책이라는 정치적 판단이 있었다(후쿠자와 9, 535). 이 문장의 비굴한 뉘앙스는 수동적 입장에 선 후쿠자와의 절박한 결단 때문일 것이다.

　　그러나 이 결단에는 또 하나의 배려가 작동했다고 생각된다. 중국과의 차이의 강조이다. 이미 전년 10월에 발표한 <외교론>에서 "아세아의 동쪽 끝에 순연한 하나의 새로운 제국을 출현"시킬 각오로 "큰 지장"이 없는 한 "사회 일상의 細事"까지 "서양풍"을 본떠야 한다고 그는 역설하고 있었다(후쿠자와 9, 196). 조선·중국에 거리를 두는 자세는 이미 ≪시사소언≫ 무렵부터 현저해졌는데, 특히 1882년 임오군란 이후 조선을 둘러싼 청국과의 대립으로 그 경향이 심해졌다. "아세아의 古國"과의 결별은 단지 국가독립을 위한 문명 이입이라는 관점에서 필요해진 것이 아니다. "서양인의 안중"에 일본이 어떻게 비칠 것인가를 후쿠자와는 묻고 있다. "서양인이 국외에서 일본과 支那를 대조하고 과연 일본은 지나보다 뛰어나다는 사상을 품을 것인가 어떨 것인가"(<일본은 지나 때문에 가려지지 않도록 해야 한다>, 후쿠자와 9, 414). 결국 일본은 "尋常 동양의 一列國"으로 간주되지는 않은가 라고 후쿠자와는 우려한다<輔車脣齒의 古諺은 믿을 바가 못된다>, 후쿠자와 10, 33). 저 유명한 <脫亞論>은 일본국민의 정신이 "아세아의 고루함"을 벗어나서 서양문명의 위치에 도달했다고 주장하고 있지만, 이것이 차이를 강조하기 위한 전략적 발언임은 말할 나위도 없다(후쿠자와 10, 239).

　　일본의 국제적 지위를 상승시키기 위해서는 중국과의 차이를 강조하고 서양으로부터 다른 눈으로 보일 필요가 있었기 때문에, 후쿠자

와는 구미인에게 어떻게 보이는가를 문제시했다. 그러나 존재와 외관
을 이 같이 의식적으로 가려서 쓰는 태도는 아무리 외관을 가장해도
어울리는 인지를 얻을 수 없다는 욕구불만을 낳을 뿐 아니라 심각한
정체성 위기를 불러일으키기 쉽다. 여기서 '脫亞'와 '興亞'의 사이를
동요하는 일본 내셔널리즘의 특징이 있다 해도 과언이 아니다. 청일
전쟁을 "세계 앞"에서 하는 "결전"이라고 역설한 도쿠토미 소호가 걸
어온 그 후의 사상적 생애는 그 한 예에 지나지 않는다. 1901년에 사
망한 후쿠자와는 그런 파탄을 경험하지 않은 채 끝났지만, 러일전쟁
후의 제국 일본은 '내셔널리티'의 추구와 서양적인 보편성에 대한 동
조 사이에서 애매한 타협을 할 수 없게 된다. 식민지 획득은 억지로
'야마토 민족'의 '내셔널리티' 확인을 필요로 하지만, 한편에서는 '국
제화'에 의해 '외관'을 뛰어넘는 보편주의에의 압력이 강해지기 때문
이다.

Ⅲ. 천황제 내셔널리즘으로서의 '국체' 公定化
-구가 가쓰난

  천황제 내셔널리즘으로서의 '국체'라는 말이 일정한 뉘앙스를 가
지고 사용하게 된 것은 역시 1890년 10월에 '교육에 관한 칙어'(이하
교육칙어)가 공포된 이후의 일로 생각된다. 1889년 2월, 제국헌법이
공포된 직후에 독일 유학에서 귀국한 호즈미 야쓰카(穗積八束)는 처
음에는 놀랄 정도로 단순 명쾌한 권력주의적 관점에서 천황통치권을
설명하고 있다.[11] 주지하다시피 이토 히로부미(伊藤博文)의 ≪憲法義

---

11) R·H·マイニア(佐藤幸治ほか譯), 1972 ≪西洋法思想の繼受≫ (東京大
    學出版會, 東京) 56 이하 참조 ; 松本三之介, 1971 ≪天皇制國家と政治思
    想≫ (未來社, 東京) 254 이하 참조.

解≫는 ≪古事記≫와 ≪日本書紀≫에 나오는 "시라스(知らす)"라는
말을 원용하여 천황통치의 정통성을 "군주의 덕"에서 설명하고 있지
만, 같은 시기에 나온 호즈미의 <제국헌법의 법리>는 "법리상 국가
는 通御의 주체이다. 천황은 곧 국가이다"[12]라는 원칙으로 시종 일관
하고 있다. 호즈미에 따르면, 천황의 권한에는 어떤 제약도 존재할 수
없다. 헌법은 천황과 신민의 권한을 규정한 것이 아니라 정부와 신민
에 대한 천황의 명령이다. 따라서 루이 14세가 말한 "짐은 국가이다"
라는 말은 정치적으로는 폭언이지만 "법리의 至言"[13]이라는 것이다.
여기서는 신민은 통치의 일방적 객체에 지나지 않아서 개념상 명령
복종 관계는 있어도 권리 의무 관계는 존재할 수 없다. 그가 "선거는
권리가 아니다"[14]라고 설명한 것도 사리에 맞다. 그러나 국민을 이
같은 무권리 상태에 두는 이론으로는 국민국가의 이론적 요청에 부
응할 수 없는 것은 말할 나위도 없다.

　유명한 "조상교" 개념에서 호즈미가 그의 "국가 만능주의"에 미묘
한 수정을 가하기 시작한 것은 1891년 이후의 일이다. 조상교란 조상
숭배에 의거하는 가부장권에 의해 지배 복종 관계를 설명하려 한 것
이며, 호즈미에 따르면 서구도 크리스트교 이전에는 조상교였다. 일본
의 특성은 "민족의 종가인 황실을 봉대하여 일국 일사회를 단결한
다"[15]는 조상교의 생각이 수천 년에 걸쳐 유지되었다는 점에 있다고
한다. 조상교의 교의는 "민법 나와서 충효 망한다"는 슬로건에서 알
수 있듯이 직접적으로는 서구적인 법전 편찬을 저지하는 것을 의도한
것이었다. 그러나 그가 애초의 절대군주적인 천황관을 역사주의적인

---

12) <帝國憲法ノ法理> 穗積重威 編, 1943 ≪穗積八束博士論文集≫ (有斐
閣, 東京) 17
13) <有賀學士ノ批評ニ對シ聊ヵ主權ノ本体ヲ明ヵニス> 穗積重威 編, 1943
≪위 책≫ 224
14) <選拳ハ權利ニアラズ> 穗積重威 編, 1943 ≪위 책≫, 193 이하
15) <家制及國体> 穗積重威 編, 1943 ≪위 책≫, 258

방법으로 꾸민 것은 교육칙어가 그 배경에 있었기 때문이라 하겠다.

같은 식으로 역사의 규범화라는 수법에 따르면서도 제국헌법에 규정된 입헌주의적 이념을 확충하여 국민국가로서의 발전을 지향한 그룹이 政敎社의 지식인들이다. ≪일본인≫ 제2호 논설에서 시가 시게다카(志賀重昻)는 당시 일반적으로 사용되지 않았던 "야마토 민족"이라는 말에 가탁하여 "국수(nationality)" 이념을 다음과 같이 설명하고 있다. "일본의 해도를 환요하는 천문, 지문, 풍토, 기상, 寒溫, 燥濕, 지질, 수륙 배치, 山系, 河系, 동물, 식물, 景色 등 모든 囲外物의 감화와, 화학적 반응과, 천년만년의 습관, 視聽, 經歷이라는 것은 아마도 這裡에 생식하고 這際에 내왕하고 這般을 視聞한 야마토 민족으로 하여금 冥冥隱約의 사이에 일종의 특수한 국수(Nationality)을 剙成 발달시켰을 것이다".[16] 과연 ≪일본풍경론≫의 저자답게 내셔널리티의 이념이 자연·지리적 환경과 사회·역사적 환경을 종합한 것으로 잘 다듬어지고 있다. 그는 여기서 "천고만고"부터 존속해 왔던 "야마토 민족"에 관해 이야기하고 거기에서 "유전"하고 "化醇"하여 당대에 이르기까지 "성장 발달"해 왔던 사물은 그것이 보존되었기 때문에 소중하다고 말한다.

주목해야 할 것은 시가가 그린 "야마토 민족" 이야기는 황통신화에 무게를 두지 않았다는 점이다. 그가 쓴 "국수보존"론에는 천황에 관한 기술이 거의 나오지 않는다. 근대 일본 지식인의 대부분이 일본 내셔널리티에 관해 이야기할 때, 만세일계의 황통신화에 기생하지 않을 수 없었던 것을 보면, 이는 아주 드문 일로 생각된다. ≪일본인≫의 동인 중에는 미야케 세쓰레이(三宅雪嶺)가 비슷한 인식을 표명하고 있다. 미야케의 ≪眞善美 日本人≫은 "일본인이란 무엇인가"라는 물음에 답하여 "연력을 소상히 밝힐 수 없는 신비의 古事記가 현실적

---

16) 만세일계의 황통과 황실은 일본국민의 종가라는 사상을 여기서는 황통 사상으로 부른다.

으로 活劇한 수천 년의 옛날부터 장기간에 걸쳐 蕃息하고 分合하고 확대해"[17] 온 일본인이라는 집단에 관해 이야기하고 있다. 요컨대 그들이 이야기하는 일본은 장기간에 걸쳐 역사적으로 형성되어 온 유기적 존재이고 천황은 그 일부이지만 황통신화가 불가결하다는 것은 아니다.

그러나 이러한 입론이 내셔널리티를 둘러싼 논의에서 지배적인 흐름을 이루는 것은 아니었던 것처럼 보인다.[18] 시가나 미야케가 황통신화에 의존하지 않고 작업을 할 수 있었던 것은 그들이 정치적 국가를 주제로 삼지 않았기 때문일 것이다. 똑같이 내셔널리티를 문제 삼으면서도 구가 가쓰난(陸羯南)은 이 말을 "국민주의"[19]로 번역하여 문제를 정치적인 차원으로 치환한다. 그가 일관되게 주장한 것은 안에서의 국민적 통일과 밖에 대한 국민적 "特立"이다. 이 과제에 부응하기 위해 그는 정치와 문화를 구별한다. 그리고 정치면에서는 보편성을 인정하고 구미 제도의 적극적인 도입을 주장하지만, 문화면에서는 단호하게 독자성의 유지를 주장한다. 이런 독자성 없이는 국민이라는 관념은 성립될 수 없다는 것이 구가의 확신이다. "국민이라는 것은 그 혈족으로 나를 관념하고 종교로 나를 관념하고 정체, 문학, 기예, 풍속, 습관으로 나를 관념한다"(<세계적 이상과 국민적 관념>, 구가 2, 372).[20] 문화의 독자성이야말로 국민적 자부심의 근거이며 그것 없이는 정치적 독립도 불가능하다고 생각한 것이다. 이 같이 역사

---

17) <眞善美日本人> 柳田泉 編, 1967 ≪三宅雪嶺集≫ [≪明治文學全集≫ 33 (筑摩書房, 東京] 202

18) 山室信一, 1990.12 <國民國家日本の發見－ナショナリティの立論構成を めぐつて> ≪人文學報≫ 67 참조.

19) <日本文明進步の岐路> 西田長壽, 植田通有 編, 1968 ≪陸羯南全集≫ 第1卷 (みすず書房, 東京) 397 참조.

20) (구가 2, 372)는 ≪陸羯南全集≫第2卷, 372이다. 이하 구가 가쓰난의 인용은 陸羯南, 西田長壽, 植手通有 編, 1968~1985 ≪陸羯南全集≫ (みすず書房, 東京)에 따른다.

적으로 형성된 문화의 고유성과 국가의 정치적 독립이 긴밀하게 결합된 결과, 국민도 국가도 역사 속에 묻힌 존재로서 의식된다. "일본이라는 이 나라는 단지 현존하는 것만으로 우리가 멋대로 이를 처단할 수 있는 것이 아니다. 이 나라는 우리가 이를 皇祖皇宗에게서 물려받아 자손에게 전해야 한다. 우리는 황조황종에 대해 또는 자손을 위해 이를 보지하고 발육시킬 의무를 졌다"(<偶感偶錄>, 구가 2, 339). 이리하여 국가가 " 과거, 현재, 미래의 3세"에 걸쳐 역사적 존재로 의식되는 이상, 국민 개개인도 공유된 역사에서 분리해서는 존재할 수 없다(<경제상에서의 개인과 국가>, 구가 2, 504). 구가의 관점에서 보면 사회계약론은 "各人을 木偶처럼 간주하는 설"로서 도저히 이론적으로 인정할 수 없다(<의회론>, 구가 2, 763). 초목과 같이 역사적으로 성장해 온 "자연적 국체"는 사람의 뜻으로 함부로 변혁해서는 안 되기 때문이다.

이상과 같은 원리적 입장에 선 구가는 제국헌법과 교육칙어를 기축으로 하는 국가체제를 어떻게 이해했을까. 헌법 공포를 보고 쓴 <近時憲法考>에서 구가는 천황을 국가 제기관의 조정자로 보고 "執中권력"이라 부르고 있다. 서양 제국의 헌법은 인민의 요구에 부응하여 군주권을 제한함으로써 성립했다. 일본의 경우는 이와는 달리 "천황의 大御心"에 의거한 것이므로 그 권력은 신민으로부터 제한을 받지 않는다. "황권은 신민에게는 무한하지만 皇祖皇宗의 謨訓에 대해서 유한하다고 생각한다. 그 때문에 일본의 천황대권은 한편으로는 泰西 법리의 이른바 주권, 즉 最上 無二의 권력이자만, 다른 한편으로는 입헌국의 군권, 즉 유한 適度의 권력임을 잃어버려서는 안 되는 것이다"(<근시헌법고>, 구가 2, 22). 국민에 대해서는 절대 권력으로 나타나지만 황조황종으로부터 제약을 받음으로써 "유한 적도의 권력"이 된다는 설명은 국가와 국민(및 천황)을 역사 속에 매몰된 존재로 보는, 앞에서 말한 국가관을 전제로 하지 않는 한 이해할 수 없다. 통치권 총람자로서의 천황은 황통신화 이외의 어떤 것으로부터 제약을 받지 않기 때문에 그 권력은 보통 의미에서 말하는 국가권력이 아니다. 만일 천황 통치권이 의회나 내각과 같은 범주의 국가권력이라면 천황은 최고 국가기관인 "세습 대통령"이 되어 버린다(구가 1, 26). "황조황종의 모훈" 이외의 어떤 것으로부터도 제약받지 않는 절대자이기 때문에 "執中權力"일 수 있는 것이다. 이 논리는 조금 극단적인 표현을 한다면 다음과 같이 설명된다. "우리 일본에서 국민의 본심은 천황을 神으로 삼고 신민을 寶로 삼는다. 신이기 때문에 침범해서는 안 된다. 보이기 때문에 업신여겨서는 안 된다"(<憲法恪守論>, 구가 3, 297).

구가가 藩閥 정치에 대해 가차 없는 비판자이며, 입헌정치 특히 정당정치의 단호한 주장자로 시종일관한 점은 높이 평가되고 있다. 그러나 문제가 국체와 관계가 있는 경우에는 그의 사상은 분명히 다른 모습을 띤다. 구가는 헌법 공포 전부터 황실은 "역사상, 정치상의 주권자"일 뿐 아니라 "도덕상 국민의 종가"라고 말했다. 이러한 점에서 당연히 이세(伊世)신궁도 단순한 황실의 종묘가 아니라 국가의 종묘이며, 국민 전체가 경의를 표해야 하는 시설로 간주된다. 물론 신도는 "우리나라 국풍을 지칭"(<포교조례, 전례와 종교>, 구가 2, 386)한 것이기 때문에 종교가 아니라 일본의 독특한 국가적 "國禮"이다(<국풍 유지의 要>, 구가 3, 425). 국민인 이상 어떤 신앙의 소유자라 해도 그에 복종해야 한다. 이른바 "교육과 종교의 충돌" 문제에 관해, 이는 크리스트교가 스스로 가지고 온 "外俗"을 버리지 않았기 때문에 일본의 "國禮"와 대립한 것이며, 그 본질은 교육과 종교의 대립이라기보다는 오히려 "국교와 종교의 충돌"이라는 것이다(<교육과 종교>, 구가 4, 233). 조약개정에 반대하여 낸 <國際論>에서는 국민이 정신적으로 무장 해제당하는 것을 "심리적 狼呑"이나 "심리적 잠식"이라는 말로 설명하고 있다. 그래서 그는 크리스트교를 경계하여 다음과 같이 말하고 있다. "外敎는 그 나라의 언어 및 습관을 수반함으로 國禮 上 충돌이 일어난 것은 피하기 어렵다. 헌법은 '신교 자유'라고 명기하고 있다. 모름지기 그 자유로 하여금 '국례'를 침범하지 못하게 하는 계책을 꾀해야 한다"(구가 1, 158).

역사 연구도 스스로 규제해야 한다. "순수 결백한 역사상의 감정" 이야말로 국민적 통일의 기초이므로 그것을 저해하는 언론은 설사 학문적이라 해도 비난받는다(<伊世의 大廟, 황실과 정부와의 관계>, 구가 1, 533). 예컨대 구스노키 마사시게(楠木正成) 부자의 결별은 허위라고 주장한 시게노 야스시게(重野安繹)의 연구는 고증이 아니라 穿鑿에 지나지 않는다. "국민의 史蹟 중에서 우리의 광휘가 되어야 할 모범"이라면 다소 과장이 있더라도 눈을 감고 "이를 비호하여 우리의 國光을 발양"해야 한다(<역사가와 고증>, 구가 2, 463). 구메 구니타케(久米邦武)의 <신도는 제천의 古俗>도 "무릇 황실과 연결되는 것은 우리는 신민의 덕의로서 공연히 이를 문제 삼는 것을 삼가야 한다"고 하여 구메의 경솔함이 비난받는다(<신도론자의 기고>, 구가 3, 464).

구가의 의도는 천황과 황통신화를 정치적·종교적 논쟁의 바깥에 둠으로써 그것을 국민 공유의 역사로 정착시키고 국민적 "특립"을 확고하게 하는 데 있었다. 그러나 그는 '국체'의 터부화로의 길을 열었다고 말할 수 있다. 프로이드에 따르면, 신성함과 금지라는 양의성이 터부의 본질이다. 황통신화에 의거한 국체론에는 분명히 이 같은 의미에서의 양의성이 있다. 천황을 향한 은밀한 일체화의 바람과 보는 것과 접근하는 것의 금지[21]이다. 이 같은 양의성이 심리적으로 의식과 결합되는 것은 쉽게 볼 수 있다. 의식은 시간과 공간을 뛰어넘는 일체화의 바람을 실현하고 아울러 신성함에 의한 격절의 감각을 표현한다. 교육칙어가 의식화된 것은 그와 같은 심리적 메카니즘의 결

---

21) 原田武, 2001 ≪可視化された帝國≫ (みすず書房, 東京) 참조.

과였다고 생각된다. 그러나 의식은 되풀이됨으로써 空洞化되는 것도
피하기 어렵다.

구가는 교육칙어와 관련하여 다음과 같이 말하고 있다. "무릇 부모
에게 효도하고 형제 간에 우애 있고 부부 간에 화목하고 친구 간에
신의 있고 그리고 황실에 대한 충성, 이것이야말로 모두 일본국민의
고유한 윤리 도덕이고 일본국민의 역사적 관습이고 일본사회가 만든
원소이다. 이는 學理로써 추구해야 할 것이 아니라 감정으로써 단정
해야 하는 것이다"(<斯道論>, 구가 2, 750). 교육칙어가 "국체의 精
華"로 칭하는 것을 그는 "역사적 관습"의 이름 아래 변증했다. 그리
고 거기에서 "학리"를 배제함으로써 결국은 내면적 확신을 결여한
'공허한 의식'을 창출하는 데 가담한 것이다.

IV. 천황제 내셔널리즘=국체론 비판
─기노시타 나오에, 기타 잇키, 가와카미 하지메

1900년 전후에는 사회주의사상이 급속하게 확장된 시기이다. 그러나
많은 사회주의자들에게 국체론이 그들의 가장 큰 적이 될 것이라는 자
각은 없었다. 고토쿠 슈스이(幸德秋水)가 "사회주의의 주장은 경제조직
의 개혁이 아닌가. 국체에도 정체에도 관계는 없다"고 말했다는 유명
한 에피소드는 그들의 의식을 웅변적으로 말해 주고 있다(≪신 인간
자유≫, 기노시타 11, 14).[22] 이러한 상황 아래 일찍부터 국체론의 중
대성을 인식하고 비판한 사람이 기노시타 나오에(木下尙江)였다. 기
노시타는 1899년의 ≪每日新聞≫논설 <정교론>을 시작으로 교육칙

---

22) (기노시타 11, 14)는 ≪木下尙江全集≫ 第11卷, 14이다. 이하 기노시타
   나오에의 인용은 木下尙江, 1999~2003 ≪木下尙江全集≫ (敎文館, 東京)
   에 따른다.

어와 국체론에 대해 강한 비판을 한다. 예컨대 <정교론>에서는 불교도와 신도 신자가 기독교 선교사를 배척하거나 포교를 위해 권력의 보호를 요구하고 있는 사실을 비판했으며, 불교도 유교도 그 본래의 이념에서 본다면 국체론과 양립할 수 없는 것이라고 주장한다. 기노시타의 인식에 따르면, 제정일치나 조상교는 "족장적 정치시대"의 유제이며, 크리스트교가 국체에 반한다는 주장에 대해 크리스트교도는 "명료하게 응전"해야 한다고 그는 역설한다 (기노시타 12, 107쪽 172). "응전"이란 기독교가 국체와 모순되지 않는다고 반론하는 것이 아니다. 다른 곳에서 기노시타는 교육칙어로 대표되는 "수구적 국민사상"을 가리켜 "국가를 목적으로 삼는 일종의 이상한 國家終極主義"라고 평하고 있다(<금일의 기독교>, 기노시타 14, 241). 그가 거듭 비판한 것은 크리스트교도가 절대로 타협할 수 없는 이 "국가종극주의"에 굴복하고 "어떻게 하면 이 세상의 애국자라고 칭송받을 수 있는가"를 나타내는 데 부심한 것이었다(≪아라노≫, 기노시타 7, 332).

1890년대 후반은 憲政黨 결성에 따른 제1차 오쿠마 시게노부(大隈重信) 내각과 이토 히로부미에 의한 立憲政友會 결성 등 정당정치가 시동하기 시작한 시기이기도 하다. 이러한 역사적 사태를 고려하여 호즈미 야쓰카가 제출한 것이 국체와 정체의 준별론이라 할 수 있다.[23] 국체는 주권의 소재에 관한 개념으로 그 나라의 고유의 역사에 따라 결정되는 것에 대해, 정체는 통치권 행사의 형식에 관한 것으로 헌법 규정에 의한다. 따라서 입헌제(호즈미에 의하면 그 본질은 삼권분립)는 천황의 통치권과는 조금도 모순되지 않는다는 것이다. 호즈미는 일본의 건국은 혈족집단에 의한 조상숭배로 성립했다고 하고, 그 국체는 "역사의 성과"로서 불변한다고 주장한다. 여기서는 국체를 성역화함으로써 정당정치의 영향을 의회 내부에 밀봉하려는 저의를 읽을 수 있다. 거시적으로 보면 호즈미의 국체와 정체의 준별론은 정

---

23) <立憲制ノ本旨>, <憲法ノ精神>, 穗積重威 編, 1943 ≪앞 책≫ 등

체론이라는 개념에 의해 국체론의 기피에 저촉될 우려가 없는 정치적 언론공간을 창출했으며, 호즈미 자신의 의도와는 별도로 천황대권 하에서의 정치적 민주화의 가능성을 만들어냈다. 다이쇼(大正) 데모크라시 시기의 민본주의는 그러한 성과의 대표적인 예이다. 그러나 한편으로는 그것은 정당세력의 신장에 따른 정치적 민주화 요구를 정체론의 차원에 한정함으로써 국체를 불가침의 영역으로 만드는 일에 기여했다. 그러므로 국가적 위기에 직면했을 때 국체론의 역습을 당하게 된다. 구노 오사무(久野收)가 말하는 "顯敎에 의한 密敎 정벌"24)이 바로 그것이다.

기노시타 나오에는 호즈미의 국체 · 정체 준별론에 현혹되지 않고 정면에서 국체론 비판하기 시작했다. 기노시타에 따르면 호즈미의 국체론은 同祖同血의 가족국가, 그 족장으로서의 황실, 조상교의 신앙이라는 세 가지 요소로 구성된다(≪<충군애국≫의 의문>, 기노시타 13, 263). 그리고 이것들은 모두 "야만 몽매 시대의 기념물"에 지나지 않고, 그 "고색창연"한 충군애국론은 도무지 검토할 가치가 없다고 탄핵된다(기노시타 13, 264쪽). 이러한 솔직한 비판에서 볼 수 있는 것처럼 황통신화는 어디까지 글자 그대로 사람들이 믿게 되었는지는 의심스럽다. 그럼에도 불구하고 교육칙어와 국체의 사상은 청일 · 러일 전쟁을 통해 서서히 정착되어 갔다고 상정할 수 있다. 한편으로는 구가 가쓰난의 논의에서와 같이 그것을 터부시하는 것에 의해서이고, 다른 한편에서는 내셔널리즘에 의거한 동질화의 강제와 이단의 배척에 의해서이다.

<군주론>이라 명명된 1903년의 논설에서 천황에게는 정치, 국법, 도덕, 종교의 네 가지 면에서 자리매김이 있다고 기노시타는 지적하고 있다. 정치적으로는 천황이 권력을 상실한 시기가 있었다는 것은 명백하며 법적으로는 국가주권설과 천황주권설이 서로 다투고 있었다. 그

---

24) 久野收 · 鶴見俊輔, 1970 ≪現代日本の思想≫ (岩波書店, 東京) 223

러나 이런 학설상의 異論에도 불구하고 '국민의 정감'상으로는 도덕적, 종교적인 천황관이 지배적이기 때문에 국가주권설의 천황관도 결국은 "異邦 학자를 모방한 논리상의 지식"에 그치고 "열기 있는 사상의 발동"은 될 수 없었다(기노시타 16, 189). 이 같이 학자도 국민도 "'군주'론 앞에서 恐怖浚巡"하는 상태는 "종교적 군주관"을 "해부"하지 않는 한 극복할 수 없다고 그는 주장한다. 제국헌법에서 통치권 총람자로서의 천황과 교육칙어의 도덕·종교적인 천황상은 서로 지탱하고 있으며, 후자의 측면을 괄호로 감춘 채로 천황주권을 뒤로 미루어 두고 입헌주의화를 하려 했지만 좌절한다. 기노시타는 이 같이 설명한 것이다. 그는 사태의 본질을 정확하게 뚫어보고 있었던 것 같다.

그러나 이미 말한 바와 같이 도덕·종교상의 천황에 관한 언론은 터부시되고 있었다. 기노시타는 러일전쟁 말기의 ≪平民新聞≫ 논설에서 "교육칙어가 한번 나와서 일본의 윤리학은 표변했다"고 쓰고 있는 것은 그러한 상황을 표현한 것에 다름이 없다(<조헌 분란이란 무엇인가>, 기노시타 17, 12). 이 문장은 ≪평민신문≫에 게재되어 신문 발매금지 처분의 원인이 된 이시카와 산시로(石川三四郎)의 <소학교 교사에 고함>을 변호하기 위해 쓰여진 것이다. 이시카와는 문제의 글에서 "국가는 국가를 위해 그 인민을 교육하려고 하지만 인류로서 인민을 교육하려고 하지 않고, 일국의 민을 만들려고 하는 것이다. 세계의 어린이를 만들려고 하지 않고 (하략)"[25]라고 썼다. 非戰論을 주창한 이단의 신문이었다고 해도 이 정도의 문장이 필화를 당할 정도로 국가주의에 동조하는 것이 심하게 요구되었던 것이다. 국체론은 異論을 틀어막고 동질화를 강제하고 이단을 규탄하는 수단으로서 극히 유효하게 기능했다고 상정하지 않을 수 없다. 기타 잇키(北一輝)는 그 상황을 다음과 같이 묘사하고 있다. "이것(국체론을 말함 – 인용자)이 있기 때문에 신문기자는 醜怪하기 이를 데 없는 便佞阿諛의 幇間

---

25) 石川三四郎, 1978 ≪石川三四郎著作集≫ 第一卷 (靑土社, 東京) 198

的 문자를 나열하고 부끄러워하지 않는다. 이것이 있기 때문에 대학
교수부터 소학교 교사에 이르기까지 모든 윤리학설과 도덕론을 훼상
모욕하고, 이것이 있기 때문에 기독교도 불교도 제각기 타락하여 우
상교가 됨으로써 번갈아 다른 것을 국체에 위험하다고 하여 비방하
고 배격한다"(≪국체론 및 순정사회주의≫, 기타 1, 209).[26]

  그런데 기노시타는 "종교적 군주관"의 "해부"가 국체론 극복의 길
이라고 역설했지만 그 이상 깊이 파고들어 서술한 적은 없었다. 필화
를 두려워하여 문제 핵심에 다가갈 수 없었던 것이다. 이 문제에 과
감하게 몰두한 것이 젊은 기타 잇키의 ≪국체론 및 순정사회주의≫
(1906년)였다. 기타는 조금 극단적인 감이 있는 사회진화론을 무기로
독특한 국가사회주의(기타의 표현으로는 '순수사회주의')를 구상했다.
그 구상에 있어 근본적으로 장애가 된 것이 국체론이다. 기타는 호즈
미 야쓰카와 아리가 나가오(有賀長雄) 등에게 거친 말로 쏘아붙였지
만 그의 비판은 적확했으며, 설사 더 온당한 말이 사용되었다 하더라
고 그의 저서는 발매금지 처분을 면할 수 없었을 것이다.

  먼저 기타 잇키의 전체상을 대략 살펴보는 것에서 시작해 보자.
기타가 과학이라고 믿은 진화론은 천황이나 국가를 역사의 변화 속
에서 해석하는 것을 가능하게 했다. 구체적으로는 국가사회주의를 인
류 발전단계의 다음 목표로서 자리매김하고 천황의 존재를 일본의
역사적 변화 속에서 평가하는 사고 태도가 형성된 것이다. 전자는 생
존경쟁의 단위를 개인에서 국가(사회)로 전이함으로써 국가 그 자체
를 자기 목적화하여, 한편으로는 제국주의적인 전쟁이나 침략의 필연
성이라는 주장으로 귀결하고, 다른 한편으로는 그것을 위한 강권적
국가개조의 주장으로 귀결하게 되었다. 말할 나위도 없이 이것들은

---

26) (기타 1, 209)는 ≪北一輝著作集≫第1卷, 209이다. 이하 기타 잇키의 인
   용은 北一輝, 1959~1973 ≪北一輝著作集≫ (みすず書房, みすず書房)에
   따른다.

≪支那革命外史≫(특히 그 끝부분)와 ≪國家改造案原理大綱≫으로 결실을 맺게 된다. 천황관에 관해 말하면 그는 역사의 진화 속에서 천황을 자리매김함으로써 ≪고사기≫나 ≪일본서기≫에서 유래하는 신화적 허상에서 자유로웠다. "일본민족의 역사적 생활"은 엄밀하게 말해 ≪고사기≫나 ≪일본서기≫ 이후의 천년, 그것들의 기술을 믿는다면 삼한정벌 이후의 1500년이라고 하는 주장은 그것들의 신화적 기술을 명쾌하게 거부한 것이다(기타 1, 277). 이러하여 "전설적 연대"를 "삭제"한 후, 그는 일본사를 보편사적인 관점에서 재구성한다(기타 1, 274). 메이지유신을 프랑스혁명과 같은 근대로의 전환점으로 자리매김하고 중세의 천황을 "신도의 로마 法王"으로 형용하는 것은 그 단적인 표현이다. 국체론은 무엇보다도 신화시대 이래 연속된 국체의 불변성을 설명하기 때문에 기타는 정면으로 충돌하지 않을 수 없는 것이다.

가부장제를 전제로 하는 '조상교'의 사상은 역사의 일정한 단계에서 공통하는 것이지만 당대의 일본에는 적용할 수 없다는 것은 이미 기노시타 나오에도 주장한 것이다. 기타는 메이지유신까지 이어온 천황의 역사상 위치를 세 단계로 구분하여 국체론의 천황관을 근본적으로 부정한다(기타 1, 316). 제1기는 천황 일족이 긴키(近畿) 지방을 중심으로 지배한 "원시적 생활시대"이며, 천황은 일족의 가장으로 조상을 제사지내는 제주였다. 제2기는 "家長국체"의 시기이며, 전반은 후지와라씨(藤原氏) 멸망까지의 "군주국시대", 후반은 가마쿠라(鎌倉) 바쿠후에서 메이지유신까지의 "귀족국시대"이다. 제2기를 통해 천황은 "법리상" 국토와 인민의 소유자였지만, 후반의 "귀족국시대"에는 토지와 인민의 실질적 소유자인 전국의 "家長君主"(즉 다이묘 大名)에 대해 천황은 "신도의 로마 法王"에 지나지 않았다. 그리고 "군주국시대"는 후지와라씨가, "귀족국시대"는 전국의 "가장군주"가 "亂臣賊子"로서 천황을 박해했지만 천황은 힘이 없는 상태에서 그것을 참을 수밖에 없었다. 따라서 불완전하나마 그럭저럭 "만세일계"가 계속된 것은 천황이 찬탈할 가치가 없을 정도로 무력한 상태에 놓였던 결과에 지나지 않았기 때문이다. 만세일계의 황통신화는 계통주의, 충효주의, 신도신앙이라는 세 가지 요소로 구성된다고 기타는 지적한다. 그리고 계통주의는 천황과 같은 계통에 속하는 다이묘(大名)들이 스스로 권위를 세우기 위해 이용하고, 충효주의도 그들이 피지배자를 동원하는 것에 이용했다. 따라서 그것은 황실의 계통이나 황실에 대한 충성을 의미하는 것이 아니라 황실은 계속 쇠퇴해 왔지만 신도신앙으로 겨우 "신도의 로마 法王"으로서 존속했을 뿐이다. 이리하여 기타는 "충에 힘쓰고 효를 다하는" "국체의 精華"(교육칙어)를 아주 잘게 분쇄해 버린 것이다.

메이지유신에 의해 일본은 "公民國家"가 되었다는 것이 기타의 인식이다. 그 이전은 명목상으로 천황이 통치권의 주체이고 토지와 인민은 통치의 객체에 지나지 않았다. 근대 "공민국가"에서는 통치권의 주체는 국가 자체이며 군주는 국가의 한 기관으로서 통치권을 행사하는 것에 지나지 않는다. 이미 말한 바와 같이 근대에서는 국가가 자기목적화하고 자신의 존립을 위해 그 분자를 스스로의 기관으로서 작동시키는 데 이른다는 것이 그가 말하는 진화론의 요체이다. 따라서 "가부장시대"의 도덕은 "군주의 개인적 이기심"에 대한 충성으로서의 "충군"이지만, "공민국가"의 도덕은 국가의 "사회적 이기심"에 대한 충성으로서의 "애국"이다(기타 1, 345). 요컨대 충군은 전시대의 유물로 간주되고 애국과는 명확하게 분리된다. 군주주권설이 부정되는 것뿐만 아니라 교육칙어의 근간인 충군애국 일체론도 부정되는 것이다.

국체론은 ≪고사기≫ ≪일본서기≫의 기술에 의거한 만세일계의 황통신화를 역사 관통적인 것으로서 전제하고 정체의 변천에 상관없이 천황에 대한 충성은 불변했다고 하여 그것을 국가에 대한 충성과 대체함으로써 성립했다. 그러나 내지잡거나 식민지 획득 이후는 조상교로서 새로이 일본 국적을 취득한 신민에게 충성을 요구할 수 없다는 것은 누구의 눈에도 명확했다. 기노시타 나오에가 ≪황야≫(1909년)에서 "그것은 지금까지의 大八洲(일본열도－인용자)만을 통일 수호하기에는 합당한 권위였지만 민족신앙이 다른 조선·만주를 포괄하기에는 아무래도 보자기가 작다"(기노시타 7, 273쪽)라고 쓴 것은 이런 상황을 말하는 것이다. 기타도 같은 말을 몇 번이고 지적한다. 예컨대 "군신일가가 아니고 국적에 편입된 이탈리아의 무정부당원은 호즈미 박사의 헌법학에 의거하여 그 爆裂彈의 권리를 주장하기에 이를 것이다"(기타 1, 259)고 쓴 것은 기타의 독특한 야유이다. 호즈미의 조상교로는 귀화한 일본인의 충성을 확보할 수 없음을 비판한 것이다. 그러나 비판은 이 점에 그치지 않는다. 기타는 호즈미 등을 "국체사(國體寺)의 山僧"으로 야유하고 "대일본제국과 제국의 기관은 결코 종교의 기초 위에 세워진 것이 아니다"고 하며 "국민의 미신"에 의거한 황통신화를 근본부터 부정해 버린 것이다(기타 1, 253).

그러나 신성성을 박탈당한 천황의 지위는 매우 불안정해질 수밖에 없다. 기타는 천황기관설을 끝까지 밀어붙인다. "천황은 국가 이익을 위해 국가를 유지하는 제도이기 때문에 천황인 것이다"(기타 1, 365). 여기에서는 천황은 국가의 필요로 인해 존속하고 있는 것에 불과하다. 적어도 논리적으로는 이 결론에서 천황 不要論도 이끌어낼 수 있다. 물론 그는 그와 같은 주장은 하지 않았다. ≪국가개조안대강≫(1919년)에서 그는 국체의 진화에 대해 ≪국체론 및 순정사회주의≫의 설명을 거의 그대로 답습한다. 그 결과 메이지유신 이후는 "천황을 정치적 중심에 둔 근대적 민주국"으로 간주하고 "천황은 국민의 총대표"로 자리매김한다(기타 2, 222~23쪽). 무릇 그가 말하는 "국민개조"란 "천황이 지휘하는 전일본 국민의 超法律的 운동"으로 "정치

적 경제적 특권계급"을 타도하는 것이다(기타 2, 278). 여기서 말하는
천황대권의 발동은 어디까지나 "국민이 本隊이면서 천황이 호령자"
이고, 따라서 천황은 "국민과 같이 국가의지를 발동한다"는 것으로
간주된다(기타 2, 226쪽). 그러나 이 같이 "국민의 총대표"로서의 정치
적 기관으로 순화된 천황은 구가 가쓰난이 말하는 "세습대통령"임에
다름 아니다. 게다가 그것이 "순연한 정치적 중심"(기타 2, 223)으로
간주되는 이상 세습일 필연성은 어디에도 없다. 정치적 기능으로 순
화된 천황은 이미 천황일 수가 없는 것이다. 기타의 천황론은 무신론
자인 크리스트교론과 같은 것이었다.

기타 잇키가 ≪국체론 및 순정사회주의≫를 자비로 출판한 1906년
부터 메이지시대 말년까지의 5, 6년은 큰 전환기였다고 생각된다. 러
일전쟁에서 대한제국을 식민지화하여 국민들 사이에 대국의식이 싹
텄지만 사회적으로는 국가의식이 이완되어 개인주의 풍조가 현저해
졌다. 사회주의는 분열과 자멸의 길을 걸었지만 그것은 국체론의 정
착을 의미하는 것이 아니다. 오히려 국체의 신성함을 부르짖는 소리
는 크면 클수록 공허한 이데올로기로 변화해 간 것처럼 보인다. 기타
가 발매금지된 서적에서 분명하게 국체론을 부정한 2년 후, 도쿠토미
소호는 ≪요시다 쇼인(吉田松陰)≫ 개정판을 간행했다. 초판본에서
가장 정채를 띤 "혁명가로서의 쇼인" 장을 삭제하고 그 대신에 "쇼인
과 국체론", "쇼인과 제국주의", "쇼인과 무사도" 등의 장을 덧붙인
것이다. 이 개정과 동시에 초판에서 "혁명"이라는 단어가 사용된 곳
은 모두 "개혁"으로 바꿨다. "그는 개혁가이다. 그가 가르치는 바는
개혁의 정신이다. 그가 강구한 바는 개혁의 위업이다"[27]라는 투였다.
이러한 개정을 통해 도쿠토미가 묘사하려고 한 것은 "황실중심주의"
자로서의 요시다 쇼인이었다. 이 책의 "서론 3"에서 그는 다음과 같
이 쓰고 있다. "황실은 야마토 민족의 근간이며 우리 야마토 민족은

---

27) 德富蘇峰, 1933 ≪吉田松陰≫ (普及版, 民友社) 20

그 지엽이다. 일본국가는 이 가족이 팽창한 것이다. (중략) 그러므로 황실중심주의는 이론에서 연역한 사실이 아니고 사실에서 귀납한 이론이다".[28] 그는 만년에 "황실중심주의"라는 "새로운 숙어"를 이 책에서 처음 사용했다고 술회하고 그 후 인구에 회자하게 된 것에 만족의 뜻을 표명하고 있다.[29] 그러나 이 같은 공허한 숙어가 유포된 것 자체가 이미 그의 사상적 불모성을 나타낸 것임은 새삼 말할 필요도 없을 것이다. 사실 이미 러일전쟁 중에 젊은이들에게 만연한 "뜨거운 개인, 차가운 국가의 풍기"[30]에 그는 탄식할 수밖에 없었던 것이다.

국체 개념이 체제 이데올로기로서 정착하는 것에 반해 물밑에서는 역류가 소용돌이치고 있었던 것처럼 보인다. 그 좋은 예는 가와카미 하지메(河上肇)이다. 가와카미는 시종일관한 열렬한 내셔널리스트이었다고 해도 과언이 아니다. 특히 마르크스주의에 관해 활발하게 논의하게 된 1919년 무렵까지는 이 점에 관해 이론의 여지가 없다. 그러나 국체론에 대한 그의 자세는 1910년 무렵을 경계로 크게 전회한다. 1909년 말에 고베(神戸) 상고에서 그는 <진화와 분화>라는 제목의 강연을 했다. 강연 필기로 남아 있는 것은 전반부뿐이며 후반부는 교열할 때 가와카미가 직접 삭제했다. 필화를 두려워했을지도 모른다. 남아 있는 필기는 국가의 진화에 관한 것으로 유럽에서는 정교분리가 진행되고 있지만 일본은 건국 때의 혈족단체인 채로 정교일치와 조상숭배를 유지하고 있다고 말한다 (가와카미 5, 196-200).[31] 이 강연의 2년 전, 가와카미는 <國情은 일변했는가>를 발표하여 일본사회의 급속한 변화의 모습에 위기감을 보였다. 산업화로 인한 농업

---

28) 德富蘇峰, ≪위 책≫, 11
29) 德富蘇峰, 1933 ≪增補 國民小訓≫ (民友社) 19
30) 德富蘇峰, 1915 <靑年의 氣風> ≪蘇峰文選≫ (民友社) 790
31) (가와카미 5, 163)는 ≪河上肇全集≫第5卷, 163이다. 이하 가와카미 하지메의 인용은 河上肇, 1982~1986 ≪河上肇全集≫ (岩波書店, 東京)에 따른다.

인구의 감소는 強兵의 감소, 복종심의 상실, 애국심의 감퇴, 사치의 증진을 불러일으켰으며, 그 결과 "건국의 기초인 어떤 정신"(가와카미 4, 319)을 붕괴시키고 말았다고 말한 것이다. 그를 사로잡고 있던 것은 "우리나라 역사에서 가장 이채로운 무사도와 충군애국의 사상과 국가주의와 가족주의"(가와카미 4, 322)가 격변하고 있다는 인식이었다. 아마도 강연의 후반부는 이런 내용을 말했을 것이다.

가와가미가 <국정은 일변했는가>에서 말한 아이디어는 1910년 말에 집필한 ≪시세의 변≫에서 더 상세하게 펼치고 있다. 大逆사건의 공판이 진행 중일 때의 일이다. 그는 여기서 다시 산업화가 사회에 미치는 심각한 영향에 대해 설명한다. 도시화로 인한 상업의 발달과 농업의 쇠퇴는 "군인 기질의 쇠퇴"를 초래하고 빈부의 격차는 사회주의의 발흥을 가져온다는 것이다. 사상계에서도 진화론, 물질주의, 파괴주의 경향이 현저해져 옛 도덕관이 없어져 간다. "무릇 나라, 나라로서 강한 것은 다행히 그 국민에게 공동의 사상이 있기 때문이다. 그 공동 사상이 공동 감정, 공동 신앙으로 변함으로써 유사시에는 이른바 거국일치의 결실을 거둘 수 있기 때문이다"(가와카미 5, 163). 그러나 현대국가에서는 교통수단이나 교육의 발달로 "고래의 감정 신앙"이 파괴되어 버렸기 때문에 "공동 사상"을 유지하는 것은 매우 곤란하게 된다. 따라서 강국이 되려고 한다면 사회의 진보에 따른 변동에 대해 취사선택하여 "조장과 방지의 책"을 취해야 한다.

가와카미가 여기서 "공동 사상"이라고 썼을 때, 국체론을 의식했음은 틀림이 없다. ≪시세의 변≫의 <서언>은 "크게 논의해야 할 당면한 문제"이며 굳이 논하지 않은 문제도 있다고 미리 양해를 구하고 있다(가와카미 5, 96). 1년 전의 강연필기에서는 현재의 일본이 "건국 당초의 정신"을 아직 유지하고 있다고 주장했다(가와카미 5, 200). 그러나 이제는 그 때의 "고래의 감정 신앙"이 유지되기 어렵다고 생각한 것이다. 그 배경에는 대역사건의 충격이 있었겠지만, 기본적인 동기는 이미 <국정은 일변했는가>에 피력되어 있다. "무릇 현 시대의 학자는 날로 진보하는 지식에 한 걸음이라도 뒤지지 말라고 요구받고 아울러 전래의 감정은 조금도 자기 뜻을 굽히지 말라고 요구받는 통절한 모순 아래 겨우 그 생명을 지키는 자이다"(가와카미 5, 96). 가와카미는 이 같은 이중구속 상태에 처해 있었던 것이다. 대역사건에 관해 그는 명확하게 정부의 태도에 이해를 보이고 있다. 그러나 강압적 수단으로는 이미 "공동 신앙"은 유지할 수 없다고도 생각했다.

가와카미 생애의 모티브는 경제와 도덕의 조화였다. 정치적으로 번안하면 일본의 부강화와 도덕의 일치라 해도 좋다. 이미 말한 바와 같이 산업화와 구래의 도덕을 유지하는 것은 이율배반적이라고 그는 인식하고 있지만, 거기서 탈각하는 길도 쉽게 찾을 수 없었다. 이것이 ≪시세의 변≫을 쓸 때의 가와카미의 모습이었다. ≪시세의 변≫은 1910년 12월 16일에서 10일 동안에 쓰여졌다. 이듬해 2월 14일에 가와카미는 <일본의 독특한 국가주의>를 탈고했다. 그리고 같은 시기에 <정체와 국체>도 집필했다. 이 세 저작은 확실히 연속적으로 집필한 글이며 그 집필 시기도 1, 2개월 정도 밖에 차이가 없다. 그럼에도 불구하고 국체론에 대한 가와카미의 자세는 단기간에 크게 전회했다고 생각하지 않을 수 없다. 상반된 이중적 자세로부터 명쾌한 비판적 자세로 전환한 것이다.

먼저 <정체와 국체>를 보자. 가와카미는 국체는 정치 목적에 따라, 정체는 정치 방법에 따라 분류된다고 보았다. 국체·정체 준별론은 호즈미 야쓰카의 독창물은 아니지만, 호즈미의 <입헌제의 本旨> 이후 일반화되었다. 호즈미는 국체의 불변성을 변증하기 위해 주권의 소재를 국체의 분류기준으로 삼았다. 기타 잇키는 국가주권설을 정당화하기 위해 국가 통치권의 주체인가 객체인가의 이분법을 주장했다. 가와카미는 정치 목적이 국가에 있는가에 따라 국체는 "國主國"과 "민주국"으로 분류된다고 한다. 말할 나위도 없이 이것은 정치 목적이 국가의 존속과 강대화에 두어져서 개인이 그 수단으로 되는 것에 대한 비판이다. "國主國에서는 군주는 왕왕 국가와 동일시되고 (중략) 인민 그 자체가 국가의 기관이거나 군주의 도구이어야 한다는 것으로 관념되고 있다"(가와카미 6, 112). 이는 일찍이 '짐은 국가이다'라고 하는 말이 "법리의 至言"이라고 말한 호즈미에 대한 비판이며 나아가서는 제국헌법의 원리 그 자체에 대한 비판으로 이어지는 것이다.

가와카미에 따르면, 국체의 차이는 "민족의 신앙"에 의거한다. 신앙인 이상 "시비, 선악, 가부, 득실의 논제"일 수 없다(가와카미 6, 113). 요컨대 "국주국"을 비판하는 것이 본의가 아니라고 그는 주도면밀하게 예방선을 긋고 있다. 그러나 가와카미의 국체 이분론은 서양과 일본의 이질성을 부각시켜서 이른바 국체론이 보편적으로 통용할 수 없는 이상한 이데올로기임을 나타내고 있다. 게다가 국체의 기초가 되는 신앙은 "오래된 지식의 집적이 응고하여 감정으로 된 것"인 이상 "새로운 지식의 자극"으로 변할 수 있기 때문에 "정체만이 오로지 변하고 국체는 만고에 불변"하다는 것은 잘못이라고 지적한다(가와카미 6, 113). 거듭 말한 바와 같이 국체론은 국체의 불변성에 의거하고 있기 때문에 그의 비판은 그 기저에 영향을 미쳤다. 게다가 그는 국체론 비판이 많은 위험과 곤란함을 안고 있는 것도 잘 알고 있었다. "국민의 신앙을 비평할 때는 무서운 세간의 반항을 사는 것은 아주 분명하며", "그 비평은 감정으로 반항하지 않을 수 없게 됨"으로써 헛되이 끝나는 경우가 많다(가와카미 6, 114). 그렇지만 "經世의 一務"로서 학자는 진리에 따라야 한다고 가와카미는 말하고 있다.

<일본의 독특한 국가주의>는 <정체와 국체>의 내용을 더 명확하게 설명한 것임에 틀림없다. 앞에서 "국주국"이라 부른 것을 여기서는 "일본국은 神國이다. 나라는 곧 신이라고 하는 것, 이것이 일본인 일반의 신앙이다"(가와카미 6, 121)라고 그는 표현했다. 물론 이 경우에 국가가 神인 까닭은 국가와 천황의 일체성에 있기 때문이다.

"국가는 우리들의 신이기 때문에 천황은 곧 신의 대표자이다"(가와카미 6, 123). 국체론의 상식적 논리를 그는 여기서 의도적으로 경도시키고 있다. 가와카미의 설명에서는 천황이 신성하기 때문에 국가에 대한 신앙이 생기는 것이 아니다. 그 반대이다. 국가야말로 "모든 희생을 바치는 유일신"(가와카미 6, 122)이 되기 때문에 천황의 神聖性이 생긴다는 것이다. 애국과 충군은 일체이지만, 애국이 충군으로 이어지는 것이지 그 역은 아니다. 호즈미 등의 조상교에 대해서도 그는 같은 논법으로 비판한다. 가와카미에 따르면, 조상숭배는 미개시대에 있었던 공통하는 제사인데, 일본이 독특한 것은 그것이 "국가숭배교"로까지 발전에 데 있다. "오늘날 일본인이 천황을 신의 대표자로 삼는 것은 자기 조상을 신으로 믿고 나아가 황실을 같은 조상의 종가로 여기고 조상을 신으로 믿는 신념을 옮겨서 그 종가의 가장인 현재의 천황을 신의 대표자로 삼는다는 것이 아니라, 다만 국가를 신으로 여기고 나아가 그 국가의 대표자인 현재의 천황을 신의 대표자로 받들어 모시는 것이다"(가와카미 6, 123~24).

이러한 논리의 전도는 도대체 무엇을 의미하는 것일까. 가와카미는 분명히 황통신화의 유효성을 믿지 않았다. 그는 그것을 믿지 않았을 뿐 아니라 일반 민중이 그것을 믿고 있다고도 생각하지 않았을 것이다. 그가 간파한 것은 서양의 크리스트교에 대응하는 "민족종교"라고 평할 수 있는 일본인의 "국가지상주의"였다(가와카미 6, 121). 왜 그것이 생겼을까. 가와카미는 메이지시대 이전의 武士道와 메이지시대 이후의 교육에 그 원인이 있다고 설명하고 있다. 그러나 확실한 것은 이 "국가지상주의"의 편린이 자신의 내부에도 자리잡고 있다고 그는 믿었을 것이다. ≪시세의 변≫ <서언>에서 "이 강국에 태어난 것을 무상의 행복으로 여긴다"(가와카미 5, 96)고 그는 고백하고 있다. <일본의 독특한 국가주의는 아마도 이런 자신의 경향성에 대한 통렬한 자성을 수반하고 있었다.

잊어서 안 되는 것은 그가 "국가주의" 그 자체를 부정한 것은 아니라는 점이다. 이 해 4월 오키나와에서 행한 강연 <모순과 조화>에서 그는 "사이비 국가주의"를 비판하고 "국가를 번창시키기 위해서는 개인을 존중하고 발달시켜라고 절규"(가와카미 5, 491)하고 "일본의 국가주의와 서양의 개인주의의 조화"(가와카미 5, 490)를 역설했다. 가와카미는 기계문명을 받아들이는 데는 개인주의 정신이 필요하다고 생각했다. 그러므로 그것을 저해하는 "국가교"(가와카미 6, 133)라 부를 수 있는 극단적인 국가중심주의를 격렬하게 비난했다. "국가지상주의"를 시정하여 "자기 자신에 입각하는 개인"(가와카미 5, 446)을 육성하지 않는 한 일본은 머지않아 멸망한다는 긴박한 위기감이 그를 에워싸고 있었던 것이다.

V. 맺음말

이상에서 근대 일본의 대표적 지식인들이 내셔널리티와 국체를 둘러싸고 어떤 논의를 전개했는가를 검토해 보았다. 말할 나위도 없이 근대 일본의 국가체제는 공화제가 아니다. 그러나 '매우 긴밀한 공통의 목적'을 가진 균질적인 공동체라는 점에서는 양자는 차이가 없다. 공통의 목적이란 처음에는 제국 일본의 국가적 독립이고 나중에는 그 팽창이다. 그들은 만세일계의 황실을 '本幹'으로 하는 '야마토 민족'이라는 균질성의 신화를 믿으려고 했다. 국체론=천황제 내셔널리즘이 루소의 '시민종교'와 근사해지는 것은 바로 이 점에 있다.[32] 국체론=천황제 내셔널리즘은 루소가 말하는 시민종교가 아니라 그것과 구별된 '시민의 종교'(국가종교)라고 반박할 수 도 있을 수 있다.

---

32) 앞의 졸고 참조.

그러나 제국헌법이 "안녕질서를 방해하지 않고 신민으로서의 의무에 위배되지 않는" 한 신교의 자유를 인정한다고 규정한 것을 생각하면 이런 반론은 성립하지 않음을 알 수 있다. 역으로 말하면 루소가 역설한 시민종교와 국가종교의 차이는 그 경계선이 아주 애매하다고 하지 않을 수 없다. 결국 국체론=천황제 내셔널리즘은 그 중핵부분에서 파탄하여 배제와 억압의 원리로서 기능했다. 국민적 정체성의 추구는 결국 차이에 따른 배제와 동화를 낳지 않을 수 없는 것이다.

ABSTRACT

The Formation and Changes of Imperial Nationalism, with a Focus on "National Polity Theory"

Park, Hwan-mu

This paper analyzes the changing conditions in the formation of modern Japanese imperial nationalism. The theory of national polity as imperial nationalism (國體論) resulted from the fear of being colonized. This was a popular religion fostered by modern Japan that satisfied the dual goals of modernization and national independence. Many thinkers, including Fukuzawa Yukichi (福澤諭吉), placed the core of national polity and identity in concepts of the nation, tribe and people. Yet, this popular religion was arbitrary in its creation, and its destruction was inevitable. Once modern Japan became an imperial power, this "popular religion" faced the dilemma of being inadequate in scale. This doomed national polity lasted until 1945 because it depended on the exclusion of rituals and heterodoxy. The theory of national polity is a typical example of how the identity of nation, tribe and people functioned as a basis for exclusion and suppression. As long as it was considered a popular religion, its use to such an end, as well as its officialization, was difficult to avoid

Keywords: Imperial Nationalism, National Polity, Popular Religion, National Identity

찾아보기

· **한일관계사연구논집 편찬위원**

　위원장 : 조동걸(국민대학교 명예교수)

　위 　원 : 김태식(홍익대학교 교수)

　　　　　 김현구(고려대학교 교수)

　　　　　 노중국(계명대학교 교수)

　　　　　 손승철(강원대학교 교수)

　　　　　 조 　광(고려대학교 교수)

　　　　　 정구복(한국학중앙연구원 교수)

　　　　　 정재정(서울시립대학교 교수)

　　　　　 이만열(국사편찬위원장)

　　　　　 김도형(연세대학교 교수)

　　　　　 김성보(연세대학교 교수)

일본의 한국침략과 주권 침탈 　　　　정가 : 24,000원

2005년 6월 1일　초판 인쇄

2005년 6월 5일　초판 발행

　　　　　　　　 편　　 자 : 한일관계사연구논집 편찬위원회

　　　　　　　　 회　　 장 : 韓 相 夏

　　　　　　　　 발 행 인 : 韓 政 熙

　　　　　　　　 발 행 처 : 景仁文化社

　　　　　　　　　　　　　 서울특별시 마포구 마포동 324 - 3

　　　　　　　　　　　　　 전화 : 718 - 4831~2, 팩스 : 703 - 9711

　　　　　　　　　　　　　 http://www.kyunginp.com

　　　　　　　　　　　　　 E-mail : kyunginp@chollian.net

　　　　　　　　 등록번호 : 제10 - 18호(1973. 11. 8)

ISBN : 89-499-0309-1　93910

* 파본 및 훼손된 책은 교환해 드립니다.